कॉरपोरेट मीडिया : दलाल स्ट्रीट

[पब्लिक रिलेशन, कॉरपोरेट कम्युनिकेशन और लॉबिंग]

कॉरपोरेट मीडिया : दलाल स्ट्रीट

[पब्लिक रिलेशन, कॉरपोरेट कम्युनिकेशन और लॉबिंग]

दिलीप मंडल

राजकमल प्रकाशन

ISBN : 978-81-267-2111-5

मूल्य : ₹895

पहला संस्करण : 2011
तीसरी आवृत्ति : 2023

प्रकाशक : राजकमल प्रकाशन प्रा. लि.
1-बी, नेताजी सुभाष मार्ग, दरियागंज
नई दिल्ली-110 002
शाखाएँ : अशोक राजपथ, साइंस कॉलेज के सामने, पटना-800 006
पहली मंजिल, दरबारी बिल्डिंग, महात्मा गांधी मार्ग, प्रयागराज-211 001
1, अनमोल सोराबजी संतुक लेन, धोबी तलाव, मरीन लाइंस, मुम्बई-400 002
वेबसाइट : www.rajkamalprakashan.com
ई-मेल : info@rajkamalprakashan.com

मुद्रक : राजकमल प्रेस
नई दिल्ली-110 002

CORPORATE MEDIA : DALAL STREET
by Dilip Mandal

गिर्दा और गदर...
संचार की जनपक्षीय परंपरा
को समर्पित!

भूमिका

बैलेंस शीट से संचालित कॉरपोरेट मीडिया अपने शिखर पर दलाल ही पैदा कर सकता है।

भारत में मीडिया को मैनेज करने और सरकार से लेकर कंपनियों तथा एनजीओ से लेकर व्यक्तियों के छवि निर्माण का संगठित व्यवसाय सालाना 30,000 करोड़ रुपए से अधिक का है। उद्योग संगठन एसोचैम ने इसके साथ ही, यह भी बताया है कि लगभग 40,000 लोग इस काम में जुटे हैं। लेकिन वे नजर नहीं आते। पब्लिक रिलेशन का यही चमत्कार है। पब्लिक रिलेशन अक्सर नजर नहीं आता, उसका प्रभाव जरूर नजर आता है। यह प्रभाव सबसे ज्यादा मास मीडिया, यानी समाचार पत्रों, पत्रिकाओं, टीवी चैनलों, रेडियो और इंटरनेट की कॉरपोरेट संचालित साइट और पोर्टल में नजर आता है।

शुक्र है कि वर्ष 2010 में नीरा राडिया कांड का खुलासा हुआ। इससे पहले वर्ष 2009 में बड़े पैमाने पर पेड न्यूज घोटाला सामने आ चुका था। इन दो घटनाओं से मीडिया में कोई नई बात नहीं हुई। हुआ सिर्फ इतना कि जो छिपा था, वह दिखने लगा। भारत में मीडिया उपभोक्ताओं का एक हिस्सा अब पहले से ज्यादा समझदार है और अपनी राय बनाने और चैनलों और अखबारों को समझने के लिए बेहतर स्थिति में है। इसके लिए हमें खासतौर पर नीरा राडिया का शुक्रगुजार होना चाहिए, यह बताने के लिए कि देश कैसे चलता है और मीडिया कैसे काम करता है।

मीडिया के संदर्भ में नीरा राडिया कांड अपवाद नहीं है। पब्लिक रिलेशन और लॉबिंग के क्षेत्र में तेजी से उभरी नीरा राडिया के टेलीफोन कॉल इनकम टैक्स विभाग ने 2009 में रिकॉर्ड कराए थे। नीरा राडिया के महत्त्व का अनुमान लगाने के लिए शायद यह जानकारी काफी होगी कि वे देश के दो सबसे बड़े औद्योगिक घरानों–टाटा समूह और रिलायंस इंडस्ट्रीज लिमिटेड यानी रतन टाटा और मुकेश अंबानी के लिए एक साथ काम करती हैं। नीरा राडिया जिन कंपनियों का पब्लिक रिलेशन संभालती हैं, उनकी फेहरिस्त काफी लंबी है। यह बातचीत दूसरे कॉरपोरेट दलालों, उद्योगपतियों, नेताओं के साथ ही पत्रकारों से की गई थी। इस बातचीत के सार्वजनिक होने के बाद मीडिया की छवि को लेकर कई गंभीर सवाल खड़े हुए हैं, खासकर इस टेप में

पत्रकार जिस तरह से आते हैं और लॉबिंग तथा दलाली में लिप्त होते हैं, उसके बारे में जानना सनसनीखेज से कहीं ज्यादा तकलीफदेह साबित हो सकता है। खासकर उन लोगों के लिए, जिनके मन में समाचार मीडिया को लेकर अब भी कुछ रूमानियत बाकी है, जो मानते हैं कि तमाम गड़बड़ियों के बावजूद समाचार मीडिया लोकतंत्र का चौथा स्तंभ है। इन टेप से यह बात भी निर्णायक रूप से साबित होती है कि चैनलों और अखबारों में जो छपता-दिखता है, उसका फैसला हमेशा मीडिया संस्थानों में नहीं होता।

इस कांड की सबसे पॉपुलर व्याख्या यह है कि मीडिया में कुछ मछलियां पूरे तालाब को गंदा कर रही हैं। मानो मीडिया वैसे तो शानदार काम कर रहा है लेकिन कुछ लोग यहां गड़बड़ हैं जिनकी साजिश भरी हरकतों की वजह से मीडिया बदनाम हो रहा है। इस कांड को लेकर मीडिया की प्रतिक्रिया चुप्पी बरतने से लेकर कॉस्मेटिक किस्म के उपाय करने के दायरे में रही। इस कांड में लिप्त पाए गए पत्रकार आमतौर पर अपने पदों पर बने रहे, लेकिन कुछ पत्रकारों को नौकरी गंवानी पड़ी तो किसी का कॉलम बंद हुआ तो किसी को कुछ हफ्तों के लिए ऑफ एयर यानी पर्दे से दूर रखा गया। इसे व्यक्तिगत कमजोरी या गड़बड़ी या भ्रष्टाचार के तौर पर देखा गया लेकिन राडिया कांड मीडिया के कुछ लोगों के बेईमान या भ्रष्ट हो जाने का मामला नहीं है। भारतीय समाचार मीडिया स्वामित्व की संरचना और कारोबारी ढांचे की वजह से कॉरपोरेट इंडिया का हिस्सा है। कॉरपोरेट इंडिया के हिस्से के तौर पर मीडिया काम करता है और इसी भूमिका के तहत मीडिया और मीडियाकर्मी दलाली भी करते हैं। मीडिया के काम और दलाल के रूप में इसकी भूमिका में कोई अंतर्विरोध नहीं है। कॉरपोरेट पत्रकार का कॉरपोरेट दलाल बन जाना अस्वाभाविक नहीं है।

वैसे भी इस बहस को राष्ट्रीय एजेंडे पर लाने की कोशिश हुई है कि लॉबिंग को कानूनी तौर पर मान्यता दे दी जाए। इसे भ्रष्टाचार के समाधान के तौर पर पेश किया जा रहा है। टेलीविजन पर इसे लेकर कार्यक्रम और बहसें हो रही हैं, लेख लिखे जा रहे हैं। सीएनएन आईबीएन चैनल में इस बारे में राजदीप सरदेसाई के एक कार्यक्रम में तो फर्जीवाड़ा करके यह बताने की कोशिश की गई कि देश के लोग लॉबिंग को कानूनी रूप दिए जाने के समर्थक हैं। इसके लिए फर्जी ट्विटर एकाउंट से 5 मैसेज भेजे गए और सभी मैसेजं लॉबिंग के पक्ष में थे।[1] जब एक ब्लॉगर ने यह चोरी पकड़ ली और इंटरनेट पर इसे लेकर शोर मचने लगा तो राजदीप सरदेसाई ने सॉरी कहकर मामले को निबटाने की कोशिश की और कहा कि कोशिश की जाएगी कि आगे ऐसी गलती न हो। यह मामला भूल-चूक का नहीं था, क्योंकि सभी फर्जी ट्विटर मैसेज लॉबिंग के समर्थन में भेजे गए थे।

यह राजदीप सरदेसाई की नीयत या बेईमानी का सवाल नहीं है। यह कोई गलती या चूक भी नहीं है। कॉरपोरेट मीडिया यही करता है क्योंकि वह यही कर सकता है।

कॉरपोरेट सेक्टर अगर चाहता है कि लॉबिंग को कानूनी रूप दे दिया जाए तो मीडिया का दायित्व बन जाता है कि वह इसके लिए माहौल बनाए। अगर मीडिया ऐसा न करे तो उसे अपवाद कहेंगे। कॉरपोरेट मीडिया भारत के उद्योग जगत के साथ एकाकार है और दोनों के हित भी साझा है।

यह छवियों के विखंडन का दौर है। एक सिलसिला सा चल रहा है, इसलिए कोई मूर्ति गिरती है तो अब शोर कम होता है। इसके बावजूद, वर्ष 2010 में भारतीय मीडिया की छवि जिस तरह खंडित हुई, उसने दुनिया और दुनिया के साथ सब कुछ खत्म होने की भविष्यवाणियां करनेवालों को भी चौंकाया होगा। वर्ष 2010 को भारतीय पत्रकारिता की छवि में आमूल बदलाव के वर्ष के रूप में याद किया जाएगा। देखते ही देखते ऐसा हुआ कि पत्रकारिता का काम और पत्रकार सम्मानित नहीं रहे। वह बहुत पुरानी बात तो नहीं है जब मीडिया को लोकतंत्र का चौथा स्तंभ कहा जाता था लेकिन आज कोई यह बात नहीं कह रहा है। कोई यह बात कह भी रहा है तो उसे पोंगापंथी करार दिया जा सकता है। मीडिया की छवि पॉपुलर जनमाध्यमों में भी बदली है। एक समय था, जब फिल्मों में पत्रकार एक आदर्शवादी, ईमानदार शख्स होता था, जो अक्सर सच की और जनता के हक की लड़ाई लड़ता हुआ विलेन के हाथों मारा जाता था। अब पत्रकार मसखरा (आमिर खान की 'पीपली लाइव') है, विघ्नसंतोषी (अमिताभ बच्चन की 'पा') है, दुष्ट ('रण') है। वह अमानत में खयानत करने के लिए आता है।

मीडिया का स्वरूप पिछले दो दशक में काफी बदल गया है। मीडिया को एंटरटेनमेंट इंडस्ट्री के साथ जोड़ दिया गया और पता चला कि भारत में यह उद्योग 65,200 करोड़ रुपयों का है।[2] अखबार और चैनल चलानेवाली कंपनियों का सालाना कारोबार देखते ही देखते हजारों करोड़ रुपए का हो गया। मुनाफा कमाना और मुनाफा बढ़ाना मीडिया उद्योग का मुख्य लक्ष्य बन गया। मीडिया को विज्ञापनों के तौर पर साल में जितनी रकम मिलने लगी, वह कई राज्यों के सालाना बजट से ज्यादा है।[3]

पर यह सब वर्ष 2010 में नहीं हुआ। कुछ मीडिया विश्लेषक काफी समय से यह कहते रहे हैं कि भारतीय मीडिया का कॉरपोरेटीकरण हो गया है और अब उसमें यह क्षमता नहीं है कि वह लोक कल्याणकारी भूमिका निभाए। भारत में उदारीकरण के साथ मीडिया के कॉरपोरेट बनने की प्रक्रिया तेज हो गई और अब यह प्रक्रिया पूरी हो चुकी है। ट्रस्ट संचालित 'द ट्रिब्यून' के अलावा देश का हर प्रमुख मीडिया समूह कॉरपोरेट के नियंत्रण में है। पश्चिम के मीडिया के संदर्भ में चोमस्की, मैकचेस्नी, एडवर्ड एस हरमन, जेम्स करेन, मैक्वेल, पिल्गर और कई अन्य लोग यह बात कहते रहे हैं कि मीडिया अब कॉरपोरेट हो गया है। अब भारत में भी मीडिया के साथ यह हो चुका है।

मीडिया का कारोबार बन जाना दर्शकों और पाठकों के लिए चौंकानेवाली बात हो सकती है, लेकिन जो लोग भी इस कारोबार के अंदर हैं या इस पर जिनकी नजर है, वे जानते हैं कि मीडिया की आंतरिक संरचना और उसका वास्तविक चेहरा कैसा है। लोकतंत्र में सकारात्मक भूमिका निभाने की अब मीडिया से उम्मीद भी नहीं है। चुनावों में मीडिया जनमत को प्रभावशाली शक्तियों और सत्ता के पक्ष में मोड़ने का काम करता है और इसके लिए वह पैसे भी वसूलता है।[4] 2009 के चुनावों में देखा गया कि अखबार और चैनल प्रचार सुनिश्चित करने के बदले में रेट कार्ड लेकर उम्मीदवारों और पार्टियों के बीच पहुंच गए और उसने खुलकर सौदे किए। कवरेज के बदले मीडिया कंपनियों से भी पैसे लेता है और नेताओं से भी। जब वह पैसे नहीं लेता है तो विज्ञापन लेता है। 'टाइम्स ऑफ इंडिया' जैसे अखबार विज्ञापन के बदले पैसे ही नहीं लेते, बल्कि कंपनियों की हिस्सेदारी ले लेते हैं। इसे प्राइवेट ट्रीटी का नाम दिया गया है। मीडिया कई बार सस्ती जमीन और उपकरणों के आयात में ड्यूटी की छूट भी लेता है। सस्ती जमीन का मीडिया अक्सर कोई और ही इस्तेमाल करता है। प्रेस खोलने के लिए मिली जमीन पर बनी इमारतों में किराए पर चलते दफ्तर आप देश के ज्यादातर शहरों में देख सकते हैं।

मीडिया हर तरह की कारोबारी आजादी चाहता है और किसी तरह का सामाजिक उत्तरदायित्व नहीं निभाता, लेकिन 2008-09 की मंदी के समय वह खुद को लोकतंत्र की आवाज बताकर सरकार से राहत पैकेज लेता है। मंदी के नाम पर मीडिया को बढ़ी हुई दर पर सरकारी विज्ञापन मिले और अखबारी कागज के आयात में ड्यूटी में छूट भी मिली, लेकिन यह नई बात नहीं है। यह 2010 से पहले से चल रहा था।

वर्ष 2010 में एक नई बात हुई। एक पर्दा था, जो उठ गया। इस साल भारतीय मीडिया का एक नया रूप लोगों ने देखा। वैष्णवी कॉरपोरेट कम्युनिकेशंस की मालकिन नीरा राडिया दिल्ली की अकेली कॉरपोरेट दलाल या लॉबिस्ट नहीं हैं। ऐसे कॉरपोरेट दलाल देश और देश की राजधानी में कई हैं। वर्ष 2009 में इनकम टैक्स विभाग ने नीरा राडिया के फोन टेप किए थे, जो लीक होकर बाहर आ गए। नीरा राडिया इन टेपों में मंत्रियों, नेताओं, अफसरों और अपने कर्मचारियों के साथ ही मीडियाकर्मियों से भी बात करती सुनाई देती हैं। इन टेपों को दरअसल देश में राजनीतिशास्त्र, जनसंचार, अर्थशास्त्र, मैनेजमेंट, कानून आदि के पाठ्यक्रम का हिस्सा बनाया जाना चाहिए। इन विषयों को सैकड़ों किताबें पढ़कर जितना समझा सकता है, उससे ज्यादा ज्ञान राडिया के टेपों में है।

क्या उम्मीद की कोई किरण है?

ऐसे समय में जब मीडिया पर भरोसा करना आसान नहीं रहा (अमेरिकी मीडिया के बारे में एक सर्वे यह बताता है कि वहां 63 फीसदी पाठक और दर्शक यह मानते हैं

कि मीडिया भरोसे के काबिल नहीं है)।[5] तब लोग क्या करें? यह मुश्किल समय है, इससे इनकार नहीं किया जा सकता लेकिन इस दौर में नागरिक पत्रकारिता का एक नया चलन भी जोर पकड़ रहा है। एक महत्त्वपूर्ण बात यह है कि मीडिया-कॉरपोरेट और नेताओं के रिश्तों के बारे में अखबारों, पत्रिकाओं और चैनलों पर खबर आने से पहले ही राडिया कांड राष्ट्रीय स्तर पर चर्चा में आ चुका था। मीडिया को लेकर बहुचर्चित और प्रशंसित–एजेंडा सेटिंग थ्योरी–यह कहती है कि मीडिया किसी मुद्दे पर सोचने के तरीके पर हो सकता है कि निर्णायक असर न डाल पाए लेकिन किन मुद्दों पर सोचना है, यह मीडिया काफी हद तक तय कर देता है,[6] तो राडिया-मीडिया कांड में ऐसा कैसे हुआ कि मीडिया में कोई बात आए, उससे पहले ही वह बात लोकविमर्श में आ गई? नीरा राडिया के बारे में मुख्यधारा के मीडिया में पहला लिखा हुआ शब्द 'ओपन मैगजीन' ने छापा,[7] टीवी पर इस बारे में पहला कार्यक्रम इसके बाद सीएनबीसी टीवी18 चैनल पर हुआ, जिसे करण थापर ने एंकर किया। इसके बाद 'द हिंदू' ने इस बारे में पहले संपादकीय पन्ने पर और बाद में समाचारों के पन्ने पर सामग्री छापी। 'आउटलुक' ने इस बारे में कई ऐसे तथ्य सामने लाए जिनका ओपन ने भी खुलासा नहीं किया था। 'मेल टुडे' और 'इंडियन एक्सप्रेस' ने भी इस बारे में छापा। हिंदी मीडिया की बात करें तो 'दैनिक भास्कर' के दिल्ली संस्करण में दो पेज की सामग्री छापी गई। एनडीटीवी ने बरखा दत्त को सफाई का मौका देने के लिए 47 मिनट का एक कार्यक्रम किया (1 घंटे का कार्यक्रम 13 मिनट पहले ही अचानक समेट दिया गया। इससे पहले तक, जब मुख्यधारा के मीडिया में कोई भी राडिया-वीर-चावला कांड को नहीं छाप/दिखा रहा था तो लोगों को इसकी खबर कैसे हो गई और यह मुद्दा चर्चा में कैसे आ गया?

यह संभव हुआ इंटरनेट इस्तेमाल करनेवालों की सक्रियता की वजह से। जब कॉरपोरेट मीडिया राडिया कांड के बारे में कुछ भी नहीं बता रहा था तो लोग इंटरनेट पर पत्रकारिता कर रहे थे और इस कांड से जुड़ी सूचनाएं एक-दूसरे तक पहुंचा रहे थे। फेसबुक, ट्विटर, ब्लॉग, यू ट्यूब आदि मंचों पर यह पत्रकारिता हुई। यह पत्रकारिता उन लोगों ने की जिन्होंने शायद कभी भी पत्रकारिता की पढ़ाई नहीं की थी, लेकिन जो इस मसले को महत्त्वपूर्ण मान रहे थे और उससे जुड़ी सूचनाएं और लोगों तक पहुंचाना चाहते थे। यह नागरिक पत्रकारिता है। इसमें कोई गेटकीपर नहीं होता।

नागरिक पत्रकारिता ने दरअसल पत्रकारिता की विधा को लोकतांत्रिक बनाया है। इसमें पढ़ने या देखनेवाला यानी संचार सामग्री का उपभोक्ता सक्रिय भूमिका निभाने लगता है। पत्रकारिता के तिलिस्म को तोड़ने में इसकी बड़ी भूमिका है। ट्विटर और दूसरी सोशल नेटवर्किंग साइट्स के जरिए आज अपनी बात पहुंचाना पहले की तुलना में काफी आसान हो गया है। जो बात मुख्यधारा में नहीं कही जा

सकती, वह इन माध्यमों के जरिए कही जा सकती है। परंपरागत पत्रकारिता के भारी ताम-झाम और खर्च से अलग यह नई पत्रकारिता है।

पश्चिमी देशों में नई मीडिया की ताकत टेक्नोलॉजी के विस्तार की वजह से बहुत अधिक है। अभी भारत में इंटरनेट शुरुआती दौर में है। इंटरनेट तक पहुंच के मामले में भारत दुनिया के सबसे दरिद्र देशों की लिस्ट में है लेकिन भारत में भी इसकी ताकत बढ़ रही है। गूगल के अनुमान के मुताबिक, भारत में इस समय इंटरनेट के 10 करोड़ से ज्यादा उपभोक्ता हैं।[8] चीन के 30 करोड़ और अमेरिका के 21 करोड़ की तुलना में यह संख्या छोटी जरूर है, लेकिन भारत इस समय इंटरनेट के सबसे तेजी से बढ़ते बाजारों में से एक है।

इसके आधार पर अंदाजा लगाया जा सकता है कि नागरिक पत्रकारिता का असर यहां भी बढ़ेगा। मुख्यधारा के मीडिया की सीमाएं हैं और वहां जगह न मिलनेवाले समाचारों को इन वैकल्पिक माध्यमों में जगह मिलेगी। मुख्यधारा के मीडिया से अलग रह गए समुदायों के लिए भी यह वैकल्पिक मंच बनेगा। ऐसा होने लगा है। यह सही है कि ऐसा पहले शहरी क्षेत्रों में होगा और कम आय वर्ग वाले शुरुआती दौर में इस पूरी प्रक्रिया से बाहर रहेंगे। इसके बावजूद संचार माध्यमों में लोकतंत्र मजबूत होगा। प्रेस और चैनल की तुलना में यह कम खर्चीला माध्यम है।

इस तरह के वैकल्पिक माध्यमों को लेकर कुछ चिंताएं भी हैं। इस माध्यम की बढ़ती ताकत के साथ ही इंटरनेट पर कॉरपोरेट क्षेत्र का दखल भी बढ़ रहा है। ज्यादा संसाधनों के जरिए वे छोटे मंचों और नागरिक पत्रकारिता करने वालों की आवाज को दबाने की कोशिश करेंगे। प्रतिरोध को वे अपने दायरे में समेटने की कोशिश भी करेंगे। विकिलीक्स के मामले में दुनिया ने देखा कि लोकतांत्रिक कही जानेवाली सरकारों ने किस तरह सूचनाओं और सूचनाएं देनेवालों का दमन करना चाहा। भारत में सरकार का चरित्र पश्चिम की सरकारों से ज्यादा अनुदार है और इंटरनेट पर पहरा बिठाने की कोशिश यहां भी हो रही है। सूचना और जनसंचार माध्यमों का लोकतांत्रिक होना समाज और देश के लोकतांत्रिक होने से जुड़ी प्रक्रिया है। इन उम्मीदों, चिंताओं और आशंकाओं के बीच ही मीडिया के संदर्भ में राडिया कांड को देखा और पढ़ा जाना चाहिए।

–दिलीप मंडल

जुलाई, 2011
नई दिल्ली

अनुक्रम

कॉरपोरेट मीडिया : दलाल स्ट्रीट

पब्लिक रिलेशन, कॉरपोरेट कम्युनिकेशन और लॉबिंग

राडिया कांड : पत्रकार, लॉबिस्ट या पत्रकार-लॉबिस्ट

भारतीय मास मीडिया के लिए 21वीं सदी का पहला दशक बेहद महत्त्वपूर्ण साबित हुआ। मीडिया इंडस्ट्री इसे तेज विकास के दौर के तौर पर देखना चाहेगी। साल दर साल 10 फीसदी से ज्यादा तेजी से बढ़ते मीडिया ने इस क्षेत्र में काम कर रहे बड़े कॉरपोरेट घरानों की बैलेंस शीट चमका दीं। वर्ष 2010 में टेलीविजन इंडस्ट्री ने 9,914 करोड़ रुपए कमाए जबकि प्रिंट मीडिया की आमदनी 10,363 करोड़ हो गई।[9] दस साल के अंदर टीवी चैनलों की संख्या में दस गुना से भी ज्यादा बढ़ोतरी हुई। दूरदर्शन के 31 चैनल इनके अलावा हैं। देश के 12 करोड़ घरों में केबल और सैटेलाइट चैनल देखे जाते हैं। अखबारों की बिक्री के साथ ही विज्ञापनों से उनकी आमदनी भी बढ़ी है। दशक के अंत में रेडियो स्टेशनों की संख्या 245 हो गई। इंटरनेट और मोबाइल मास मीडिया के ताकतवर माध्यम बनकर उभरे हैं और विज्ञापन बाजार में इंटरनेट का क्षेत्र सबसे तेजी से बढ़ रहा है। विज्ञापन का बाजार वर्ष 2011 में बढ़कर 27,650 करोड़ रुपए हो जाने का अनुमान है।[10] एनडीए के शासनकाल में समाचार मीडिया को विदेशी निवेश के लिए खोल दिया गया और देखते ही देखते कई विदेशी मीडिया संस्थानों का पैसा भारत में आने लगा। ज्यादातर मीडिया समूह अब एक से ज्यादा प्लेटफॉर्म पर हैं (इसे क्रॉस मीडिया ओनरशिप कहा जाता है) और मीडिया मोनोपली या संकेंद्रण इस कदर वास्तविक खतरा बन गया है कि सरकार को वर्ष 2008 में टेलीकॉम रेगुलेटर से यह कहना पड़ा कि भारत में मीडिया स्वामित्व और क्रॉस मीडिया ओनरशिप को लेकर कंसल्टेशन पेपर निकाले। भारतीय मीडिया इंडस्ट्री के लिए अगर कोई स्वर्ण युग हो सकता है तो वह 2000-2010 के बीच के वर्ष ही हैं।

जो दौर मीडिया इंडस्ट्री के लिए स्वर्णयुग है, क्या वह दौर भारतीय मास मीडिया और पत्रकारिता के लिए भी स्वर्णयुग है? मास मीडिया और पत्रकारिता की कामयाबी को नापने का आधार अगर कारोबार, आमदनी और मुनाफा है तो भारतीय पत्रकारिता के लिए भी यह स्वर्णिम दौर है लेकिन किसी भी समाज में मास मीडिया की कामयाबी को सिर्फ पैसे से नहीं नापा जा सकता या नहीं नापा जाना चाहिए। मीडिया उद्योग की इस मायने में बाकी उद्योगों से अलग हैसियत है। मास मीडिया की जनमत बनाने में महत्त्वपूर्ण भूमिका होती है। मास मीडिया उस पब्लिक स्फियर (हैबरमास, पॉलिटी प्रेस,

1989) का प्रमुख अंग है, जहां लोगों की राय को शक्ल मिलती है और राजनीति की दशा दिशा तय होती है। इसे कसौटी पर कसें तो इक्कीसवीं सदी का पहला दशक भारतीय मास मीडिया के लिए विश्वसनीयता खोने और इलीट के पक्ष में झुकते चले जाने का दशक साबित हुआ। इस दशक में मीडिया पर कारोबार की छाया न सिर्फ गहरी हुई, बल्कि मीडिया पूरी तरह कारोबार बन गया।

टीवी पर खबरों का मनोरंजन में तब्दील होना तो काफी पहले से शुरू हो गया था। यह प्रक्रिया दशक का अंत आते आते चरम पर पहुंच गई। इंडिया टीवी का हिंदी समाचार श्रेणी में नंबर वन चैनल बनने का प्रतीकात्मक महत्त्व भी है। यह चटपटी खबरों के विजय की कहानी है। अखबारों में भी सप्लिमेंट मुख्य अखबारों से बड़े हो गए। समाचारपत्रों और चैनलों में पैकेजिंग का महत्त्व कंटेंट से ज्यादा हो गया। इसी दशक में कई बड़े अखबार पूरी तरह रंगीन हो गए। खबरों का अभिजन यानी इलीट झुकाव भी इस दशक में खुलकर सामने आया और खासकर राष्ट्रीय मीडिया में गांवों और गरीबों की रही-सही उपस्थिति भी कम हो गई। वर्ष 2006 के आरक्षण विरोधी आंदोलन में देश ने मीडिया के सवर्णवादी चेहरे को देखा। वर्ष 2010 में जातिवार जनगणना के विरोध में भारतीय मीडिया का जातिवादी चरित्र एक बार फिर सामने आया। जनगणना में जाति को शामिल करने पर लोकसभा में सभी दलों के बीच आम सहमति बन गई थी लेकिन मीडिया में इस बात पर आम सहमति बनी कि जातिवार जनगणना का विरोध करना है। सभी (कोई अपवाद नहीं) प्रमुख अखबारों ने जातिवार जनगणना के खिलाफ संपादकीय लिखे और चैनलों ने भी एकतरफा रुख अख्तियार किया। किसान आंदोलनों को लेकर मीडिया ने अपने शहरी तेवर को मजबूत किया।

इसी दौर में पेड न्यूज परिघटना भी सामने आई। मीडिया में खबरें काफी समय से बिकती रही हैं, लेकिन वर्ष 2009 के लोकसभा चुनावों में जब समाचार माध्यमों के लोग छपे हुए रेट कार्ड लेकर कवरेज देने का सौदा करने के लिए नेताओं और राजनीतिक दलों के पास पहुंचे तो देश भर में हलचल मच गई। हालांकि मनोरंजन और पेज थ्री की खबरों को बेचने के लिए मीडियानेट जैसे प्रयोग इस दशक की शुरुआत में ही आम हो गए थे। पेड न्यूज का विवाद इतना बढ़ा कि संसद (राज्यसभा) में इस पर चर्चा करानी पड़ी। चुनाव आयोग ने इस पर सख्ती बरतने की घोषणा की और आमतौर पर ऐसे जटिल सवालों पर चुप रहनेवाली प्रेस कौंसिल ने भी एक उप-समिति बनाकर इसकी जांच कराई। हालांकि जल्द ही प्रेस कौंसिल को अपनी 'गलती' समझ में आई और इस उप-समिति की रिपोर्ट को प्रकाशित न करने का फैसला करके इस गलती को सुधार लिया गया।[11]

विज्ञापनों के बदले कंपनियों से हिस्सेदारी लेने के चलन (प्राइवेट ट्रीटी) को लेकर भी काफी विवाद हुआ और आखिरकार शेयर मार्केट रेगुलेटर सेबी (सिक्युरिटीज एंड एक्सचेंज बोर्ड ऑफ इंडिया) को इस बारे में गाइडलाइंस का प्रस्ताव रखना पड़ा।

21वीं सदी के पहले दशक का अंत एक ऐसे वाकये से हुआ, जिसकी गूंज भारतीय पत्रकारिता में लंबे समय तक सुनाई देगी।

राडिया कांड : मीडिया नाम की एक मूर्ति थी, जो टूट गई

यह घटना थी राडिया कांड। नीरा राडिया दिल्ली और मुंबई के सत्ता के गलियारों में सक्रिय सैंकड़ों कॉरपोरेट दलालों और लॉबिस्ट में से एक हैं। नीरा राडिया की पब्लिक रिलेशन और कॉरपोरेट कम्युनिकेशन के क्षेत्र में काम करनेवाली चार फर्में (वैष्णवी कॉरपोरेट कम्युनिकेशन, विटकॉम, न्यूकॉम और नोएसिस) हैं जिनके क्लाइंट की लिस्ट में कई दर्जन निजी और सरकारी कंपनियां हैं। नीरा राडिया का नाम पहली बार उस वक्त चर्चा में आया जब टाटा समूह की लगभग सारी कंपनियों के पब्लिक रिलेशन का काम उनकी फर्म वैष्णवी कॉरपोरेट कम्युनिकेशन को सौंपा गया था। वर्ष 2009 में इनकम टैक्स विभाग के कहने पर टेलीकॉम कंपनी ने नीरा राडिया के फोन टेप किए थे। नीरा राडिया कांड उन टेप के सार्वजनिक होने की कहानी है। इन टेप की विश्वसनीयता पर नीरा राडिया समेत किसी ने भी सवाल नहीं उठाए हैं, इसलिए मानकर चला जा सकता है कि ये टेप सही हैं। केंद्रीय गृह सचिव जी के पिल्लई ने 6 दिसंबर 2010 को यह कहकर विवाद को और बढ़ा दिया कि ऐसे 5000 टेप हैं जिनकी जांच चल रही है।[12]

भारत सरकार ने राडिया के टेप से मिली जानकारियों की जांच कराने की जगह राडिया के टेप कैसे लीक हुए, इसकी जांच कराने की घोषणा की। वित्त मंत्री से गृह मंत्री बने पी चिंदबरम ने सफाई दी कि उनका मंत्रालय राडिया टेप लीक होने की जांच नहीं कर रहा है। उन्होंने यह राय भी जताई कि राडिया टेप लीक होना ठीक नहीं है।[13] इसके कुछ ही दिनों बाद प्रधानमंत्री मनमोहन सिंह ने इस बात पर चिंता जताई कि फोन टेप किए जाने को लेकर उद्योग जगत परेशान है। उन्होंने कहा कि हालांकि फोन टेप करने का अधिकार सरकार के पास होना चाहिए, लेकिन यह काम सोच-समझकर किया जाना चाहिए।[14] उद्योग संगठनों ने भी टेप सार्वजनिक होने पर अपनी चिंता जताई। उद्योगपति रतन टाटा ने सुप्रीम कोर्ट में याचिका दायर करके यह कहा कि इन टेपों के रिलीज होने से उनकी प्राइवेसी का उल्लंघन हुआ है। सुप्रीम कोर्ट ने इस याचिका को सुनवाई के लिए मंजूर भी कर लिया। सुप्रीम कोर्ट के निर्देश के बाद सरकार ने राडिया की बातचीत के टेप कोर्ट को सौंप दिए। उद्योग जगत और सरकार के लिए यह भ्रष्टाचार और लोकतांत्रिक प्रक्रिया को प्रदूषित करनेवाली घटना न होकर प्राइवेसी के उल्लंघन का मामला था।

लेकिन इन टेपों का संदर्भ इससे बहुत बड़ा है। राडिया के टेपों के जरिए पहली बार लोगों ने जाना कि राजनीति और कॉरपोरेट जगत किस तरह मिलकर काम करते हैं और एक-दूसरे को किस तरह प्रभावित करते हैं। सरकार नीतियों को बनाने और

लागू करने में कॉरपोरेट दखल की जो बात अब तक सूत्र वाक्यों और इशारों में होती थी, वह अब इतनी खुल गई कि कोई भी उसे समझ सकता था। नीरा राडिया अपने कॉरपोरेट क्लाइंट के हित में केंद्रीय मंत्रिमंडल के गठन में हस्तक्षेप कर रही थीं। वर्ष 2009 में यूपीए सरकार में कौन मंत्री बनेगा या नहीं बनेगा और किसे कौन सा विभाग मिलेगा, यह राजनीतिक स्तर पर ही नहीं, कॉरपोरेट स्तर पर भी तय हो रहा था। इस सिलसिले में नीरा राडिया एनडीटीवी की संपादक बरखा दत्त से लगातार बातचीत करती हैं और राजनीतिक संदेशों का आदान-प्रदान करने के लिए बरखा दत्त का इस्तेमाल करती हैं (नीरा राडिया और बरखा दत्त की बातचीत)। बरखा दत्त नीरा राडिया को न सिर्फ सलाह देती हैं बल्कि उनके संदेश कांग्रेसी नेताओं तक पहुंचाने की बात भी करती हैं।[15]

नीरा राडिया टेप से बार-बार यह बात जाहिर होती है कि पत्रकार और संपादक समाचार चुनने और उसका महत्त्व तय करने को लेकर आखिरी फैसले नहीं करते। कई बार तो नीरा राडिया खबरों का प्लेसमेंट तक तय करती नजर आती हैं। संपादक नीरा राडिया को यह बताते हैं कि उनके क्लाइंट्स के हितों का किस तरह ध्यान रखा जा रहा है। अखबार छपने से पहले ही नीरा राडिया को पता हो जाता है कि कल क्या छपनेवाला है और किस तरह से उनकी बातों का खयाल रखा जा रहा है। मिसाल के तौर पर, देश के सबसे बड़े बिजनेस अखबार 'इकनॉमिक टाइम्स' के कार्यकारी संपादक राहुल जोशी नीरा राडिया को यह बताते हैं कि अखबार में कल क्या छपनेवाला है। यह बातचीत 16 जून 2009 की है। गैस की कीमत पर बंबई हाईकोर्ट का फैसला अनिल अंबानी के पक्ष में और मुकेश अंबानी के खिलाफ गया था। राहुल जोशी कहते हैं, 'मैं यह नहीं कहना चाहता कि मुकेश अंबानी को झटका, आप देखेंगी कि मैंने ऐसा नहीं किया।' राहुल आगे कहता है कि...हमने कवरेज का टोन न्यूट्रल रखा। राहुल जोशी राडिया से वादा करते हैं कि भविष्य में भी हम (मुकेश अंबानी की जरूरतों का) ध्यान रखेंगे। हम आगे बढ़ चढ़कर कुछ नहीं करेंगे।' (स्रोत : http://www.outlookindia.com/article.aspx268388)

राडिया टेप का दूसरा हिस्सा कॉरपोरेट हितों के लिए सरकारी नीतियों को तोड़ने-मरोड़ने की प्रक्रिया के बारे में है। प्राकृतिक गैस की कीमतों के निर्धारण का फैसला मुकेश अंबानी के पक्ष में कराने के लिए नीरा राडिया कई स्तरों पर काम करती हैं। देश में इसके पक्ष में माहौल बनाने और राजनीतिक प्रक्रिया को प्रभावित करने के लिए नीरा राडिया मीडिया का इस्तेमाल करती हैं (नीरा राडिया और वीर सांघवी की बातचीत)।[16] इन टेपों से साफ जाहिर होता है कि मीडिया कॉरपोरेट हित में इस्तेमाल होने के लिए तैयार है। नीरा राडिया जैसा चाहती हैं, वैसा ही लेख वीर सांघवी 'हिंदुस्तान टाइम्स' में लिखते हैं और इसके लिए नीरा राडिया उन्हें शाबासी भी देती हैं। नीरा राडिया के टेप से पता चलता है कि मुकेश अंबानी के करीबी मनोज मोदी

किस तरह मीडिया मालिकों से मिलते-जुलते हैं। सीएनएन आईबीएन के संपादक राजदीप सरदेसाई उन्हें अपनी कंपनी के एक बड़े अधिकारी समीर मनचंदा से मिलने को कहते हैं और सुझाव देते हैं कि कोर्ट कवर करनेवाले संवाददाता की मनोज मोदी के साथ मुलाकात कराई जानी चाहिए (नीरा राडिया और राजदीप सरदेसाई की बातचीत)।[17] इंडिया टुडे समूह के तत्कालीन संपादक प्रभु चावला नीरा राडिया को सलाह देते हैं कि सुप्रीम कोर्ट में फैसला अपने पक्ष में कराने के लिए मुकेश अंबानी को क्या करना चाहिए और किस तरह अनिल अंबानी इस काम में ज्यादा तेज साबित हो रहा है।[18]

सीएनबीसी के एडिटोरियल डायरेक्टर सेंथिल चेंगलवरायन के साथ बातचीत[19] में नीरा राडिया अपने क्लाइंट रतन टाटा के बारे में चल रही खबर को हटा लेने के लिए कहती हैं और बताती हैं कि किस तरह उनसे बातचीत के बाद 'इकनॉमिक टाइम्स' ने यह खबर हटा ली थी। वे बताती हैं कि उन्होंने इकनॉमिक टाइम्स को किस तरह चेतावनी दी थी (सेंथिल और नीरा राडिया की बातचीत)। नीरा राडिया अखबारों और चैनलों में क्या दिखाया जाना है, क्या नहीं दिखाया जाना है, किस तरह दिखाया जाना है, किस पन्ने पर दिखाया जाना है, यह सब तय करती हैं और संपादक उसके सामने निरीह प्राणी की तरह नजर आते हैं। संपादक खबर छपने से पहले नीरा राडिया को बताते हैं कि उसका प्लेसमेंट किस तरह होनेवाला है।

नीरा राडिया के टेप भारत में राजनीति और कारोबार करने के तरीके के बारे में काफी कुछ कहते हैं। राजनीति में कॉरपोरेट सेक्टर की दखल को इतने बेहतरीन तरीके से देख पाने का शायद और कोई जरिया नहीं है। ये टेप न सार्वजनिक होते तो देश को शायद कभी पता नहीं चलता कि 2009 के बजट पर राज्यसभा में विपक्ष की ओर से सबसे पहले बोलने के लिए अरुण शौरी की जगह वेंकय्या नायडू क्यों लगाए गए (नीरा राडिया और एन के सिंह की बातचीत)। अरुण शौरी ने खुद यह कहा कि है कि कॉरपोरेट दबाव की वजह से उन्हें पहला वक्ता नहीं बनाया गया वरना तय यही था कि बजट पर सबसे पहले बीजेपी की तरफ से वे बोलेंगे।[20] नीरा राडिया एक साथ डीएमके, कांग्रेस और बीजेपी के नेताओं को साधने की कोशिश करती सुनाई देती हैं और वे इसमें काफी हद तक सफल भी होती हैं। नीरा राडिया अपनी क्लाइंट कंपनियों के हितों का ध्यान रखते हुए कैबिनेट गठन में हस्तक्षेप करती दिखती हैं। नीरा राडिया का राजनीति में हस्तक्षेप अगर किसी को चौंकाता है तो उसे नीरा राडिया की कंपनी की वेबसाइट पर उनके कामकाज का उनका दिया गया ब्यौरा पढ़ना चाहिए।

नीरा राडिया की कंपनी वैष्णवी कॉरपोरेट कम्युनिकेशन लिमिटेड कई क्षेत्रों में काम करती है। उसमें एक काम पब्लिक अफेयर्स मैनेजमेंट का है।[21] इसके तहत वैष्णवी यह बताती है कि—भारत में नीतियों का निर्धारण एक जटिल प्रक्रिया है। नीतियों से जुड़े फैसले कई बातों को ध्यान में रखकर किए जाते हैं जिनमें अलग-

अलग तरह की भावनाओं, विचारधाराओं और जनमत का ध्यान रखा जाता है। यह काम सरकार के अंदर और बाहर के तमाम हितों को ध्यान में रखकर किया जाता है और इसके पीछे राजनीतिक और आर्थिक हित जुड़े होते हैं। नीरा राडिया की कंपनी का दावा है कि उसे देश की राजनीतिक प्रक्रिया की पूरी समझ है और 'स्ट्रेटेजिक रिलेशन मैनेजमेंट' (इसके लिए आम भाषा में जोड़-तोड़ शब्द का इस्तेमाल होता है) के जरिए वह क्लाइंट के लिए सफलता हासिल कर सकती है। वैष्णवी अपने क्लाइंट को देश की नीति निर्माण प्रक्रिया को समझने और आनेवाले बदलाव का अंदाजा लगाने में सहायता करती है। नीरा राडिया की इस कंपनी का दावा है कि वह अपने एक्सपर्ट के सहयोग से कई क्लाइंट्स के लिए माहौल बनाने का काम कर चुकी है। वैष्णवी कॉरपोरेट कम्युनिकेशन जिन क्षेत्र के लोगों के साथ संबंध बनाकर अपने क्लाइंट के हित में छवि निर्माण का काम करती है उनमें शामिल है—नेता, अफसर, जनमत बनानेवाले लोग, उद्योगपति और आम जनता।

इस सूची में जनमत बनानेवालों का जिक्र महत्त्वपूर्ण है क्योंकि उनमें पत्रकार, कॉलम लेखक और टीवी कार्यक्रमों में हिस्सा लेने वाले लोग शामिल हैं। राडिया के टेप में इनमें से सभी किस्म के लोग बेशुमार तादाद में मिलते हैं।

पत्रकार या लॉबिस्ट या पत्रकार-लॉबिस्ट

लॉबिंग की इन सारी कोशिशों में मीडिया की भूमिका बहुत महत्त्वपूर्ण होकर उभरती है। मीडिया और कॉरपोरेट लॉबिंग का रिश्ता राडिया से शुरू नहीं होता। राडिया से पहले भी पत्रकारिता और लॉबिंग साथ-साथ चलते रहे हैं। ऐसे उदाहरण बेशुमार हैं—एक पत्रकार अपने अखबार से उठता है और किसी कंपनी के कॉरपोरेट कम्युनिकेशन विभाग में नौकरी करने लगता है और कुछ समय के बाद फिर किसी या उसी अखबार या चैनल में काम करने लगता है। कॉरपोरेट कम्युनिकेशन के लिए जिन लोगों की सबसे ज्यादा मांग है वे पत्रकार ही हैं। कई पत्रकार अब पूर्णकालिक लॉबिंग और कॉरपोरेट कम्युनिकेशन करते हैं। परफेक्ट रिलेशन के मालिक दिलीप चेरियन ऐसे लोगों में प्रमुख हैं जो एक समय पत्रकार थे और अब पब्लिक रिलेशन के क्षेत्र में हैं। इस क्षेत्र में आने से पहले चेरियन 'बिजनेस इंडिया' और 'ऑब्जर्वर' में संपादक थे।[22] इसी तरह 14 साल पत्रकारिता करने के बाद शिवनाथ ठुकराल ने एनडीटीवी छोड़कर एस्सार समूह में ग्रुप प्रेसिडेंट, कॉरपोरेट ब्रांडिंग और बिजनेस इनिशिएटिव का काम संभाल लिया। उनके एस्सार आने पर एस्सार के मालिक शशि रुईया ने जो कहा वह गौर करने लायक है—ठुकराल का हुनर और उनकी विशेषज्ञता से विभिन्न पक्षों के बीच एस्सार ब्रैंड को स्थापित करने में मदद मिलेगी।[23] एक पत्रकार का वह कौन सा हुनर है जो ब्रांडिंग में भी उपयोगी होता है? प्रमुख पब्लिक रिलेशन फर्म 'ऐडफैक्टर्स' मीडिया रिलेशन की सर्विस देती है और उसका दावा है कि मीडिया प्रबंधन के क्षेत्र

में उसे बढ़त इसलिए हासिल है क्योंकि उसके पास जो वरिष्ठ कर्मचारी हैं वे प्रतिष्ठित मीडिया संस्थानों और मीडिया के विभिन्न क्षेत्रों से आए हुए हैं और उन्हें अपने क्षेत्र का व्यापक अनुभव है।[24]

इस तरह मीडिया और लॉबिंग के रिश्तों के दो मॉडल हैं। एक मॉडल दिलीप चेरियन और शिवनाथ ठुकराल का है, जब पत्रकार अपना काम छोड़कर सीधे-सीधे लॉबिस्ट बन जाता है और कॉरपोरेट कम्युनिकेशन करने लगता है। यह अपेक्षाकृत साफ-सुथरा मॉडल है क्योंकि इसमें विभाजन रेखाएं एक हद तक साफ नजर आती हैं। हालांकि कोई कंपनी किसी पत्रकार को काम पर रखते समय सिर्फ उसकी योग्यता को देख सकती है या फिर मीडिया में रहने के दौरान कंपनी के हित में किए गए कामों का या फिर दोनों बातों का खयाल रख सकती है। कंपनी ऐसे काम के लिए किसी को नियुक्त करते समय इस बात का भी ध्यान रख सकती है कि मीडिया में उसके कैसे संबंध हैं और वह कंपनी के लिए कितना उपयोगी साबित होगा।

मीडिया और लॉबिंग के रिश्ते का दूसरा मॉडल बरखा दत्त या वीर सांघवी हैं जो मीडिया के अंदर रहते हुए यह काम करते हैं या इस काम में किसी लॉबिस्ट का सहयोग करते हैं। बरखा दत्त जिस तरह से प्रधानमंत्री निवास के अंदर से नीरा राडिया से बात करती हैं, उससे लगता है कि दूसरा मॉडल ज्यादा असरदार होने की संभावना रखता है। वीर सांघवी कॉरपोरेट कम्युनिकेशन के क्षेत्र में काम करते हुए मुकेश अंबानी के हितों के बारे में अपने कॉलम में नहीं लिख सकते और मुकेश अंबानी के लिए काम करते हुए दिखने की हालत में उनकी विश्वसनीयता का स्तर वह नहीं रह जाएगा, जो एक पत्रकार का होता है।

दरअसल मीडियाकर्मी का लॉबिस्ट बन जाना इसलिए भी आसान है कि अपने पेशे की वजह से सत्ता के गलियारों में उसकी पहुंच होती है। पत्र सूचना कार्यालय यानी पीआईबी से मान्यता मिलते ही ज्यादातर सरकारी दफ्तरों और मंत्रालयों के दरवाजे पत्रकार के लिए खुल जाते हैं। उसे मंत्रियों और अफसरों के संवाददाता सम्मेलनों में बुलाया जाता है। वरिष्ठ होने पर वह संसद के सेंट्रल हॉल तक में सीधे जा सकता है, जो इस देश में राजनीतिक लॉबिंग का सबसे बड़ा केंद्र है। वहां वह मंत्रियों और नेताओं से बिना रोक-टोक मिल सकता है। वह नेताओं के साथ दौरे पर जाता है और उसे भोजन आदि पर निमंत्रित किया जाता है। खबरों के स्रोत कई बार सूचनाएं बताना चाहते हैं और कई बार छिपाना चाहते हैं। मीडिया उनके लिए एक औजार है, जिसका वे पत्रकारों के माध्यम से इस्तेमाल करते हैं।

राजनीति और मीडिया के बीच संबंध प्रगाढ़ होने की असीम संभावनाएं हैं और ऐसा होता हुआ देखा जा सकता है। पक्ष और विपक्ष में खबरें लिखने-लिखवाने का खेल काफी खुलकर ही खेला जाता रहा। इस दौर में कुछ संपादक और पत्रकार राजनीतिक दलों और नेताओं के इतने करीब हो गए कि उन्हें चुनाव लड़ने के लिए

टिकट मिला और उनमें से जहां कई सांसद लोकसभा पहुंच गए, वहीं कुछ चुनाव हारकर फिर पत्रकारिता करने लगे। एम.जे. अकबर पहले पत्रकार थे, फिर कांग्रेस के नेता और प्रवक्ता बने और फिर पत्रकारिता करने लगे। संतोष भारतीय भी पत्रकार थे, सांसद बने और फिर लौटकर पत्रकारिता करने लगे। राजीव शुक्ला पत्रकार थे, फिर नेता-सासंद-पत्रकार-कारोबारी और क्रिकेट व्यवसाय के मैनेजर बन गए। संजय निरूपम जनसत्ता के पत्रकार थे, फिर शिवसेना के मुखपत्र के संपादक बने और शिवसेना की ओर से राज्यसभा पहुंच गए और फिर कांग्रेस के नेता बन गए। इसी तरह शाहिद सिद्दिकी नेता या पत्रकार नहीं, नेता और पत्रकार हैं। इन तमाम भूमिकाओं के बीच के अंतर्विरोध को लेकर उनसे कोई सवाल नहीं पूछा जाता। इतनी परस्पर विरोधी भूमिकाओं में होने को अस्वाभाविक नहीं माना जाता। चंदन मित्रा जैसे लोग तो एक साथ पत्रकार हैं, बिजनेसमैन हैं और सांसद भी। स्वपन दासगुप्ता बीजेपी के नेता हैं या पत्रकार, यह अंदाजा लगा पाना मुश्किल है। ये तो कुछ चर्चित नाम हैं। ऐसे उदाहरण सैकड़ों की संख्या में हैं, जब पत्रकार और नेता के बीच की विभाजन रेखा समाप्त हो गई।

राजनीति और पत्रकारिता में एक-दूसरे में आना-जाना लगा रहता है और इसमें कोई नैतिक बाधा किसी को नजर नहीं आती। कुछ पत्रकार और समाचारपत्र मालिक राज्यसभा में भी पहुंचे।[25] वर्ष 2011 की शुरुआत में राज्यसभा में 15 सांसद ऐसे थे, जिन्होंने अपना पेशा पत्रकारिता या प्रकाशक लिखाया था। इनमें 'हिंदुस्तान टाइम्स' की मालकिन शोभना भरतिया, 'लोकमत' समूह के मालिक विजय दर्डा, न्यूज24 चैनल के कर्ता-धर्ता राजीव शुक्ला शामिल हैं। जिन दलों ने पत्रकारों को टिकट दिया या उन्हें राज्यसभा पहुंचाया उनमें कांग्रेस, बीजेपी, बीएसपी और समाजवादी पार्टी शामिल हैं जबकि कुछ पत्रकार मनोनीत श्रेणी से राज्यसभा में पहुंचे। साथ ही, पत्रकारों के प्रधानमंत्री का मीडिया सलाहकार बनने की भी परंपरा है।[26] जिन पत्रकारों को सरकार ने पद्म पुरस्कार दिए, उनकी लिस्ट भी लंबी है। यूपीए सरकार ने शेखर गुप्ता, मार्क टली, मृणाल मिरी को पत्रकारिता के क्षेत्र में योगदान के लिए पद्मभूषण दिया है। वहीं अभय छजलानी, आलोक मेहता, बरखा दत्त, राजदीप सरदेसाई, विनोद दुआ, मृणाल पांडे, सुचेता दलाल, कनकसेन डेका, मैमन मैथ्यू, शोभना भरतिया, मानस चौधरी पद्मश्री से सम्मानित हो चुके हैं। सरकारी कमेटियों में पत्रकारों का होना तो बिलकुल स्वाभाविक माना जाता है।

यह संयोग ही है कि जिन पत्रकारों को पद्मश्री दी गई, उनमें से बरखा दत्त और राजदीप सरदेसाई नीरा राडिया के टेप में मौजूद हैं, सांसद शोभना भरतिया के अखबार 'हिंदुस्तान टाइम्स' के एडिटोरियल डायरेक्टर वीर सांघवी भी इन टेप में हैं, जबकि अभय छजलानी के आंशिक स्वामित्ववाले चैनल न्यूज एक्स के स्टाफ के लिए वेतन का इंतजाम नीरा राडिया करती हैं (नीरा राडिया और न्यूज एक्स के संपादक जहांगीर

पोचा की बातचीत)।[27] जब राडिया के टेप में रतन टाटा का नाम आता है तो पद्मभूषण शेखर गुप्ता एनडीटीवी पर (जहां संपादक बरखा दत्त हैं) उन्हें सफाई का मौका देने के लिए 'वॉक द टॉक' नाम से कार्यक्रम में बुलाते हैं और यह पूरा इंटरव्यू 'इंडियन एक्सप्रेस' में छपता है। हिंदुस्तान टाइम्स के बोर्ड ऑफ डायरेक्टर्स में शामिल एन के सिंह का नाम भी राडिया टेप में प्रमुखता से आया है। एन के सिंह जनता दल यूनाइटेड के टिकट पर राज्यसभा के सांसद हैं।

मीडिया और राजनीति के बीच रिश्तों का आधार काफी मजबूत और व्यापक है। इसे अपवाद की तरह या किसी पत्रकार के बेईमान होने या राजनीतिक महत्त्वाकांक्षा जगने के रूप में नहीं देखा जाना चाहिए। राजनीतिक पार्टियां और नेता कई बार मीडिया के माध्यम से ही एक-दूसरे से संवाद करते हैं। नेता जनता से सबसे ज्यादा संवाद मीडिया के माध्यम से ही करते हैं। नेता और उद्योगपति के बीच संवाद का माध्यम भी कई बार मीडिया बनता है। उद्योगपति अपनी बात राजनीतिक हलके में पहुंचाने के लिए मीडिया का इस्तेमाल करता है। यह सब पब्लिक रिलेशन के दायरे में आता है। फर्क इतना पड़ता है कि अलग-अलग मामलों में 'पब्लिक' शब्द के मायने बदल जाते हैं। पब्लिक रिलेशन की ये जरूरतें पत्रकार और सत्ता के बीच घनिष्ठ नजर आनेवाले रिश्ते की बुनियाद बन सकती हैं। पत्रकार अपने घनिष्ठ संबंधों का इस्तेमाल समाचार संकलन के लिए भी कर सकता है और लॉबिंग और फिक्सिंग के लिए भी। कहा जा सकता है कि पत्रकार का विवेक और उसके संस्थान में मौजूद नियंत्रण और निगरानी के तौर-तरीके ही उसे इस जाल में फंसने से बचा सकते हैं लेकिन वास्तविक जिंदगी में यह मुमकिन नहीं है।

मीडिया की पब्लिक स्फियर में जो भूमिका है, उसकी वजह से वह किसी न किसी रूप में पब्लिक रिलेशन का औजार बनता ही है। व्यक्ति के स्तर पर मामूली फर्क पड़ सकता है, लेकिन इसे किसी के ईमानदार या बेईमान होने की जगह संरचनात्मक प्रक्रिया के रूप में देखा जाना चाहिए। कॉरपोरेट लॉबिंग को सत्ता के चार सबसे महत्त्वपूर्ण अंगों—कॉरपोरेट, राजनीति, नौकरशाही और मीडिया के अंतर्संबंधों के तौर पर देखा जाना चाहिए। लॉबिंग कई स्तरों पर और कई कारणों से की जाती है लेकिन इसके जिस रूप की सबसे ज्यादा चर्चा है, वह है—कंपनियों द्वारा अपने हित की रक्षा के लिए सही लोगों को सही स्थान पर बिठाना और सरकारी नीतियों का अपने कारोबारी हितों के लिए इस्तेमाल करना। कॉरपोरेट लॉबिंग क्या है, यह उस व्यक्ति से जानना उचित होगा जिसे भारत में इस क्षेत्र का दिग्गज माना जाता है। दिलीप चेरियन ने अपनी कंपनी 'परफेक्ट रिलेशन' की वेबसाइट पर यह बताया है कि[28]

> हमारी पब्लिक अफेयर्स टीम ने भारत में कानून बनानेवाली और नियामक संस्थाओं के समक्ष प्रमुख कंपनियों और संस्थाओं का पक्ष रखा है। हमारे क्लाइंट हमारे पास इसलिए आते हैं क्योंकि हमें भारत के राजनीतिक और

> कारोबारी माहौल की बेहतर समझ है और शिखर पर होनेवाले फैसलों को प्रभावित करने में सक्षम लोगों तक हमारी पहुंच है। भारत में बिजनेस अनिधिकृत संपर्कों और लेन-देन (लेखक—फेवर्स शब्द का इस्तेमाल किया गया है) पर काफी हद तक निर्भर होता है। हमारी टीम का रवैया प्रोफेशनल होता है। हमारी टीम के लोग जानते हैं कि भारत में सरकारें दरअसल किस तरह काम करती हैं। कंपनी का दावा है कि उसके पास ऐसे लोगों की टीम है जो जानती है कि किसी मसले पर विधायिका या नियामक संस्थाओं में किन लोगों तक क्लाइंट की बात पहुंचाना जरूरी है और यह बात उन तक कैसे पहुंचाई जाए।

दिलीप चेरियन की कंपनी 'परफेक्ट रिलेशन' लॉबिंग के लिए मीडिया का इस्तेमाल किस तरह करती है, इसका ब्यौरा भी कंपनी की साइट में है। कंपनी कहती है कि वह किसी मुद्दे पर मीडिया के अलग-अलग पक्षों की उसकी राय के हिसाब से पहचान कर सकती है। वह संबंधित क्लाइंट के कॉरपोरेट कम्युनिकेशन विभाग के लोगों को यह बता सकती है कि किस तरह मीडिया में नीति के बदलाव के बारे में अपने पक्ष को रखा जाए। इसके अलावा कंपनी अपने क्लाइंट के साथ मीडिया के संपादकीय विभाग में मौजूद उच्चाधिकारियों के साथ बैठकें कराती है।

राडिया टेप में वैष्णवी कॉरपोरेट कम्युनिकेशन की नीरा राडिया अपने क्लाइंट के साथ संपादकों और मीडिया मालिकों की ऐसी कई मीटिंग कराने की योजना बनाती और उनपर अमल करती नजर आती हैं। वे एक टेप में बताती हैं कि प्रणय रॉय और एन राम की मुकेश अंबानी से मुंबई में मुलाकात होनेवाली है। 'परफेक्ट रिलेशन' ने अपनी साइट पर कॉरपोरेट लॉबिंग के क्षेत्र में अपनी कामयाबी के कुछ किस्से बताए हैं। लॉबिंग के धंधे से नावाकिफ कोई आदमी अंदाजा भी नहीं लगा सकता कि सरकार के इन फैसलों में या छवि निर्माण में किसी लॉबिंग फर्म की भूमिका थी। मिसाल के तौर पर, कंपनी अपनी वेबसाइट में बताती है कि :

- बाल्को के निजीकरण के लिए उसने माहौल बनाया। यहां यह याद करना जरूरी है कि बाल्को को बेचने के एनडीए सरकार के फैसले का देश में काफी विरोध हुआ था। इस वजह से बाल्कों को खरीदनेवाली कंपनी और केंद्र सरकार के लिए जरूरी था कि जनमत को विनिवेश के पक्ष में मोड़ा जाए।
- आंतरिक जलमार्गों के संचालन में निजी क्षेत्र के प्रवेश के लिए नीतियां बनाने में 'परफेक्ट रिलेशन' ने भूमिका निभाई।
- हिमाचल प्रदेश के मलाना में बन रहे बिजली घर के विस्थापितों के गुस्से को शांत करने में 'परफेक्ट रिलेशन' ने काम किया।
- टेलीकॉम रेगुलेटर (ट्राई) की छवि सुधारने का काम भी इस कंपनी ने किया।
- बेंगलुरु में जल और सेनिटेशन क्षेत्र में रिफॉर्म के लिए 'परफेक्ट रिलेशन' ने इंटरनेशनल फाइनांस कॉरपोरेशन के कहने पर काम किया।

कॉरपोरेट कम्युनिकेशन के क्षेत्र में काम कर रही सभी कंपनियों का मानना है सरकार के फैसलों को प्रभावित करने की जरूरत पड़ती है। ये कंपनियां अपने क्लाइंट को यह भरोसा दिलाती हैं कि सरकार और सरकार के फैसलों को प्रभावित करनेवालों तक उसकी पहुंच है और वह क्लाइंट के हित में नीतियों को प्रभावित कर सकती हैं। ये कंपनियां अपने क्लाइंट के हित में जनमत का रुख को मोड़ने का दावा भी करती हैं। ज्यादातर पब्लिक रिलेशन और कॉरपोरेट कम्युनिकेशन कंपनियों में लॉबिंग (जिसे ज्यादातर कंपनियां गवर्नमेंट अफेयर्स या पब्लिक अफेयर्स कहती हैं) के लिए अलग विभाग और एक्सपर्ट होते हैं। सरकार के फैसलों को प्रभावित करने की कंपनियों की जरूरत को समझना मुश्किल नहीं है।

सरकार के एक-एक फैसले पर जब लाखों करोड़ रुपए दांव पर लगे हों तो कंपनियों के लिए जरूरी हो जाता है कि सरकार की नीतियों की दिशा अपने पक्ष में मोड़ें। मिसाल के तौर पर, 2जी स्पेक्ट्रम घोटाले में सीएजी की रिपोर्ट बताती है कि स्पेक्ट्रम बेचने के तरीके भर से एक लाख 76 हजार करोड़ रुपए का घाटा सरकारी खजाने को हुआ। सरकार से स्पेक्ट्रम लेने वाली कंपनियों ने चंद महीने बाद ही स्पेक्ट्रम छह से सात गुना कीमत पर दूसरी कंपनियों को बेच दिया। इसी तरह विनिवेश के ज्यादातर फैसलों में सरकारी कंपनियां और परिसंपत्तियां कौड़ियों के भाव बेच दी जाती हैं। मुंबई में सेंटोर होटल के विनिवेश के तुरंत बाद वही होटल ज्यादा कीमत पर बेच दिया गया। एनडीए के शासनकाल में विदेश संचार निगम यानी वीएसएनएल के विनिवेश के बारे में भी आरोप लगे कि सरकार ने काफी कम कीमत पर इस कंपनी को निजी हाथों में सौंप दिया। वीएसएनएल की बिक्री में साथ में जमीन भी मुफ्त देने के आरोप लगे, जिसकी अब यूपीए-2 सरकार जांच करा रही है। टैक्स और शुल्क संबंधी सरकार के फैसलों का भी असर करोड़ों-अरबों रुपए में होता है और कंपनियां उन्हें प्रभावित करने की कोशिश करती हैं। कंपनियों की खरीद-बिक्री और विलय संबंधी दिक्कतों को भी लॉबिंग कंपनियां दूर करने की कोशिश करती हैं और सरकार और नियमन संस्थाओं के सकारात्मक रुख के बिना यह काम काफी मुश्किल हो सकता है। जेनेसिस बीएम[29] और अन्य पब्लिक रिलेशन कंपनियां ऐसे मामलों में अपनी महारत का दावा करती हैं। कंपनियों को पर्यावरण मंजूरी दिलाना भी पब्लिक रिलेशन कंपनियों के काम में शामिल है।

पब्लिक रिलेशन और लॉबिंग : स्वर्णिम दौर

पिछले दो दशक के उदारीकरण के बाद सरकारी फैसलों पर लगने वाला दांव बड़ा हो गया है। निजीकरण के दौर पर सरकारी संसाधनों और परिसंपत्तियों की बिक्री में तेजी आई है और कॉरपोरेट जगत के लिए यह तेजी से पैसे कमाने का प्रमुख जरिया बन गया है। विदेशी कंपनियों के आने का सिलसिला भी इस बीच तेज हुआ है और

कंपनियों के बीच होड़ भी बढ़ी है। ऐसे में सरकार और नियमन संस्थाओं को प्रभावित करना और इसके लिए जनमत को अपने पक्ष में मोड़ने की आवश्यकता बढ़ गई है। पब्लिक रिलेशन और लॉबिंग के लिए यह शानदार समय है। इसमें मीडिया की महत्त्वपूर्ण भूमिका है। नीरा राडिया ठीक यही काम कर रही थीं।

मौजूदा आर्थिक और राजनीतिक तंत्र को चलाने के लिए मीडिया, पब्लिक रिलेशन कंपनियां, कॉरपोरेट, नौकरशाह और नेता बिलकुल साथ मिलकर चल रहे हैं। 21वीं सदी के पहले दशक के बाद के भारत को इस नजरिए से भी देखने की जरूरत है। राडिया कांड ने इस गठजोड़ को देखने-समझने के बेहतरीन उपकरण मुहैया कराए हैं।

यहां एक सवाल खड़ा होता है कि क्या इस खेल को प्रभावित करने या बदलने में पत्रकारों की कोई भूमिका हो सकती है? क्या इसी व्यवस्था के अंदर कोई ईमानदार पत्रकार हो सकता है, जो मीडिया कंटेंट को इस हद तक बदल दे कि वह इलीट का पक्षधर न रहे? या वर्तमान मीडिया परिदृश्य में सूचना प्रवाह को लोकतांत्रिक बनाने में पत्रकारों या मीडियाकर्मियों की कोई महत्त्वपूर्ण भूमिका हो सकती है? इन सारे सवालों का जवाब है कि ऐसा मुमकिन नहीं है। मीडिया कुछ बुरे लोगों की वजह से ऐसा नहीं है। इसलिए मीडिया के संदर्भ में राडिया कांड को कुछ पत्रकारों के दिशाहीन हो जाने, भटक जाने या भ्रष्ट हो जाने जैसे सरलीकृत सूत्र के आधार पर नहीं देखा जाना चाहिए।

राडिया कांड मीडिया की ताकत और उसकी खामी, दोनों को एक साथ दर्शाता है। ताकत इस बात की कि मीडिया जनमत बना सकता है, जनमत को बदल सकता है, लोगों के सोचने के एजेंडे तय करता है और खामी यह कि मीडिया पैसों के आगे किसी बात की परवाह नहीं करता। मीडिया को पैसे वाले, पैसा कमाने के लिए और ताकत के लिए चलाते हैं। इसलिए इसके दुरुपयोग की आशंका इसकी संरचना और स्वामित्व के ढांचे में ही दर्ज है। राडिया कांड से यह जगजाहिर हो गया कि खासकर ऊंचे पदों पर मौजूद मीडियाकर्मी पैसे और प्रभाव के इस खेल में हिस्सेदार बन चुके हैं। पिछले 20 वर्षों में मीडियाकर्मियों के मालिक बनने की प्रक्रिया भी तेज हुई है। कुछ संपादक तो मालिक बन ही गए हैं। इसके अलावा भी मीडिया संस्थानों में मध्यम स्तर पर काम करनेवाले पत्रकारों तक को कंपनी के शेयर दिए जाते हैं। कोई भी व्यक्ति, चाहे वह पत्रकार ही क्यों न हो, उस कंपनी या उस व्यवसाय के विरुद्ध काम क्यों करेगा जिसमें उसके शेयर हों? इस तरह पत्रकारों की प्रतिबद्धता को नए ढंग से परिभाषित कर दिया जाता है। पत्रकारों का ईमानदार या बेईमान होना अब उनकी निजी पसंद का ही मामला नहीं रहा। कोई पत्रकार अपनी मर्जी से ईमानदार नहीं रह सकता। यह बात कई लोगों को तकलीफदेह लग सकती है। राडिया कांड ने मीडिया को सचमुच गहरे जख्म दिए हैं।

मीडिया घोटालों के दौर में विश्वसनीयता के प्रश्न

विश्वसनीयता एक बिक्री योग्य सामग्री है।

इसे बेचकर पैसे बनाए जा सकते हैं। कई और कारोबारों में यह बात लागू होती है। मीडिया भी ऐसे कारोबार में शामिल है, जहां विश्वसनीयता नैतिक से कहीं ज्यादा आर्थिक वस्तु है। मीडिया के धंधे का इसे एक महत्त्वपूर्ण आधार कहा जा सकता है। समाचार मीडिया के लिए तो यह बेहद कीमती चीज है। समाचार मीडिया उत्पाद जैसे समाचारपत्र, पत्रिकाएं, टीवी चैनल, रेडियो, इंटरनेट पर न्यूज साइट आदि के सफल होने के लिए उनका विश्वसनीय होना बेहद जरूरी है। अगर समाचार पर भरोसा नहीं हो तो समाचारपत्र को चांदी की प्लेट में रखकर परोसने से भी लोग कागज के उस टुकड़े से समाचार नहीं जानना चाहेंगे। इसी तरह जब कोई उपभोक्ता टीवी पर समाचार देखता है, तो यह उम्मीद करता है कि उसमें तथ्य होंगे और मिलावट अगर होगी भी तो कम होगी। खाने-पीने की सामग्री में मिलावट तो लोग एक बार फिर भी मजबूरी में स्वीकार कर लेंगे, लेकिन जीवन के लिए आवश्यक न होने के कारण मीडिया उत्पाद में मिलावट पकड़ में आने के बाद लोग समाचारपत्र या चैनल को नहीं देखेंगे या जो देखेंगे उसे उसी रूप में स्वीकार नहीं करेंगे। ऐसा मीडिया उत्पाद विज्ञापनदाताओं को भी पसंद नहीं आएगा, जो पाठकों और दर्शकों की नजर में विश्वसनीय न हो।

यहां इस बात पर ध्यान देने की जरूरत है कि मीडिया कारोबार के लिहाज से समाचार और विचार का विश्वसनीय और तटस्थ होना नहीं, बल्कि उनका विश्वसनीय और तटस्थ नजर आना महत्त्वपूर्ण है। समाचार खरीदनेवालों से कहीं बेहतर इस बात को समाचार बेचने वाले जानते हैं कि इस धंधे में विश्वसनीयता का कितना महत्त्व है। इसलिए समाचार का धंधा करने और मुनाफे के लिए सब कुछ करने को तैयार रहने के बावजूद मीडिया समूह विश्वसनीयता में एक हद से ज्यादा की गिरावट नहीं होने देना चाहते।

मीडिया कारोबारियों के लिए विश्वसनीयता आदर्श और नैतिकता का प्रश्न नहीं है। यह उनके अस्तित्व से जुड़ी हुई बात है। मीडिया खबरें बेचता है, कवरेज के पैकेज कई दशक से बेचे जा रहे हैं और विश्वसनीय तौर पर यह नहीं कहा जा सकता कि

खबरों का सौदा कब नहीं होता होगा। लेकिन पढ़ने वाले और देखनेवाले यह जान जाएं कि वे खरीदी हुई खबर पढ़ रहे हैं, यह मास मीडिया को किसी भी हालत में गवारा नहीं। कोई खबर खरीदी हुई नजर आए, यह न तो पाठक या दर्शक चाहेगा, न खबर खरीदनेवाला और न ही विज्ञापनदाता। समाचार मीडिया के लिए यह बात बेहद खतरनाक और लगभग जानलेवा है कि खबरों के सौदे की बात सार्वजनिक हो जाए। इसी तरह जब पत्रकार, लॉबिस्ट के हाथ में खेलने लगें और पाठकों तथा दर्शकों को इसका पता चल जाए तो मीडिया के लिए यह खतरनाक स्थिति है।

विश्वसनीयता के सवाल हाल के वर्षों में समाचार मीडिया के अंदर से प्रमुखता से उठाए जा रहे हैं। इसके पीछे मीडिया संगठनों की यही चिंता है। ऐसा नहीं है कि वे खबरों का धंधा बंद करना या उस पर किसी तरह का नियंत्रण लगाना चाहते हैं। लेकिन वे यह जरूर चाहते हैं कि पाठकों और दर्शकों का विश्वास बना रहे। मीडिया संगठनों की यह पहल कई रूप में सामने आई है। अपनी छवि और खबरों की विश्वसनीयता कायम रखने की मीडिया संगठनों की चिंता को इस बात से समझा जा सकता है कि जिन मीडिया संगठनों ने वर्ष 2009 के लोकसभा चुनावों में छपे हुए रेट कार्ड के साथ कवरेज के पैकेज बेचे, वे भी यह कह रहे हैं कि उन्होंने खबरों का सौदा नहीं किया। एक भी मीडिया संगठन खुलकर यह कहने का साहस नहीं कर रहा है कि उसने चुनावी कवरेज के पैकेज बेचे, जबकि राजनीति और मीडिया के क्षेत्र में यह बात जगजाहिर है।

कुछ मीडिया विश्लेषकों ने पेड न्यूज सिंड्रॉम को लेकर जिस तरह से चिंता जताई, वह रोचक है।

> कई विश्लेषक यह कहने लगे हैं कि खबरों में की जा रही इस तरह की मिलावट मीडिया इंडस्ट्री के लिए ठीक है और लंबी अवधि में यह विज्ञापनदाताओं के लिए भी फायदेमंद नहीं रहेगा। यह सोने के अंडे के लालच में मुर्गी को मारनेवाली हरकत है। कोई भी उद्योग थोड़े समय के फायदे के लिए अपने उत्पाद को खराब नहीं करता। खासकर अपने किसी ऐसे उत्पाद के साथ कोई कंपनी छेड़छाड़ नहीं करती या क्वालिटी के साथ समझौता नहीं करती, जो ग्राहक की आदत में शामिल हो। अखबार, पत्रिकाएं, चैनल–ये सब लोग लंबे-लंबे समय की आदत के मुताबिक देखते हैं। पत्रकारिता के लिए समाचार और विज्ञापन का घालमेल किस हद तक खतरनाक हो सकता है, इस बारे में पत्रकार सुरेंद्र किशोर की टिप्पणी गौरतलब है। हालांकि ये टिप्पणी लोकसभा चुनाव 2009 के दौरान कुछ अखबारों द्वारा समाचार के स्पेस को विज्ञापनों से भरने यानी पेड न्यूज के संदर्भ में है : 'यदि मीडिया की ताकत ही नहीं रहेगी तो कोई अखबार मालिक किसी सरकार को किसी तरह प्रभावित नहीं कर सकेगा। फिर उसे अखबार निकालने का क्या फायदा मिलेगा। यदि साख नष्ट हो गयी तो कौन सा सत्ताधारी नेता, अफसर या फिर व्यापारी मीडिया की परवाह करेगा। इसलिए व्यावहारिक दृष्टि से देखा

> जाए तो यह अखबार के संचालकों के हक में है कि छोटे-मोटे आर्थिक लाभ के लिए पैकेज पत्रकारिता को बढ़ावा न दें।'
>
> सुरेंद्र किशोर दरअसल भारतीय पत्रकारिता को एक नई बीमारी पैकेज पत्रकारिता या पेड न्यूज से बचने की नसीहत देते हुए अखबार निकालने के पीछे भारतीय मीडिया उद्योग के बाकी हितों और स्वार्थों की चर्चा भी वे यहां कर रहे हैं। वे यह नहीं चाहते कि मीडिया अपनी साख इस हद तक गंवा दे कि उसकी हैसियत ही खत्म हो जाए क्योंकि अगर मीडिया की साख ही नहीं बचेगी तो मीडिया के जरिए वे स्वार्थ पूरे नहीं पाएंगे, जिसके लिए कोई व्यवसायी मीडिया कारोबार शुरू करता है। अखबार मालिकों द्वारा सरकार को प्रभावित करनेवाली उनकी बात के मायने गंभीर हैं। सुरेंद्र किशोर पेड न्यूज का विरोध इस आधार पर नहीं कर रहे हैं कि यह अनैतिक है या पत्रकारिता और लोकतंत्र को इससे कोई नुकसान होगा, वे एक व्यावहारिक पक्ष लेते हैं और बताते है कि ऐसा करना मीडिया मालिकों के हित में भी नहीं होगा।[30]

राडिया कांड और पेड न्यूज विवाद के बाद मीडिया संगठनों की प्रतिक्रिया का अध्ययन करने से यह बात स्पष्ट होती है कि समाचार माध्यम खबरों के साथ चाहे जो करें, लेकिन हर हाल में वे विश्वसनीय नजर आना चाहते हैं। इसके अलावा बिजनेस मीडिया ने भी अपने ऊपर लगे आरोपों पर अपनी स्थिति स्पष्ट करने के लिए कदम उठाए। ऐसे मामलों में समाचार माध्यमों ने शुरुआत में तो चुप रहकर इस बात का इंतजार किया कि गुबार अपने आप शांत हो जाए, लेकिन जब हालात गंभीर हो गए तो कई मीडिया संगठनों ने अपनी प्रतिक्रिया सार्वजनिक की। मिसाल के तौर पर, 'लोकमत' अखबार में महाराष्ट्र के तत्कालीन मुख्यमंत्री अशोक चह्वाण के पक्ष में छपे रंगीन परिशिष्ट की सफाई देते हुए अखबार ने इसे अपनी विचारधारा से जोड़ने की कोशिश की और कहा कि अखबार सांप्रदायिकता का विरोधी है और कांग्रेस के पक्ष में उसका अभियान इसी विचारधारा के तहत है। जिन अखबारों ने न्यूज बेचा, उनमें से लगभग सभी ने यही कहा कि पेड न्यूज जैसी कोई बात नहीं हुई।

बिजनेस पत्रकारिता पर लंबे समय से यह आरोप लगते रहे हैं कि शेयरों की कीमतों को प्रभावित करने के लिए खबरें लिखी और दिखाई जाती हैं। हाल के वर्षों में टीवी पत्रकारों को लेकर संदेह गहरा हुआ है कि वे शेयरों की कीमतों को प्रभावित करने के लिहाज में सूचनाएं देते हैं और शेयर बाजार में अपने निवेश से पैसे कमाते हैं। शेयर मार्केट रेगुलेटर सेबी के पूर्व चेयरमैन एम. दामोदरन ने अपने एक चर्चित भाषण में 'एंकर इनवेस्टर' का जिक्र करके इस विवाद को संस्थागत मान्यता दे दी। इसके बाद से ही बिजनेस पत्रकारिता में आचार संहिता बनाने और उसे हर बीमारी के इलाज के तौर पर पेश करने और प्रचारित करने की होड़ सी लग गई। सीएनबीसी टीवी18, एनडीटीवी प्रॉफिट, बिजनेस स्टैंडर्ड और मिंट ने पत्रकारों के लिए आचार संहिताएं बनाई हैं। 'इकनॉमिक टाइम्स' ने तो अपने वेब एडीशन में आचार संहिता

को होम पेज पर प्रमुखता से रखा है। इस अखबार ने एक दिन अपने मुख्य पृष्ठ पर काफी प्रमुखता से आचार संहिता होने की बात प्रचारित की। इन आचार संहिताओं में कई बातें समान हैं। सभी आचार संहिताओं के केंद्र में पत्रकार हैं, गोया मीडिया की अनैतिकता और भ्रष्टाचार के स्रोत वही हों।

ये आचार संहिताएं मीडिया की इमेज बिल्डिंग और पब्लिक रिलेशन एक्सरसाइज के तहत हैं। मीडिया समूह जनसंपर्क के जरिए यह छवि बनाने की कोशिश कर रहे हैं कि वे विश्सनीयता और पत्रकारीय नैतिकता को लेकर कितने गंभीर हैं। छवि पर जब संकट है तो छवि निर्माण की जरूरत भी ज्यादा है। यह एक तरह की एजेंडा सेटिंग भी है ताकि लोग पत्रकारिता की गड़बड़ियों की जगह आचार संहिता को बातचीत के केंद्र में रखें और पत्रकारीय बेईमानियों को आचार संहिता के दायरे में देखें और परखें। मीडिया संगठन नहीं चाहते कि उनके स्वामित्व और कारोबारी ढांचे को लेकर कोई चर्चा हो। मीडिया की गड़बड़ियों की चर्चाओं से, जाहिर है कि, उन्हें परहेज है। पेड न्यूज के बारे में राज्यसभा में हुई चर्चा को लगभग तमाम मीडिया समूहों ने ब्लैक आउट कर दिया था। यह स्वाभाविक भी है।

आचार संहिता का अचार

जब कभी मीडिया की नैतिकता को लेकर बहस होती है, मीडिया संगठन आचार संहिता के दायरे में उस बहस को सीमित रखने की कोशिश करते हैं। मीडिया संगठनों को दरअसल किसी नई आचार संहिता की जरूरत ही नहीं है। प्रेस कौंसिल ने आर्थिक पत्रकारिता के एक आचार संहिता बनाई थी।[31] जिस तरह चुनावी कवरेज के लिए भी आचार संहिता है, उसी तरह सांप्रदायिक खबरों के कवरेज की भी आचार संहिता है। इन आचार संहिताओं का पालन होता तो न तो पेड न्यूज की समस्या आती, न ही एंकर इनवेस्टर्स जैसी परिघटना की। अगर इन आचार संहिताओं का पालन किया जाए तो किसी और आचार संहिता की जरूरत नहीं पड़ेगी, लेकिन मीडिया संगठनों के लिए इन पर अमल करना कठिन है। वे खुद धंधे में हैं और धंधे के केंद्र में पैसा होता है, आचार संहिता नहीं। आचार संहिता अगर पैसा कमाने में बाधक है तो उसका उल्लंघन होना तय है। प्रेस कौंसिल की पुरानी आचार संहिता के बाद नई स्थितियों में सेबी ने भी आर्थिक पत्रकारों के लिए एक आचार संहिता बनाई, जिसे लागू करने का दायित्व प्रेस कौंसिल पर है। जाहिर है, प्रेस कौंसिल की आचार संहिताओं की हैसियत उपदेश से ज्यादा नहीं है। इसलिए सेबी की बनाई संहिता का भविष्य भी अंधकारमय है।

और फिर जब मीडिया संगठन खुद पैसा कमाने के लिए सारी नैतिकताओं की बलि चढ़ाने को तैयार हैं तो तंत्र के एक प्यादे यानी पत्रकार पर नैतिक होने का सारा बोझ डालने का कोई मतलब नहीं है। पेड न्यूज पत्रकारों की नहीं, मीडिया संगठनों की बीमारी है। इसी तरह विज्ञापन के बदले कंपनियों में हिस्सेदारी पत्रकार नहीं, मीडिया

संगठन खरीदते हैं। इसी तरह मीडियानेट जैसे खबर बेचने के संस्थाबद्ध तरीके पर अमल मीडिया संगठन करते हैं। राडिया कांड में हालांकि कुछ पत्रकारों के आचरण की चर्चा ज्यादा हुई है, लेकिन इन कुकर्मों में मीडिया समूह और उनके मालिक भी गहरे धंसे हैं। इंडियाजरिपोर्ट डॉट कॉम के संपादक गिरीश निकम का मानना है कि राडिया कांड के आरोपों के दायरे में मीडिया समूह भी हैं। वे लिखते हैं 'जब राडिया के टेप सामने आए हैं। उसके बाद से पूरी चर्चा बरखा दत्त, वीर सांघवी और कुछ हद तक प्रभु चावला के इर्द गिर्द केंद्रित है। हालांकि राडिया टेप का मामला इन तीनों से आगे का है और अब यह जरूरी है कि कॉरपोरेट, मीडिया और राजनीति के नापाक गठबंधन का खुलासा करनेवाले इस प्रकरण के विभिन्न पहलुओं को पूरे परिप्रेक्ष्य में देखा जाए। यह दुर्भाग्यपूर्ण है कि राडिया कांड के पर्दाफाश के इतने समय बाद भी इन मीडिया समूहों के मालिकों, जैसे एनडीटीवी के डॉ. प्रणय रॉय, हिंदुस्तान टाइम्स की शोभना भरतिया, इंडिया टुडे समूह के अरुण पुरी, टाइम्स समूह के समीर या विनीत जैन या सीएनबीसी टीवी18 के मैनेजिंग डायरेक्टर राघव बहल ने अपने मीडिया घराने से जुड़े सवालों का कोई जवाब नहीं दिया।'

राडिया कांड के बाद कुछ मीडिया संगठनों में सफाई अभियान चला है लेकिन यह वास्तविक कम और दिखावटी ज्यादा है। मिसाल के तौर पर, मुकेश अंबानी के पक्ष में 'हिंदुस्तान टाइम्स' में अपना कॉलम समर्पित करनेवाले वीर सांघवी का कॉलम अब वहां नहीं छप रहा है लेकिन यह कॉलम जिस अंदाज में बंद किया गया, वह अपराध की स्वीकृति नहीं है। न ही ऐसा लगता है कि अखबार ने किसी अनैतिक आचरण के खिलाफ कार्रवाई की है। वीर सांघवी ने यह कॉलम बंद करने की घोषणा इस अंदाज में की मानो यह उनका अपना फैसला है। उन्होंने कहा है कि वे 'हिंदुस्तान टाइम्स' का अपना कॉलम 'काउंटरप्वाइंट' स्वेच्छा से बंद कर रहे हैं और उन्होंने विश्राम लिया है। उन्होंने पाठकों को यह भरोसा दिलाया है कि उनका कॉलम लौट आएगा।

स्पष्ट है कि वीर सांघवी या 'हिंदुस्तान टाइम्स' अपनी विश्वसनीयता को लेकर चिंतित तो हैं, लेकिन उन्हें इस बात का भरोसा है कि पाठकों की याददाश्त लंबी नहीं होती। वीर सांघवी को अपना कॉलम फिर शुरू करने के लिए विवाद के शांत पड़ने और लोगों के भूल जाने का भरोसा है। इसके बावजूद इस कॉलम का बंद होना यह साबित करता है कि मीडिया संगठनों को छवि की चिंता है।

'हिंदुस्तान टाइम्स' ने अपनी ओर से एक स्पष्टीकरण[32] भी जारी किया जिसमें यह कहा गया है कि 'हिंदुस्तान टाइम्स' के सलाहकार संपादकीय निदेशक वीर सांघवी और एक 'लॉबिस्ट' नीरा राडिया के बीच बातचीत के बारे में जो छापा गया है कि उसकी सच्चाई का पता नहीं चल सकता। 'हिंदुस्तान टाइम्स' यह स्पष्टीकरण तब दे रहा था, जब नीरा राडिया, बरखा दत्त, प्रभु चावला या वीर सांघवी समेत इस टेप में शामिल किसी भी किरदार ने यह नहीं कहा था कि ये टेप नकली हैं। 'हिंदुस्तान

टाइम्स' ने अपने सलाहकार संपादकीय निदेशक की जिम्मेदारी से सीधे हाथ झाड़ लिया है। 'हिंदुस्तान टाइम्स' का कहना है कि वीर सांघवी ने जिन मुद्दों पर नीरा राडिया से बातचीत की है उसके बारे में उसे सिर्फ यह कहना है कि लोगों को वीर सांघवी की साइट वीरसांघवी डॉट कॉम पर उनका स्पष्टीकरण देखना चाहिए। अखबार ने आश्चर्यजनक रूप से कहा कि वीर सांघवी उसके लिए 'काउंटरप्वाइंट' नाम का एक कॉलम लिखते हैं। किसी भी और कॉलम लेखक की तरह इस कॉलम में व्यक्त विचार भी कॉलम लेखक के हैं। यह बात आसानी से हजम होनेवाली नहीं है क्योंकि वीर सांघवी 'किसी भी और कॉलम लेखक की तरह' साधारण कॉलम लेखक नहीं हैं। 'हिंदुस्तान टाइम्स' के साथ उनका एक और रिश्ता सलाहकार संपादकीय निदेशक है, जिसका जिक्र (सलाहकार संपादकीय निदेशक) इसी स्पष्टीकरण में ऊपर आया है।

'हिंदुस्तान टाइम्स' ने इस सफाई के साथ यह भी कहा है कि 'अपने पाठकों को निष्पक्ष, संतुलित और ईमानदारी से खबर और विश्लेषण देने के लिए समूह उच्चतम स्तर की आचार संहिता, विश्वसनीयता और पारदर्शिता का पालन करता है।'

'हिंदुस्तान टाइम्स' द्वारा दिए गए स्पष्टीकरण से सहमति या असहमति हो सकती है, लेकिन इस बात से इनकार नहीं किया जा सकता है कि अखबार अपनी छवि को लेकर बेहद गंभीर है। पाठकों को इस बात का एहसास हो या न हो, लेकिन अखबार को मालूम है कि इस तरह के विवादों में जो चीज दांव पर लगी होती है, उसकी कीमत कितनी ज्यादा है। इस विवाद में जो चीज दांव पर लगी है, वह है अखबार की विश्वसनीयता यानी पाठक का यह भरोसा कि वह अखबार में जो पढ़ रहा है, वह भरोसे के काबिल है। राडिया कांड ने इस भरोसे को गहरी चोट पहुंचाई है। यह खेल चुपचाप चलता रहता तो अखबार को इस बात से शायद कोई फर्क नहीं पड़ता कि वीर सांघवी क्या लिख रहे हैं लेकिन राडिया कांड ने वीर सांघवी, अखबार और पाठक के बीच के अंतर्संबंध को नए धरातल पर खड़ा कर दिया। खेल के नियम न बदल गए होते तो हिंदुस्तान टाइम्स अपने सलाहकार संपादकीय निदेशक का कॉलम बंद न करता। राडिया कांड की गंभीरता को भी यह बात रेखांकित करती है।

राडिया टेप में आए एक और पत्रकार प्रभु चावला की बात करें तो 'इंडिया टुडे' समूह ने उन्हें अपनी बात कहने के लिए अपने चैनल हेडलाइंस टुडे का मंच दिया, यहां 'द हिंदू' के संपादक एन राम ने प्रभु चावला को क्लिन चिट दी और यह भी कहा कि प्रभु चावला को इस कार्यक्रम में बुलाने की जरूरत नहीं थीं। इसके बावजूद चावला को इंडिया टुडे समूह से जाना पड़ा। नीरा राडिया के साथ बातचीत के बारे में प्रभु चावला ने कई लोगों को एक मेल भेजकर अपना पक्ष रखा जिसे गिरीश निकम ने अपनी साइट इंडियाज रिपोर्ट में 27 नवंबर, 2010 को प्रकाशित किया। प्रभु चावला ने यह लिखा कि नीरा राडिया के साथ उनकी बातचीत का ए राजा के 2जी स्पेक्ट्रम

घोटाले से कोई लेना-देना नहीं है। साथ ही उन्होंने यह भी लिखा है कि उनका वकील बेटा अंकुर अनिल अंबानी समूह का वकील (रिटेनर) है और यह बात उन्होंने नीरा राडिया को बताई। प्रभु चावला जो कह रहे हैं उसमें तीसरी महत्त्वपूर्ण बात यह है कि वे अंबानी भाईयों के झगड़े में किसी का पक्ष नहीं ले रहे हैं। गिरीश निकम ने इसका जबाव देते हुए राडिया और चावला की बातचीत के कुछ अंश फिर से छापे और बताया कि प्रभु चावला इस विवाद में अपनी पत्रकारीय भूमिका के अलावा कुछ और भी भूमिका निभा रहे थे।

इंडिया टुडे समूह ने इस मामले में चुप रहने की रणनीति अपनाई। प्रभु चावला की इंडिया टुडे समूह से विदाई क्यों हुई यह कहना मुश्किल है, लेकिन इसे नीरा राडिया कांड से जोड़कर देखा जा सकता है। हालांकि मीडिया संगठन अपनी छवि को लेकर कितने गंभीर या अगंभीर हैं, इसका अंदाजा इस बात से लगाया जा सकता है कि न्यू इंडियन एक्सप्रेस समूह ने प्रभु चावला को बेहद महत्त्वपूर्ण भूमिका में रख लिया है।

मीडिया की प्रतिक्रिया : लोग भूल जाएंगे!

राडिया टेप में आए एक और पत्रकार गणपति सुब्रह्मण्यम की टाइम्स समूह से विदाई हो गई है। टाइम्स नाउ ने राडिया टेप में आई पत्रकार नविका कुमार को लगभग दो महीने तक ऑफ एयर (टीवी स्क्रीन पर नजर न आना) रखा, लेकिन उनकी पर्दे पर वापसी हो चुकी है। यहां भी मामला विवाद के ठंडा पड़ने और लोगों की याददाश्त के कमजोर होते चले जाने का लगता है। टाइम्स ऑफ इंडिया समूह को शायद ऐसा लगता है कि नविका कुमार का जिक्र राडिया टेप में होने की बात को लोगों ने या तो महत्त्व नहीं दिया, या फिर वे इसे भूल चुके हैं।

ज्यादातर मीडिया समूहों ने राडिया कांड को लेकर अपने कर्मचारियों पर कार्रवाई न करने की नीति अपनाई है। इनमें बरखा दत्त और राजदीप सरदेसाई का नाम सबसे ऊपर है। बरखा दत्त को सफाई देने का मौका उपलब्ध कराने के लिए एनडीटीवी ने एक घंटे का कार्यक्रम आयोजित किया, जिसमें कई संपादकों को बुलाया गया। एनडीटीवी के प्रबंधन की ओर से दूसरे मीडिया संगठनों को यह चेतावनी दी गई कि वे बरखा दत्त को लेकर खबरें लिखने में सावधानी बरतें वरना कानूनी कार्रवाई की जाएगी। यह चेतावनी एनडीटीवी के सबसे प्रमुख अधिकारियों में से एक नारायण राव की ओर से आई, जो एनडीटीवी के ग्रुप सीईओ और एक्जिक्यूटिव डायरेक्टर हैं। कंपनी के सबसे बड़े अफसर का स्पष्टीकरण देने के लिए सामने आना यह दर्शाता है कि विश्वसनीयता को लेकर एनडीटीवी की चिंता का स्तर क्या है। इस स्पष्टीकरण में नारायण राव ने लिखा है कि 'ये अप्रमाणित, निराधार और मानहानि के उद्देश्य से लगाए गए आरोप हैं और हम इसके विरुद्ध उचित कार्रवाई कर सकते हैं।'[33] हालांकि यह बात और है कि एनडीटीवी ने ओपन या आउटलुक पत्रिका या बरखा दत्त के बारे

में लिखने वाले किसी वेब साइट के खिलाफ 'उचित कार्रवाई' नहीं की। बरखा दत्त ने भी अपने स्पष्टीकरण ने कहा कि मीडिया की नैतिकता पर बहस से उन्हें परहेज नहीं है, लेकिन वे चाहती हैं कि इस बहस के दायरे में 'चरित्रहनन' को भी शामिल किया जाए।

बाकी मीडिया समूहों की बात करें तो 'इकनॉमिक टाइम्स' ने संपादकीय विभाग के अन्य कर्मचारियों के खिलाफ कोई कार्रवाई नहीं की। राजदीप सरदेसाई तो इस विवाद में गंभीर आरोपों के बावजूद पत्रकारीय नैतिकता पर ही बात करते रह गए। उन्हें शायद इस बात का फायदा मिला कि वे अपनी कंपनी के मालिकों में से एक हैं और पत्रकारीय नैतिकता के दायरे में मालिक नहीं आते। राजदीप सरदेसाई नीरा राडिया के साथ बातचीत में मुकेश अंबानी के सहयोगी मनोज मोदी को अपनी कंपनी के एक बड़े अधिकारी समीर मनचंदा से मिलवाने की बात करते हैं लेकिन नीरा राडिया कांड पर लिखते या बात करते समय वे इस बात का जिक्र नहीं करते कि ऐसा करना उनकी पत्रकारीय जिम्मेदारियों के तहत था या नहीं। राजदीप सरदेसाई ने अपने ब्लॉग[34] में राडिया प्रकरण में पत्रकारों की भूमिका को उजागर करनेवाले प्रकाशनों की जमकर खिंचाई की और उनकी भूमिका को 'दुर्भाग्यपूर्ण' कहा। राजदीप सरदेसाई का मानना है कि चंद पत्रकारों के कारनामों को उजागर करने की जगह मीडिया को, राडिया कांड को पत्रकारिता और नीति निर्माण पर असर के रूप में देखना चाहिए क्योंकि चंद पत्रकारों पर फोकस करने की वजह से वे बड़ी तस्वीर को नहीं देख पा रहे हैं। राजदीप सरदेसाई इस मामले में लॉबिस्ट की भूमिका को लेकर तो गंभीरता दिखाते हुए नजर आते हैं, लेकिन पत्रकारों को लेकर वे नरमी बरतते हैं। राजदीप सरदेसाई क्या कह और लिख रहे थे, यह महत्त्वपूर्ण है क्योंकि जिस समय ये टेप सार्वजनिक हुए, उस समय वे एडीटर्स गिल्ड के अध्यक्ष थे।

एडीटर्स गिल्ड ने इस कांड को लेकर जिस तरह की चुप्पी साधे रखी, वह भी आश्चर्यजनक है क्योंकि भारतीय पत्रकारिता के लिए इस कांड के महत्त्व को लेकर राजदीप सरदेसाई का पक्ष चाहे जो भी हो, लेकिन वे इसे बेहद महत्त्वपूर्ण घटना मानते हैं। पेड न्यूज को लेकर विवाद में भी एडीटर्स गिल्ड एक अक्षम संगठन साबित हुआ। इसकी एक वजह शायद यह भी है कि एडीटर्स गिल्ड में संपादक से कहीं ज्यादा मालिक-संपादकों का बोलबाला है और जो संपादक वहां हैं, वे अपने समूह के कारोबारी और अन्य हितों के खिलाफ जाने का जोखिम नहीं उठा सकते। इस तरह से एडीटर्स गिल्ड वास्तविक अर्थों में मीडिया समूह के हितों की रक्षा करनेवाला संगठन बन गया है।

राजदीप सरदेसाई अपने ब्लॉग में मीडिया के कदाचार को अंडरप्ले करते हैं और यह कहते हैं कि 2जी स्पेक्ट्रम घोटाले से लेकर, कॉमनवेल्थ खेल घोटाले और आदर्श सोसायटी घोटाले को उजागर करने में मीडिया ने शानदार भूमिका निभाई। गोया कुछ

घोटाले का पर्दाफाश करने की वजह से मीडिया को वह सब करने की छूट दे देनी चाहिए, जो राडिया कांड में हुआ।

इन सबके बावजूद, कुल मिलाकर मीडिया संगठन इस मामले में खुद को सजग और संजीदा साबित करते नजर आए। इस कांड को लंबे समय तक रिपोर्ट न करना और इसे नजरअंदाज करना भी सोची-समझी रणनीति के तहत था। बाद में जब बात बहुत बढ़ गई तो कई संपादकों ने इस पर टिप्पणियां लिखीं और उससे भी बड़ी संख्या में संपादकों ने टीवी चैनल पर जाकर नैतिकता और आदर्श के बारे में भाषण दिए। यह सब मीडिया का अपना पब्लिक रिलेशन था। यह सब जरूरी था। जो है, उसके लिए पब्लिक रिलेशन की जरूरत कम होती है। असली छवि के सामने एक आभासी छवि बनाने के लिए पब्लिक रिलेशन की जरूरत ज्यादा पड़ती है। हाल के वर्षों में समाचार माध्यमों ने काफी गंभीरता के साथ अपना पब्लिक रिलेशन किया है।

लगभग सभी बड़े मीडिया हाउस प्रोफेशनल पब्लिक रिलेशन फर्म की सेवाएं लेते हैं। सवाल मीडिया की अपनी छवि का है। इसे बचाए रखना बेहद जरूरी है। इसके बिना धंधा नहीं हो सकता।

पब्लिक रिलेशन और कॉरपोरेट कम्युनिकेशन ये पब्लिक है, पर सब नहीं जानती है

एक काल्पनिक क्लाइंट : जेनेटिकली मोडिफाइड (जीएम) बीज बनानेवाली एक बहुराष्ट्रीय कंपनी।

एक काल्पनिक समस्या : कंपनी भारत में जीएम बीज बेचना चाहती है, लेकिन भारतीय कानून के तहत ऐसे बीज नहीं बेचे जा सकते। भारत में जीएम बीज और जीएम फूड को लेकर काफी विरोध भी है, और एनजीओ के साथ ही कई वैज्ञानिक भी इसके खिलाफ अभियान चला रहे हैं।

यह बेहद वास्तविक, लेकिन काल्पनिक स्थिति है। ऐसी स्थितियां देसी-विदेशी कंपनियों से लेकर सरकारी विभागों, राजनीतिक दलों, नेताओं और एनजीओ के सामने आती रहती है जब इन संस्थाओं या व्यक्तियों के हित जनमत से टकराते हैं। इस खास स्थिति में कल्पना कीजिए कि बीज कंपनी ने एक पब्लिक रिलेशन यानी पी आर फर्म एबीसी पब्लिक रिलेशन को अपने पक्ष में माहौल बनाने का ठेका दिया।

आधुनिक पब्लिक रिलेशन बारीकियों में काम करता है। अच्छा पब्लिक रिलेशन वह माना जाता है, जिसमें लोगों को इसका पता ही न चले कि पब्लिक रिलेशन का काम किया गया है। (इस मायने में नीरा राडिया को असफल माना जाएगा कि वह छवि बनाने और समाचार बनवाने के क्रम में खुद ही समाचार बन गईं। पब्लिक रिलेशन का काम नजर आना चाहिए, पब्लिक रिलेशन नहीं।) बहरहाल मौजूदा केस स्टडी में क्लाइंट कंपनी अपने बीज भारत में बेचना चाहती है लेकिन यह काम विज्ञापन देकर नहीं हो सकता। कंपनी अगर यह विज्ञापन दे कि जीएम बीज कितने जरूरी हैं तो उसकी बात कोई नहीं सुनेगा। उलटे यह माहौल बन जाएगा कि एक विदेशी कंपनी भारतीय जनता की सेहत के साथ खिलवाड़ करना चाहती है। कंपनी प्रेस रिलीज देकर अपनी बात कहेगी तो भी उसे नहीं सुना जाएगा।

ऐसा स्थिति में पी आर फर्म का हस्तक्षेप होता है। पी आर फर्म कंपनी के बीज बेचने की बात नहीं करेगी। पहले चरण में एबीसी देश और विदेश के कुछ कृषि विज्ञानियों और खाद्य सुरक्षा एक्सपर्ट से ऐसे लेख लिखवाएगी कि भारत में बढ़ती

आबादी के लिए अनाज की कितनी कमी है और यह कितना बड़ा संकट है। टेलीविजन चैनलों को मैनेज करके वहां भी ऐसे कार्यक्रम किए जाएंगे जहां एक्सपर्ट खाद्य सुरक्षा और खेती में ठहराव के बारे में बात करेंगे। भूख से लोगों के मरने की खबरों के बीच इस बात की चिंता जताई जाएगी कि भारत में खेती की उपज का तेजी से बढ़ना कितना जरूरी है। देश में यह माहौल बनाया जाएगा कि खेती के क्षेत्र में तकनीक के स्तर पर भारी बदलाव की जरूरत है। इसी बीच पी आर फर्म राजनीतिक दलों और सांसदों तथा विधायकों तक भी यह बात पहुंचाती है। कुछ एनजीओ को भी इस बात के लिए तैयार किया जाता है कि वे खेती के संकट पर बात करें और भूख से होनेवाली मौतों के विरोध में सेमिनार आयोजित करें। देश की राजधानी में इस सवाल पर रैली करके इसकी खबर को भी व्यापक कवरेज दिया जाता है।

यहां तक पी आर कंपनी ने जीएम बीज की बात नहीं की है लेकिन देश में जब खेती के संकट और खाद्य सुरक्षा के खतरे में होने के लिए माहौल बन जाता है तो कृषि विज्ञानियों और एक्सपर्ट इस संकट के समाधान के रूप में जीएम बीज को पेश करते हैं। माहौल बनाने के लिए पत्र-पत्रिकाओं, चैनलों और तमाम अन्य मंचों का इस्तेमाल किया जाता है। सांसदों, विधायकों तथा राजनीतिक दलों के बीच भी कंपनी के समर्थकों का एक समूह बनाया जाता है जो कंपनी का नाम लिए बगैर जीएम बीज की वकालत करते हैं। कृषि मंत्रालय में अफसरों को भी इसके लिए तैयार किया जाता है कि वे इस एजेंडे को आगे बढ़ाएं। विरोध करनेवाले वैज्ञानिकों और एनजीओ को अपने पक्ष में लाने या न्यूट्रल बनाने की कोशिश की जाती है। ऐसी खबरें छपवाई जाती हैं कि जीएम खेती से दुनिया के कई हिस्सों में पैदावार दो गुनी और तीन गुनी हो गई है। मीडिया समूहों और पत्रकारों के बीच से समर्थक ढूंढ़े जाते हैं। उनके जरिए ऐसे किसानों की खुशहाली के किस्से दिखाए और बताए जाते हैं। इसी स्तर पर सिनेमा और क्रिकेट के स्टार का प्रेस कॉन्फ्रेंस करके दिखाया जाता है कि वे जीएम फूड खाते हैं और इस तरह स्वास्थ्य सुरक्षा से जुड़ी आशंकाओं को दूर करने की कोशिश की जाती है।

कुल मिलाकर कंपनी का नाम लिए बगैर जीएम बीज के लिए माहौल बना दिया जाता है। ऐसे माहौल में इस बात के आसार ज्यादा हैं कि जीएम बीज को बेचने की इजाजत देने के लिए कानून बना दिया जाए। पी आर कंपनी ने अपने क्लाइंट के लिए इस मामले में 'एनवायरनमेंट मैनेजमेंट' का काम किया यानी माहौल को उसके पक्ष में मोड़ने में भूमिका निभाई। उसने कंपनी के प्रोडक्ट को सीधे तौर पर बेचने की जगह उसके लिए रास्ता साफ किया, जिसके बाद कंपनी अपना कारोबार कर सकती है।

इसी तरह न्यूक्लियर रिएक्टर और उसके लिए ईंधन बेचने वाली फर्म के लिए पी आर करनेवाली फर्म न्यूक्लियर रिएक्टर के पक्ष में अभियान चलाने से पहले देश

में बिजली की कमी और इस वजह से विकास के बाधित होने की बात एक्सपर्ट के जरिए करवाती है। सीधे-सीधे यह कहने का असर नहीं होगा कि एक्स या वाई कंपनी न्यूक्लियर रिएक्टर बनाती है और भारत सरकार को उससे रिएक्टर खरीदना चाहिए। भारत-अमेरिका परमाणु करार को लेकर जब देश की राजनीति गरम थी और यूपीए-1 सरकार पर संकट छाया हुआ था, तब देश के अखबारों और चैनलों में कई एक्सपर्ट देश में बिजली संकट की बात करने लगे थे। यह माहौल बनाया गया कि परमाणु बिजली भविष्य का समाधान है और इसके बिना देश का विकास संभव नहीं है। इस दौरान यह भी देखा गया कि परमाणु संधि के विरोधी लेखकों और विचारकों को समाचारपत्रों और पत्रिकाओं में जगह नहीं दी गई। टीवी कार्यक्रमों में भी संधि समर्थक तीन एक्सपर्ट के मुकाबले संधि विरोधी एक व्यक्ति को बिठाया गया और कई बार तो सिर्फ परमाणु संधि के समर्थकों के साथ कार्यक्रम किए गए। इस तरह यह माहौल बनाने की कोशिश की गई कि देश के तमाम एक्सपर्ट और इस तरह पूरा देश परमाणु संधि के पक्ष में है।

केस स्टडी कोका कोला

अब कुछ वास्तविक केस स्टडी देख लें। कोका कोला भारत में अक्सर विवादों में फंसती रही है। इसलिए पब्लिक रिलेशन पर उसका खास जोर भी है। इंटिग्रल पी आर नाम की कंपनी कोका कोला इंडिया का पब्लिक रिलेशन देखती है। इंटिग्रल पी आर ने अपनी कामयाबी की कहानी अपनी वेब साइट पर डाली है। 'कीपिंग द फिज़' शीर्षक से इसमें लिखा गया है कि–

> कोका कोला इंडिया की कुछ साल पहले तक भारतीय मीडिया खूब धुनाई करता था। इनके क्रियाकलापों को लगातार आलोचनात्मक नजरिए से देखा जाता था। इंटिग्रल ने नकारात्मक सोच को बदलने के लिए अखिल भारतीय स्तर पर निष्पक्ष पत्रकारों का एक पूल बनाया। इन पत्रकारों ने कंपनी की समाज समर्थक (कम्युनिटी फ्रेंडली) छवि को सामने रखा। इंटिग्रल ने कोका कोला के बारे में सकारात्मक राय बनाने के लिए सही समय पर कंपनी की सही छवि पेश की और बातचीत तथा खुलेपन का माहौल बनाया।[35]

इंटिग्रल पी आर कई और कामों के अलावा इमेज और परसेप्शन मैनेजमेंट का काम भी करती है। कंपनी की राय में, किसी भी संस्था की साख उसके बारे में समाज में बनी छवि से निर्धारित होती है। इंटिग्रल का कहना है कि सकारात्मक छवियों के जरिए किसी भी कारोबार से जुड़े पक्षों के फैसलों को प्रभावित करने की जरूरत होती है। इसके लिए इन पक्षों की बदलती राय को समझना आवश्यक होता है।

इंटिग्रल पी आर ने कोका कोला के लिए जो कुछ करने का दावा किया, वह भारतीय पत्रकारिता पर गंभीर टिप्पणी है। कोई पी आर कंपनी पत्रकारों का *अखिल*

भारतीय स्तर पर पूल बना सकती है और उनके जरिए किसी विवादास्पद कंपनी के पक्ष में अभियान चला सकती है, यह अपने आप में चौंकाने वाली बात है।

कोका कोला और पेप्सी जब पेस्टिसाइड विवाद में फंसी थी, तब उन्होंने पब्लिक रिलेशन के क्षेत्र में जो काम किया, उस पर कई शोधकर्ताओं ने काम किया है। ऐसे ही एक शोध पत्र[36] में कोका कोला की रणनीति का जिक्र किया गया है। इसमें कहा गया है कि :

कोला में पेस्टिसाइड होने के बारे में सेंटर फॉर साइंस एंड एनवायरनमेंट के आरोप और कोका कोला की ओर से उस पर जताई गई प्रतिक्रिया का अध्ययन महत्त्वपूर्ण है। इससे पता चलता है कि दुनिया के एक महत्त्वपूर्ण ब्रैंड ने हमलों का जवाब किस तरह दिया। कोक इंडिया के सीईओ संजीव गुप्ता और उनकी टीम ने फिर से लोगों का भरोसा जीतने के लिए रणनीति बनाई। जिन फैसलों पर अमल किया गया, उनमें प्रमुख हैं–

1. इस मामले से जुड़े तमाम पक्षों–आम लोगों, मीडिया, कर्मचारी, फ्रेंचाइजी, राज्य और केंद्र सरकार से खुलकर बात की जाए। यह संदेश दिया जाए कि हम इस मामले को उपभोक्ताओं के हित का ध्यान रखते हुए सुलझाना चाहते हैं।
2. सेंटर फॉर साइंस के साथ मिलकर काम करने की कोशिश की जाए। इस बात को स्वीकार किया जाए कि आपने जो सोचा था, वह लक्ष्य मिलकर हासिल करना आसान होगा।
3. सामाजिक रूप से जिम्मेदार कंपनी के रूप में दिखने की कोशिश करना। प्रमुख पक्षों के लिए जो बात महत्त्वपूर्ण है, वहां आगे बढ़कर पहल करना।
4. कॉरपोरेट स्तर पर यह स्वीकार करना कि विश्वसनीयता के संकट का सकारात्मक नतीजा निकल सकता है।
5. कंपनी की पर्यावरण के क्षेत्र में की गई पहल को आम लोगों, सरकार और मीडिया तक पहुंचाने के लिए कोका कोला इको मैनेजमेंट सिस्टम लॉन्च करना।

केस स्टडी : टवेरा[37]

जनरल मोटर्स (जीएम) भारत में शेवर्ले सीरिज की कारें बेचती है। इसके मल्टियूटिलिटी वीकल (एमयूवी) के लॉन्च के समय पी आर कंपनी ने किस तरह काम किया, इसका जिक्र खुद पी आर कंपनी सीएमसीजी ने अपनी साइट पर केस स्टडी, या कहें सक्सेस स्टोरी के रूप में किया है।

कंपनी बताती है कि दुनिया की सबसे बड़ी कार कंपनी होने और भारत में काफी पहले से सक्रिय होने के बावजूद जनरल मोटर्स की कारें भारत में ज्यादा नहीं बिकती

हैं। इसका ओपल ब्रैंड महंगा होने के कारण नहीं चला और ऑप्ट्रा ब्रैंड को भी जापानी कारों के मुकाबले सीमित सफलता ही मिली। इस वजह से जीएम ने शेवर्ले टवेरा लॉन्च करने का फैसला किया।

पी आर कंपनी बताती है कि जापानी कंपनी टोयोटा ने एमयूवी बाजार में पहले से ही धाक जमा ली थी और टवेरा के बारे में यह छवि थी कि यह कोरियाई कंपनी दायवू का मॉडल है जबकि सच यह था कि यह जापानी गाड़ी इसूजू पैंथर का नया अवतार था।

इस छवि को तोड़ने और ब्रैंड को जमाने के लिए पी आर कंपनी सीएमसीजी ने टवेरा के लॉन्च को पूरे देश में मीडिया हाइप देने की रणनीति पर काम किया ताकि लॉन्च के साथ ही यह गाड़ी छा जाए। एक लक्ष्य यह भी तय किया गया कि लॉन्च के साथ कंपनी के अधिकारियों की ज्यादा से ज्यादा तस्वीरें छप सकें। इसके लिए पी आर कंपनी ने 6 दिन में देश में 15 प्रेस कॉन्फ्रेंस किए। तीन दिन तो ऐसे रहे जब हर दिन तीन-तीन प्रेस कॉन्फ्रेंस किए गए। हर जगह पर कंपनी के सीईओ, सीओओ और सीनियर वाइस प्रेसिडेंट की मौजूदगी रही।

पी आर कंपनी अपनी कामयाबी बयान करते हुए बताती है कि 10 दिन के अंदर देश में 350 से ज्यादा खबरें इस बारे में छपीं। जीएम इंडिया के सीओओ ने इसे पी आर का चमत्कार कहा। इस गाड़ी की इतनी जबर्दस्त बुकिंग हुई कि तीन महीने के लिए ऑर्डर फुल हो गए। इस वजह से विज्ञापन अभियान को चार महीने के लिए स्थगित करना पड़ा। जीएम की बिक्री में 400 फीसदी की बढ़ोतरी हुई।

केस स्टडी : डेकिन यूनिवर्सिटी, ऑस्ट्रेलिया

डेकिन यूनिवर्सिटी, ऑस्ट्रेलिया के नए विश्वविद्यालयों में एक है और अपने कारोबार के लिए विदेशी विद्यार्थियों पर काफी हद तक निर्भर है। भारत से ज्यादा से ज्यादा विद्यार्थियों को वह आकर्षित करना चाहती है। इस काम को आगे बढ़ाने के लिए उसने भारत में पब्लिक रिलेशन फर्म 'गुड रिलेशंस' को काम पर लगाया। उसे यूनिवर्सिटी की छवि सुधारने और उसके बारे में किसी भी नकारात्मक खबर से निबटने का काम सौंपा गया। साथ ही, ऑस्ट्रेलिया से आनेवाले फेकल्टी मेंबर्स को मीडिया कवरेज दिलाना भी उसके काम में शामिल था।

'गुड रिलेशन' ने अपनी साइट पर यह बताया है कि उसने इस जिम्मेदारी को पूरा करने के लिए क्या-क्या किया। उसने भारतीय मीडिया में डेकिन यूनिवर्सिटी के लिए कई 'दोस्त' बनाए। उसने डेकिन और उसके प्रवक्ता की कॉरपोरेट इमेज बेहतर बनाने के लिए काम किया और विदेश से आनेवाले शिक्षकों और भारतीय मीडिया के बीच संवाद कराया। प्रमुख प्रकाशनों में डेकिन के शिक्षकों के लेख छपवाने का बंदोबस्त किया गया।

इस दौरान जब ऑस्ट्रेलिया में भारतीय विद्यार्थियों पर हमले होने लगे और मीडिया में इसकी खबरें आने लगीं तो 'गुड रिलेशन' ने डेकिन के लिए क्राइसिस मैनेजमेंट का भी काम किया। जिन विद्यार्थियों पर हमले हुए थे, उनमें एक डेकिन यूनिवर्सिटी का भी था। 'गुड रिलेशन' ने मीडिया में डेकिन का पक्ष रखा और बताया कि ये पूरी तरह से नस्लवादी हमले नहीं हैं। उसने यूनिवर्सिटी के ब्रैंड अंबेसडर क्रिकेटर ब्रेट ली से मीडिया की बात कराई। इस तरह डेकिन की विश्वसनीयता और कारोबार को बनाए रखने और आगे बढ़ाने में 'गुड रिलेशन' ने अपनी भूमिका निभाई।

केस स्टडी : फॉक्सवैगन पसात

फॉक्सवैगन की नई कार के लॉन्च का पब्लिक रिलेशन 20 : 20 मीडिया नाम की पी आर फर्म ने संभाला। इसके लिए बहुत बड़े पैमाने पर मीडिया मैनेजमेंट किया गया जिसके बारे में पब्लिक रिलेशन फर्म का कहना है कि यह अभूतपूर्व था। सभी बिजनेस चैनलों और प्रमुख अखबारों में इसका कवरेज किया गया। एक महीने तक भारतीय पत्रकारों ने जर्मनी में इस कार का टेस्ट ड्राइव किया। इस तरह मीडिया में 300 कवरेज मिले। 20 : 20 मीडिया ने अपनी साइट में फॉक्सवैगन के एक अधिकारी कर्स्टन सेफर्ट का बयान छापा है जिसमें उन्होंने मीडिया इवेंट को ठीक से 'हैंडल' करने पर खुशी जताई है।

केस स्टडी : हेवट पैकार्ड

हेवट पैकार्ड यानी एचपी की ओर से पब्लिक रिलेशन फर्म 20 : 20 मीडिया, 30 से ज्यादा वरिष्ठ पत्रकारों को हिमालय के राजसी होटल आनंदा लेकर गई। 2011 के रेट से आनंदा में एक कमरे का एक दिन का कम-से-कम रेट 16000 रुपए है। पत्रकारों का यह ट्रिप तीन दिन और दो रात का था। पब्लिक रिलेशन कंपनी ने इसे बिजनेस-कम-प्लेजर ट्रिप का नाम दिया। इस ट्रिप का मकसद सूचनाओं का आदान-प्रदान और *लॉन्ग टर्म रिलेशनशिप* विकसित करना था।[38]

इसी तरह जब उड़ीसा में वेदांता के माइनिंग प्रोजेक्ट को लेकर आंदोलन चल रहा था और इस प्रोजेक्ट पर खतरा मंडराने लगा तो पी आर फर्म सक्रिय हो गईं और ऐसी खबरें छपवाई गईं कि वेदांता ने उस इलाके में आदिवासियों के हित में कितना काम किया है। एक खबर ऐसी भी छपी कि लोग चाहते हैं कि वेदांता रहे या जाए, लेकिन कंपनी ने लोगों की भलाई के लिए जो काम शुरू किए हैं, वे जारी रहने चाहिए। इन खबरों में कहीं यह नहीं कहा गया कि वेदांता को माइनिंग का अधिकार मिलना चाहिए बल्कि यहां यह छवि बनाने की कोशिश की गई कि वेदांता का होना किस तरह उन आदिवासियों के हित में है, जिन्हें उजाड़कर वहां माइनिंग होनी है। इस काम के लिए मीडिया के अलावा एनजीओ का इस्तेमाल किया गया।

ऐसे वाकये देश में बेशुमार हैं। मिसाल के तौर पर, सोया फूड बेचने के लिए माहौल बनाने के क्रम में पी आर एजेंसियों ने ऐसा माहौल बनाया कि सोयाबीन का प्रोटीन दुनिया का सर्वश्रेष्ठ प्रोटीन है। इस बात को देश के प्रमुख डॉक्टरों से कहलवाया गया। इसका असर यह हुआ कि आज भी कई लोग मानते हैं कि सोया प्रोटीन सबसे अच्छा प्रोटीन है। कई बार दो परस्पर विरोधी कारोबारी हितों के लिए अलग-अलग पी आर फर्म काम करने लगती हैं और हास्यास्पद स्थिति पैदा हो जाती है। जैसे, एक फर्म यह बताने के लिए लेख और इंटरव्यू छपवा रही है कि सरसों का तेल खाने से दिल का दौरा पड़ने की आशंका बढ़ जाती है, वहीं दूसरी फर्म यह अभियान चलाती है कि सरसों का तेल दिल के लिए सबसे अच्छा है। कई बार एक ही अखबार या चैनल पर ये विरोधी बातें आ जाती हैं।

इसी तरह लौह अयस्क के निर्यात के सवाल पर माइनिंग कंपनियों और देसी स्टील कंपनियों की लॉबी एक साथ सक्रिय रही। माइनिंग कंपनियां इस बात के लिए पी आर कराती हैं कि माइनिंग से किस तरह लाखों लोगों की जिंदगियां जुड़ी हैं और लौह अयस्क बेचने से किस तरह भारत को विदेशी मुद्रा और टैक्स मिलता है। वहीं देशी स्टील कंपनियां नहीं चाहती हैं कि भारत का लौह अयस्क विदेश भेजा जाए क्योंकि इससे भारत में लौह अयस्क महंगा हो जाता है। स्टील कंपनियों की ओर से पी आर फर्म ने अभियान चलाया कि भारत में कितना कम लौह अयस्क बचा है और भविष्य में किस तरह का संकट खड़ा हो जाएगा। इस सवाल पर राजनीतिक दलों के बीच भी अभियान चला। जब जो लॉबी ज्यादा शक्तिशाली साबित हुई, उसके हिसाब से देश में नीतियां बनती रहीं। कभी लौह अयस्क निर्यात पर एक्सपोर्ट ड्यूटी लगाई गई तो कभी हटा ली गई।

देश हित और देशभक्ति की आड़ में पी आर कंपनियां किस तरह कॉरपोरेट के हितों में अभियान चलाती हैं, इसका बड़ा उदाहरण तो नीरा राडिया के टेप हैं। इसमें 'हिंदुस्तान टाइम्स' के कॉलमनिस्ट वीर सांघवी और नीरा राडिया आपस में बात करते हुए मुकेश अंबानी के लिए एनवायरनमेंट मैनेजमेंट (माहौल बनाने) की बात करते हैं। वीर सांघवी बातचीत में यह बताते हैं कि प्राकृतिक गैस की कीमत ऊंची रखने के सवाल को मैंने इस तरह रखा है कि यह दो भाइयों के झगड़े की तरह न दिखे। वीर सांघवी अपने कॉलम में यह लिखते हैं कि प्राकृतिक गैस देश की संपदा है और इसकी कीमत का निर्धारण अनिल अंबानी और मुकेश अंबानी के बीच हुए पारिवारिक करार के आधार पर नहीं होना चाहिए। वीर सांघवी यह कहते हैं कि गैस देश की संपत्ति है।

किसी को भी लग सकता है कि वीर सांघवी देश हित की बात कर रहे हैं। आम पाठक ने उनके कॉलम को इसी रूप में लिया होगा लेकिन इसका मतलब यह है कि पारिवारिक करार के आधार पर गैस की कीमत कम होती और इसी सस्ती दर पर यह गैस सरकारी कंपनी एनटीपीसी को भी मिलती। इस तरह मुकेश अंबानी का घाटा

होता। जबकि राष्ट्रीय संपदा मानकर अगर सरकार इसकी कीमत का निर्धारण करे तो गैस महंगी होगी और के-जी बेसिन के गैस का मालिकाना हक मुकेश अंबानी के पास होने के कारण यह स्थिति मुकेश अंबानी के हित में होती। वीर सांघवी अपने लेख में मुकेश अंबानी का पक्ष लेते हुए नहीं दिखते हैं लेकिन यह लेख मुकेश अंबानी के पक्ष में लिखा गया है। इस बात के लिए वीर सांघवी को नीरा राडिया की शाबासी मिलती है।

पब्लिक रिलेशन : यह क्या बला है?

पब्लिक रिलेशन के कई रूप हैं और कई नाम भी। यह इमेज मैनेजमेंट है, एनवायरनमेंट मैनेजमेंट (यानी किसी के पक्ष में माहौल बनाना) है, यह परसेप्शन (लोगों की राय) मैनेजमेंट है और रेपुटेशन यानी ख्याति का प्रबंधन भी। इसके दायरे में क्राइसिस मैनेजमेंट भी है, खासतौर पर जब कोई सरकार, संस्था या कंपनी किसी झमेले में पड़ जाती है। जब इसके जरिए सरकार और सरकारी विभागों को प्रभावित करने की कोशिश होती है तो यह लॉबिंग कहलाती है। कंपनियां जब पब्लिक रिलेशन का काम करती हैं तो उसे कॉरपोरेट कम्युनिकेशन कहती हैं। ये जुमले आपस में गड्डमड्ड हैं। पब्लिक रिलेशन को सम्मानजनक काम मानने वाले लॉबिंग को अपने काम से अलग करके देखते हैं। हालांकि पी आर करनेवाली फर्म के कामों में लॉबिंग शामिल है। पब्लिक रिलेशन का वास्ता जिन लोगों और संस्थाओं से पड़ता है उनमें किसी उत्पाद या विचार के ग्राहक, सप्लायर, निवेशक, कर्मचारी, मीडिया, सरकारी विभाग और अधिकारी और प्रभावशाली स्थिति में मौजूद कोई भी व्यक्ति या संस्था हो सकती है।

पब्लिक रिलेशन के मूल में यह अवधारणा काम करती है कि जनता 'भेड़ियाधसान' होती है। यानी देश, राजनीति, अर्थव्यवस्था और समाज के बारे में बड़े फैसले करने का दायित्व जनता के विवेक पर नहीं छोड़ा जा सकता। इसलिए पब्लिक ओपिनियन को रेगुलेट करने की जरूरत है। कुछ समझदार और विवेकशील लोग (जो अनिवार्य रूप से सत्ता संरचना में शामिल होते हैं) जनता के लिए फैसले करते हैं या राय बनाते हैं। इसके बाद इसका बात की जरूरत पड़ती है कि ज्यादा से ज्यादा लोगों को उस राय से सहमत किया जाए। इस स्तर पर पब्लिक रिलेशन के काम की शुरुआत होती है। मिसाल के तौर पर, उदारीकरण और वैश्वीकरण से हो सकता है कि भारत जैसे देश में गरीबी और भुखमरी बढ़ी हो और रोजगार घटे हों, लेकिन अगर सत्ता के हिस्से के तौर पर समझदार और विवेकशील लोगों को लगता है कि उदारीकरण और वैश्वीकरण देश के या खुद उनके हित में हैं और समस्याएं इस वजह से हैं कि उदारीकरण तेजी से नहीं हो रहा है तो पब्लिक रिलेशन फर्म इस सोच को आम लोगों की सोच में तब्दील करने की कोशिश करेंगी। एक्सपर्ट प्रिंट और टीवी माध्यमों में लगातार यह बताएंगे कि देश की अर्थव्यवस्था किस तरह से दमदार तरीके से आगे बढ़ रही है और अगर उदारीकरण के रास्ते पर और तेजी से चला जाए तो देश की

तरक्की की गारंटी है। स्वामित्व के स्वरूप और कारोबारी संरचना के कारण मीडिया भी इसी विचार को अपनाता है और उदारीकरण विरोधी विचारों को लगभग ब्लैकआउट कर दिया जाता है। मीडिया में अक्सर इस बात को लेकर तीखी बहस होती है कि उदारीकरण की रफ्तार ठीक है या इसे और तेज करना चाहिए। इस तरह लोकविमर्श में सिर्फ उदारीकरण समर्थक समाचार और विचार ही जाते हैं और यह अर्थव्यवस्था की नीति के बारे में एकमात्र विचार के रूप में कायम रहता है।

पब्लिक रिलेशन का अध्ययन करनेवाले कई लेखकों ने यह माना है कि जनता की सोचने-समझने की क्षमता को सीमित मान कर ही पब्लिक रिलेशन की विधा काम करती है। स्टूअर्ट इवन के मुताबिक–'जिस क्षण आपको लगता है कि जनता समझदार नहीं है, प्रचारकर्ता या पत्रकार के रूप में आपकी भूमिका बदल जाती है। महत्त्वपूर्ण क्षण वह है जब उन लोगों ने जनता को बेवकूफ मान लिया, जो लोगों तक ज्ञान पहुंचा रहे थे।'[39] पब्लिक ओपिनियन को बदलने के उद्योग में लगे लोग यह मानकर चलते हैं कि लोगों की राय को बदला जा सकता है और ऐसा करना जरूरी होता है। इसके पीछे स्थापना यह होती है कि लोग भावनाओं में बहकर फैसले करते हैं और उनकी राय के पीछे तर्क नहीं होता। इसलिए 'समझदार लोगों' को अपनी राय से जनता को सहमत करना पड़ता है। यहां समझदार लोग के मायने अलग-अलग हो सकते हैं। कहीं उसका मतलब सरकार तो कहीं राजनीतिक दल होता है, कहीं वह कोई कंपनी होती है, कहीं वह एनजीओ होता है। पब्लिक रिलेशन में खर्च होता है, इसलिए इस खेल में वही उतर सकता है कि जो विचार बनाने या बदलने के बदले खर्च करने के लिए तैयार हो।

ऐसा भी नहीं है कि किसी के पास खर्च करने के लिए पैसे हों तो वह किसी भी विचार को पब्लिक रिलेशन के जरिए स्थापित करने में कामयाब हो जाएगा। सत्ता के विरोधी विचारों को पब्लिक रिलेशन के जरिए स्थापित नहीं किया जा सकता। अव्वल तो ऐसे विचारों के प्रचार के लिए खर्च करनेवाले नहीं मिलेंगे, और अगर कोई इसके लिए तैयार हो भी जाता है तो पैसे के खेल में सत्ता समर्थक विचारों को आगे बढ़ाने वाले के मुकाबले वह टिक नहीं पाएगा। ऐसे मामले में पब्लिक रिलेशन की सीमाएं भी सामने आ जाएंगी। पब्लिक रिलेशन इस मामले में विज्ञापन से अलग है कि जहां विज्ञापन में पैसे देकर स्पेस खरीद लिया जाता है और उसके छपने की गारंटी होती है, वहीं पब्लिक रिलेशन में मीडिया तक बात पहुंचाई तो जा सकती है लेकिन उसके छपने या महत्त्व मिलने की गारंटी नहीं होती। कोई भी पब्लिक रिलेशन फर्म, जो सामग्री छपवाना या प्रसारित करवाना चाहती है, उसे लोगों तक पहुंचाने का अंतिम निर्णय अक्सर मीडिया समूह करता है। सत्ता विरोधी विचार अगर किसी तरह पब्लिक रिलेशन के जरिए मीडिया तक पहुंच भी जाते हैं तो वे मीडिया के गेटकीपर द्वारा रोक दिए जाते हैं या फिल्टर हो जाते हैं।

पब्लिक रिलेशन : आईवी ली और बरनेस से अब तक

पब्लिक रिलेशन वैसे तो पुरानी विधा है लेकिन आधुनिक कॉरपोरेट पब्लिक रिलेशन की शुरुआत 20वीं सदी के पहले दशक से हुई। पब्लिक रिलेशन का इतिहास लिखने वाले कई लोग आईवी ली को पब्लिक रिलेशन का जनक मानते हैं। कुछ इतिहास लेखक यह श्रेय एड्वर्ड बरनेस को देते हैं।

आईवी ली ने अपने जीवन के शुरुआती वर्षों में पत्रकार के तौर पर काम किया था। उसने न्यूयॉर्क अमेरिकन, न्यूयॉर्क टाइम्स और न्यूयॉर्क वर्ल्ड में पत्रकार के तौर पर काम किया और मुख्य रूप से आर्थिक और कारोबारी विषयों पर लिखा। लेकिन कहते हैं कि कम तनख्वाह और देर तक नौकरी करने की मजबूरी की वजह से उसने पत्रकारिता छोड़ दी और पब्लिसिटी का काम करने लगा। मीडिया में काम करने की वजह से उसे मीडिया की आंतरिक संरचना और उसके असर के बारे में अंदाजा था।

पब्लिक रिलेशन के क्षेत्र में उसका पहला काम सिटिजन यूनियन के पब्लिसिटी मैनेजर के रूप में था। उसे दुनिया का पहला पूर्णकालिक पब्लिक रिलेशन अफसर माना गया। इसी दौरान उसने बफलो के पत्रकार पार्कर के साथ मिलकर 'पार्कर एंड ली' नामक पब्लिक रिलेशन फर्म बनाया, जिसे अमेरिका की तीसरी लेकिन उस समय तक की इस क्षेत्र की सबसे सफल फर्म माना गया। यह संयोग नहीं है कि उस समय अमेरिका में सक्रिय तीन प्रमुख पब्लिक रिलेशन फर्म में से दो के मालिक पत्रकार थे।

आईवी ली को पहला बड़ा एसाइनमेंट कोयला खान मालिकों से मिला। कई विद्वान यह मानते हैं कि आधुनिक कॉरपोरेट पब्लिक रिलेशन की वास्तविक शुरुआत इसी एसाइनमेंट से हुई। 1902 के बाद 1906 में कोयला खान मजदूर फिर से हड़ताल करने की तैयारी में थे। वह दौर अमेरिका में काफी गहमागहमी वाला था। वामपंथी मजदूर आंदोलन जोर पकड़ रहे थे और उस समय के उद्योगपति इसे कुचलने के लिए बेहद हिंसक तरीके अपनाते थे लेकिन इस तरह की हिंसा के बावजूद मजदूर आंदोलन दब नहीं रहा था। मजदूरों का आंदोलन खासतौर पर कोयला खदानों में काफी मजबूत था। इसकी वजह शायद यह भी थी कि कोयला खदानों में काम की स्थितियां बेहद खराब थीं। मजदूर आंदोलनों को कुचलने के परंपरागत तरीके विफल हो रहे थे और खान मालिक चार साल में होनेवाली दूसरी हड़ताल से निबटने के तरीके ढूंढ़ रहे थे।

मास मीडिया की बात करें तो यह वही दौर था जब सर्कुलेशन बढ़ाने के लिए अखबारों के बीच होड़ शुरू हो गई थी और अखबार ज्यादा से ज्यादा सनसनीखेज खबरें छापकर लोकप्रिय होने की कोशिश कर रहे थे। अखबारों का सर्कुलेशन बढ़ने की वजह से मीडिया का असर बढ़ रहा था और संगठित रूप से पब्लिक ओपिनियन का विकास हो रहा था। हालांकि उस समय तक अखबारों का पूरी तरह कॉरपोरेटीकरण नहीं हुआ था और अखबारों का एक बड़ा हिस्सा मजदूर आंदोलनों के प्रति सहानूभूति का रवैया रखता था। खान मालिकों के लिए यह मुश्किल बढ़ानेवाली बात थी क्योंकि

अखबारों के इस रुख से मजदूर आंदोलन को ताकत मिलती थी। इससे पूरे देश का मूड आंदोलन के पक्ष में बन जाता था और खान मालिकों की छवि खराब हो गई थी। लोग मानते थे कि खान मालिक अत्याचारी हैं। खान मालिक इस स्थिति से बचना चाहते थे और वे आमतौर पर नेताओं को पैसे देकर उनसे अपने पक्ष में बयान छपवाते थे लेकिन इससे बात बन नहीं रही थी।

खान मालिकों ने मास मीडिया का रुख बदलने का जिम्मा आईवी ली को सौंपा। इस समय तक छवि सुधारने और बदलने के खेल को कंपनियां समझ नहीं पाई थीं। आईवी ली ने खान कंपनियों की छवि सुधारने के लिए एक ऐसा तरीका अपनाया, जो अब काफी लोकप्रिय है लेकिन उस जमाने में यह कोई नहीं करता था। उसने कंपनियों के मालिकों के बयान अखबारों को भेजना शुरू किया। इन बयानों में खान मालिक अपना पक्ष रखते थे और आरोपों का खंडन करते थे। ली का आइडिया यह था कि अगर मीडिया को कंपनियों के पक्ष के बारे में नियमित बताया जाएगा तो उनकी बात सुनी जाएगी और उसमें से काफी कुछ छप भी सकता है। इस तरह लोगों का रुख कंपनियों के प्रति बेहतर होगा। इसलिए ली ने बड़ी संख्या में छपी हुई सामग्री मीडिया को भेजी। ली के तौर-तरीकों की जब मीडिया में आलोचना शुरू हुई तो उसने स्पष्ट किया कि वह तो सिर्फ तथ्य रख रहा है। इसे छापना या न छापना अखबारों पर निर्भर है।

इसी दौरान ली ने पार्कर के साथ रिश्ता तोड़ दिया और स्वतंत्र रूप से पेंसिल्वेनिया रेलरोड के साथ प्रचार निदेशक के तौर पर काम शुरू किया। अटलांटिक सिटी में हुई रेल दुर्घटना के बाद ली ने जिस तरह से पब्लिसिटी के काम को संभाला, वैसे इससे पहले कभी किसी कंपनी ने नहीं किया था। 28 फरवरी, 1906 को ली ने इस दुर्घटना की जानकारी मीडिया को देने के लिए एक प्रेस रिलीज बांटी, जिसे किसी भी कंपनी द्वारा जारी की गई पहली प्रेस रिलीज भी कहते हैं। ली की पहल पर कंपनी की ट्रेन प्रेस रिपोर्टरों को लेकर घटनास्थल पर गई, जहां उन्हें प्रेस रिलीज की कॉपी बांटी गई। यह सब बेकार नहीं गया। 'न्यूयॉर्क टाइम्स' ने वह प्रेस रिलीज जस की तस छाप दी। इस तरह लोगों ने ट्रेन दुर्घटना के बारे में वही जाना जो कंपनी ने खुद लिखकर दिया था। इसके अलावा ली ने सरकारी नीतियों को कंपनी के पक्ष में मोड़ने के लिए लॉबिंग भी की।

ली दरअसल यह मानता था कि मीडिया पूंजीवाद विरोधी विचारों को काफी जगह दे रहा है और यह चिंताजनक है। उसकी राय में, उद्योगपतियों को इसका मुकाबला करना चाहिए और इसके लिए अपनी बात मीडिया तक पहुंचानी चाहिए। ली ने जब पब्लिक रिलेशन का काम शुरू किया तब उसके विचारों में एक तरह का आदर्शवाद दिखता था। पब्लिक रिलेशन के बारे में अपने विचारों को उसने 'डिक्लियरेशन ऑफ प्रिंसिपल' नाम के दस्तावेज में दर्ज किया। इसमें ली लिखता है–'यह कोई पब्लिक

रिलेशन एजेंसी नहीं है। हम स्पष्ट तौर पर सरकारी और गैरसरकारी संस्थाओं के लिए काम करते हैं। हम प्रेस और अमेरिकी जनता को उन विषयों पर और वह जानकारी देना चाहते हैं, जिन्हें जानना उनके लिए जरूरी है।' लेकिन कुछ ही साल के अंदर ली वह सब करने लगा, जिसका सच से कोई वास्ता नहीं था। क्लाइंट की जरूरत के हिसाब से उसने झूठ को भी सच बताकर बेचने की कोशिश की और इसमें वह एक हद तक कामयाब भी रहा।

ली 1914 में उस समय के प्रमुख उद्योगपति जॉन डी रॉकफेलर की कंपनी में जुड़ गया। ली के इस कंपनी में रहते हुए कंपनी के खानों में हड़ताल हुई और इस दौरान कोलेराडो के लुडलो में हिंसा भड़क उठी। इस दौरान हड़ताली मजदूरों के एक कैंप से औरतों और बच्चों की लाश मिलने से सनसनी फैल गई। इसके बाद दस दिनों तक हिंसा होती रही और कुल मिलाकर 53 लोग मारे गए। इस दौरान कंपनी का पक्ष रखने के लिए ली ने प्रेस और प्रमुख लोगों को 19 बुलेटिन भेजे। ली ने ऐसा करते हुए सच और झूठ के बीच फर्क नहीं किया। औरतों और बच्चों की मौत के लिए उसने मजदूरों को ही जिम्मेदार ठहराया। ली के इस काम की काफी निंदा हुई और इस वजह से उसे पॉयजन (जहरीला) आईवी भी कहा गया। ली काफी समय तक रॉकफेलर के साथ जुड़ा रहा और उनकी छवि बेहतर करने की कोशिश करता रहा। इसमें यह एक हद तक सफल भी रहा क्योंकि 1934 में जब रॉकफेलर का निधन हुआ तो उनसे जुड़ी नकारात्मक बातें लोग भूल चुके थे।

आईवी ली जिस समय पब्लिक रिलेशन के अपने प्रयोग कर रहा था, उसी दौरान एक और शख्स लोगों के सोचने के तरीकों को बदलने में जुटा था। एड्वर्ड एल बरनेस को ली के साथ ही अमेरिकी पब्लिक रिलेशन का पितामह कहा जाता है। ली की तरह बरनेस भी पहले पत्रकार ही था और मेडिकल पत्रिकाएं संपादित करता था। बरनेस ने भीड़ की मानसिकता के परंपरागत सिद्धांत और अपने चाचा सिगमंड फ्रॉयड के साइको एनालिसिस और सबकंसस संबंधी विचारों का प्रयोग पब्लिक रिलेशन के लिए किया। बरनेस ने कई कंपनियों और संस्थाओं के लिए काम किया और माना जाता है कि उस समय के अमेरिकी राष्ट्रपति ने भी अपनी छवि सुधारने के लिए बरनेस की सेवाएं लीं।

पहले विश्व युद्ध के दौरान बरनेस को पब्लिक रिलेशन के अपने सिद्धांतों अमल में लाने का एक बेहतरीन मौका मिला।[40] तत्कालीन अमेरिकी राष्ट्रपति वुड्रो विल्सन इस बात को लेकर चिंतित थे कि देश के कई लोग इस युद्ध के उद्देश्यों से सहमत नहीं हैं और मानते हैं कि यह युद्ध पूंजीवादियों के हित में लड़ा जा रहा है। इस सोच को बदलने के लिए विल्सन ने बरनेस और दूसरे पब्लिक रिलेशन एक्सपर्ट को लेकर कमिटी ऑन पब्लिक इन्फॉर्मेशन (सीपीआइ) का गठन किया, जिसका काम लोगों को युद्ध के प्रति सरकार के विचारों से अवगत कराना और संदेह करनेवालों के विचारों

को बदलना था। बरनेस अपने चाचा सिगमंड फ्रॉयड के सिद्धांतों के अध्ययन के आधार पर इस नतीजे पर पहुंचे थे कि लोग किसी बात को लेकर नतीजे पर पहुंचने के लिए खुद अध्ययन करने की जगह किसी भरोसमंद व्यक्ति या नेता की बात पर विश्वास करते हैं। इसी आधार पर एक्स्पर्ट कमेटी सीपीआई ने कस्बों में स्थानीय बैंक मैनेजरों और प्रभावशाली लोगों से युद्ध के पक्ष में भाषण दिलवाए। सिनेमाघर से लेकर अन्य जगहों पर हुए इन छोटे-छोटे भाषणों से सरकार को लोगों का जनमत बदलने में काफी मदद मिली। भाषण देनेवाले कई लोगों ने ऐसा दावा भी किया कि युद्ध विरोधी लोग दरअसल जर्मनी के एजेंट हैं और अमेरिका पर रूस चढ़ाई कर सकता है। इस अभियान की कामयाबी से बरनेस को काफी शोहरत हासिल हुई।

पब्लिक रिलेशन का बरनेस का सबसे चर्चित और विवादास्पद काम अमेरिकी टौबैको कंपनी के लिए था। अमेरिकी टोबैको कंपनी चाहती थी कि महिलाएं भी सिगरेट पीएं ताकि उनका कंज्यूमर बेस बड़ा हो, लेकिन उस दौर में सिगरेट पीनेवाली महिलाओं की छवि अच्छी नहीं थी और उनके चरित्र पर सवाल उठाए जाते थे। बरनेस ने न्यूयॉर्क सिटी परेड में ग्लैमरस मॉडल्स का एक दल भेजा। इस बीच प्रेस को सूचना दी गई कि वे महिलाएं 'आजादी की मशाल' जलाएंगी। एक खास जगह पर पहुंचकर इन मॉडल्स ने अमेरिकी टोबैको कंपनी की सिगरेट 'लकी स्ट्राइक' जलाई और उसे होंठों से लगा लिया। इसी मौके का इंतजार कर रहे फोटोग्राफरों ने उनकी तस्वीरें उतारी और यह तस्वीरें देश भर में छपीं। 'न्यूयॉर्क टाइम्स' ने इस खबर को शीर्षक दिया–*ग्रुप ऑफ गर्ल्स पफ एट सिगरेट एज ए जेस्चर ऑफ फ्रीडम*। बरनेस ने अपने अभियान में सिगरेट को महिलाओं की आजादी के साथ जोड़ दिया। यह छवि लगातार लोगों के मन में बिठाई गई और अब भी सिगरेट को कई महिलाएं अपनी आजादी के साथ जोड़कर देखती हैं।

इस तरह के अभियानों की कामयाबी से बरनेस और दूसरे पब्लिक रिलेशन एक्सपर्ट्स का रुतबा काफी बढ़ गया। वे एक कंपनी से जुड़कर काम करने की जगह फर्म बनाकर काम करने लगे और कई कंपनियों और संस्थाओं के लिए सेवाएं देने लगे। बरनेस की हमेशा यह मान्यता रही कि भीड़ या ढेर सारे लोग कोई फैसला नहीं कर सकते। उसकी राय में समाज में लोगों की राय को दिशा देना जरूरी है क्योंकि भीड़ की मानसिकता देश और समाज के लिए खतरा हो सकती हैं। 1928 में पहली बार छपी किताब 'प्रोपोगेंडा'[41] में बरनेस यह समझाने की कोशिश करते हैं कि लोगों की राय को बदलना कैसे मुमकिन है।

इस पुस्तक में बरनेस यह बताते हैं कि आधुनिक पब्लिक रिलेशन का विकास आधुनिक जीवन में जटिलताओं के विस्तार के साथ हुआ क्योंकि इस दौर में यह आवश्यक हो गया था कि लोगों का एक समूह दूसरे समूह तक अपनी बात पहुंचा सके और उसे सहमत कर सके। सरकार चाहे किसी भी तरह की क्यों न हो, उसके लिए

आवश्यक है कि वह जनमत को अपने पक्ष में करे। यह उसके अस्तित्व की शर्त है। वह चाहे उद्योग हो या कोई शिक्षण संस्थान या कोई भी समूह या संस्था जो अपना उत्पाद या विचार लोगों तक पहुंचाना चाहता है, उसकी सफलता जनमत को अपने पक्ष में मोड़ने के साथ जुड़ी है। इसलिए पब्लिक रिलेशन की आवश्यकता है। बरनेस पब्लिक रिलेशन अधिकारी की परिभाषा एक ऐसे व्यक्ति के रूप में करते हैं जो संचार के आधुनिक माध्यमों का इस्तेमाल करके किसी विचार को लोगों के मन में बिठाने की कोशिश करता है।[42]

बरनेस जब लोगों की मानसिकता बदलने की बात कर रहे थे तो इसके पीछे समाज के बारे में उनके विचारों को समझना आवश्यक है। उनकी राय में समाज स्तरों में बंटा हुआ है। ज्यादातर लोग ऐसे होते हैं जो किसी भी बात को ज्यादा सोच विचार किए बगैर मान लेते हैं लेकिन कुछ ऐसे बुद्धिमान लोग होते हैं जिन पर इतिहास की धारा को चलाने और मोड़ने की जिम्मेदारी होती है। बरनेस आम लोगों को सोचने-समझने की शक्ति को अहमियत नहीं देते। जीवन के आखिरी दिनों में दिए एक इंटरव्यू में बरनेस कहते हैं कि आम आदमी के विवेक के भरोसे नहीं रहा जा सकता क्योंकि वह भीड़ की तरह सोचता है। उनकी अपनी दिमागी संरचना उसे तथ्यों से दूर रखती है। वे आम लोगों को तर्कहीन कहते हैं।

बरनेस पब्लिक रिलेशन को विज्ञान मानते थे जिसके माध्यम से समाज के नेता अराजकता के बीच व्यवस्था कायम करते हैं। उनकी राय में, अगर समूह के सोचने के तरीकों और उसके पीछे के मकसद को समझ लिया जाए तो लोगों की राय को इस तरह नियंत्रित किया जा सकता है कि उन्हें इसका पता भी न चले। बरनेस इसकी तुलना मोटरसाइकिल ड्राइवर से करते हैं जो इंजन में पेट्रोल जाने की मात्रा को नियंत्रित करके बाइक की गति को नियंत्रित करता है। उनकी राय में ऐसा करना न सिर्फ जरूरी है बल्कि यह समाज के सोचने वाले लोगों का कर्त्तव्य भी है। एक पब्लिक रिलेशन अधिकारी को भी यह हुनर आना चाहिए क्योंकि उसे लोगों के सोचने-समझने के तरीके की शिक्षा मिली होती है। इस वजह से वह आम लोगों से हटकर सोच सकता है और समूह तथा व्यक्ति के सोचने के तरीकों की जानकारी होने की वजह से अपने क्लाइंट के विचारों को लोगों तक पहुंचा सकता है।[43]

ली और बरनेस के विचारों पर ही आधुनिक पब्लिक रिलेशन काम करता है। हम देख सकते हैं कि पब्लिक रिलेशन अपनी अंतर्वस्तु में एक ऐसी विधा है जो आम लोगों के सोचने के तरीकों पर भरोसा नहीं करता। पब्लिक रिलेशन का मतलब है कि लोगों के सोचने के तरीकों के बदलने की जरूरत है और ऐसा किया जा सकता है। यह काम सरकारी और निजी संस्थाएं तथा एनजीओ करते हैं। संस्थाएं कई बार यह काम सीधे तौर पर करती हैं और कई बार इसके लिए विशेषज्ञ कंपनियों की मदद लेती हैं। पब्लिक रिलेशन का काम जिन मंचों से होता है उसमें मास मीडिया प्रमुख हैं। इस

वजह से पत्रकारिता और पब्लिक रिलेशन का काम साथ-साथ चलता है। मीडिया और पब्लिक रिलेशन, दोनों की विधाओं और संस्थाओं पर इलीट का नियंत्रण होता है और दोनों ही इलीट के हित में काम करते हैं।

स्ट्राइक तोड़ने का पब्लिक रिलेशन : मोहॉक वैली फॉर्मूला

क्या आपने इस बात पर कभी गौर किया है कि जब कभी सरकारी बैंकों के कर्मचारी निजीकरण की सरकार की कोशिशों के खिलाफ आंदोलन या हड़ताल करते हैं तो उसकी मीडिया कवरेज किस तरह होती हैं या किसान अगर कभी फसल की कीमत में बढ़ोतरी की मांग को लेकर या फसल खराब होने पर मुआवजे की मांग पर आंदोलन करने राजधानियों में आते हैं तो मीडिया उसे किस तरह कवर करता है?

बैंकों में हड़ताल की खबर हमेशा इस नजरिए से कवर होती है कि हड़ताल की वजह से आम लोगों को कितनी तकलीफ हुई और देश की अर्थव्यवस्था को कितना नुकसान हुआ। इसी तरह राज्यों की राजधानियों में होनेवाली रैलियों को भी स्थानीय लोगों को होनेवाली दिक्कत और ट्रैफिक जाम के नजरिए से कवर किया जाता है। दिल्ली में 2009 में गन्ना किसानों की रैली को तो बलवा करनेवालों के हमले की तरह कवर किया गया था। मजदूरों के आंदोलन या तो मीडिया द्वारा कवर नहीं किए जाते हैं या फिर हिंसा भड़कने पर ही इन्हें खबर माना जाता है, लेकिन इन्हीं राजधानियों में जब आरक्षण विरोधी छात्र उत्पात मचाते हैं और बस और अन्य सरकारी संपत्तियों को नुकसान पहुंचाते हैं तो उसे न्याय के लिए होनेवाली लड़ाई के तौर पर दर्ज किया जाता है और मीडिया इसे बढ़ावा भी देता है। इसी तरह 1990 के दौर में राम मंदिर आंदोलन के लिए बलवा करनेवालों को मीडिया ने देशभक्ति के आंदोलन के तौर पर कवर किया।

मजदूरों, कर्मचारियों और किसानों के आंदोलनों को लेकर मीडिया हमेशा आक्रामक रहता है और इसे शांति-व्यवस्था और देश की प्रगति के दुश्मनों के कृत्य के तौर पर देखता है। ऐसा सिर्फ भारत में नहीं है और यह सिलसिला नया भी नहीं है। नोम चोमस्की ने अपनी किताब 'मीडिया कंट्रोल' में मोहॉक वैली फॉर्मूले का जिक्र किया है, जो पब्लिक रिलेशन के इतिहास का एक महत्त्वपूर्ण अध्याय है। पब्लिक रिलेशन का मकसद लोगों को दिमाग पर नियंत्रण करना है और मोहॉक वैली फॉर्मूला इसका एक बेहतरीन उदाहरण है। 'मीडिया कंट्रोल' किताब में इस फॉर्मूले के जन्म की कहानी बताई गई है।

अमेरिका में मजदूर आंदोलन के लिए 1935 एक महत्त्वपूर्ण साल था, क्योंकि इसी साल वेगनर एक्ट के तहत उन्हें संगठित होने का अधिकार मिला। इसके दो साल के अंदर 1937 में पश्चिमी पेंसिल्वेनिया में इस्पात मजदूरों की बड़ी हड़ताल हुई। इससे पहले तक हड़ताल को तोड़ने के लिए मिल मालिक बहुत हिंसक तरीके अपनाते थे,

लेकिन इस बार की हड़ताल को तोड़ने के लिए एक नायाब हथियार–पब्लिक रिलेशन का इस्तेमाल किया गया। अखबारों के जरिए यह बात फैलाई गई कि यह हड़ताल जन विरोधी और अमेरिका विरोधी है। ऐसा माहौल बनाया गया ताकि लोगों को लगे कि हड़ताली मजदूर देश के विरोधी हैं और अमन-चैन खत्म करना चाहते हैं। मीडिया पर नियंत्रण होने के कारण कॉरपोरेट जगत के लिए ऐसा करना मुश्किल भी नहीं था। यह फॉर्मूला असरदार साबित हुआ। उसके बाद से दुनिया भर में इसका अनगिनत बार इस्तेमाल हो चुका है।

भारत में इस फॉर्मूले का हर हफ्ते-महीने इस्तेमाल होता देखा जा सकता है। यहां मजदूर आंदोलन की बात करनेवाले ही नहीं, मूल्य वृद्धि और बेरोजगारी के खिलाफ आंदोलन करनेवालों को भी सुख-शांति के विरोधियों की तरह पेश किया जाता है। आंदोलन की तस्वीरों को देखें तो हमेशा हिंसक तस्वीरों को प्राथमिकता दी जाती है। आंदोलन को तोड़ने के लिए पुलिस द्वारा किए गए बल प्रयोग की तस्वीरों के जरिए आंदोलन के हिंसक होने की छवि स्थापित की जाती है।

भारत में पब्लिक रिलेशन : फलता-फूलता कारोबार

उद्योग संगठन एसोचैम[44] का अनुमान है कि भारत में पब्लिक रिलेशन का उद्योग 32 फीसदी की सालाना रफ्तार से बढ़ रहा है। वर्ष 2008 में इस उद्योग का सालाना कारोबार 300 करोड़ डॉलर था, जो कि वर्ष 2010 के अंत में दोगुना होकर 600 करोड़ डॉलर तक पहुंच गया है। एसोचैम का अनुमान है कि वर्ष 2012 तक यह आंकड़ा 1056 करोड़ डॉलर को जाएगा। इसके पीछे तर्क यह है कि आर्थिक तेजी के दौर में बिक्री और कारोबार बढ़ाने के लिए कंपनियां पब्लिक रिलेशन पर ज्यादा भरोसा कर रही हैं। कंपनियों के बीच होड़ बढ़ी है और ऐसे में मार्केटिंग की रणनीति के तौर पर पब्लिक रिलेशन का महत्त्व बढ़ रहा है। ऐसोचैम को तो इस बात की चिंता है कि इतनी तेजी से बढ़ते कारोबार के लिए काम करनेवाले कहां से मिलेंगे। ऐसा अनुमान है कि वर्ष 2010 में देश में 1000 से 2000 पब्लिक रिलेशन कंपनियां थीं जिनमें 30,000 से 40,000 लोग काम करते थे। इस उद्योग में भी पर्यावरण और कॉरपोरेट सोशल रिस्पांसिबिलिटी का क्षेत्र तेजी से बढ़ रहा है।

इसी रिपोर्ट में कहा गया है कि स्थानीय स्तर पर हजारों एजेंसियां और कसंल्टेंट पब्लिक रिलेशन का काम कर रहे हैं, वहीं बड़ी कंपनियां अपनी पहुंच का दायरा बढ़ाने के लिए वैश्विक स्तर पर करार भी कर रही हैं। देश में लगभग 100 बड़ी पब्लिक रिलेशन कंपनियां हैं जिनमें से हरेक की देश भर में 10 से 15 तक शाखाएं हैं। इसके अलावा मझौले आकार की पी आर कंपनियां भी हैं, और कुछ कंपनियां शहर के स्तर पर काम करती हैं। अंतरराष्ट्रीय पी आर कंपनियों की भारतीय शाखाएं भी यहां काम करती हैं। कुछ पी आर कंपनियां खास क्षेत्र में काम करती हैं जैसे

टेक्स्ट 100 और 20 : 20 का मुख्य काम आईटी क्षेत्र में है जबकि इंप्रिमिस का काम स्वास्थ्य क्षेत्र में है।

एसोचैम ने अपनी रिपोर्ट में पी आर के महत्त्व को दर्ज करते हुए लिखा है कि कम्युनिकेशन को असरदार बनाने के लिए विज्ञापन के पूरक के रूप में पब्लिक रिलेशन का इस्तेमाल किया जाता है। कई बार विज्ञापनों से कॉरपोरेट उद्देश्य से किए जानेवाले कम्युनिकेशन के लक्ष्य पूरे नहीं होते तो पब्लिक रिलेशन का सहारा लिया जाता है। भारतीय पब्लिक रिलेशन कंपनियां अपना कारोबार विदेशों में भी फैला रही हैं। मिसाल के तौर पर, ऐडफैक्टर्स[45] ने दुबई और सिंगापुर में दफ्तर खोला है। कंपनी का इरादा बहरीन और सऊदी अरब में काम फैलाने का है। यह बड़ा धंधा है और काफी तेजी से फैल रहा है।

पत्रकारिता और पब्लिक रिलेशन का संबंध

चोली दामन कहें या फिर भाई-भाई का रिश्ता। पत्रकारिता और पब्लिक रिलेशन का गर्भनाल का संबंध है। भारत में पत्रकारिता के विद्यार्थियों को पब्लिक रिलेशन साथ में पढ़ाई जाती है। यूनिवर्सिटी ग्रांट कमीशन के मास कम्युनिकेशन के सिलेबस में पत्रकारिता और पब्लिक रिलेशन, दोनों शामिल हैं। मास मीडिया के ज्यादातर संस्थान इन दोनों विधाओं की पढ़ाई साथ-साथ कराते हैं। भारत में ऐसे सैंकड़ों पत्रकार हैं जो आईवी ली की तरह पत्रकारिता छोड़कर पब्लिक रिलेशन का काम करने लगते हैं। खासकर बिजनेस पत्रकारों में यह चलन आम है।

कंपनियों को यह मालूम होता है कि मिड कैरियर या वरिष्ठ पत्रकारों की अपने क्षेत्र में अच्छी जान-पहचान होती है और इसलिए वे पब्लिक रिलेशन के क्षेत्र में असरदार साबित होते हैं। मिसाल के तौर पर, देश की एक प्रमुख पी आर कंपनी 'ऐडफैक्टर्स' यह दावा करती है कि उसके साथ काम करनेवालों में ऐसे लोग हैं जो प्रतिष्ठित मीडिया समूहों में काम कर चुके हैं और इस वजह से उन्हें अपने क्षेत्र का व्यापक अनुभव है।[46] 'ऐडफैक्टर्स' ने अपने यहां नौकरी करने के लिए जो आवेदन मांगे हैं, उसमें एक शर्त यह है कि आवेदक को बिजनेस पत्रकारिता, पी आर या कॉरपोरेट कम्युनिकेशन का 10 साल का अनुभव हो[47] उसी तरह 'गुड रिलेशन' ने अपने शुरुआती स्तर पर ऐसे लोगों को रखने का विज्ञापन दिया है जिन्होंने पब्लिक रिलेशन, मास कम्युनिकेशन, पत्रकारिता, विज्ञापन और न्यू मीडिया की पढ़ाई की है।[48]

पब्लिक रिलेशन का मतलब सिर्फ मीडिया प्रबंधन नहीं है, लेकिन यह पब्लिक रिलेशन का एक प्रमुख हिस्सा जरूर है। पब्लिक रिलेशन का कोई भी विचार मास मीडिया में तभी असरदार हो सकता है जब उसे मंच हासिल हो। पत्रकारिता संस्थान और पत्रकार ही आखिरकार यह तय करते हैं कि पब्लिक रिलेशन फर्म या एक्जिक्यूटिव

से आई प्रेस रिलीज का क्या करना है। विज्ञापन और प्रेस रिलीज में यही बुनियादी फर्क है। पब्लिक रिलेशन और मीडिया के बीच अच्छा रिश्ता पब्लिक रिलेशन की कामयाबी के लिए जरूरी है। भारत में पब्लिक रिलेशन के लिए अच्छा माहौल है। पब्लिक रिलेशन तो घोषित तौर पर कंपनियों और संस्थाओं के हित में काम करता है लेकिन मास मीडिया को यह आवरण ओढ़ना पड़ता है कि वह निष्पक्ष है और किसी के लिए काम नहीं करता। मास मीडिया के कॉरपोरेट में तब्दील हो जाने से पब्लिक रिलेशन के रास्ते की यह महत्त्वपूर्ण बाधा भी हट गई है।

पत्रकारिता में आधिकारिक सूत्र तथा ऑफिशियल वर्जन पर जरूरत से ज्यादा निर्भरता भी पब्लिक रिलेशन के पक्ष में काम करती है। पत्रकारिता में तटस्थता के नाम पर हमेशा किसी आधिकारिक वर्जन को लाने की कोशिश की जाती है। यह आधिकारिक वर्जन सरकारी भी होता है और गैर सरकारी भी। जब भी कोई खबर किसी के खिलाफ जाती है तो उसे संतुलित करने के लिए उस पक्ष के किसी अधिकारी की बात रखने की कोशिश की जाती है, जिसके खिलाफ समाचार लिखा गया हो। मुकदमेबाजी से बचने के लिए भी पत्रकार ऐसा करते हैं। इस तरह, समाचार में पब्लिक रिलेशन की जगह निकल आती है।

जिस तरह पब्लिक रिलेशन का काम मीडिया के बिना नहीं चल सकता, उसी तरह मीडिया भी काफी हद तक पब्लिक रिलेशन पर निर्भर रहता है। समाचार पत्रों में जितनी बड़ी संख्या में समाचार छपते हैं, उसकी तुलना में कम कर्मचारी इन संस्थानों में काम करते हैं। कई समाचार दरअसल प्रेस रिलीज, प्रेस कॉन्फ्रेंस में दिए गए बयान, मीडिया इवेंट और पब्लिक रिलेशन कंपनियों द्वारा दी गई ऑफिशियल और अनऑफिशियल जानकारी पर आधारित होते हैं। विभिन्न अध्ययनों से पता चला है कि समाचार पत्र और पत्रिकाओं के 40% समाचार पब्लिक रिलेशन के विभिन्न स्रोतों से आते हैं।[49]

पब्लिक रिलेशन कंपनियों की नजर में मीडिया क्या है? एम जी कम्युनिकेशंस प्रा. लिमिटेड के सीईओ नीरज दफ्तुआर इसका जवाब इस तरह देते हैं–'मीडिया के साथ काम करते समय पी आर प्रोफेशनल को इस बात का ध्यान रखना चाहिए कि मीडिया एक कारोबारी संस्था है जो समाचार और विज्ञापनों के जरिए पैसा कमाता है। हालांकि यह सच है कि मीडिया समाज के साथ काफी जुड़ा हुआ है और इस नाते उसकी एक सामाजिक संस्था के रूप में छवि सामने आती है, लेकिन यह हकीकत नहीं है। किसी भी और कारोबार की तरह अगर कोई समाचार पत्र या टीवी चैनल मुनाफा न कमाए तो वह बंद हो जाएगा। मीडिया की 90 फीसदी आमदनी विज्ञापनों से आती है और 10 फीसदी सर्कुलेशन या सब्सक्रिप्शन से।'[50] जाहिर है कि मीडिया की छवि को लेकर पब्लिक रिलेशन के जानकारों में कोई उलझन नहीं है। छवियों का धंधा करनेवाले छवि को लेकर स्पष्ट नजरिया रखते हैं।

छद्‌म घटनाएं और समाचार

पब्लिक रिलेशन के तहत कई तरह के छद्‌म आयोजन यानी स्यूडो इवेंट आयोजित किए जाते है। ये घटनाएं या आयोजन सिर्फ मीडिया को लक्ष्य करके आयोजित किए जाते हैं। इन आयोजनों में पत्रकार उपस्थित न हों तो इनका कोई मतलब नहीं होगा। प्रेस कॉन्फ्रेंस, ब्रीफिंग, मीडिया इंटरेक्शन, मीडिया टूर, प्रोडक्ट लॉन्च, फिल्म प्रमोशन, इंटरव्यू ऐसे ही स्यूडो इवेंट हैं। इन्हें आयोजित किया जाता है। मास मीडिया के लिए सूचनाओं और समाचारों के लिए ये आयोजन प्रमुख स्रोत हैं। डेनियल बूर्स्टीन ने 1961 में अपनी किताब 'द इमेज' में पहली बार स्यूडो इवेंट जुमले का इस्तेमाल किया था।[51] पी आर एजेंसियां और कॉरपोरेट कम्युनिकेशन एक्जिक्यूटिव बिजनेस चैनलों के लिए कंपनियों के अधिकारियों का लाइव इंटरव्यू आयोजित करते हैं। एक्सक्लूसिव कवरेज भी इसी मकसद से आयोजित किया जाता है। मीडिया कवरेज के लिहाज से छद्‌म इवेंट काफी असरदार हो सकते हैं। वास्तविक घटनाओं से भी ज्यादा कवरेज इन छद्‌म घटनाओं को मिल सकता है।

ऐसे आयोजन सिर्फ कंपनियां और सरकारें नहीं करातीं। कई बार आंदोलन के दौरान भी इनका इस्तेमाल होता है। ऐसी ही एक छद्‌म घटना 13 मई, 2006 को मुंबई में हुई थी, जब उच्च शिक्षा संस्थानों में ओबीसी आरक्षण लागू किए जाने के खिलाफ मेडिकल छात्रों ने राजभवन के सामने प्रदर्शन किया था। इस आंदोलन के दौरान लाठीचार्ज की तस्वीरें पूरे देश में देखी गईं और आंदोलन को तेज करने में ये काफी कारगर साबित हुईं। यह एक मीडिया इवेंट था, जिसे आयोजित किया गया था। रॉक शो आयोजित करनेवाली एक कंपनी के दो एक्जिक्यूटिव्स ने इसे ऑर्गनाइज किया था। इसके लिए कैमरापर्सन और पत्रकारों को पहले से ही जानकारी दे दी गई थी। 18 मई, 2006 को 'टाइम्स ऑफ इंडिया' में छपी खबर के मुताबिक, संभावित गिरफ्तारी से बचने के लिए इन दोनों इवेंट मैनेजर ने जमानत के लिए अदालत में अर्जी डाली थी।

ऐसे छद्‌म आयोजन कई शक्ल में होते हैं जिनका काफी असर मीडिया कंटेंट पर पड़ता है। कुल मिलाकर यह स्थिति है कि किसी भी समाचार संगठन में जब सुबह न्यूज लिस्ट बनती है तो लगभग सभी रिपोर्टर किसी प्रेस कॉन्फ्रेंस, मीडिया ब्रीफिंग (ऑन रिकॉर्ड या ऑफ रिकॉर्ड), किसी मीडिया इवेंट, या मीडिया स्टेटमेंट या प्रेस रिलीज पर काम कर रहे होते हैं। इन सब स्थानों पर पब्लिक रिलेशन किसी न किसी रूप में सक्रिय होता है। पत्रकारों के लिए ज्यादातर इंटरव्यू भी पब्लिक रिलेशन के जरिए ही ऑर्गनाइज होते हैं। कोई अधिकारी किसी विषय पर बोलेगा या नहीं, यह अक्सर पब्लिक रिलेशन एक्सपर्ट ही तय करते हैं।

ब्रिटेन में मीडिया संस्थानों से जुड़े पत्रकारों की समाचार संकलन में कितनी भूमिका होती है, यह जानने के लिए मीडियाकर्मी और शोधकर्ता निक डेविस ने

कार्डिफ यूनिवर्सिटी के मीडिया शोधार्थियों के माध्यम से एक रिसर्च करवाया। इसके लिए ब्रिटेन के पांच प्रमुख और प्रतिष्ठित अखबारों–'द टाइम्स', 'गार्डियन', 'इंडिपेंडेंट', 'डेली टेलीग्राफ' और 'डेली मेल' में ब्रिटेन के बारे में छपी खबरों का कई हफ्तों तक विश्लेषण किया गया। कुल मिलाकर 2,207 समाचार अध्ययन में शामिल किए गए। न्यूजडेस्क पर नजर रखकर यह पता लगाया गया कि इस दौरान समाचार एजेंसी और पब्लिक रिलेशन से किस तरह की सूचनाएं आती हैं। समाचारों को इन स्रोत के साथ मिलाने से पता चला कि इन प्रतिष्ठित अखबारों में छपनेवाली 60 फीसदी खबरें सीधे-सीधे पब्लिक रिलेशन या समाचार एजेंसियों से आईं थीं। 20 फीसदी खबरों में कुछ सूचनाएं एजेंसियों और पब्लिक रिलेशन की थीं। 8 फीसदी खबरों के स्रोत के बारे में पक्के तौर पर पता नहीं चल पाया। सिर्फ 12 फीसदी खबरें ऐसी थीं, जो संवाददाताओं की खुद की जुटाई हुई जानकारी पर आधारित थीं। समाचारपत्र अक्सर एजेंसी से आई खबरों में अपनी न्यूज सर्विस या किसी संवाददाता का नाम जोड़ देते हैं। जबकि समाचार या तो पूरी तरह या आंशिक रूप से एजेंसी की कॉपी से लिया गया होता है।[52] यह हाल ब्रिटेन के प्रतिष्ठित माने जानेवाले समाचारपत्रों का है। आर्थिक समाचारपत्र और टेबलॉयड की पब्लिक रिलेशन पर निर्भरता और भी अधिक होती है। इसी रिसर्च के अगले हिस्से में जब यह जानने की कोशिश की गई कि किस तरह के समाचार वास्तविक अर्थों में समाचार हैं तो यह पता चला कि पब्लिक रिलेशन के जरिए आई सामग्री में एक चौथाई तो ऐसी है, जो दरअसल समाचार हैं ही नहीं जबकि रिपोर्टर की लिखी सामग्री में यह सिर्फ 4 फीसदी है।

पब्लिक रिलेशन की तरह की मास मीडिया भी इलीट के पक्ष में काम करता है और आर्थिक उदारीकरण और वैश्वीकरण का समर्थक है। आर्थिक दर्शन में समानता होने की वजह से मास मीडिया में पब्लिक रिलेशन के लिए बुनियादी संभावना हमेशा मौजूद रहती है। मिसाल के तौर पर, प्राकृतिक गैस की कीमत को लेकर भारत में चल रहे विवाद में किसी पब्लिक रिलेशन फर्म को इस विचार के खिलाफ काम नहीं करना पड़ता है कि प्राकृतिक गैस निजी संपत्ति नहीं है और इसका सरकारीकरण कर दिया जाना चाहिए। प्राकृतिक गैस पर निजी कंपनियों के अधिकार की वकालत पब्लिक रिलेशन फर्म को करने की जरूरत नहीं है। यह काम मास मीडिया खुद ही करता है। इसलिए मुकेश अंबानी और अनिल अंबानी अपने-अपने पब्लिक रिलेशन एक्सपर्ट के जरिए गैस की कीमतों के निर्धारण के सवाल पर माहौल बनाने की कोशिश करते हैं और इनके लिए बात करनेवाले एक्सपर्ट अनिल या मुकेश अंबानी का नाम लिए बगैर देश की बात करते हुए अपने क्लाइंट के हित पूरे करने की कोशिश करते हैं।

प्राकृतिक गैस की कीमत के विवाद में मीडिया हाउस और पत्रकार भी बंट गए थे। नीरा राडिया अपनी बातचीत में अक्सर इस बात का जिक्र करती हैं कि कोई खास पत्रकार हमारी बात लिखेगा और दूसरा नहीं। वे मीडिया हाउस को मैनेज करने के

लिए मुकेश अंबानी और 'द हिंदू' के संपादक एन राम की मुंबई में प्रस्तावित मुलाकात की बात करती हैं। नीरा राडिया राजदीप सरदेसाई से बात करती हैं कि वे और मुकेश अंबानी के खास मनोज मोदी टीवी-18 समूह के मालिक राघव बहल से मिलने उनके नोएडा दफ्तर आ रही हैं। मीडिया विश्लेषक गिरीश निकम ने इस बारे में अपनी टिप्पणी में लिखा है–

> जब नीरा राडिया 7 जुलाई, 2009 को सीएनएन आईबीएन के प्रमुख संपादक राजदीप सरदेसाई को फोन करती हैं और मुकेश अंबानी के खास मनोज मोदी के साथ उनसे मिल कर संभवतः प्राकृतिक गैस की कीमत के बारे में बात करना चाहती हैं तो राजदीप उन्हें अपने चैनल के संयुक्त प्रबंध निदेशक समीर मनचंदा से मिलने को क्यों कहते हैं? 'लेकिन मैं चाहता हूं कि मनोज (मोदी) समीर मनचंदा से मिलें क्योंकि समीर और मनोज के बीच कई चीजों को लेकर लंबी बातचीत हुई है. इसलिए मैं यह पक्का करूंगा कि वह मैं यह पक्का करूंगा (स्रोत : http://www.outlookindia.comèarticle.aspx?268439)।' क्या समीर मनचंदा कोई पत्रकार हैं जिन्हें गैस की कीमत से संबंधित विवाद के बारे में बताया जाना है? क्या इसका मतलब कुछ और है? राजदीप क्या चाहते हैं कि मनोज और मनचंदा किस बारे में बात करें?[53]

नीरा राडिया प्रणय रॉय से लेकर तमाम और मीडिया मालिकों को अपने पक्ष में करने की कोशिश करती नजर आती हैं। एनडीटीवी और प्रणय रॉय के बारे में नीरा राडिया टेप में जिस तरह की बातें हैं, उनसे कई तरह के संदेह पैदा होते हैं। यह मामला बरखा दत्त और नीरा राडिया की बातचीत तक सीमित नहीं है, न ही बातचीत का दायरा मंत्रिमंडल गठन और ए राजा तथा मारन के मंत्री बनने या न बनने तक सीमित है। गिरीश निकम की इस बारे में की गई टिप्पणी महत्त्वपूर्ण है–

> क्या एनडीटीवी का प्रबंधन एमके वेणु और नीरा राडिया के बीच 9 जुलाई, 2009 को हुई इस बातचीत का स्पष्टीकरण देगा, जो इस प्रकार है–'वेणु राडिया से क्या मनोज (मोदी) आज शहर में हैं? राडिया वेणु से–हां वे शहर में हैं। वे शाम को लौट जाएंगे। हम आज प्रणय (रॉय, एनडीटीवी के) से मिल रहे हैं। आप जानते ही हैं कि हमें प्रणय की मदद करनी है।' (स्रोत : http://www.outlookindia.comè article.aspx?268457) यहां स्पष्टीकरण आना जरूरी है खासकर अगर इस बात का ध्यान रखें कि बरखा दत्त मनोज मोदी से उसी शाम क्या कह रही हैं। 'मनोज बरखा से–नहीं नहीं नहीं, आप जानती हैं कि मैं कभी दिल्ली नहीं आता। मैं सिर्फ इसी काम (?) के लिए कल रात यहां आया। सिर्फ इसी उद्देश्य के लिए मैं आया हूं। बरखा मनोज से–इससे काफी मदद मिली मनोज। यह सचमुच काफी मददगार साबित हुआ। लेकिन हो सकता है कि मैं आपके साथ...(लाइन कट जाती है)' (स्रोत http://www.outlookindia.comèarticle.aspx?268460) एनडीटीवी के लाखों दर्शकों के लिए यह जानना जरूरी है कि क्या मनोज मोदी ने एनडीटीवी

की मदद करने का प्रस्ताव रखा था और यह कैसी मदद थी और बरखा दत्त मनोज मोदी से यह क्यों कहती है कि इससे काफी मदद मिली? क्या प्रणय रॉय चुप्पी तोड़ेंगे?[54]

नीरा राडिया पत्रकारों, संपादकों और मीडिया मालिकों से जिस सहजता से बात करती हैं, उससे पब्लिक रिलेशन और मास मीडिया के रिश्तों की अंतरंगता का अंदाजा लगाया जा सकता है। नीरा राडिया किस मीडिया समूह को किस हद तक प्रभावित कर पाईं, यह विवाद का विषय हो सकता है लेकिन इस बात की अनदेखी नहीं की जा सकती कि नीरा राडिया को लगता है कि वे मीडिया को अपने क्लाइंट के पक्ष में मोड़ लेंगी। वे ऐसा कर पाती होंगी, वरना उनके पास क्लाइंट की इतनी लंबी कतार नहीं होती।

छिपाने का पब्लिक रिलेशन

पब्लिक रिलेशन का काम हमेशा अपने क्लाइंट के लिए खबरें या सूचनाएं छपवाना या दिखाना नहीं है। सूचनाओं और खबरों को न छपने देना भी पब्लिक रिलेशन का प्रमुख काम है। मिसाल के तौर पर, जब छत्तीसगढ़ के कोरबा में निजी कंपनी बाल्को के बिजली घर की चिमनी गिर गई और 40 से ज्यादा लोग मारे गए[55] तो यह खबर राष्ट्रीय मीडिया में लगभग लापता थी या फिर इसे नाममात्र का कवरेज मिला। इसके पीछे पब्लिक रिलेशन की ताकत ही है। इस घटना में कुल 41 लोगों के मरने की पक्की खबर थी[56] लेकिन 25 सितंबर, 2009 को मीडिया ने 18 से लेकर 20 लोगों के मरने की ही खबर दी। इनकी खबरों का स्रोत कंपनी के अधिकारी या पुलिस के अधिकारी[57] थे जबकि मजदूर संगठन उस समय भी यह कह रहे थे कि उन्हें 100 से ज्यादा लोगों के दबने की आशंका है।

कंपनियों में होनेवाली हड़ताल के बारे में मीडिया में अक्सर यह खबर आती है कि 40 दिन या 20 दिन के बाद हड़ताल टूट गई। 40 या 20 दिन तक चली हड़ताल के शुरू होने से लेकर आगे बढ़ने की खबरें नहीं छपतीं। कई बार हड़ताल में हिंसा होने के बाद पहली बार पता चलता कि है कि किसी कंपनी में हड़ताल चल रही थी। होंडा मोटर्स की मानेसर फैक्ट्री में मजदूरों पर लाठीचार्ज होने तक देश को पता ही नहीं था कि वहां हड़ताल चल रही है। उसी तरह नोएडा में एक एमएनसी में सीईओ की हिंसा में मौत होने तक वहां चल रहे श्रमिक असंतोष की खबरें नहीं छापी गईं।

एरन डेविस अपनी किताब 'पब्लिक रिलेशन डेमोक्रेसी' में लिखते हैं (फ्लैट अर्थ न्यूज में उद्धृत) कि मीडिया को अगर एक समाचार दिया जाता है तो एक समाचार छिपा भी लिया जाता है। कई संगठनों में पब्लिक रिलेशन एक्जिक्यूटिव का आधा या उससे भी ज्यादा काम पत्रकारों को खबरों से दूर रखना या ऐसी खबरों को न छपने देने की कोशिश करना होता है। इसका सबसे सीधा उपाय तो यह है कि नकारात्मक

खबरें मीडिया को न दी जाएं। इतने भर से पब्लिक रिलेशन का उद्देश्य काफी हद तक पूरा हो जाता है क्योंकि मीडिया को जो नहीं बताया जाए, उसके बारे में उन्हें जानकारी शायद ही कभी हो पाती है।

समाचारपत्रों और चैनलों की समाचार एजेंसियों पर ज्यादा निर्भरता भी छिपाने के खेल का हिस्सा बन जाती है। समाचार एजेंसियां अपने कारोबारी और तमाम अन्य हितों और कारणों की वजह से खोजी पत्रकारिता नहीं करतीं। किसी घोटाले या गड़बड़ी का पर्दाफाश समाचार एजेंसी के एजेंडे पर नहीं होता। वह सूचनाओं को अपने ग्राहकों तक इस तरह पहुंचाती है ताकि उसमें संतुलन दिखे। इसमें तथ्यों के चयन से ज्यादा भाषा संबंधी चतुराई होती है। अलग-अलग तरह के क्लाइंट के लिए एक ही खबर भेजने की मजबूरी की वजह से भी समाचार एजेंसियों के लिए संतुलित दिखना जरूरी होता है। संतुलन के लिए समाचार एजेंसियां आधिकारिक सूत्रों पर ज्यादा निर्भर होती हैं। एजेंसियां ज्यादातर सूचनाएं संवाददाता सम्मेलनों, प्रेस विज्ञप्तियों, प्रेस बयानों और आधिकारिक घोषणाओं से लेती हैं और उन सूचनाओं को अपने क्लाइंट तक पहुंचाती हैं। सूचनाओं के इस पूरे तंत्र पर पब्लिक रिलेशन की गहरी छाया होती है।

विज्ञापन से ज्यादा असर

पब्लिक रिलेशन का काम संपादकीय स्पेस में नजर आता है। समाचार या लेख की शक्ल में होने के कारण पब्लिक रिलेशन के तौर आनेवाली सामग्री की विश्वसनीयता विज्ञापनों से ज्यादा होती है। इसलिए जो कंपनियां विज्ञापनों पर करोड़ों रुपए खर्च करती हैं, वे भी पब्लिक रिलेशन की अनदेखी नहीं करतीं। विज्ञापनों को भी अक्सर इस तरह बनाया जाता है ताकि वे खबरों की तरह लगें। इसके पीछे भी यही सोच है कि लोग खबरों को ज्यादा विश्वसनीय मानते हैं। सरकार और कंपनियां अक्सर ऐसे विज्ञापन देती हैं, जिनका फोंट (टाइपफेस), प्वाइंट साइज और स्टाइल बिलकुल समाचार की तरह होता है, ताकि लोग उन्हें समाचार की तरह पढ़ लें। इनके आखिर में कहीं छोटा-सा विज्ञापन या ऐड. या ऐडवर्टोरियल या सिर्फ वि. लिखा होता है। लेकिन पब्लिक रिलेशन ऐडवर्टोरियल से भी आगे जाता है। पब्लिक रिलेशन के जरिए जो कुछ छपता है वह समाचार की तरह नहीं होता, बल्कि समाचार होता है। ये खबरें संवाददाता के नाम से या उनकी ओर से छपती हैं। इसलिए जो कंपनियां या संस्थाएं विज्ञापन देती हैं, वे भी पब्लिक रिलेशन पर काफी खर्च करती हैं।

टेक्स100 ग्लोबल पब्लिक रिलेशन और इसकी शोध संस्था कॉन्टेक्स्ट एनालिटिक्स ने अपनी मीडिया प्रोमिनेंस स्टडी में इस बात की पुष्टि की है कि ब्रैंड को स्थापित करने में विज्ञापनों की तुलना में पब्लिक रिलेशन का महत्त्व ज्यादा है। इस अध्ययन के बारे में टेक्स्ट100 एशिया प्रशांत क्षेत्र के रीजनल कंसल्टेंसी डाइरेक्टर रॉवेन बेनेके ने बताया कि उपभोक्ता, विज्ञापनों की तुलना में छपी हुई रिपोर्ट पर ज्यादा भरोसा

करते हैं। खासकर अगर किसी उत्पाद के बारे में जानने के लिए काफी कुछ हो और कुल मिलाकर वह एक जटिल किस्म का उत्पाद हो तो लोग उसके बारे में जानकारी हासिल करने की कोशिश करते हैं और ऐसा करते हुए वे विज्ञापन से ज्यादा संपादकीय सामग्री पर विश्वास करते हैं।[58]

यह अध्ययन न होता तो भी कंपनियों को यह पता होता कि संपादकीय स्पेस में अपनी बात को कहना या किसी बात को छिपाना कितना महत्त्वपूर्ण है। इसलिए पब्लिक रिलेशन के तमाम तरह के कार्यों में मीडिया मैनेजमेंट या मीडिया रिलेशन का काफी महत्त्व है। ज्यादातर पब्लिक रिलेशन कंपनियां मीडिया रिलेशन संबंधी सेवाएं अपने क्लाइंट को देती हैं। मिसाल के तौर पर, सिनर्जी पब्लिक रिलेशन के प्रेसिडेंट नवज़ेर केरावाला अपनी कंपनी की साइट पर यह दावा करते हैं–'हम सूचनाएं और समाचार को मैनेज करते हैं ताकि हमारे क्लाइंट की साख में बढ़ोतरी हो, इस दावे का आधार है कि सूचनाओं और खबरों को मैनेज करना मुमकिन है और साख कायम रखनी हो या मजबूत करनी हो तो ऐसा करना जरूरी है।'

मीडिया रिलेशन की तकनीक के जरिए पब्लिक रिलेशन के लक्ष्यों को हासिल किया जाता है। पब्लिक रिलेशन कंपनियां इस क्षेत्र में जो भी काम करती हैं उसे मोटे तौर पर दो हिस्सों में बांटा जा सकता है। एक तो किसी कंपनी या संस्था के हित में कवरेज सुनिश्चित करना और मीडिया को मांगी गई सूचनाएं देना। मीडिया रिलेशन के अंतर्गत कई तरह के काम शामिल हैं–

- इनमें समाचार को पहचानना, उसे लिखना, प्रेस रिलीज, फोटो और दूसरी फीचर सामग्री बांटना शामिल हैं। यह एक मुश्किल काम है क्योंकि कम लोग ही यह पहचान पाते हैं कि क्या छपने योग्य है। कई लोगों को तो यह लगता है कि जिसमें उनकी दिलचस्पी है वह छपने योग्य है।
- प्रेस रिलीज छपने योग्य है या नहीं, इसका आकलन करना और यह जानना कि इसे कहां छपवाया जा सकता है।
- पत्रकारों के लिए इंटरव्यू आयोजित करना, कार्यक्रम का सुझाव देना, समाचार के लिए आइडिया देना और बैकग्राउंड सामग्री देना।
- इस बात का अध्ययन करना कि कौन सा मीडिया, क्लाइंट के लिए काम का है और मीडिया कवरेज के अवसरों को पहचानना। अनुकूल यानी फेबरेबल संपादकों, पत्रकारों और मीडियाकर्गियों के बारे में जानकारी रखना।
- लाइब्रेरी को अप टू डेट रखना ताकि मीडिया को उसकी जरूरत के हिसाब से सामग्री उपलब्ध कराई जा सके।
- मीडिया में हो रहे बदलाव पर नजर रखना और उसके हिसाब से खुद को ढालना।
- प्रेस में जो छपा या दिखाया गया, उसका लेखा-जोखा रखना।

किसी पब्लिक रिलेशन कंपनी के मीडिया रिलेशन संबंधी कामों में यह सब शामिल है। पब्लिक रिलेशन मीडिया के कंटेंट को निर्णायक रूप से प्रभावित करता है। वरिष्ठ पत्रकार क्लॉड कॉकबर्न ने कभी कहा था कि समाचारपत्र हमेशा किसी न किसी के हाथ का हथियार होता है। कॉकबर्न जब यह कह रहे थे तो उनकी निगाह में समाचारपत्र के मालिक थे। लेकिन अब कोई कंपनी या संस्था, मीडिया का, स्वामित्व हासिल किए बगैर उसे अपने हथियार के तौर पर इस्तेमाल कर सकती है। यह काम पब्लिक रिलेशन के जरिए होता है।[59]

लॉबिंग, मीडिया मोनोपली और पब्लिक स्फियर

आधुनिक लोकतंत्र में कई तरह की राजनीति और विचार होने चाहिए ताकि लोग उनके बीच चुनाव कर सकें। लोग चुन सकें, इसके लिए जरूरी है कि उन्हें समाचार, साहित्य, मनोरंजन और लोकसंस्कृति विविधतापूर्ण और एक दूसरे से प्रतियोगिता कर रहे स्रोतों से प्राप्त हों।

बेन बैग्डिकियान, *मीडिया मोनोपली* से
(मीडिया स्वामित्व पर ट्राई के विमर्श पत्र में उद्धृत)

राडिया टेप को देश के सबसे प्रमुख लॉबिस्ट नीरा राडिया की दैनिक डायरी भी कहा जा सकता है। अपने कामकाज के सिलसिले में नीरा राडिया किन लोगों से और किस तरह की बात करती हैं, इसका ब्यौरा इन टेपों में सिलसिलेवार है। इन टेप को सुनते और उनकी ट्रांसक्रिप्ट पढ़ते हुए भारत में लॉबिंग के धंधे को (जिसे कानूनी मान्यता दिलाने के लिए चर्चा चलाई जा रही है) समझा जा सकता है।

नीरा राडिया लॉबिंग के सिलसिले में पत्रकारों और मीडिया समूह के मालिकों से बात करती हैं लेकिन गौर करनेवाली बात है कि वे गिने-चुने मीडिया समूह के लोगों से ही बात करती हैं। जिस देश में 60,000 से ज्यादा अखबार और लगभग 600 चैनल हैं, वहां नीरा राडिया का काम चंद मीडिया समूह के लोगों से डील करके कैसे चल जाता है? नीरा राडिया जिन मीडिया समूह के लोगों से बात करती हैं, उनमें प्रमुख हैं–टाइम्स ऑफ इंडिया, एनडीटीवी, टीवी टुडे नेटवर्क, हिंदुस्तान टाइम्स मीडिया, नेटवर्क 18। इसके अलावा अपनी बातचीत में वे 'दैनिक भास्कर' और 'दैनिक जागरण' का जिक्र करती हैं, लेकिन इन मीडिया समूहों के लोगों से बातचीत नहीं करतीं। सिर्फ आधा दर्जन मीडिया समूहों से बात करके इस देश की एक प्रमुख लॉबिस्ट का काम कैसे चलता होगा?

यह इसलिए संभव है क्योंकि वे जिन मीडिया समूहों से बात कर रहीं थीं या जिन मीडिया समूहों के बारे में बात कर रही थीं, वे भारतीय मीडिया को काफी हद तक नियंत्रित करते हैं। बेशक देश में हजारों अखबार और सैकड़ों चैनल हैं, लेकिन इनमें से कुछ की हैसियत बहुत बड़ी है। मिसाल के तौर पर, टाइम्स ऑफ इंडिया के पास

देश का सबसे बड़ा इंग्लिश अखबार है और सबसे बड़ा आर्थिक अखबार इकनॉमिक टाइम्स भी। देश का सबसे बड़ा इंग्लिश न्यूज चैनल 'टाइम्स नाउ' भी इसी समूह का है। देश की राजधानी दिल्ली और आर्थिक राजधानी मुंबई की बात करें तो यहां के हिंदी और इंग्लिश के दो सबसे बड़े अखबार–टाइम्स ऑफ इंडिया, हिंदुस्तान टाइम्स, दैनिक हिंदुस्तान और नवभारत टाइम्स तथा दो प्रमुख बिजनेस अखबार–इकनॉमिक टाइम्स और मिंट–दो मीडिया समूह टाइम्स ऑफ इंडिया और हिंदुस्तान टाइम्स के पास हैं। चैनलों की बात करें तो सिर्फ छह मीडिया समूहों से बात करके नीरा राडिया एक साथ इंग्लिश के चारों प्रमुख चैनलों–टाइम्स नाउ, एनडीटीवी, सीएनएन आईबीएन और हेडलाइंस टुडे को साधने की कोशिश करती हैं। इसी तरह इन चंद मीडिया समूहों के पास देश के सभी प्रमुख बिजनेस चैनल–सीएनबीसी टीवी18, सीएनबीसी आवाज, एनडीटीवी प्रॉफिट और इटी नाउ हैं। सबसे बड़ी इंग्लिश पत्रिका 'इंडिया टुडे' और कई प्रमुख वेब पोर्टल सब कुछ इन छह मीडिया समूहों के दायरे में सिमट गए हैं। जागरण और भास्कर समूह का जिक्र राडिया टेप में सिर्फ इसलिए आया है क्योंकि ये देश के दो सबसे लोकप्रिय अखबार चलाते हैं। इस तरह नीरा राडिया की कॉलिंग लिस्ट में बेशक चंद पत्रकारों और मीडिया समूहों के लोगों के नाम हैं लेकिन वे ऐसे लोग हैं जो मीडिया के प्रभावशाली हिस्से को चलाते हैं। खासकर महानगरों में इन मीडिया समूहों का पूरे मीडिया परिदृश्य पर जबर्दस्त दबदबा है। जिसे देश की या हुक्मरानों की राय कहते हैं, वह यही चंद मीडिया समूह तय करते हैं। नीरा राडिया इस राय को प्रभावित करने के धंधे में हैं, इसलिए वे सिर्फ काम के लोगों से बात करती हैं। वे हिंदी या भारतीय भाषा के पत्रकारों से या मीडिया मालिकों से बात नहीं करतीं क्योंकि देश की राय बनाने में उनकी सीमित या नाममात्र की भूमिका होती है। राडिया टेप से यह भी जाहिर हुआ है कि खासकर कैबिनेट बनाने, आर्थिक नीतियां तय करने या कॉरपोरेट फैसलों के निर्धारण में भारतीय भाषा के प्रेस की बात नहीं सुनी जाती।

भारत में मीडिया मोनोपली की वजह से नीरा राडिया जैसी लॉबिस्ट का काम आसान हो गया है। चंद मीडिया समूहों को मैनेज करके कोई लॉबिस्ट, मीडिया के बड़े और प्रभावशाली हिस्से को मैनेज करने का लक्ष्य हासिल कर सकता है। मीडिया में अगर वास्तविक अर्थों में बहुलता हो तो यह काम बेहद मुश्किल हो जाएगा। अगर एक साथ कम-से-कम सौ मीडिया संस्थानों को प्रभावित करने की भी जरूरत हो जाए तो लॉबिस्ट का काम बेहद मुश्किल हो जाएगा।

भारत में मीडिया साल दर साल लगभग 10 फीसदी से भी ज्यादा रफ्तार से बढ़ रहा है। 1990 से 2010 के बीच के दौर में मीडिया का अभूतपूर्व विस्तार हुआ है। लोगों के पास जितनी सूचनाएं अब पहुंच रही हैं, उतनी पहले कभी नहीं पहुंचती थीं। ये सूचनाएं अलग-अलग स्रोतों से पहुंच रही हैं। पहली नजर में यह लग सकता है कि इतने सारे अखबार और चैनलों की वजह से मीडिया में विषय, विचार और सूचना के

मामले में बहुलता होगी। लोग अलग-अलग तरह की सूचनाएं, विषयों और विचारों से वाकिफ हो रहे होंगे और तमाम विषयों पर जानकार नागरिक के तौर पर फैसला करने की स्थिति में होंगे। कुल मिलाकर जर्मन विद्वान जरगन हैबरमास जिस पब्लिक स्फियर की बात करते हैं, वह सुसंगत तरीके से काम कर रहा होगा। खुली बहस और चर्चा का माहौल होगा और जनमत बनने की प्रक्रिया बिना किसी बाधा के संपन्न हो रही होगी।

उदारीकरण यानी मीडिया संकेंद्रण का दौर

लेकिन वास्तविकता यह नहीं है। भारत में मीडिया का सालाना औसत 10 फीसदी या उससे भी ज्यादा गति से बढ़ना इस बात की गारंटी नहीं कर पाया है कि मीडिया में बहुलता होगी। पिछले 20 साल भारत में मीडिया के तेज विकास के ही नहीं बल्कि मीडिया संकेंद्रण यानी कंसंट्रेशन के साल रहे हैं। इन वर्षों में कुछ मीडिया समूह बहुत बड़े हो गए हैं। ये देश की सबसे बड़ी कंपनियों में शामिल हैं। एक समय तक यह कहा जाता था कि मीडिया कॉरपोरेट हितों के लिए काम कर रहा है लेकिन अब मीडिया खुद ही कॉरपोरेट है और अपने हित में काम कर रहा है।

मीडिया कंपनियों के कारोबार का अंदाजा इस बात से लगाया जा सकता है कि 2011 के शुरुआती आंकड़ों के मुताबिक, दक्षिण भारत की प्रमुख मीडिया कंपनी सन टीवी नेटवर्क का बाजार पूंजीकरण बिहार जैसे राज्य के सालाना बजट से ज्यादा हो गया। कई मीडिया कंपनियों का बाजार पूंजीकरण हजारों करोड़ रुपयों में है। एक तरफ तो मीडिया कंपनियों का कारोबार फैल रहा है तो दूसरी ओर मीडिया में बहुलता भी कम हो रही है। मास मीडिया अब चंद घरानों के हाथ में सिमट गया है। यह मनोपली होरिजेंटल और वर्टिकल, दोनों हैं। यानी एक मीडिया हाउस अगर प्रिंट के क्षेत्र में हावी है तो साथ ही वह टीवी, रेडियो और मुमकिन है कि सिनेमा और इंटरनेट पर भी हावी हो। टीवी चैनल चलाने वाली कई कंपनियां डिस्ट्रिब्यूशन के क्षेत्र में भी दखल रखती हैं।

क्या यह कोई चिंता की बात है? किसी भी कारोबार में यह हो सकता है। साबुन या तेल के कारोबार में भी या टीवी और मोबाइल के कारोबार में भी। फिर मीडिया में मोनोपली को लेकर इतनी चिंता क्यों? बाजार का एक तर्क यह भी है कि जो अच्छा और सस्ता माल बेचता है और कंज्यूमर की पसंद का ध्यान रखता है, उसका माल बिकता है। जो ऐसा नहीं करता, वह बाजार से बाहर हो जाता है। बाजार इन सबका ध्यान रखता है, तो किसी को मीडिया मोनोपली या ऐसी किसी भी चीज के लिए परेशान क्यों होना चाहिए?

मीडिया मोनोपली या कंसंट्रेशन चिंता का कारण इसलिए है क्योंकि यह पब्लिक स्फियर को सुचारू रूप से काम नहीं करने देता। मीडिया विश्लेषक आनंद प्रधान

लिखते हैं कि 'असल में एक जीवंत, सक्रिय, भागीदारीपूर्ण और गतिशील लोकतंत्र के लिए ऐसा खुला और जनतांत्रिक पब्लिक स्फियर अनिवार्य है जहां लोग और समुदाय, देश और समाज के सामने खड़े मुद्दों और सवालों पर खुलकर बात, बहस और चर्चा कर सकें। लेकिन इसके लिए जरूरी है कि सांस्थानिक रूप से यह पब्लिक स्फियर न सिर्फ राज्य के कब्जे और दबाव-प्रभाव से मुक्त हो बल्कि वह निजी पूंजी के कब्जे, दबाव और अवांछित प्रभावों से भी स्वतंत्र होना चाहिए। साफ है कि दोनों तरह के अवांछित दबावों और प्रभावों से 'पब्लिक स्फियर' की आज़ादी और स्वायत्तता को सुनिश्चित किए बगैर लोकतान्त्रिक संवाद और बहस-मुबाहिसा संभव नहीं है।'[60] भारत जैसे राजनीतिक, धार्मिक, भाषाई और सामाजिक विविधता वाले देश में मास मीडिया का संकेंद्रण गंभीर समस्याओं का कारण बन सकता है।

पब्लिक ओपिनियन और एजेंडा सेटिंग

मीडिया की पब्लिक ओपिनियन यानी जनमत बनाने में महत्त्वपूर्ण भूमिका होती है। वॉल्टर लिपमैन और कई विद्वानों ने लगभग एक सदी पहले ही यह महसूस किया था कि लोगों की राय बनाने में मास मीडिया की भूमिका होती है। समाचारपत्र में काम करने के अपने अनुभव को आधार बनाकर वॉल्टर लिपमैन ने छवि निर्माण की आंतरिक संरचना को समझने की कोशिश की थी। दो विश्व युद्धों के बीच के दौर में अमेरिका और यूरोप में प्रेस, सिनेमा और रेडियो के तेज गति से विकास पर टिप्पणी करते हुए लिपमैन ने इसे लोकतांत्रिक भीड़तंत्र में मैन्युफैक्चर ऑफ कंसेंट यानी आम सहमति का निर्माण या उत्पादन कहा।[61] इसके कई दशक बाद अमेरिकी विद्वान नोम चोमस्की और एड्वर्ड एस हरमन ने भी मैन्युफैक्चरिंग कंसेंट (विंटेज, 1988) नाम की अपनी चर्चित किताब में मास मीडिया की विचार निर्माण में भूमिका की व्यापक चर्चा की। चोमस्की और हरमन मीडिया की इस भूमिका को संरचनात्मक तरीके से देखते हैं और बताते हैं कि स्वामित्व और बिजनेस मॉडल की वजह से कॉरपोरेट मीडिया किस तरह से विभिन्न मुद्दों पर सत्ता और इलीट के पक्ष में राय बनाने का काम करता है। वे इस बात को कई उदाहरणों के माध्यम से स्थापित करते हैं कि जनमत का निर्माण मास मीडिया किस तरह करता है।

एक और पद्धति से मैकॉम्ब और शॉ ने 20वीं सदी की शुरुआत में यह साबित किया था कि एजेंडा सेटिंग में मास मीडिया की भूमिका होती है। उन्होंने अमेरिका के राष्ट्रपति चुनाव के दौरान एक छोटा-सा सर्वे किया जिसका लक्ष्य यह जानना था कि मास मीडिया लोगों के मुद्दे तय करने में कितना असरदार होता है। उन्होंने लोगों से चुनाव के बड़े मुद्दे पूछे। इसके बाद इन्हें उन मुद्दों के साथ मिलाकर देखा गया जो मुद्दे वहां पढ़े जानेवाले अखबारों ने उठाए थे। मैकॉम्ब और शॉ ने यह पाया कि वहां अखबार जो मुद्दे उठा रहे थे, लोग उन्हीं मुद्दों के बारे में वाकिफ थे और उन्हें ही

अपना मुद्दा मान रहे थे। अलग-अलग स्थितियों में दुनिया भर में ऐसे ही प्रयोग किए गए हैं और यह बात स्पष्ट है कि मीडिया आपके सोचने के तरीके को या किसी मुद्दे पर किस तरह सोचना है, इसे शायद तय न करे, लेकिन आपको किन मुद्दों के बारे में सोचना है, यह तय करने में मीडिया अक्सर सफल रहता है। जो बात मास मीडिया में महत्त्वपूर्ण तरीके से आती है, लोग आमतौर पर उसी के बारे में सोचते हैं। जो बात मीडिया में नहीं होती, वह लोकविमर्श में भी शायद ही आ पाती है। जैसे-जैसे मीडिया का विस्तार होता है और उसकी पहुंच ज्यादा लोगों तक होती है, एजेंडा सेटिंग में उसकी भूमिका बढ़ती जाती है।

इस आधार पर यह कहा जा सकता है कि 1947 में भारतीय मीडिया जितना प्रभावशाली था, उसकी तुलना में अब कई गुना ज्यादा ताकतवर है क्योंकि मीडिया का कई गुना विस्तार हो चुका है। मास मीडिया की इसी ताकत की वजह से जरूरी है कि यह कैसे काम करता है और किसके कहने पर और किसके हित में काम करता है, इसकी कड़ी निगरानी की जाए। मीडिया मोनोपली और मीडिया कंसंट्रेशन को भी इसी संदर्भ में देखा और पढ़ा जाना चाहिए। किसी भी और उत्पाद में उत्पादक की मोनोपली की तुलना में मीडिया मोनोपली ज्यादा गंभीर और प्रभाव छोड़ने वाला विषय है लेकिन आश्चर्यजनक रूप से, भारत में मीडिया मोनोपली और क्रॉस मीडिया ओनरशिप (एक साथ कई मीडिया प्लेटफॉर्म का स्वामित्व) को लेकर नियमन नाम मात्र का है। मोनोपलीज रिस्ट्रिक्शन एंड ट्रेड प्रेक्टिसेज आयोग और अब उसकी जगह लेने वाले कंपीटिशन कमीशन के दायरे में मीडिया नहीं है।

यूरोप और अमेरिका में क्रॉस मीडिया ओनरशिप को लेकर लंबी बहसें चलीं और इसके नियम-कानून हैं। टेलीकॉम रेगुलेटर ट्राई ने अपने कंसल्टेशन पेपर में 15 देशों में मौजूद मीडिया स्वामित्व और क्रॉस मीडिया ओनरशिप के नियमों का जिक्र किया है। मिसाल के तौर पर, अमेरिका में किसी खास भौगोलिक क्षेत्र में ब्रॉडकास्ट मीडिया यानी रेडियो और टीवी चैनलों के स्वामित्व और नियंत्रण के लिए पाबंदियां हैं। अमेरिका में कोई व्यक्ति या कंपनी इतने टीवी स्टेशन का स्वामी नहीं बन सकता जिनकी सम्मिलित पहुंच 39 फीसदी घरों से ज्यादा हो। साथ ही, कोई मीडिया समूह देश के चार बड़े टीवी नेटवर्क–एबीसी, सीबीएस, फॉक्स और एनबीसी में से एक से ज्यादा का स्वामी नहीं हो सकता।

ब्रिटेन में किसी इलाके में रेडियो, टीवी प्रसारण और समाचारपत्र बेचने का काम तीन अलग-अलग कंपनियां ही कर सकती हैं यानी कोई एक कंपनी किसी इलाके में एक साथ टीवी स्टेशन से प्रसारण करे और समाचारपत्र भी बेचे या साथ में रेडियो स्टेशन चलाए, इसकी इजाजत नहीं है। अगर किसी व्यक्ति या कंपनी के पास अखबारों के राष्ट्रीय सर्कुलेशन का 20 फीसदी हिस्सा है, तो वह किसी चैनल में 20 फीसदी से ज्यादा स्वामित्व नहीं ले सकती। इसी तरह, समाचारपत्र का कोई मालिक

ऐसे इलाके में रेडियो स्टेशन नहीं चला सकता, जहां अखबारों के कुल सर्कुलेशन का 50 फीसदी उसके नियंत्रण में हो। ट्राई ने अपने कंसल्टेशन पेपर में बताया है कि किस तरह दुनिया के ज्यादातर विकसित और लोकतांत्रिक मुल्क मीडिया स्वामित्व और क्रॉस मीडिया ओनरशिप पर किसी न किसी तरह का नियंत्रण लगाते हैं। लोकतंत्र के सही तरीके से काम करने के लिए मीडिया के लोकतांत्रिक होने को महत्त्वपूर्ण माना गया है और मीडिया पर कुछ कंपनियों या व्यक्तियों के नियंत्रण के खतरे को ये देश महसूस करते हैं जबकि भारत में यह बहस अभी ढंग से शुरू भी नहीं हुई है।

इस दिशा में एक पहल वर्ष 2008 में हुई जब सूचना और प्रसारण मंत्रालय के निर्देश पर टेलीकॉम रेगुलेटरी अथॉरिटी (ट्राई) ने मीडिया स्वामित्व पर एक विमर्श पत्र चर्चा के लिए जारी किया। इस विमर्श पत्र यानी कंसल्टेशन पेपर की शुरुआत में यह बताया गया है कि यह विषय क्यों महत्त्वपूर्ण है :

> ''मीडिया की लोकतंत्र में महत्त्वपूर्ण भूमिका है। टेलीविजन, रेडियो और प्रिंट माध्यम लोगों तक सूचनाएं पहुंचाने का सबसे लोकप्रिय और असरदार जरिया हैं। इसलिए मीडिया और समाचार तथा विचारों में प्रतियोगिता, विविधता और बहुलता का होना आवश्यक है। अमेरिका, ब्रिटेन, कैनेडा, फ्रांस और ऑस्ट्रेलिया सहित कई और लोकतांत्रिक देशों में मीडिया स्वामित्व को लेकर कई तरह की पाबंदियां हैं। इनमें से कई देशों ने मीडिया स्वामित्व के नियमों में बदलाव किया है।''

टेलीकॉम रेगुलेटर को यह काम इसलिए भी सौंपा गया क्योंकि भारत में कोई ऐसा मीडिया रेगुलेटर नहीं है जो मीडिया के तमाम प्लेटफॉर्म को रेगुलेट करता हो। प्रेस कौंसिल एक्ट के तहत प्रेस कौंसिल के दायरे में सिर्फ प्रिंट मीडिया है और उसका काम सिर्फ यह देखना है कि प्रेस स्वतंत्र होकर काम करे और आचारसंहिताओं का पालन किया जाए। मीडिया स्वामित्व या बिजनेस मॉडल की निगरानी करना प्रेस कौंसिल के अधिकार क्षेत्र में शामिल नहीं है। टेलीविजन और उसमें भी टीवी न्यूज की निगरानी के लिए देश में कोई संस्था नहीं है। इसलिए मीडिया स्वामित्व पर कंसल्टेशन पेपर बनाने का दायित्व ट्राई को सौंपा गया क्योंकि वर्ष 2004 से केबल और ब्रॉडकास्ट सेक्टर के रेगुलेशन का काम उसके पास था। साथ ही, यह बात भी देखी गई कि कई प्रिंट कंपनियां ब्रॉडकास्ट सेक्टर में पांव फैला रही हैं (जैसे इंडिया टुडे समूह, इनाडू, दैनिक जागरण और सहारा)।

भारत में सरकार आमतौर पर मीडिया रेगुलेशन से बचती है। बाजार के नियमों से चल रहा मीडिया आमतौर पर सत्ता के खिलाफ नहीं जाता। सरकार के खिलाफ भी वह कम ही बोलता, दिखाता है। 1977 के बाद से सरकार ने मीडिया को नियंत्रित करने की कोई गंभीर कोशिश नहीं की और 1990 में नई आर्थिक नीति लागू होने के बाद इसका जरूरत और भी कम हो गई। अपनी वित्तीय संरचना, कारोबारी ढांचे और

आमदनी के तौर-तरीकों की वजह से मास मीडिया सेल्फ सेंसरशिप बरतता है। ऐसे में अगर सरकार माडिया स्वामित्व को लेकर चर्चा छेड़ती है, तो यह समझना होगा कि मीडिया मोनोपली की समस्या बेहद गंभीर हो गई है और मीडिया कॉरपोरेशन इतने बड़े और ताकतवर हो गए हैं और अलग-अलग मीडिया प्लेटफॉर्म पर उनका ऐसा जबर्दस्त कब्जा हो गया है कि सरकार भी इसकी अनदेखी नहीं कर सकती।

भारत में क्रॉस मीडिया ओनरशिप

21 फरवरी, 2011 को मीडिया पोर्टल एक्सचेंज 4 मीडिया[62] में छपी एक खबर पर गौर कीजिए।

> हिंदुस्तान टाइम्स समूह के बिजनेस अखबार मिंट ने ब्लूमबर्ग यूटीवी के साथ संपादकीय सामग्री शेयर करने का करार किया है। इसके तहत मिंट और ब्लूमबर्ग यूटीवी एक-दूसरे की सामग्री का इस्तेमाल करेंगे। मिंट का पहले से ही दुनिया की प्रमुख बिजनेस न्यूज संस्था वॉल स्ट्रीट जर्नल के साथ संपादकीय सामग्री के लिए करार है, जबकि यूटीवीआई का अमेरिकी बिजनेस न्यूज एजेंसी ब्लूमबर्ग के साथ करार है।

नए करार के बाद स्थिति यह है कि हिंदुस्तान टाइम्स, मिंट, वॉल स्ट्रीट जर्नल, यूटीवीआई और ब्लूमबर्ग के बीच सिनर्जी बन गई। ये चार अलग-अलग मीडिया समूह हैं, लेकिन इनके कंटेंट में विविधता कम नजर आएगी। ऐसे दर्जनों करार मीडिया समूहों के बीच हो रहे हैं और इनका असर खबरों की बहुलता पर पड़ रहा है।

भारत में मास मीडिया का तेजी से विस्तार हुआ है, लेकिन महत्त्वपूर्ण लोकतांत्रिक देशों में भारत शायद अकेला उदाहरण है जहां विदेशी निवेश (एफडीआइ), डीटीएच और एफ एम को छोड़कर मीडिया स्वामित्व के नियमन को लेकर लगभग अराजकता की स्थिति है। समाचार मीडिया में विदेशी निवेश पर 1955 के कैबिनेट नोट की वजह से पाबंदी थी, जिसे एनडीए सरकार के कार्यकाल में समाप्त कर दिया गया और 26 फीसदी विदेशी निवेश की इजाजत दी गई। मनोरंजन चैनलों में 100 फीसदी विदेशी निवेश की इजाजत है। एफडीआई के लिए अलग-अलग क्षेत्र में सीमाएं तय हैं और टेलीकॉम रेगुलेटर ने इनमें से ज्यादातर क्षेत्रों में एफडीआई की सीमा बढ़ाने की सिफारिश की है। एफडीआई की छूट मिलते ही भारतीय मीडिया बाजार में एक साथ कई ग्लोबल कंपनियों ने प्रवेश किया और अब देश में उनकी खासी उगस्थिति है। यह दरअसल भारतीय पूंजी के वैश्विक पूंजी के साथ एकाकार होने की प्रक्रिया का मीडिया में विस्तार है। भारत में इस समय मीडिया क्षेत्र में काम कर रही प्रमुख ग्लोबल कंपनियो में रूपर्ट मर्डोक की कंपनी स्टार, सोनी, डिज्नी, वायाकॉम, टर्नर, सीएनबीसी, सीएनएन, बीबीसी, सीबीएस प्रमुख हैं। भारत में ये कंपनियां ब्रॉडकास्टिंग के साथ ही डिस्ट्रिब्यूशन के कारोबार में जुटी हैं। इसके अलावा फोर्ब्स और फॉर्चुन से लेकर वॉल

स्ट्रीट जर्नल और फाइनेंशियल टाइम्स तक ने भारत में प्रकाशन शुरू कर दिया है या फिर भारतीय प्रकाशनों के साथ अलग-अलग तरह के समझौते किए हैं।

मास मीडिया के क्षेत्र में विदेशी निवेश संबंधी सीमाएं

क्रम	*क्षेत्र*	*वर्तमान सीमा*	*सिफारिश*
1.	टेलीपोर्ट (हब)	49% (एफडीआई+एफआईआई)	74% (एफडीआई+एफआईआई)
2.	डीटीएच	49% (एफडीआई+एफआईआई) एफडीआई 20% से ज्यादा नहीं	74% (एफडीआई+एफआईआई)
3.	सैटेलाइट रेडियो	कोई नीति नहीं	74% (एफडीआई+एफआईआई)
4.	हिट्स	कोई नीति नहीं	74% (एफडीआई+एफआईआई)
5.	केबल नेटवर्क	49% (एफडीआई+एफआईआई)	74% (एफडीआई+एफआईआई)
6.	एफएम रेडियो	20% (एफडीआई+एफआईआई)	49% (एफडीआई+एफआईआई)
7.	टीवी चैनल की डाउनलिंकिंग	100%	Status Quo (यथास्थिति)
8.	टीवी चैनल की अपलिंकिंग	26% (एफडीआई+एफआईआई)	49% (एफडीआई+एफआईआई)
9.	समाचार के अलावा अन्य चैनल की अपलिंकिंग	100%	कोई बदलाव नहीं
10.	मोबाइल टीवी	कोई नीति नहीं	74% (एफडीआई+एफआईआई)
11.	समाचारपत्र-पत्रिकाएं	26%	–

भारत में मीडिया ओनरशिप के नियमों[63] की बात करें तो डीटीएच लाइसेंस के लिए यह नियम है कि डीटीएच के लाइसेंस के लिए आवेदन करनेवाली कंपनी में ब्रॉडकास्टिंग या/और केबल नेटवर्क कंपनियों की हिस्सेदारी कुल मिलाकर 20 फीसदी से ज्यादा नहीं होनी चाहिए। इसी तरह जिस कंपनी के पास डीटीएच लाइसेंस है, वह ब्रॉडकास्टिंग या/और केबल नेटवर्क कंपनियों में 20 फीसदी से ज्यादा हिस्सेदारी नहीं ले सकती लेकिन ब्रॉडकास्टिंग कंपनी के लिए केबल नेटवर्क कंपनी में और केबल नेटवर्क कंपनी के लिए ब्रॉडकास्टिंग कंपनी में हिस्सेदारी लेने को लेकर कोई सीमा या बाधा नहीं है। एफएम रेडियो के लिए नीति यह है कि कोई कंपनी या समूह एक शहर में दो एफएम स्टेशन नहीं चला सकता। साथ ही, कोई एक कंपनी देश में जितने एफएम स्टेशन हैं, उनके 15 फीसदी से ज्यादा स्टेशन नहीं चला सकती।

इन दो नियमों को छोड़ दें तो भारत में अलग-अलग मीडिया प्लेटफॉर्म के स्वामित्व को लेकर आमतौर पर कोई कायदा-कानून नहीं है। किसी एक प्लेटफॉर्म में नियंत्रण को लेकर भी कोई व्यवस्था नहीं है। ट्राई को इस बारे में विचार करने के लिए जब सूचना और प्रसारण मंत्रालय ने लिखा (सूचना और प्रसारण सचिव का ट्राई के चेयरमैन को पत्र, 20 मई, 2008) तो इस बात का जिक्र किया गया कि भारत में लगभग 350 सैटेलाइट चैनल हैं और ऐसी कंपनियां या समूह हैं जिनके पास 10 प्रतिशत से ज्यादा चैनल हैं। जब मीडिया स्वामित्व के लिए अध्ययन करके की पहल

हुई थी उस समय ट्राई ने ब्रॉडकास्टर्स और उनके तहत आनेवाले पे-चैनलों की यह लिस्ट जारी की थी। यह जानकारी ट्राई को ब्रॉडकास्टर्स से (अप्रैल 2008) मिली थी। हालांकि तब से हालात काफी बदले हैं और कई और चैनल इन नेटवर्क में जुड़े हैं और कुछ चैनल इधर से उधर भी हुए हैं लेकिन ट्राई ने किन स्थितियों में अपना कंसल्टेशन पेपर लाया, यह जानने के लिए इस सूची को देखना रोचक है।

ब्रॉडकास्टर	*पे चैनल*
ज़ी टर्नर लिमिटेड	ज़ी टीवी, ज़ी सिनेमा, कार्टून नेटवर्क, ज़ी मराठी, ज़ी न्यूज, सीएनएन, ज़ी कैफे, ज़ी स्टूडियो, ज़ी बांग्ला, ज़ी गुजराती, ज़ी पंजाबी, ज़ी ट्रेंड, रिएलिटी टीवी, एचबीओ, पोगो, ज़ी बिजनेस, ज़ी क्लासिक, ज़ी एक्शन, ज़ी प्रीमियर, ज़ी स्पोटर्स, ज़ी तेलुगू, ज़ी कन्नड़, प्ले टीवी, ईटीसी पंजाबी, ईटीसी, ज़ी म्युजिक, ज़ी जागरण, ज़ी स्माइल, 24 घंटे, 24 तास, ज़ी टॉकीज, ज़ी नेक्स्ट
एमएसएम डिस्कवरी इंडिया प्राइवेट लिमिटेड	सोनी एंटरटेनमेंट, मैक्स, डिस्कवरी, एनिमल प्लेनेट, एएक्सएन, एनिमैक्स, डिस्कवरी ट्रैवल एंड लिविंग, सब टीवी, सेट पिक्स, एमटीवी, निक, वीएच-1, एनडीटीवी 24×7, एनडीटीवी प्रॉफिट, टेन स्पोर्ट्स, आज तक, हेडलाइंस टुडे, तेज़
चैनल प्लस	के टीवी, सन म्युजिक, सन न्यूज, जेमिनी टीवी, तेजा टीवी, उषे, उदया न्यूज, आदित्य, तेजा न्यूज, उदया मूवीज, उदया वार्तेगालु, जेमिनी म्युजिक, जेमिनी केबल विजन, जेमिनी न्यूज, सन टीवी
स्टार डेन मीडिया	स्टार प्लस, स्टार गोल्ड, स्टार मूवीज, स्टार वर्ल्ड, विजय टीवी, नेशनल ज्योग्राफिक, हिस्ट्री चैनल, चैनल वी, स्टार वन, डिज्नी चैनल, टून डिज्नी, हंगामा, टाइम्स नाऊ, जूम, सीएनबीसी टीवी18, सीएनबीसी आवाज़
उषोदया	ईटीवी, ईटीवी2, ईटीवी बांग्ला, ईटीवी मराठी, ईटीवी कन्नड़ा, ईटीवी गुजराती, ईटीवी ओड़िया

भारत में मीडिया परिदृश्य में एक खास बात यह है कि यहां एक ही कंपनी या समूह एक साथ चैनल भी चलाता है, केबल नेटवर्क चलाता है, डीटीएच के तहत चैनलों का प्रसारण करता है, प्रिंट मीडिया में दखल रखता है, रेडियो स्टेशन चलाता है और इंटरनेट के क्षेत्र में भी हैसियत रखता है। भारत में ऐसे बड़े मीडिया समूहों में बैनेट कोलमन एंड कंपनी यानी बीसीसीएल, नेटवर्क 18, सन टीवी, ज़ी नेटवर्क,

दैनिक जागरण, ईनाडु समूह और स्टार इंडिया प्रमुख हैं। ये समूह मीडिया के अलग-अलग क्षेत्रों में एक साथ काम करते हैं और एक क्षेत्र में होने का लाभ दूसरे क्षेत्र में उठाते हैं। मास मीडिया में उत्पादन का नियम यह है कि कम उपभोक्ता के लिए माल तैयार करना महँगा होता है और जैसे-जैसे उपभोक्ता की संख्या बढ़ती जाती है, प्रति उपभोक्ता माल की कीमत घटती जाती है। मिसाल के तौर पर, एक आदमी के लिए तैयार किए गए अखबार और एक करोड़ पाठकों के लिए तैयार किए गए अखबार की प्रति उपभोक्ता लागत की तुलना की जा सकती है। यही बात टीवी और रेडियो प्रोडक्शन पर भी लागू होती है।

टाइम्स समूह का उदाहरण लें तो दिल्ली शहर में सबसे लोकप्रिय समाचारपत्र टाइम्स ऑफ इंडिया, सबसे लोकप्रिय बिजनेस अखबार इकनॉमिक टाइम्स, सबसे लोकप्रिय हिंदी दैनिक नवभारत टाइम्स और शाम में सबसे ज्यादा बिकने वाले अखबार सांध्य टाइम्स का प्रकाशन वह करता है। शहर का सबसे लोकप्रिय एफएम रेडियो स्टेशन, रेडियो मिर्ची और इंटरनेट पोर्टल इंडिया टाइम्स समूह का ही है।[64] शहर का सबसे लोकप्रिय इंग्लिश न्यूज चैनल टाइम्स नाउ इसी समूह का है। यह अमेरिका या ब्रिटेन के नियमों के तहत संभव नहीं होता। टाइम्स समूह ने अपनी साइट पर प्रोडक्ट पोर्टफोलियो में अपने विस्तार का कुछ हवाला दिया है। इसके मुताबिक–

> टाइम्स समूह में शामिल है टाइम्स ऑफ इंडिया, जो दुनिया का सबसे बड़ा इंग्लिश दैनिक है। इसमें शामिल है इकनॉमिक टाइम्स, जो भारत का सबसे बड़ा और दुनिया का दूसरा सबसे बड़ा बिजनेस अखबार है। नवभारत टाइम्स लोकप्रिय हिंदी अखबार है। महाराष्ट्र टाइम्स मराठी का लोकप्रिय अखबार है जबकि मुंबई मिरर मुंबई का प्रमुख अखबार है। इसके अलावा बेंगलुरु, पुणे और अहमदाबाद से भी इन शहरों के नाम वाले मिरर निकलते हैं। टाइम्स समूह में रेडियो मिर्ची शामिल है जो देश का सबसे बड़ा एफएम रेडियो नेटवर्क है। देश में म्युजिक स्टोर की सबसे बड़ी चेन का स्वामी टाइम्स समूह ही है (हालांकि यह मालिकाना वीडियोकॉन समूह को बेच दिया गया है)। लाइफस्टाइल चैनल जूम, समाचार चैनल टाइम्स नाउ, बिजनेस समाचारों का चैनल ईटी नाउ और फिल्मों का चैनल मूवीज नाउ भी टाइम्स समूह के ही हैं। देश की सबसे लोकप्रिय महिला पत्रिका फेमिना तथा सबसे ज्यादा बिकनेवाली फिल्म पत्रिका फिल्मफेयर भी टाइम्स समूह के ही हैं। इसके अलावा इंटरनेट पोर्टल इंडिया टाइम्स, और टाइम्स जॉब्स, सिंपली मैरी और मैजिक ब्रिक्स जैसे अपने अपने क्षेत्र के महत्त्वपूर्ण पोर्टल भी टाइम्स ग्रुप के हैं।

इसी ग्रुप की एक और साइट में टाइम्स समूह का परिचय इस तरह दिया गया है–

> टाइम्स ग्रुप देश का सबसे बड़ा मीडिया साम्राज्य (कांग्लोमरेट शब्द का इस्तेमाल किया गया है) है। इसमें चार भाषाओं के 45 समाचारपत्र और पत्रिकाएं हैं।

इनके 108 संस्करण हैं और 9 शहरों से इनका प्रकाशन होता है। इनके कुल पाठक चार करोड़ से ज्यादा हैं। टाइम्स ऑफ इंडिया समूह को देश में छपनेवाले विज्ञापनों का 30 फीसदी हिस्सा मिलता है। हमारे समूह में टाइम्स ऑफ इंडिया है जो दुनिया के दो सबसे बड़े अखबारों में शामिल है और इकनॉमिक टाइम्स है जो दुनिया के तीन सबसे बड़े बिजनेस अखबारों में से एक है। टाइम्स ऑफ इंडिया भारत में नीति नियंताओं, बुद्धिजीवियों और इलीट के बीच सबसे ज्यादा पढ़ा जाता है। इकनॉमिक टाइम्स कारोबारियों के लिए (बी 2 बी) 9 प्रकाशन निकालता है जो मशीनरी से लेकर पॉलिमर जैसे अलग-अलग क्षेत्रों के लिए हैं। साथ ही, वह विशेष रुचि के 16 प्रकाशन निकालता है जिसमें ब्यूटी से लेकर फैशन से जुड़े प्रकाशन शामिल हैं।

इस समूह की स्थापना 160 साल से भी पहले हुई थी। भारत में मुख्यधारा के हर क्षेत्र में इस समूह की दखल है। यह एक तेजी से बढ़ता समूह है और इसने एक समग्र मीडिया हाउस के तौर पर 21वीं सदी में कदम रखा है।...इंफोटेनमेंट के जमाने में इसने टाइम्स एंटरटेनमेंट, टाइम्स न्यू मीडिया, टाइम्स म्युजिक, रेडियो मिर्ची जैसे प्रयोग किए। यह फेमिना मिस इंडिया और इकनॉमिक टाइम्स अवार्ड फॉर कॉरपोरेट एक्सेलेंस जैसे आयोजन करता है।

इसके पोर्टल इंडियाटाइम्स डॉट कॉम में 55 वेब साइट हैं और हर महीने इसे एक अरब लोग देखते हैं।...एक प्रकाशन संस्थान के रूप में टाइम्स ऑफ इंडिया ग्रुप ने जनमत को असरदार तरीके से प्रभावित किया है और यह देश को जानने-समझने का सही पैमाना है।

दिल्ली के प्रिंट मीडिया और उसमें भी इंग्लिश और हिंदी के दैनिक समाचारपत्रों के बाजार को देखें तो यह बात स्पष्ट हो जाती है कि भारतीय मीडिया में भी मोनोपली की स्थिति बन गई है। दिल्ली में हिंदी और इंग्लिश, दोनों भाषाओं के सबसे ज्यादा पढ़े जानेवाले अखबार दो समूह के हैं। हिंदुस्तान टाइम्स समूह का 'हिंदुस्तान टाइम्स' दिल्ली में दैनिक पाठकों की संख्या के हिसाब से इंग्लिश का पहले नंबर का अखबार है जबकि इसी समूह का 'दैनिक हिंदुस्तान' हिंदी का दूसरे नंबर का अखबार है। वहीं टाइम्स ऑफ इंडिया समूह का 'टाइम्स ऑफ इंडिया' इंग्लिश का दूसरे नंबर का अखबार है जबकि 'नवभारत टाइम्स' हिंदी का सबसे ज्यादा पढ़ा जानेवाला अखबार है। टाइम्स समूह का ही 'इकनॉमिक टाइम्स' दिल्ली का सबसे ज्यादा पढ़ा जानेवाला बिजनेस अखबार है। दिल्ली में सबसे ज्यादा बिकने वाले हिंदी और इंग्लिश के 10 अखबारों की कुल पाठक संख्या 85 लाख 98 हजार है। इनमें टाइम्स समूह और हिंदुस्तान टाइम्स समूह के अखबारों (टाइम्स ऑफ इंडिया, नवभारत टाइम्स, इकनॉमिक टाइम्स, हिंदुस्तान टाइम्स और दैनिक हिंदुस्तान) के दैनिक पाठकों की संख्या को जोड़ें तो यह 69 लाख 10 हजार हो जाती है। यानी ये दो मीडिया समूह दिल्ली के टॉप 10 अखबारों का 80 फीसदी से ज्यादा नियंत्रित करते हैं।

दिल्ली का अखबार बाजार (आईआरएस 2010-2011 तीसरी तिमाही)[65]

अखबार का नाम	*प्रतिदिन औसत पाठक (लाख में)*
हिंदुस्तान टाइम्स	19.14
टाइम्स ऑफ इंडिया	18.56
नवभारत टाइम्स	17.95
दैनिक हिंदुस्तान	11.63
दैनिक जागरण	7.04
पंजाब केसरी	6.92
मेल टुडे	2.01
इकनॉमिक टाइम्स	1.82
द हिंदू	1.07
अमर उजाला	0.91

वहीं मुंबई में तो इंग्लिश अखबारों[66] में नंबर एक और दो, दोनों ही स्थानों पर टाइम्स समूह के अखबार हैं। 'टाइम्स ऑफ इंडिया' (दैनिक पाठक-15.59 लाख) और 'मुंबई मिरर' (दैनिक पाठक-7.40 लाख) मिलकर इस बाजार पर पूरी तरह से हावी हैं क्योंकि तीसरे नंबर पर मौजूद 'हिंदुस्तान टाइम्स' (दैनिक पाठक-5.92 लाख), 'डीएनए' (दैनिक पाठक–5.75 लाख) और 'मिड डे' (दैनिक पाठक-3.87 लाख) मिलकर भी 'टाइम्स ऑफ इंडिया' की बराबरी नहीं कर पाते।

राजस्थान की बात करें तो 2010-2011 की तीसरी तिमाही के इंडियन रीडरशिप सर्वे के मुताबिक, जयपुर में 'दैनिक भास्कर' की पाठक संख्या 9.69 लाख और 'राजस्थान पत्रिका' की पाठक संख्या 7.20 लाख है जबकि तीसरे स्थान के हिंदी अखबार 'दैनिक नवज्योति' के पाठकों की संख्या महज 27 हजार है। 'नई दुनिया' और 'नवभारत टाइम्स' जयपुर में पैर जमाने की कोशिशों में असफल हो चुके हैं। 'दैनिक जागरण' को भी यहां पैर टिकाने की जमीन नहीं मिल पाई है।[67]

इसी तरह पश्चिम बंगाल का उदाहरण लें तो आईआरएस के 2010-2011 की तीसरी तिमाही के आंकड़ों के मुताबिक, आनंद बाजार समूह का अखबार 'आनंद बाजार पत्रिका' 62.04 लाख दैनिक पाठकों के साथ राज्य का नंबर एक अखबार है। इसी समूह का 'टेलीग्राफ' 10.23 लाख दैनिक पाठकों के साथ राज्य का सबसे लोकप्रिय इंग्लिश अखबार है। राज्य के टॉप 10 अखबारों के पाठकों की संख्या को देखें तो इस समूह के इन दो अखबारों के जितने पाठक हैं (72.27 लाख), उससे कुछ ही अधिक पाठक बाकी आठ अखबारों को मिलाकर (77.51 लाख) हैं। पश्चिम बंगाल में आनंद बाजार समूह के बाद दूसरी प्रमुख अखबार कंपनी बर्तमान है जिसके 30.42 लाख पाठक हैं। इस तरह आनंद बाजार समूह और बर्तमान के पाठकों को

जोड़ दें तो उनके पाठकों की संख्या एक करोड़ को पार कर जाती है, जबकि बाकी सात अखबार समूहों के कुल पाठकों की संख्या 50 लाख से भी कम है।

इसमें यह तथ्य जोड़ें कि राज्य का सबसे लोकप्रिय न्यूज चैनल स्टार आनंदा आनंद बाजार समूह का ही है, प्रमुख मनोरंजन चैनल स्टार जलसा का मालिक भी यही समूह है और वहां की लगभग सभी प्रमुख पत्रिकाओं जैसे–देश, सानंदा, आनंदमेला, आनंदलोक, उनीश-कुड़ी आदि का प्रकाशन भी आनंद बाजार ही करता है। 'आनंदा' नाम से उसका पुस्तक प्रकाशन का कारोबार है और भारत में पेंग्विन की किताबों के प्रकाशन के लिए उसका ज्वायंट वेंचर है। देश की प्रमुख कारोबारी पत्रिका 'बिजनेसवर्ल्ड' का प्रकाशन यही समूह करता है। स्कूली बच्चों के लिए यह समूह टेलीग्राफ 'इन स्कूल' नाम से एक अखबार निकालता है जो इस श्रेणी में देश का सबसे बड़ा अखबार है। कुल मिलाकर यह कहा जा सकता है कि बंगाल के मास मीडिया में आनंद बाजार समूह का सिक्का चलता है, लेकिन सवाल उठता है कि क्या यह सूचना के लोकतंत्र के लिए बुरी खबर नहीं है?

पश्चिम बंगाल का समाचारपत्र बाजार (आईआरएस 2010-2011 तीसरी तिमाही)[68]

अखबार का नाम	*प्रतिदिन औसत पाठक (लाख में)*
आनंद बाजार पत्रिका	62.04
बर्तमान	30.42
संवाद प्रतिदिन	11.03
टेलीग्राफ	10.23
गणशक्ति	8.61
आजकल	7.24
टाइम्स ऑफ इंडिया	6.39
उत्तर बंग संवाद	5.47
सन्मार्ग	4.99
संवाद	3.11

इसी तरह ईनाडु ग्रुप[69] को लें तो इस मीडिया समूह के 12 चैनल हैं। ये सभी चैनल क्षेत्रीय भाषाओं के हैं या फिर किसी खास राज्य को केंद्र में रखकर चलाए जाते हैं। इन चैनलों का प्रसारण विदेशों में भी होता है। यह कंपनी टीवी चैनलों का वितरण भी करती है। यह समूह ईनाडु अखबार भी निकालता है जिसकी दैनिक पाठक संख्या 61 लाख है।[70] यह अखबार 23 शहरों में छपता है। आंध्र प्रदेश का और तेलुगू भाषा का यह सबसे बड़ा अखबार है। इसके अलावा यह अन्नदाता, सितारा, विपुला और चतुरा नाम की पत्रिकाएं भी निकालता है। इस समूह के प्रकाशन इंटरनेट पर भी हैं।

इनके प्रति माह 80 लाख यूनीक विजिटर हैं। यह समूह फिल्म निर्माण में भी सक्रिय है। इस समूह ने पिछले दो दशक में अलग-अलग भारतीय भाषाओं में 80 से ज्यादा फिल्में बनाई हैं। ये फिल्में उषाकिरण फिल्म्स के बैनर चले बनाई गई हैं। हैदराबाद के पास का रामोजी फिल्म सिटी इसी समूह का है। 1666 एकड़ में फैले इस फिल्म सिटी में फिल्म निर्माण की सुविधाएं हैं। मयूरी फिल्म्स के नाम से यह समूह फिल्म डिस्ट्रिब्यूशन भी करता है।

मीडिया के अलावा यह समूह वित्तीय क्षेत्र में भी सक्रिय है। उसकी कंपनी मार्गदर्शी चिटफंड आंध्र प्रदेश की प्रमुख वित्तीय कंपनी है जिसमें साढ़े तीन लाख से ज्यादा लोगों का पैसा लगा है। प्रिया फूड नाम से यह समूह फूड प्रोसेसिंग के कारोबार में भी हैं। कंपनी के होटल चेन भी हैं और प्रदर्शनी हॉल भी। कई-कई धंधों में होना ईनाडू समूह की विशिष्टता नहीं है। ज्यादातर बड़ी मीडिया कंपनियों के लिए मीडिया कई और कारोबार में एक कारोबार है।

दिग्गजों के पक्ष में झुका बाजार

मास मीडिया डुएल प्रोडक्ट है यानी इस कारोबार में दो तरह के उत्पाद की बिक्री होती है। पहली बिक्री मास मीडिया के सॉफ्टवेयर, टीवी कार्यक्रम, अखबार, पत्रिका आदि की होती है जिनकी बिक्री या सब्सक्रिप्शन से कंपनी को पैसे मिलते हैं। दूसरी बिक्री पाठकों, दर्शकों और श्रोताओं की होती है, जिन्हें विज्ञापनदाता खरीदते हैं। भारत में मास मीडिया के अलग-अलग प्लेटफॉर्म पर 60 फीसदी से लेकर 95 फीसदी तक आमदनी दूसरी वाली बिक्री से होती है। विज्ञापन से होनेवाली आमदनी ही मीडिया की आय का प्रमुख स्रोत है। ऐसे में जो मीडिया समूह ज्यादा लोगों तक पहुंचता है और जिसके उपभोक्ताओं की आर्थिक हैसियत बेहतर होती है, वह ज्यादा विज्ञापन भी ले जाता है। मिसाल के तौर पर, अखबारों के बाजार में यह माना जाता है कि किसी क्षेत्र में पहले और दूसरे नंबर का अखबार मुनाफा कमाता है और तीसरे नंबर का अखबार किसी तरह कारोबार करता है। इसके बाद के अखबार मुनाफा नहीं कमा पाते। हालांकि हर शहर में इसके अलावा भी कई अखबार निकलते हैं जिनके पीछे अलग-अलग कारण होते हैं। परंजय गुहा ठाकुरता ने मीडिया एथिक्स (ऑक्सफोर्ड, 2009) में यह लिखा है कि सस्ते दर पर मीडिया संस्थानों को मिलनेवाली जमीन इसकी प्रमुख वजह है। इसके अलावा अखबार या चैनल राजनीतिक उद्देश्यों से भी निकाले जाते हैं। वहीं कई कारोबारी समूह अपने दूसरे व्यवसाय के हित में भी अखबार और चैनल चलाते हैं।

बहरहाल, मीडिया में कारोबार का गणित बड़े खिलाड़ियों के पक्ष में झुका होता है। बड़े खिलाड़ी की उत्पादन लागत कम आती है। समाचार मीडिया के संदर्भ में बात करें तो बड़े संस्थान में समाचार संकलन और उसे लोगों तक पहुंचाने का खर्च कम

होता है। बड़े संस्थान के लिए बेहतर (यानी ज्यादा वेतन पर) पत्रकार और अन्य कर्मचारी रखने में आसानी होती है। साथ ही, एक साथ कई प्लेटफॉर्म पर काम करनेवाले संस्थानों में एक व्यक्ति एक साथ कई प्लेटफॉर्म के लिए काम करता है। मिसाल के तौर पर, एक ही कैमरामैन का लाया हुआ फुटेज एक साथ कई चैनलों पर चल सकता है। एक संवाददाता की रिपोर्ट जरूरी बदलाव के साथ कई चैनलों के काम आ सकती है। समाचारपत्र के लिए लिखी गई रिपोर्ट इंटरनेट साइट पर डाली जा सकती है। इसी तरह ऑफिस से लेकर बाकी तरह के खर्च का भी बंटवारा हो जाता है।

कुल मिलाकर, एक ही प्लेटफॉर्म पर काम करनेवाली मीडिया कंपनी की तुलना में कई प्लेटफॉर्म पर काम करनेवाली कंपनी कम खर्च में बेहतर और चमक-दमक वाला प्रोडक्ट देने की स्थिति में होती है। इसके अलावा कई प्लेटफॉर्म पर एक साथ होने की वजह से एक दूसरे के लिए प्रमोशन (क्रॉस प्रमोशन) किया जा सकता है और इस तरह प्रचार और विज्ञापन का खर्च घट जाता है। मिसाल के तौर पर, एक ही समूह का रेडियो स्टेशन उसी समूह के टीवी चैनल पर आनेवाले किसी कार्यक्रम का प्रचार कर सकता है। इसी तरह एक चैनल का प्रचार दूसरे चैनल पर किया जाता है। खासकर नया चैनल या अखबार या रेडियो स्टेशन के लिए शुरुआती दर्शक, पाठक और श्रोता जुटाना इस तरह आसान और कम खर्च में हो जाता है। कई प्लेटफॉर्म पर होने की वजह से मीडिया कंपनी के लिए विज्ञापन जुटाना और विज्ञापनदाताओं के साथ सौदेबाजी करना भी आसान होता है। डिस्ट्रिब्यूशन और सर्कुलेशन में भी इस तरह बढ़त मिलती है।

नए के लिए नो-एंट्री और प्राइस वार का खेल

मीडिया और उसमें भी खासतौर पर प्रिंट मीडिया में एक महत्त्वपूर्ण चलन यह है कि इस क्षेत्र में कोई नया अखबार आसानी से पांव नहीं जमा पाता। कहने को तो बाजार के नियमों के हिसाब से मीडिया क्षेत्र में कोई भी आकर कारोबार कर सकता है लेकिन मीडिया बाजार की संरचना ऐसी है कि नए खिलाड़ियों के लिए यहां नो एंट्री का बोर्ड लगा हुआ है। इंडियन रीडरशिप सर्वे के साल दर साल आनेवाले नतीजों को देखें तो यह बात साफ हो जाती है कि टॉप के 20 स्थानों पर आमतौर पर वही अखबार हैं जो 40 साल या उससे भी पुराने हैं। कोई भी नया अखबार जब किसी नए क्षेत्र में प्रकाशन शुरू करता है तो या तो वह खुद ही अपनी कीमत गिराकर बाजार में जगह बनाने की कोशिश करता है या फिर पुराने खिलाड़ी कीमत गिराकर नए आनेवाले का रास्ता मुश्किल कर देते हैं।

मीडिया की दुनिया में प्राइस वार आम बात है। वर्ष 2011 की शुरुआत में झारखंड की राजधानी रांची में ऐसा ही प्राइस वार हुआ। 'प्रभात खबर' और 'दैनिक हिंदुस्तान' वहां के पुराने और जमे हुए अखबार थे। इनकी कीमत वर्किंग डे में 4 रुपए

थी। इनका मुकाबला करके बाजार बनाने के लिए 'दैनिक भास्कर' ने अपना अखबार 2 रुपए में बाजार में उतार दिया और पन्ने भी इनकी तुलना में बढ़ा दिए। इस तरह की लड़ाई में सबसे ज्यादा नुकसान तो 'रांची एक्सप्रेस' जैसे अपेक्षाकृत छोटे अखबार को हुआ। ऐसे खेल में वही लंबे समय तक टिक सकता है, जिसके पास ज्यादा पैसे हों। प्राइस वार कई स्तर पर होता है। डिस्ट्रिब्यूटर और हॉकर का कमीशन बढ़ाना इसका एक तरीका है। इस तरह किसी अखबार को बेचना डिस्ट्रिब्यूटर और हॉकर के लिए ज्यादा फायदेमंद हो जाता है।

नए की नो एंट्री : इंग्लिश समाचारपत्र बाजार

अखबार का नाम	*प्रतिदिन औसत पाठक (लाख)*	*समूह की स्थापना*
टाइम्स ऑफ इंडिया	72.54	1838
हिंदुस्तान टाइम्स	35.17	1924
द हिंदू	31.05	1878
द टेलीग्राफ	11.97	1922
डेक्कन क्रोनिकल	10.78	1938
इकनॉमिक टाइम्स	7.98	1838
डीएनए	7.68	1958 (भास्कर)
मुंबई मिरर	7.56	1838
द ट्रिब्यून	5.94	1881
द न्यू इंडियन एक्सप्रेस	5.04	1931

कई बार अखबार अपनी कीमत से ज्यादा का उपहार पाठकों को मुफ्त देते हैं। इंडिया टुडे और डेली मेल समूह के अखबार 'मेल टुडे' ने दिल्ली में जगह बनाने के लिए एक साल की ग्राहकी लेने वालों को ग्राहकी शुल्क से तीन गुना कीमत का जूता उपहार में दिया। 'भास्कर' ने रांची में ग्राहक बनने वालों को ग्राहकी राशि से ज्यादा कीमत के उपहार दिए। अपनी जगह बनाने या स्थिति मजबूत करने के लिए अखबार लॉटरी स्कीम भी चलाते रहते हैं जिनमें कार और बाइक तक उपहार में दिए जाते हैं। यानी बेहद सस्ती कीमत, लगभग मिट्टी के मोल अखबार बेचने के बावजूद अखबार के धंधे में इतना मुनाफा है कि वे कार जैसे महंगे उपहार पाठकों को देते हैं। मॉल और रेस्टोरेंट में कई अखबार अपनी प्रतियां मुफ्त बांटने के लिए भी रख देते हैं। कई अखबार समूह शुरुआती महीनों में बड़ी संख्या में अखबार मुफ्त भी बांटते हैं। शुरुआती दिनों में अखबार के पास विज्ञापन भी कम या नहीं होते हैं। ऐसे समय में महंगी स्कीम, मुफ्त का अखबार, उपहार, बांटने वाले को कमीशन वही अखबार दे सकता है जिसकी जेब भारी हो। जब हजारों नहीं, लाखों अखबार छापे जा रहे हैं तो

इन स्कीम, उपहार, कमीशन आदि पर होनेवाले खर्च का अंदाजा लगाया जा सकता है। कम पैसे वालों के लिए इस खेल में टिक पाने की कोई संभावना नहीं है। इस बात से भी फर्क नहीं पड़ता कि कैसी पत्रकारिता की जा रही है। कई अखबार लॉन्च से पहले ही एक लाख से ज्यादा ग्राहक बना लेते हैं। इस पर वे ढेर सारा पैसा झोंकते हैं। यह उनके निवेश का हिस्सा होता है।

अखबार लॉन्च करना खर्चीला काम है। इसके लिए प्रेस का बंदोबस्त, स्टाफ रखना, वितरण का नेटवर्क बनाना तो परंपरागत काम है। अब किसी अखबार को लंबी तैयारी और बेहद शानो-शौकत से लॉन्च किया जाता है। लॉन्च से महीनों पहले ऑडियंस रिसर्च और मार्केट सर्वे के जरिए पाठकों और विज्ञापनदाताओं के मिजाज को समझने की कोशिश की जाती है। इसके बाद शहर को होर्डिंग और दूसरी प्रचार सामग्री से पाट दिया जाता है। प्रतिद्वंद्वी अखबारों से स्टाफ तोड़ने का भी चलन आम है। इसके बाद किसी शानदार समारोह में आमतौर पर किसी बड़े नेता या पदाधिकारी के हाथों अखबार का लॉन्च होता है। यह सब काम अखबार से किसी भी तरह की आमदनी होने से पहले करना होता है। यह मुमकिन है कि कोई अखबार लॉन्च के दो साल बाद तक कोई मुनाफा न दे। यह बेहद सामान्य बात है। ऐसे समय में अखबार लगातार घाटा उठाता है और जिसके पास इसकी तैयारी नहीं है वह अखबार के धंधे में नहीं टिक सकता। कुल मिलाकर अखबार का धंधा उन लोगों के लिए ही है, जो शुरुआती महीनों में भारी घाटा उठाने का दमखम रखते हों। ध्यान रखें कि हम यहां करोड़ों रुपयों की बात कर रहे हैं। ऐसे में किसी छोटे समूह के लिए अखबार निकालना मुश्किल काम है। जिसके पास ढेर सारा पैसा नहीं है, वह इस धंधे से बाहर है।

नए की नो एंट्री : हिंदी समाचारपत्र बाजार

अखबार का नाम	*प्रतिदिन औसत पाठक (लाख)*	*समूह की स्थापना*
दैनिक जागरण	159	1942
दैनिक भास्कर	134	1958
हिंदुस्तान	108	1924
अमर उजाला	85	1948
राजस्थान पत्रिका	72	1956
पंजाब केसरी	35	1948
नवभारत टाइम्स	25	1838
नई दुनिया	15.5	1947
प्रभात खबर	14.6	1984
हरिभूमि	14.5	1996

नए की नो एंट्री : अन्य भारतीय भाषाओं का समाचारपत्र बाजार

अखबार का नाम	*भाषा*	*प्रतिदिन औसत पाठक (लाख)*	*समूह की स्थापना*
मलयालम मनोरमा	मलयालम	99	1888
लोकमत	मराठी	78	1918
डेली तंती	तमिल	72	1942
मातृभूमि	मलयालम	66	1923
आनंद बाजार पत्रिका	बांग्ला	62	1922
इनाडू	तेलुगु	61	1974
गुजरात समाचार	गुजराती	52	70 साल पहले
दिनाकरन	तमिल	48.61	1977 (राजनीतिक)
साक्षी	तेलुगु	48.16	2008 (राजनीतिक)
सकाल	मराठी	46	1932

नोट–सारे आंकड़े आईआरएस, 2010-11 की तीसरी तिमाही

इन आंकड़ों में हम यह देख सकते हैं इक्का-दुक्का प्रभात खबर, हरिभूमि, साक्षी जैसे अखबारों को छोड़कर चोटी के सभी अखबार पुराने मीडिया कारोबारियों के हैं। इनमें कुछ बड़े समूह तो आजादी से पहले से मीडिया के धंधे में हैं। इंग्लिश में सबसे नया अखबार 'डीएनए' दैनिक भास्कर समूह (ज़ी के साथ टाइअप) का है जो 1958 से चल रहा है। यानी पिछले 52 साल में ऐसी कोई कंपनी या समूह सामने नहीं आ पाया जिसका अखबार इंग्लिश के टॉप 10 अखबारों की लिस्ट में जगह बना सके। तीनों ही केटेगरी में टॉप 5 के अखबारों को लेते ही समय का आंकड़ा काफी पीछे चला जाता है। पिछले 50 साल में जो अखबार इस लिस्ट में जगह बना पाए हैं, उनमें से दो–यानी दिनाकरन और साक्षी राजनीतिक संगठनों या परिवारों द्वारा निकाले गए और इनके पीछे इन परिवारों और संगठन की ताकत लगी। हिंदी में अपेक्षाकृत दो नए अखबार इस लिस्ट में है और वे 9वें और 10वें नंबर पर हैं। 9वें नंबर पर मौजूद प्रभात खबर के पीछे उषा मार्टिन जैसी बड़ी कंपनी की ताकत है, जिसके झारखंड में माइंस हैं।

चैनलों के लिए भी खेल इसी तरह मुश्किल है। यहां शुरुआती दौर में अमूमन हर चैनल को फ्री टू एयर होना पड़ता है यानी सब्सक्रिप्शन से कोई पैसे शुरुआती दौर में नहीं मिलते। चैनल के जमने तक विज्ञापन भी नहीं मिलते। लेकिन एक चैनल को स्थापित करने में कई सौ करोड़ रुपए इससे पहले खर्च हो चुके होते हैं। चैनल शुरू होने से काफी पहले ही स्टाफ की नियुक्ति कर ली जाती है ताकि उन्हें

चैनल के हिसाब से ट्रेनिंग दी जा सके और चैनल का ड्राइ रन हो सके। उपकरण भी महीनों पहले खरीद लिए जाते हैं। यह सब खर्चे वाला काम है। चैनल लॉन्च से पहले बड़े खर्च से प्रचार अभियान भी चलाना जरूरी है, वरना दर्शकों को चैनल के बारे में पता कैसे चलेगा। इसके बाद सबसे बड़े खर्च की बारी आती है।

डिस्ट्रिब्यूशन पर खर्च किए बगैर कोई चैनल दर्शकों तक नहीं पहुंच सकता। एमएसओ, केबल ऑपरेटर और टाटा स्काई, डिश, रिलायंस, एयरटेल और सन जैसे डीटीएच नेटवर्क को खुश किए बगैर कोई चैनल लॉन्च नहीं हो सकता। इन्हीं के जरिए और इनकी कृपा से ही कोई चैनल लोगों तक पहुंचता है। लोगों तक चैनल पहुंचाने के लिए ये करोड़ों रुपए कैरिज फीस लेते हैं। केबल ऑपरेटरों को खुश करने के लिए उन्हें कार और फ्रिज जैसे गिफ्ट दिए जाते हैं, उन्हें विदेश की सैर कराई जाती है। कोई भी केबल वाला किसी चैनल को शुरुआती नंबरों पर रखकर उसे जमने में मदद कर सकता है और पीछे के नंबर पर डालकर उसका नसीब खराब कर सकता है। अभी भी कई टीवी सेट पर सीमित संख्या में चैनल आते हैं। ऐसे में चैनल को बाद के नंबरों पर डालने का मतलब है चैनल का ब्लैक आउट। किसी भी चैनल को इस तरह ब्लैक आउट होने से बचाने के लिए खर्च करना पड़ता है।

यह सब खर्च वही उठा सकता है जिसके पहले से चैनल हों या फिर वह, जिसके पास आमदनी का कोई और स्रोत हो। किसी छोटे और कमजोर खिलाड़ी के लिए न्यूज चैनल के धंधे में जम पाने की उम्मीद कम ही है। नए चैनल के खेल में फायदे में वही होता है जिसके पास पहले से और चैनल हों। इस वजह से उसके लिए उपकरण का खर्च कम हो जाता है। स्टाफ का खर्च भी ऐड-ऑन चैनल के लिए कम होता है। समाचार चैनलों की बात करें तो एक और चैनल खोलना इसलिए भी सस्ता होता है क्योकि इस स्थिति में न्यूज गैदरिंग यानी समाचार संकलन सस्ता हो जाता है। एक ही कैमरामैन भेजकर दो या अधिक चैनलों को लिए फुटेज मंगाए जाते हैं। एक ही ओबी वैन से अलग-अलग चैनलों की फीड मंगाई जाती है और लाइव टेलीकास्ट भी होता है। कुछ मीडिया समूह में एक ही संवाददाता दो या अधिक चैनलों के लिए रिपोर्टिंग करता है। डिस्ट्रिब्यूशन नेटवर्क भी उसका पहले से बना होता है।

मीडिया में एक साल (2010-2011) में कैसे-कैसे सौदे और करार हुए?[71]

एनडीटीवी-स्टारडेन : अपने समूह के चैनलों के डिस्ट्रिब्यूशन के लिए एनडीटीवी ने स्टार डेन के साथ करार किया। स्टारडेन स्टार इंडिया और डेन नेटवर्क के बीच 50 : 50 ज्वायंट वेंचर है। स्टार डेन 30 से ज्यादा चैनलों का देश के अलग-अलग हिस्से में डिस्ट्रिब्यूशन करता है। (14 दिसंबर, 2010)

डिज्नी और इंडिया टुडे : दुनिया के सबसे बड़े मीडिया समूहों में से एक डिज्नी ने अपनी पत्रिकाओं के प्रकाशन और वितरण के लिए इंडिया टुडे समूह के साथ समझौता किया। यह समझौता कई साल तक चलेगा। (8 दिसंबर, 2010)

रिलायंस ब्रॉडकास्ट नेटवर्क लिमिटेड-सीबीएस स्टूडियोज इंटरनेशनल, अमेरिका : इन दोनों को कंपनियों के 50 : 50 ज्वायंट वेंचर बिग सीबीएस नेटवर्क ने भारतीय टीवी दर्शकों के लिए इंग्लिश का मनोरंजन चैनल बिग सीबीएस प्राइम लॉन्च करने की घोषणा की। (29 नवंबर, 2010)

जागरण और ऐडसर्व : दैनिक जागरण समूह ने चेन्नई की कंपनी ऐडसर्व में 10 करोड़ रुपए की हिस्सेदारी ली। ऐडसर्व शिक्षा और प्लेसमेंट के क्षेत्र में काम करती है। ऐडसर्व में एचटी मीडिया और बैनेट कोलमन एंड कंपनी ने भी हिस्सेदारी ली है। कंपनी का कहना है कि इस तरह उसे विज्ञापन और प्रमोशन में मदद मिलती है।

एक्सेल और इंडिया टुडे ने कारवाले को खरीदा : यूरोप की प्रमुख मल्टीमीडिया कंपनी एक्सेल स्प्रिंगर और उनके भारतीय पार्टनर इंडिया टुडे समूह ने ऑटो वेबसाइट कारवाले डॉट कॉम में 70.4 फीसदी हिस्सेदारी खरीद ली। एक्सेल और इंडिया टुडे मिलकर वर्ष 2008 से ही 'ऑटो बिल्ड' पत्रिका छापते हैं। (10 नवंबर, 2010)

आनंद बाजार पत्रिका और फॉर्च्युन : कोलकाता के मीडिया समूह आनंद बाजार पत्रिका ने अमेरिकी पत्रिका 'फॉर्च्युन' के भारतीय संस्करण के प्रकाशन के लिए टाइम इंक. के साथ करार किया था। वर्ष 2010 के सितंबर महीने में इस पत्रिका का पहला अंक बाजार में आ गया। (25 सितंबर, 2010)

एनडीटीवी और एस्ट्रो ऑल एशिया नेटवर्क : मलेशिया की कंपनी एस्ट्रो ने एनडीटीवी के चैनल एनडीटीवी लाइफस्टाइल में 182 करोड़ रुपए में 49 फीसदी की हिस्सेदारी ली। (22 सितंबर, 2010)

जागरण और बीबीसी : जागरण समूह के द्विभाषी अखबार 'आईनेक्स्ट' ने बीबीसी के साथ कंटेंट के लिए समझौता किया। आईनेक्स्ट ने यह समझौता राष्ट्रीय, अंतरराष्ट्रीय, खेल और कारोबार की खबरें बीबीसी से लेने के लिए किया है। (16 सितंबर, 2010)

इंस्टामीडिया और टाइम्स ऑफ इंडिया समूह : टाइम्स इंटरनेट लिमिटेड ने वेब कंटेंट कंपनी इंस्टामीडिया में 40 लाख डॉलर का निवेश किया। (9 सितंबर, 2010)

मॉर्गन स्टेनली-टीवी 18 : दुनिया की प्रमुख फाइनेंशियल कंपनी मॉर्गन स्टेनली ने टीवी 18 के 43 लाख शेयर खरीदे। यह टीवी18 की 2.38 फीसदी हिस्सेदारी है। यह खरीदारी 33 करोड़ रुपए में की गई। (9 अगस्त, 2010)

नेटवर्क 18 और ए एंड ई टीवी नेटवर्क : नेटवर्क 18 और अमेरिकी कंपनी ए एंड ई टेलीविजन नेटवर्क ने एक ज्वायंट वेंचर कंपनी एईटीएन-18 बनाई। कंपनी में नेटवर्क 18 की 51 फीसदी हिस्सेदारी है। यह कंपनी ए एंड ई के हिस्ट्री और बायो समेत अन्य चैनलों का भारत में प्रसारण करेगी। (4 अगस्त, 2010)

नेटवर्क 18 और सन नेटवर्क : भारत के दो बड़ी मीडिया कंपनियों ने डिस्ट्रिब्यूशन के लिए नया वेंचर सन18 बनाया। यह देश का सबसे बड़ा डिस्ट्रिब्यूशन नेटवर्क है। सन 18 के पास 33 चैनलों के डिस्ट्रिब्यूशन का काम है। (13 जुलाई, 2010)

ईएनआईएल और बीसीसीएल : एंटरटेनमेंट नेटवर्क इंडिया लिमिटेड ने टाइम्स ओओएच में अपनी पूरी हिस्सेदारी बैनेट कोलमन एंड कंपनी को बेच दी। (12 जुलाई, 2010)

रिलायंस और ब्लूमबर्ग यूटीवी : अनिल धीरूभाई अंबानी ग्रुप की कंपनी रिलायंस कैपिटल ने बिजनेस न्यूज चैनल ब्लूमबर्ग यूटीवी में 18 फीसदी हिस्सेदारी ली। रिलायंस कैपिटल की नेटवर्क 18 और टीवी टुडे में भी हिस्सेदारी है। (16 जून, 2010)

मिड डे और दैनिक जागरण : मिड डे और इंकलाब अखबारों के प्रकाशन मिड डे मल्टीमीडिया के अखबार बिजनेस का जागरण प्रकाशन में विलय हो गया। (5 मई, 2010)

ब्लैकस्टोन और दैनिक जागरण : अमेरिकी निवेशक कंपनी ब्लैकस्टोन ने जागरण प्रकाशन में 225 करोड़ रुपए लगाए। (11 अप्रैल, 2010)

बीसीसीएल और निंबस : बैनेट कोलमन एंड कंपनी ने निंबस कम्युनिकेशन और नियो स्पोर्ट्स में हिस्सेदारी ली। यह हिस्सेदारी प्राइवेट ट्रीटी के रूप में ली गई और इसके बदले में टाइम्स ऑफ इंडिया समूह के प्रोडक्ट पर निंबस और नियो स्पोर्ट्स के विज्ञापन दिखाए जाने का करार हुआ। (22 मार्च, 2010)

लोनली प्लेनेट का प्रकाशन : टाइम्स ऑफ इंडिया ग्रुप और बीबीसी वर्ल्डवाइड के ज्वायंट वेंचर वर्ल्डवाइड मीडिया ने ट्रेवल मैगजीन 'लोनली प्लेनेट' का भारत में प्रकाशन शुरू किया। (3 फरवरी, 2010)

मीडिया कंपनियों के दूसरे कारोबार[72] *(साभार : एक्सचेंज 4 मीडिया)*

1. भास्कर ग्रुप :

1996 में दैनिक भास्कर ग्रुप ने अपने बिजनेस का विस्तार करते हुए टेक्सटाइल के क्षेत्र में प्रवेश किया। इसके लिए भास्कर इंडस्ट्री लिमिटेड के नाम से एक कंपनी की शुरुआत हुई और मध्य प्रदेश में भोपाल के नजदीक मंडीदीप गें धागा बनानेवाली फैक्टरी की स्थापना की गई। आज यह विस्तार की राह पर है।

बिजली उत्पादन और वितरण :

दैनिक भास्कर ग्रुप की एक अन्य कंपनी डीबी पावर लिमिटेड ने जनवरी 2008 में छत्तीसगढ़ सरकार के साथ एक एमओयू पर हस्ताक्षर

किए जिसके तहत वह कोयला आधारित 1200 मेगावाट का पावर प्लांट लगाएगी। इस प्रोजेक्ट के लिए छत्तीसगढ़ में रायगढ़ के नजदीक जांजगीर-चंपा जिले में कंपनी पहले ही 366 एकड़ जमीन का अधिग्रहण कर चुकी है। ग्रुप ने पहले ही बिजली बेचने का समझौता भी कर रखा है जिसमें जीएमडीसी के साथ 63 फीसदी, छत्तीसगढ़ सरकार को 30 फीसदी और पीटीसी सहित अन्य को 7 फीसदी बिजली बेचने का प्रावधान है।

इन्फ्रास्ट्रक्चर :

मॉल्स, मल्टीप्लेक्स, होटल और रियल एस्टेट में मौजूदगी के साथ दैनिक भास्कर ग्रुप का मीडिया बिजनेस देश के 9 राज्यों में फैला हुआ है और दोनों हाथों से धन बटोर रहा है। इसी की बदौलत आज ग्रुप देश के बड़े शहरों में बेहतरीन लोकेशन पर जमीन खरीदने में कामयाब रहा है।

2. जागरण ग्रुप

जागरण ग्रुप के पास सहारनपुर में 3000 हजार टीसीडी क्षमता की चीनी मिल है। साथ ही, जगमिनी माइक्रो नीटस प्राइवेट लिमिटेड के नाम भी एक कंपनी है जो नाइटवियर, सॉक्स बनाती है। समूह का दखल शिक्षा के क्षेत्र में भी हैं। दक्षिण कानपुर में यह ग्रुप पूरनचंद विद्या निकेतन नाम से एक सीबीएसई स्कूल का संचालन करता है जबकि नोएडा में जेपीएस नाम से एक पब्लिक स्कूल का संचालन भी करता है। समूह नोएडा में जेआईएमएमसी के नाम से मल्टीमीडिया और मास कम्युनिकेशन इंस्टीच्यूट का संचालन भी करता है।

3. ज़ी ग्रुप

एस्सेल इनफ्राप्रोजेक्टस लिमिटेड

इसके तहत कंपनी के पास एस्सेलवर्ल्ड और वाटर किंगडम जैसे मशहूर थीम पार्क हैं। यह कंपनी सड़क निर्माण, बिजली संयंत्र, स्पोर्ट्स कॉम्पलेक्स और स्पेशल इकनॉमिक जोन के निर्माण में भी सक्रिय है।

ई–सिटी रियल इस्टेट प्राइवेट लिमिटेड

फन रिपब्लिक जैसे लाइफस्टाइल ब्रैंड की सफलता के पीछे इसी कंपनी का योगदान है। कंपनी का इरादा वर्ष 2011 तक रिटेल रियल एस्टेट में 20 मिलियन वर्गफुट जगह का निर्माण और संचालन करने का है।

ज़ी लर्न

शिक्षा के क्षेत्र में ग्रुप की सक्रियता की जिम्मेदारी 'जी लर्न' संभालती है जिसके तहत प्री स्कूल लेवल पर किड्ज़ी, स्कूल लेवल पर जी स्कूल, युवाओं के लिए जीआईसीए और जीआईएमए का संचालन करती है। कंपनी उन बच्चों और युवाओं की राह में प्रकाश फैलाने का वादा करती है जो आगे जाकर विकास की दौड़ में शामिल होना चाहते हैं।

शिरपूर गोल्ड रिफायनरी

यह विश्वस्तरीय रिफायनरी महाराष्ट्र के शिरपुर में स्थित है। यहां लॉजिस्टक के लिहाज से हर तरह की सुविधाएं मौजूद हैं। कंपनी के पास अपना एयरपोर्ट है जहां रात में विमान उतारने की भी सुविधा है। इसके साथ ही बेहतरीन वितरण सुविधा के लिए देशभर में डीलरों का नेटवर्क है।

साईक्वाटर टेक्नोलॉजी लिमिटेड

यह आईटी इन्फ्रास्ट्रक्चर आउटसोर्सिंग कंपनी है जो इंटरनेट डाटा सेंटर और बेहतरीन सुविधाओं के साथ सर्विस उपलब्ध कराती है। सुभाष चंद्रा के ज़ी ग्रुप के इन्फ्रास्ट्रक्चर के क्षेत्र में प्रवेश करने की भी बात चल रही है।

अन्य जाने-माने व्यक्तियों का उदाहरण लें तो उनमें आउटलुक ग्रुप और एक्साइड एवं जॉनसन चाइल्स आदि के मालिक राजन रहेजा और उनके बेटे आशीष रहेजा हैं।

इसके बाद डेक्कन क्रॉनिकल का रेड्डी परिवार भी है जिनका बॉटलिंग प्लांट, लॉजिस्टिक्स और ट्रांसपोर्टेशन का बिजनेस भी है।

मलयाला मनोरमा का मैथ्यू परिवार भी है जो कई अन्य बिजनेस में भी दखल रखता है।

लोकमत का दर्डा परिवार भी उर्जा क्षेत्र में विस्तार की राह पर है।

भारत के रुपर्ट मर्डोक अनिल अंबानी[73] *(साभार : टाइम्स ऑफ इंडिया)*

नई दिल्ली : अनिल अंबानी के स्वामित्व वाले रिलायंस कैपिटल ने 16 जून, 2010 को ब्लूमवर्ग यूटीवी बिजनेस न्यूज चैनल में 18 फीसदी हिस्सेदारी खरीद ली। इसके लिए कितनी रकम दी गई है, इसका पता नहीं चल पाया है।

ब्लूमबर्ग यूटीवी बिजनेस की सूचनाएं देनेवाली ग्लोबल कंपनी ब्लूमबर्ग एलपी और यूटीवी सॉफ्टवेयर कम्युनिकेशन के संस्थापक रॉनी स्क्रूवाला के

बीच तालमेल से चल रहा चैनल है। पूंजी संरचना में बदलाव के बाद चैनल में ब्लूमबर्ग की 15 फीसदी और यूटीवी सॉफ्टवेयर और उसके संस्थापक की 67 फीसदी हिस्सेदारी होगी।

सूत्रों के मुताबिक, चैनल में यूटीवी सॉफ्टवेयर की 11 फीसदी और रॉनी स्क्रूवाला की 56 फीसदी हिस्सेदारी है। यूटीवी सॉफ्टवेयर में 5.4 फीसदी हिस्सेदारी अमेरिकी कंपनी वॉल्ट डिज्नी की है। भारत में किसी भी समाचार माध्यम में विदेशी निवेश की अधिकतम सीमा 26 फीसदी है।

रिलायंस कैपिटल की नेटवर्क18 में 15 फीसदी और टीवी टुडे नेटवर्क में 10 फीसदी हिस्सेदारी है।

रिलायंस कैपिटल अनिल धीरूभाई अंबानी समूह की नॉन बैंकिंग फाइनांस कंपनी है जो वित्तीय क्षेत्र में काम करती है।

राजनीति की पीठ पर मीडिया और पी आर की सवारी

देश के राजनीतिक दलों और नेताओं के एक बड़े हिस्से को यह लगता है कि मीडिया में सकारात्मक कवरेज के जरिए चुनाव लड़े और जीते जा सकते हैं। मीडिया में सकारात्मक कवरेज खरीदने के लिए राजनीतिक दल और नेता अरबों रुपए खर्च करने में परहेज नहीं करते। वहीं, देश के कॉरपोरेट जगत को लगता है कि मीडिया में कवरेज के जरिए नीतियों को प्रभावित किया जा सकता है, कानून बनवाए और बदले जा सकते हैं और लॉबिंग के जरिए मंत्रिमंडल के गठन तक को प्रभावित करके अपनी पसंद के मंत्री बनाए जा सकते हैं। पहली परिघटना का प्रमाण पेड न्यूज है तो राडिया कांड में दूसरी परिघटना को साकार होते देखा जा सकता है। भारतीय मीडिया इतना शक्तिशाली इससे पहले कभी नहीं था। वैश्विक संदर्भों में देखें तो अमेरिका में चुनावों के टेलीविजन स्टूडियो में लड़े और जीते जाने की बात पुरानी है। वर्ष 2009 के अमेरिकी राष्ट्रपति चुनाव के बारे में कहा गया कि ये चुनाव फेसबुक, ट्विटर और सोशल नेटवर्किंग साइट्स पर लड़े गए।

मीडिया को जब लोकतंत्र का चौथा स्तंभ कहते थे तो इसका आधार यही है कि मीडिया की लोकतंत्र में महत्त्वपूर्ण भूमिका है, लेकिन लोकतंत्र की बाकी संस्थाओं से यह कमतर है। इसलिए इसका पायदान चौथा यानी सबसे नीचे माना गया है। लोकतंत्र और मीडिया के संबंधों के इस स्तर पर मीडिया की जनमत निर्माण में महत्त्वपूर्ण भूमिका होती है। यह राजनीति का मीडियाकरण है। यह मीडिएटेड पॉलिटिक्स है। ऐसी राजनीति में लोगों के बीच और लोगों तथा सत्ता के बीच संवाद और सूचनाओं के आदान-प्रदान का आधार मीडिया होता है। शासकों को लोगों की राय के बारे में सूचनाएं मीडिया के जरिए मिलती हैं और इसी तरह शासक भी अपनी बात मीडिया के जरिए लोगों तक पहुंचाते हैं।[74] पब्लिक ओपीनियन यानी जनमत निर्माण में मीडिया की भूमिका के बारे में वॉल्टर लिपमैन (पब्लिक ओपिनियन, न्यूयॉर्क, मैकमिलन, 1922) ने लगभग एक सदी पहले लिखा था। वहां से वक्त आगे बढ़ गया है।

मीडिया और राजनीति के अंतर्संबंधों की दृष्टि से भारत में 1991 को एक प्रस्थान बिंदु यानी कट ऑफ वर्ष माना जा सकता है, जिसके बाद से उदारीकरण और वैश्वीकरण की प्रक्रिया तेज होती है। इस दौर में मीडिया पर लगी कई तरह की

पाबंदियां खत्म होती हैं। मीडिया में विदेशी निवेश का रास्ता खुलता है। उदारीकरण के साथ ही निजी कंपनियों के लिए विज्ञापन और मार्केटिंग की जरूरत बढ़ जाती है और बाजार में बढ़ती होड़ के साथ विज्ञापनों की संख्या और विज्ञापन की दर–दोनों में तेजी से बढ़ोतरी होती है। अखबार रंगीन हो जाते हैं क्योंकि रंगीन विज्ञापन छापने की संभावना सामने होती है। ज्यादा विज्ञापन छापने के लिए अखबारों और पत्रिकाओं में पन्ने बढ़ाए जाते हैं। आमदनी का मुख्य स्रोत विज्ञापन होने के कारण अखबारों को लागत मूल्य से काफी कम पर बेचना मुमकिन हो जाता है। टेलीविजन पर निजी समाचार चैनलों के आने के साथ ही समाचार का पूरा परिदृश्य बदल चुका है। समाचारों की दुनिया 21वीं सदी के पहले दशक में तेजी से बदली है और इसके साथ ही मीडिया और राजनीति के रिश्तों का धरातल भी बदल गया है।

वह पुरानी बात हो गई जब मीडिया में कुछ भी छपने से किसी को फर्क नहीं पड़ने की बात की जाती थी। दूरदर्शन पर दिखाए जानेवाले कार्यक्रम 'आज तक' के वर्ष 2000 में 24 घंटे के चैनल बनने के साथ ही टेलीविजन न्यूज चैनलों के क्षेत्र में एक बड़े विस्फोट की शुरुआत हुई। देश में 600 से ज्यादा टीवी चैनलों से प्रसारण होता है जबकि वर्ष 2008 में 389 चैनलों से ही प्रसारण होता था। इससे भारत में टीवी के विस्तार की रफ्तार का अंदाजा लगाया जा सकता है। देश में टेलीविजन के लगभग 50 करोड़ दर्शक हैं, जबकि समाचारपत्रों के कुल पाठकों की संख्या 35 करोड़ है। पांच साल पहले देश के 50 फीसदी घरों में टेलीविजन देखा जाता था। वर्ष 2010 में ऐसे घरों की संख्या 60 फीसदी तक पहुंच गई।[75]

यानी अब देश की बहुत बड़ी आबादी मीडिया कवरेज के दायरे में है। मीडिया अब पहले की तरह निरीह और लाचार नहीं रहा, जब नेता उसका मजाक उड़ाया करते थे। अब वह देश की सबसे ताकतवर संस्थाओं में से एक बन गया है। मीडिया के ताकतवर होने का भय राजनेताओं को इस कदर सताने लगता है कि मीडिया स्वामित्व को लेकर नियमन की जरूरत महसूस होने लगती है और मीडिया मोनोपली को रोकने के तरीके सुझाने के लिए केंद्र सरकार टेलीकॉम रेगुलेटर–ट्राई–को रिपोर्ट देने को कहती है। वर्ष 2008 में यह रिपोर्ट आ जाती है, लेकिन सरकार इसमें दिए सुझावों की दिशा में एक कदम भी आगे नहीं बढ़ाती है। सुप्रीम कोर्ट के पूर्व न्यायाधीश और भारतीय प्रेस कौंसिल के पूर्व चेयरमैन जस्टिस पी बी सावंत के मुताबिक, न्यायपालिका के बाद मीडिया संभवतः समाज की सबसे ताकतवर संस्था है।[76] जस्टिस सावंत की राय में मीडिया ताकतवर तो हो गया है लेकिन इसका संचालन पैसे वालों के हाथों में होने के कारण इसमें कई गड़बड़ियां भी हैं और इसकी कई सीमाएं भी हैं। उनका मानना है कि मीडिया के स्वामित्व की संरचना को देखते हुए इस बात पर आश्चर्य नहीं होना चाहिए कि नीचे से लेकर ऊपर तक प्रशासन हमेशा आर्थिक रूप से ताकतवर के पक्ष में झुका होता है।

चुनाव, जनमत और मीडिया

21वीं सदी के पहले दशक के अंत में मीडिया का राजनीति पर असर बढ़ा है। बड़े देशों और बड़े समाजों में वैसे भी लोकविमर्श का माध्यम मास मीडिया ही है। यहां एक व्यक्ति के बाकी लोगों के साथ मिलने की सीमाएं स्पष्ट हैं। मिसाल के तौर पर, भारत में औसत आकार के एक लोकसभा क्षेत्र में अगर 10 लाख मतदाता हैं तो उनकी साझा राय आपस में विचार-विमर्श के जरिए नहीं बनेगी। किसी भी राजनीतिक दल या नेता के लिए इतनी बड़ी संख्या में मतदाताओं तक पहुंच पाना मुमकिन भी नहीं है। किसी भी क्षेत्र का मतदाता अपने उम्मीदवारों के बारे में अक्सर मीडिया से ही जानता है। जो उम्मीदवार मीडिया में नहीं है, उसका लोक विमर्श में होना बेहद मुश्किल है। ऐसी स्थिति में राजनीति और जनता के बीच संवाद की जरूरत मीडिया के माध्यम से पूरी होती है। इसलिए चुनाव के दौरान मीडिया प्रबंधन, राजनीतिक विज्ञापन और पेड न्यूज–इन सबका चलन आम है।

भारत में, खासकर राष्ट्रीय राजधानी के स्तर की राजनीति में मीडिया अब उपकरण से कहीं ज्यादा बड़ी भूमिका निभाने लगा है। टेलीविजन स्टूडियो अब राजनीतिक विमर्श के सबसे महत्त्वपूर्ण ठिकाने हैं। राजनीतिक दलों ने अपने मीडिया विभाग हैं और चैनल, विषय और वक्ताओं का पैनल देखकर यह तय किया जाता है कि किस कार्यक्रम में गेस्ट के तौर पर किस नेता को भेजना है। राजनीतिक दलों के बड़े नेता अमूमन हर रोज शाम और रात का अपना खासा समय टीवी स्टूडियो या कैमरे के सामने बैठकर बात करते हुए बिताते हैं। टीवी पर होनेवाली इन चर्चाओं में राजनीति दलों का प्रतिनिधित्व अक्सर वकील और पत्रकार से नेता बने लोग करते हैं। टीवी पर मजमा जुटाया जाता है और नेताओं के परफॉर्मेंस होते हैं। इस मायने में जनसभाएं अब घरों के अंदर टीवी सेट के सामने होती हैं। टीवी कार्यक्रमों में हिस्सा लेने की योग्यता राजनीतिक गुणों से नहीं बल्कि टीवी कैमरे के सामने परफॉर्म करने की क्षमता से तय होती है। टीवी के लिए बने नेताओं की लिस्ट में अरुण जेटली, रविशंकर प्रसाद, अभिषेक मनु सिंघवी, मनीष तिवारी, आनंद शर्मा, सीताराम येचुरी, अमर सिंह आदि प्रमुख हैं। राजनीति में इनके महत्त्वपूर्ण होने की बड़ी वजह टीवी पर इनकी उपस्थिति भी है। नेता मीडिया के माध्यम से लोगों से संवाद करने लगे हैं। प्रमुख राजनीतिक दल हर दिन नियमित प्रेस कॉन्फ्रेंस करते हैं और अपनी बात मीडिया के जरिए लोगों तक पहुंचाते हैं।

मीडिया की बढ़ती ताकत या कहें राजनीति स्पेस में मीडिया तर्क या मीडिया लॉजिक (डी एल एल्थीड, सेज, 1979) का प्रभावी होना कई स्तरों पर तनाव को भी बढ़ाता है। मीडिया तर्क और राजनीतिक तर्क के बीच वर्चस्व के लिए लगातार खींचतान चलती है। मीडिया की बढ़ती ताकत राजनीतिक सत्ता को चुभने लगती है। तब मीडिया को नियंत्रित करने की कोशिशें तेज होती हैं। भारत में मीडिया नियमन

को लेकर सरकार और मीडिया के बीच चल रही रस्साकशी को इसी संदर्भ में देखा जा सकता है। पेड न्यूज के चलन को रोकने के उपाय सुझाने के लिए प्रेस कौंसिल की पहल और उसकी रिपोर्ट पर विचार करने के लिए केंद्र सरकार द्वारा मंत्रियों के समूह का गठन इसी रस्साकशी का एक हिस्सा है। टीवी के कंटेंट रेगुलेशन के लिए सरकार की ओर से लगातार प्रयास किए जा रहे हैं। मीडिया मोनोपली राजनीतिक सत्ता के लिए चिंता का कारण है। हालांकि मीडिया ज्यादातर मामलों में सेल्फ सेंसरशिप बरतता है और सरकार को खास मौकों पर ही हस्तक्षेप करना पड़ता है।

मीडियाचालित राजनीति

यूरोपीय देशों में लगभग 100 फीसदी आबादी मीडिया के दायरे में है और वहां मीडिया के वर्तमान दौर की शिनाख्त मीडियाचालन या मिडियाटाइजेशन के रूप में की जा रही है। राजनीति का मीडियाटाइजेशन (मुज़ोलिनी और शुल्ज़, पॉलिटिकल कम्युनिकेशन, रॉटलेज, 1997) विकसित देशों में हकीकत है। इस प्रक्रिया के बारे में मीडिया विश्लेषक भूपेन सिंह लिखते हैं–"...मीडिया तर्क इतना ताकतवर हो जाता है कि मीडिया अपने फ़ायदे के लिए नैतिकता की हर हद तोड़ने लगता है। ऐसे हालात में कई बार राजनीतिक-सामाजिक किरदार मीडिया तर्क और राजनीतिक तर्क का फ़र्क भी भूल जाते हैं। इस तरह यहां एक तरह से राजनीति, मीडिया लॉजिक का उपनिवेश बन जाती है। राजनीतिक किरदार पूरी तरह मीडिया तर्क के सामने समर्पण कर देते हैं। मीडिया का इस्तेमाल राजनीति को मन मुताबिक ढालने में होने लगता है।"[77]

भारत में भी इसके कुछ लक्षण दिखने लगे हैं। दरअसल राजनीति के परंपरागत उपकरण पिछले दो दशक में कमजोर पड़े हैं। इस दौर में एक ओर राजनीतिक गोलबंदी के परंपरागत उपकरणों को भोथरा बनाया गया है, वहीं दूसरी ओर राजनीतिक गोलबंदी के साधन के रूप में मीडिया एक प्रभावशाली विकल्प के रूप में सामने आया है। पूर्व मुख्य चुनाव आयुक्त टीएन शेषन के चुनाव सुधारों का घोषित मकसद बेशक चुनावी राजनीति में सफाई लाना रहा होगा, लेकिन इसका नतीजा यह हुआ कि राजनीतिक इच्छा के प्रदर्शन के परंपरागत तरीके कमजोर पड़ गए।[78] छतों पर पसंदीदा पार्टी के झंडे लगाना, मुहल्ले के गेट पर बैनर लगाने, जुलूस निकालने, वॉल राइटिंग करने जैसे परंपरागत राजनीतिक उपकरण चुनावी खर्चे के दायरे में शामिल कर लिए गए। इस वजह से चुनावी राजनीति में इन उपकरणों का प्रयोग कम हुआ है। इसकी जगह लोगों तक पहुंचने और उन्हें अपने पक्ष में लाने के दूसरे तरीकों पर जोर बढ़ा है। ये तरीके अधिक खर्चीले हैं। चुनावों में मतदाताओं को तोहफे देने का चलन पुराना है, लेकिन इसका इस्तेमाल बढ़ा है। प्रभावशाली वोट मैनेजरों को दी जानेवाली रकम निस्संदेह बढ़ी है और साथ ही बढ़ गया है मीडिया पर होनेवाला

खर्च। चुनाव लड़ने के पूरे अभियान में मीडिया मैनेजमेंट एक महत्त्वपूर्ण काम होता है। इस पर खर्च होनेवाली रकम अरबों रुपए में है।

वर्ष 2009 के लोकसभा और विधानसभा चुनाव ने विज्ञापन कारोबार में आई मंदी से निबटने में मदद की। चुनाव के विज्ञापन प्रिंट, टेलीविजन, रेडियो, इंटरनेट और आउटडोर माध्यमों पर आए। चुनावी विज्ञापनों का 40 से 50 फीसदी हिस्सा प्रिंट की झोली में गिरा, जबकि 150 टेलीविजन चैनलों पर कुल 1,76,001 चुनावी विज्ञापन दिखाए गए। टीवी पर कुल मिलाकर 1439 घंटों के चुनावी विज्ञापनों का प्रसारण हुआ। ये विज्ञापन 52 दलों की ओर से आए।[79] भारत में वर्ष 2009 में विज्ञापन का कुल बाजार 22,000 करोड़ रुपए का था। इसमें से 2 फीसदी यानी 440 करोड़ रुपए चुनावी विज्ञापन के थे।[80]

बड़े शहरों में राजनीतिक कार्यक्रम जैसे जुलूस, सभा आदि में लोगों की हिस्सेदारी कम हो गई है। लोगों की राजनीतिक इच्छा की अभिव्यक्ति अक्सर मतदान करने तक सीमित रह गई है। देश के लगभग आधे मतदाता तो इतना भी नहीं करते। खासकर शहरी इलाकों में चुनावों में मतदान का प्रतिशत भी काफी कम होता है। लोगों का नेताओं से जीवंत संपर्क नहीं होता, इसलिए नेता आउटडोर एडवर्टाइजिंग, अखबारों में विज्ञप्ति और बयान तथा प्रेस कॉन्फ्रेंस के जरिए लोगों से संवाद करते हैं। लोगों का लोगों से संवाद भी काफी कम होता है, इसलिए सामूहिक इच्छाओं की अभिव्यक्ति का निर्धारण अक्सर मीडिया करता है। किसी व्यक्ति के लिए यह सोच और समझ पाना मुश्किल होता है कि कितने लोग उससे मिलते-जुलते विचार रखते हैं। किसी व्यक्ति का समूह बनना अक्सर मीडिया के माध्यम से संपन्न होता है लेकिन मीडिया किन विचारों के आधार पर किसी भी सामूहिक विचारों को आगे बढ़ाएगा, यह मीडिया के स्वामित्व के ढांचे, कारोबारी संरचना और इलीट के साथ उसके अंतर्संबंधों से तय होता है। मीडिया अपनी आंतरिक संरचना और बिजनेस ढांचे की वजह से स्पष्ट तौर पर इलीट के पक्ष में खड़ा होता है। हरमन और चोमस्की ने प्रोपेगेंडा मॉडल में यह बताया है कि मीडिया का इलीट के पक्ष में खड़ा होना किसी षड्यंत्र की वजह से नहीं है। कॉरपोरेट संरचना वाले मीडिया का इस कदर प्रभावशाली होना लोकतंत्र के लिए अच्छा नहीं है क्योंकि इसकी वजह से राजनीतिक प्रक्रिया की स्वायत्तता खंडित होती है।

ऐसी स्थिति में मीडियाचालित राजनीति की राह आसान हो जाती है। मीडिया लोकतंत्र के उपकरण से आगे बढ़कर राजीतिक प्रक्रिया का संचालक बन जाता है। मिसाल के तौर पर, राजनीतिशास्त्र की किताबें बताती हैं कि कैबिनेट का गठन प्रधानमंत्री करता है। संविधान में भी ऐसा ही लिखा है। लेकिन राडिया टेपों को सुनकर आप जान सकते हैं कि भारत में कैबिनेट के गठन में बड़े कॉरपोरेट समूहों और उनके लॉबिस्ट की कितनी अहम भूमिका होती है। देश के ज्यादातर मंत्रियों, खासकर

आर्थिक मंत्रालयों से जुड़े मंत्रियों की नियुक्ति प्रधानमंत्री नहीं, कंपनियां करती हैं। इसी तरह नौकरशाही भी किस तरह काम करती है, इसे समझने के लिए राडिया के टेपों को सुनना उपयोगी है। राडिया के टेप यह भी बताते हैं कि न्यायपालिका के फैसले हमेशा तर्क-वितर्क और सबूतों से तय नहीं होते। बकौल प्रभु चावला, सुप्रीम कोर्ट के फैसले भी 'फिक्स' किए जाते हैं।[81]

गेटकीपिंग का राडियाकरण

इसी तरह राडिया टेप ने मीडिया की आंतरिक संरचना और कार्यप्रणाली को खोलकर रख दिया है। भारत में पत्रकारिता के किसी भी स्कूल में मीडिया को इस तरह नहीं पढ़ाया जाता है। राडिया के टेप सुनकर देश के लोगों को पहली बार पता चला कि टीवी स्क्रीन पर नीति और अनीति की बात करनेवाले असल जिंदगी में क्या-क्या करते हैं। राडिया टेप से यह पता चला कि अखबारों की हेडलाइंस हमेशा संपादक और संपादकीय विभाग के लोग तय नहीं करते। कोई नीरा राडिया भी है, जो बताती है कि देश की सबसे बड़ी खबर क्या है और उसे किस तरह लिखा जाना चाहिए। मीडिया में गेटकीपिंग सिद्धांत में पढ़ाया जाता है कि न्यूजरूम और संपादकीय विभाग में खबरों के गेटकीपर होते हैं। नीरा राडिया ने पूरे देश को और खासतौर पर पत्रकारिता के शिक्षकों और विद्यार्थियों को बताया कि सिलेबस बदलने की जरूरत है क्योंकि गेटकीपिंग का सच यह नहीं है। गेटकीपर कई बार न्यूजरूम से बाहर होते हैं। राडिया जैसे गेटकीपर कई बार खबरें छपने देते हैं और कई बार खबरें रोक लेते हैं। राडिया टेप सामने न आते तो शायद ही कभी पता चल पाता कि एक न्यूज चैनल—न्यूज एक्स में काम करनेवाले पत्रकारों और अन्य कर्मियों के वेतन के पैसे नीरा राडिया देती हैं।[82]

राडिया टेप कांड में आप पाएंगे कि नीरा राडिया सिर्फ पत्रकारों से बात नहीं करती हैं। उनकी बातचीत में मीडिया मालिक भी बार-बार आते हैं। बातचीत के दौरान वे एनडीटीवी के मालिक प्रणय रॉय का जिक्र करती हैं तो कभी टीवी18 समूह के राघव बहल का, तो कभी वे टाइम्स ऑफ इंडिया समूह के मालिक विनीत जैन का। एक टेप में राडिया राजदीप सरदेसाई से यह कहती हैं कि वे मुकेश अंबानी समूह के एक प्रमुख व्यक्ति मनोज मोदी के साथ उनकी कंपनी के मालिक राघव बहल से मिलने नोएडा आ रही हैं। राजदीप भी उन्हें अपनी कंपनी के मैनेजमेंट से जुड़े एक व्यक्ति समीर मनचंदा से मिलने को कहते हैं।[83] जाहिर है कॉरपोरेट दलाल मीडिया समूहों के मालिकों और प्रबंधन से सीधा संवाद भी रखते हैं। ऐसे में पत्रकारों को काम करने की कितनी स्वतंत्रता होगी, इसकी कल्पना करना मुश्किल नहीं है।

नीरा राडिया और ऐसे ही लॉबिस्ट न सिर्फ यह बता रहे हैं कि क्या छपना है और क्या नहीं छापना है, बल्कि वे यह भी तय कर रहे हैं कि कौन सा रिपोर्टर कौन सी

खबर लिखेगा। वे खबरों का नजरिया तक तय कर रहे हैं। वे खबरों का सौदा कर रहे हैं और बात नहीं मानने वालों को दंडित करने की धौंस दिखा रहे हैं। संपादक राडिया को बताते हैं कि किस खबर को कैसा कवरेज किया जा रहा है। राडिया संपादकों को बताती हैं कि किस नेता से क्या बात करनी है और संपादक ऐसा करने के बाद राडिया को इसकी सूचना देते हैं। वीर सांघवी जैसे बड़े माने जानेवाले पत्रकार अपने कॉलम में शब्दशः वही लिखते हैं, जो राडिया के साथ बातचीत में तय होता है।[84]

नीरा राडिया जैसी कॉरपोरेट दलाल अपने काम के दौरान मीडिया में छपने और दिखाई जानेवाली सामग्री के प्रबंधन को जितना महत्त्व देती हैं, उससे इस बात का एहसास होता है कि मीडिया की ताकत कितनी जबर्दस्त है। मीडिया में एक हेडलाइन के गलत छपने या जरूरी मानी गई किसी खबर के कम महत्त्व के साथ छापे या दिखाए जाने को लेकर नीरा राडिया जिस तरह चिंतित और नाराज होती हैं, उससे मीडिया के महत्त्व को समझा जा सकता है।

मीडिया छवि निर्माण का सबसे मजबूत औजार भी है। यह भारतीय मीडिया की कामयाबी है कि पेड न्यूज और राडिया कांड के बावजूद, भोले-भाले लोग मीडिया की सकारात्मक भूमिका की कल्पना और कामना करते हैं। इसका सिर्फ एक ही मतलब है कि छवि निर्माण के अपने लक्ष्य में मीडिया काफी हद तक कामयाब है वरना लाभ-नुकसान, आमदनी, बैलेंस शीट, विदेशी निवेश, अधिग्रहण पब्लिक रिलेशन, कॉरपोरेट कम्युनिकेशन, मीडिया मैनेजमेंट, लॉबिंग आदि कॉरपोरेट मैट्रिक्स के तहत चलनेवाला कोई भी और कारोबार न तो यह दावा कर पाता है कि वह लोकतंत्र का रक्षक हैं और न ही यह भरोसा दिला सकता है कि उसके कारोबारी हित में ही देश, लोकतंत्र और जनता का हित है।

सरकार की गोद और मीडिया की आजादी

मीडिया कुमार एक समाचारपत्र कंपनी में संवाददाता हैं। मीडिया कुमार को नौकरी करने के बदले वेतन मिलता है लेकिन केंद्र सरकार का मान्यताप्राप्त पत्रकार होने के नाते उसे सरकार से भी बहुत कुछ मिलता है। मिसाल के तौर पर, उसे केंद्रीय दिल्ली में डी-II केटेगरी का एक फ्लैट सरकार से मिला है, जिसका मार्केट रेंट एक लाख रुपए महीने तक हो सकता है। मिड कैरियर आईएएस अफसरों को भी ऐसे ही फ्लैट मिलते हैं। मीडिया कुमार को रेल यात्रा पर आधा किराया देना होता है। राजधानी और शताब्दी ट्रेनों में उसे किराए में 30 फीसदी की छूट मिलती है। मीडिया कुमार विदेश यात्रा पर जाते हैं तो साथ में कैमरा या लैपटॉप जैसे गैजेट्स लेकर आते हैं और इस पर उन्हें कस्टम्स ड्यूटी नहीं चुकानी पड़ती। उन्हें केंद्र सरकार के कर्मचारियों और अधिकारियों की तरह मुफ्त चिकित्सा सेवा मिलती है। ऑपरेशन और इलाज पर उन्हें कुछ भी खर्च नहीं करना पड़ता। सरकारी विभाग उन्हें अपने खर्च पर टूर पर ले जाते हैं और उनकी आवभगत करते हैं। जिस दौर में टेलिफोन कनेक्शन मिलना मुश्किल होता था, तब भी मान्यताप्राप्त पत्रकारों को प्राथमिकता पर टेलिफोन मिलते थे। पत्रकारों की सहायता के लिए सरकार का विशेष फंड भी है। (केंद्र सरकार द्वारा पत्रकारों को मिलनेवाली सुविधाओं की सूची)।[85] अगर काम पर होने के दौरान या किसी अप्राकृतिक कारण से कोई पत्रकार विकलांग हो जाता है तो सरकार उसे एक लाख रुपए देती है।

न्यूज मीडिया एक व्यवसाय है। सरकार भी इसे स्वीकार करती है। सभी सरकारी दस्तावेजों में अब मीडिया को उद्योग या उद्योग के एक क्षेत्र के रूप में दिखाया जाता है। रजिस्ट्रार ऑफ कंपनीज के तहत जैसे बाकी क्षेत्र की कंपनियों का रजिस्ट्रेशन होता है, ठीक उसी तरह का रजिस्ट्रेशन मीडिया कंपनियों का होता है। मीडिया क्षेत्र की कई कंपनियां शेयर बाजार में हैं और नियमों के तहत देसी और विदेशी साधनों से पैसे जुटाती हैं। विदेशी निवेश के लिए भी मीडिया के अलग-अलग क्षेत्रों के लिए सीमाएं तय की गई हैं। मिसाल के तौर पर, वर्ष 2007 में 10, वर्ष 2008 में 16 और वर्ष 2009 में 13 प्रिंट मीडिया कंपनियों को प्रत्यक्ष विदेशी निवेश यानी एफडीआई लाने की इजाजत दी गई। यह बात अब बहस से परे है कि मीडिया उद्योग है या नहीं। मीडिया कंपनियां अपने कारोबार को उद्योग की तरह चलाती हैं और किसी भी सामाजिक

या राष्ट्रीय जिम्मेदारी का अलग से निर्वाह नहीं करती हैं। मीडिया किसी भी और उद्योग की तरह मुनाफे के विचार से संचालित होता है। हर साल और तिमाही पर मीडिया कंपनियां अपने वित्तीय नतीजे घोषित करती हैं और लाभ-घाटे का ब्यौरा देती हैं।

लाभ और नुकसान के आधार पर चलनेवाले एक उद्योग में काम करनेवालों को सरकार विशेष सुविधाएं क्यों देती है जबकि बाकी उद्योगों में काम करनेवालों को सरकार ऐसी सुविधाएं नहीं देतीं? कर्मचारियों के हितों और सुविधाओं का ध्यान रखना कंपनियों का काम माना जाता है। मीडिया से बाहर देखें तो कई निजी कंपनियां अपने कर्मचारियों को रहने के लिए घर देती हैं। कई कंपनियां किराए पर आनेवाले खर्च के बदले कर्मचारियों को हाउस रेंट अलाउंस यानी एचआरए देती हैं। निजी क्षेत्र की कई कंपनियां कर्मचारियों को चिकित्सा खर्च देती हैं। कुछ कंपनियां स्वास्थ्य बीमा का प्रीमियम अदा करती हैं। कंपनियां अपने कर्मचारियों को काम पर कहीं भेजती हैं तो किराए तथा ठहरने-खाने का खर्च देती हैं। लेकिन आश्चर्यजनक रूप से सरकार सिर्फ मीडियाकर्मियों को मुफ्त आवास, चिकित्सा सुविधा और रियायती किराए जैसी सुविधाएं प्रदान करती है।[86] वर्ष 2011 के रेल बजट में सरकार ने मान्यता प्राप्त पत्रकारों को सपरिवार 50% किराए पर रेल से सफर करने की सुविधा को साल में एक बार से बढ़ाकर दो बार कर दिया।[87] अपनी कंपनी से तनख्वाह लेने वाले किसी पत्रकार को सरकार द्वारा यह सुविधा या ऐसी और सुविधाएं देने की क्या वजह हो सकती है? मुनाफे में चलनेवाले मीडिया संस्थान, जो लगातार अपने कारोबार का विस्तार कर रहे हैं, अपने कर्मचारियों के आवास, यात्रा खर्च और चिकित्सा का बंदोबस्त न करें और इसका बोझ सरकार उठाए, यह तर्क समझ पाना मुश्किल है।

क्या इसके पीछे यह तर्क है कि मीडियाकर्मी जनसेवा करते हैं और इस नाते उन्हें सरकार से विशिष्ट सुविधाएं मिलनी चाहिए? इस तर्क में सबसे बड़ी खामी यह है कि मीडियाकर्मी जनसेवा नहीं करते। कोई भी मीडिया कंपनी अपने कर्मचारियों को जनसेवा करने के लिए पैसे देकर काम पर नहीं रखती। मीडियाकर्मी अपनी कंपनी को कारोबार करने में सहायता करते हैं और इसी भूमिका या काम के बदले में उन्हें तनख्वाह मिलती है। प्रेस को दिए जानेवाले प्रलोभनों पर विचार करने के लिए गठित प्रेस कौंसिल की समिति ने इसी आधार पर अपनी रिपोर्ट में कहा था कि बड़े और मझौले समाचारपत्रों में काम करनेवाले पत्रकारों को यात्रा खर्च में छूट या रियायती यात्रा की सुविधा नहीं मिलनी चाहिए। मुनाफे के लिए चलनेवाले संस्थानों के लिए, ऐसा करना किसी भी लिहाज से सही नहीं है।[88] लेकिन प्रेस कौंसिल की उस रिपोर्ट पर सरकार ने अमल नहीं किया और केंद्र तथा कई राज्य सरकारें अब भी पत्रकारों को यह छूट दे रही हैं।

जनसेवा के तर्क में यह भी खामी है कि इसी आधार पर सफाईकर्मी या चिकित्साकर्मी को भी सरकार से हर वो सुविधा मिलनी चाहिए जो मीडियाकर्मियों को

मिलती है। मीडिया अकेला ऐसा क्षेत्र है जिसमें काम करनेवालों को सरकार से इस तरह की विशिष्ट सुविधाएं मिलती हैं। मीडिया कंपनियां जब अपने कारोबार के जरिए राजस्व पैदा करती हैं और मुनाफा कमाती हैं तो समाचार संग्रह के लिए अपने कर्मचारियों का खर्च क्यों नहीं उठा सकती? यहां तक कि मीडिया हाउस में भी विज्ञापन, मार्केटिंग या प्रबंधन विभागों के कर्मचारी जब कंपनी के काम से यात्रा करते हैं या कहीं ठहरते हैं तो उसका खर्च कंपनी ही उठाती है। लेकिन एक पत्रकार जब किसी सरकारी समारोह के कवरेज के लिए यात्रा करता है तो उसका खर्च सरकार उठाती है। उसके ठहरने का बंदोबस्त और कई बार शराब आदि का खर्च भी सरकार देती है। मिसाल के तौर पर, प्रधानमंत्री के साथ विदेश यात्रा पर जानेवाले पत्रकारों को पीने के लिए मुफ्त शराब तो मिलती ही है, साथ ही शराब की बोतल मुफ्त भी दी जाती है और यात्रा से लेकर होटल तक का सारा खर्च सरकार उठाती है।

सरकार कई बार पुरस्कारों के जरिए भी पत्रकारों को मैनेज करती है। कई पत्रकारों को अब तक पद्मश्री और पद्मभूषण जैसे सम्मान मिल चुके हैं। जाहिर है, ये वही पत्रकार हैं जो सरकार को लेकर आलोचनात्मक रुख नहीं रखते। पत्रकारों को राज्यसभा में मनोनीत करके भेजने की भी परंपरा पुरानी है। मुश्किल यह है कि राज्यसभा में मनोनीत किए जाने के बाद भी वे पत्रकार अपना काम बंद नहीं करते और निष्पक्ष टिप्पणीकार के आवरण में रहकर सरकारी कामकाज पर टिप्पणियां करते हैं। राज्यसभा का कार्यकाल पूरा होने के बाद ऐसे कई लोग पत्रकारिता में लौट आते हैं। पत्रकारों को मीडिया सलाहकार और मीडिया सलाहकारों के पत्रकार बनने के भी वाकये हैं। हरियाणा सरकार तो एक साल में डेढ़ सौ से ज्यादा पत्रकारों को आर्थिक लाभ वाले पुरस्कार दे चुकी है। 'द हूट' ने इस बारे में एक बड़ा आलेख छापा है। यह सब स्पष्ट रूप से पत्रकारों को लुभाने के लिए किए जानेवाले उपाय हैं और इसका असर पत्रकारिता पर पड़े बिना नहीं रह सकता। पत्रकारों को लुभाने के लिए प्रेस क्लब और मीडिया संगठनों को सरकार बड़ी रकम चंदे के तौर पर भी देती है। मिसाल के तौर पर, दिल्ली स्थित प्रेस क्लब ऑफ इंडिया को दिल्ली सरकार ने वर्ष 2006 में 25 लाख रुपए दिए जबकि इसी क्लब को असम सरकार ने वर्ष 2005 में 5 लाख रुपए दिए थे।[89]

सरकारी घर से हो रही है 'निष्पक्ष' पत्रकारिता

केंद्र सरकार द्वारा पत्रकारों को सरकारी आवास देने की परंपरा पुरानी है। 1957 से ही यह प्रथा चली आ रही है। दिशानिर्देश बदलते गए लेकिन पत्रकारों को सरकारी आवास मिलना बंद नहीं हुआ। यह चलन यह सोचकर शुरू किया गया था कि 'पत्रकार गरीब होते हैं और उनमें से ज्यादातर के लिए किराए पर मकान लेकर दिल्ली में रहना मुमकिन नहीं होगा।'[90] लेकिन यह व्यवस्था तीन से पांच साल के लिए ही थी और उसके बाद मकान खाली करने की शर्त थी। यह बात और है कि

कई पत्रकार बरसों तक इन घरों में जमे रहे। उत्तर प्रदेश में तो सरकार ने बताया कि कई पत्रकार एक साथ तीन-तीन सरकारी फ्लैटों पर काबिज हैं और सरकार उन्हें ऐसा करने देती है।

पत्रकारों को निवास उपलब्ध कराना मीडिया संस्थानों का दायित्व होना चाहिए। यह महत्त्वपूर्ण बात है कि पंजाब और हरियाणा हाईकोर्ट का इस बारे में काफी पुराना फैसला है कि पत्रकारों को सरकारी आवास नहीं मिलना चाहिए क्योंकि वे सरकारी कर्मचारी नहीं हैं। चंडीगढ़ प्रशासन द्वारा पत्रकारों को घर आवंटित किए जाने के बारे में अदालत ने कहा कि इस बारे में कोई नियम या दिशानिर्देश नहीं है। मौजूदा नियम के तहत सिर्फ सरकारी कर्मचारियों को आवास दिया जा सकता है और पत्रकार सरकारी कर्मचारी नहीं हैं। प्रेस कौंसिल की आचार संहिता में भी इस फैसले का जिक्र है। इसके बावजूद पत्रकारों को सरकारी घर देने का चलन जारी है। दूसरे प्रेस आयोग ने भी अपनी रिपोर्ट में कहा था कि केंद्र और राज्यों की राजधानियों में सस्ते किराए पर पत्रकारों को सरकारी मकान देने का चलन बंद होना चाहिए। अभी जो लोग इन मकानों में रह रहे हैं, उनके चले जाने के बाद किसी और पत्रकार को सरकारी मकान न दिए जाएं।[91] प्रेस आयोग की सिफारिश पर संसद में पेश एक्शन टेकेन रिपोर्ट में सरकार ने कहा था कि अब से किसी पत्रकार को सरकारी आवास नहीं दिया जाएगा और जो लोग इन घरों में रह रहे हैं उनसे बाजार भाव पर किराया लिया जाएगा। इस फैसले पर दो दशक बाद भी अमल नहीं हुआ है।

सरकार और निजी संस्थाओं द्वारा दिए जानेवाले प्रलोभनों के बारे में दूसरे प्रेस आयोग ने सिफारिश की थी कि प्रेस को न सिर्फ बाहरी दबाव से मुक्त होना चाहिए बल्कि आंतरिक स्तर पर दिए जानेवाले प्रलोभनों से भी खुद को आजाद रखना चाहिए क्योंकि इससे प्रेस की स्वतंत्रता प्रभावित होती है। पत्रकारों को सरकार, नियोक्ताओं और विज्ञापनदाताओं द्वारा दिए जानेवाले प्रलोभनों से बचना चाहिए।[92] जाहिर है, आयोग बने और रिपोर्ट भी जारी हुई, लेकिन पत्रकारिता और सरकार के सुमधुर रिश्तों में कभी कोई अड़चन नहीं आई। इमरजेंसी के दौरान पत्रकारिता के एक छोटे से हिस्से के साथ सरकार के रिश्ते कुछ समय के लिए जरूर खराब रहे, लेकिन फिर जल्द ही सब कुछ ठीक हो गया।

राज्य सरकारें भी अपने स्तर पर राज्य द्वारा मान्यताप्राप्त पत्रकारों को कई तरह की सुविधाएं देती हैं। यह चलन नया नहीं है। मध्य प्रदेश का मुख्यमंत्री रहने के दौरान श्यामाचरण शुक्ल ने पत्रकारों को स्कूटर बांटे थे।[93] उस दौर में ज्यादातर पत्रकार साइकिल पर चलते थे। उत्तर प्रदेश सरकार मान्यताप्राप्त पत्रकारों को बड़े फ्लैट देती है। ये वही फ्लैट होते हैं जो विधायकों को दिए जाते हैं। हिमाचल प्रदेश सरकार भी पत्रकारों को टाइप-4 के फ्लैट देती है। ये फ्लैट आमतौर पर सचिव स्तर के नौकरशाहों को मिलते हैं।[94] कई राज्यों में मान्यताप्राप्त पत्रकार सरकारी बसों में

मुफ्त यात्रा कर सकते हैं और बसों में पत्रकारों के लिए खासतौर पर सीटें भी होती हैं। कई सरकारें पत्रकारों को मुफ्त चिकित्सा सेवा देती हैं। हिमाचल प्रदेश सरकार के होटलों और गेस्ट हाउस में पत्रकारों को किराए में 25 फीसदी की छूट दी जाती है। उत्तर प्रदेश के मान्यताप्राप्त पत्रकार भी नाममात्र के खर्च पर राज्य सरकार के गेस्ट हाउस में ठहर सकते हैं। हिमाचल प्रदेश के पत्रकारों को भी यह सुविधा मिली हुई है। प्रेस कॉन्फ्रेंस के लिए यात्रा का खर्चा तो लगभग सभी सरकारें उठाती हैं। पश्चिम बंगाल सरकार सरकारी परिवहन साधनों से यात्रा करने पर पत्रकारों से पैसे नहीं लेती और चुनावी वर्ष 2011 में उसने सभी मान्यताप्राप्त पत्रकारों के लिए रिटायरमेंट के बाद प्रति माह 2000 रुपए पेंशन देने की भी घोषणा की है।[95] असम सरकार ने वर्ष 2011 के पहले दिन यह घोषणा की है कि वह दस साल से काम कर रहे मान्यताप्राप्त पत्रकारों को मुफ्त लैपटॉप देगी।[96] असम में 2011 विधानसभा चुनाव हुए। पंजाब सरकार ने अपनी मीडिया नीति में पत्रकारों के लिए 10 करोड़ रुपए का मुख्यमंत्री राहत कोष बनाया है। इसके अलावा 286 मान्यताप्राप्त पत्रकारों को प्रति व्यक्ति 5 लाख रुपए का इंश्योरेंस देने की घोषणा की गई है।[97]

पत्रकारों को दिए जा रहे प्रलोभनों के विभिन्न रूप

पत्रकारों और मीडिया समूहों को लुभाने के लिए कई तरीके अपनाए जाते हैं। प्रलोभनों पर खासतौर पर विचार करने के लिए गठित प्रेस कौंसिल की कमेटी ने इनमें से कुछ का उल्लेख अपनी रिपोर्ट में किया है। ये हैं : सरकारी आवास, फ्लैट या जमीन, कंपनियों में शेयर, बस, रेल और हवाई यात्रा में किराए में छूट या मुफ्त यात्रा, मुफ्त विदेश यात्रा, मुख्यमंत्री के विवेकाधीन कोष से नकद रकम, अन्य वित्तीय सहायता, मीडिया सेंटर या प्रेस क्लब के लिए फंड, पत्रकार संगठनों को चंदा, खबर छपवाने के लिए विज्ञापन एजेंसियों द्वारा दिया गया गिफ्ट चेक, मुफ्त पार्किंग की सुविधा, अतिथि के तौर पर आवभगत, कैमरा-कंप्यूटर और दूसरे उपकरणों के आयात पर शुल्क में छूट, इंश्योरेंस का प्रीमियम, रिश्तेदारों को नौकरियां, कर्ज, कमेटियों में नाम शामिल करना, पीसीओ-फोन-फैक्स, पेंशन की सुविधा, पुरस्कार, दुकानों का आवंटन, सरकारी मान्यता, सरकार और सरकारी संस्थाओं का विज्ञापन, चुनाव के दौरान विशेष सुविधाएं, बैठक-सम्मेलन आदि में शामिल होने का खर्च, प्रेस पार्टी में पत्रकारों को ले जाना, प्रेस कॉन्फ्रेंस में प्रचार सामग्री का वितरण आदि।

ऊपर बताई गई सारी सुविधाएं ऐसी हैं, जो आधिकारिक तौर पर दी जाती हैं और जिसका लेखा-जोखा होता है। जो सुविधाएं इस दायरे से बाहर हैं, उनका ब्यौरा लंबा-चौड़ा है। मुख्यमंत्री राहत कोष से अक्सर पत्रकारों को पैसे दिए जाते हैं। मुलायम सिंह के मुख्यमंत्री रहने के दौरान उत्तर प्रदेश सरकार ने मुख्यमंत्री कोष से पत्रकारों को करोड़ों रुपए बांटे। यह रकम किसी भी वजह से दी जा सकती है। किसी

पत्रकार को पिता की बीमारी के लिए रुपए दिए गए तो किसी को एनजीओ चलाने के लिए तो किसी को हिंदी सेवा के लिए। कई पत्रकारों को बिना कारण बताए भी लाखों रुपए दिए गए। पत्रकारों की सहकारी समितियों को फ्लैट बनाने के लिए प्राथमिकता के तौर पर जमीन देने के दर्जनों मामले हैं। उत्तर प्रदेश सरकार ने लखनऊ में पत्रकारपुरम नाम की पूरी कॉलोनी ही बसा दी। मुख्यमंत्री के विवेकाधीन कोटे से प्लॉट लेने के लिए हमेशा होड़ मची रहती है। ऐसे एक प्लॉट का बाजार मूल्य किसी पत्रकार की जिंदगी भर की बचत से ज्यादा हो सकता है।[98]

हितों का टकराव?

क्या पत्रकारों और सरकार का यह अंतर्संबंध मीडिया को स्वतंत्र होकर काम करने में बाधक है? क्या यह कॉन्फ्लिक्ट ऑफ इंटरेस्ट यानी हितों के टकराव का सीधा-सीधा मामला नहीं है? सरकार और मीडियाकर्मियों को ऐसा नहीं लगता। यही वजह है कि पत्रकारों को सरकार की ओर से मिलनेवाली सुविधाओं पर कभी किसी मीडिया संस्थान, सरकारी संस्था या पत्रकारों के संगठनों से सवाल नहीं उठाए। सरकार और पत्रकारों के बीच का यह मधुर संबंध किसी को भी नहीं खटकता। मीडिया की स्वतंत्रता सुनिश्चित करने के लिए गठित प्रेस कौंसिल जैसी संस्था को यह सब अनुचित तो लगता है लेकिन इस बारे में कभी सख्ती नहीं बरती गई।

यह जानने के लिए मीडिया का विशेषज्ञ होने की जरूरत नहीं है कि सरकार से सुविधाएं लेने वाले पत्रकार निष्पक्ष होकर पत्रकारिता नहीं कर सकते। सरकारी मान्यता जारी रहना एक सालाना प्रक्रिया है, जिसकी वजह से पत्रकारों पर एक अंकुश हमेशा रहता है। देश और विदेश के सरकारी दौरे पर किसी पत्रकार को ले जाना अक्सर सरकारी विभाग का विशेषाधिकार होता है। अगली बार किसी सरकारी दौरे पर जाने का आकर्षण किसी भी पत्रकार को आत्म नियंत्रण या सेल्फ सेंसरशिप बरतने की ओर ले जा सकता है। इस वजह से सरकारी दौरे पर जानेवाले किसी पत्रकार के लिए उस दौरे का निष्पक्ष कवरेज करना आसान नहीं होता है। अगर कोई मीडिया समूह अपने पत्रकार को कंपनी के खर्च पर रिपोर्टिंग के लिए विदेश नहीं भेजता है, तो उस समूह के पत्रकार के लिए विदेश में रिपोर्टिंग करना सरकार की दया पर निर्भर हो जाता है। पत्रकार की स्वतंत्रता पर यह एक भारी बेड़ी की तरह है। पत्रकारों को पांच सितारा होटलों में ठहरने की सुविधा, हवाई यात्रा और मुफ्त की शराब जैसे प्रलोभन दिए जाने का मतलब समझा जा सकता है।

इस मायने में भारतीय मीडिया ज्यादा नैतिक दिखने की जरूरत भी महसूस नहीं करता। इसकी तुलना में रॉयटर्स जैसी अंतरराष्ट्रीय समाचार एजेंसी ज्यादा ऊंचे नैतिक मापदंडों की बात करती है। रॉयटर्स का दावा है कि वह हमेशा यह कोशिश करती है कि उसके संवाददाता एजेंसी के खर्च पर यात्रा करें और होटल में ठहरें। रॉयटर्स

समाचार संकलन की मजबूरियों की वजह से जब कभी किसी संवाददाता को स्पांसर्ड तरीके से यात्रा करने या ठहरने की इजाजत देती है तो वह इस पर आए खर्च के बराबर रकम किसी चैरिटी को देती है। रॉयटर्स वाकई हर मामले में ऐसा करती है या नहीं, यह जानने का कोई तरीका नहीं है, लेकिन इस बात को प्रमुखता के साथ अपनी वेब साइट पर डालना अपने आप में एक महत्त्वपूर्ण वक्तव्य है।[99]

सरकार पत्रकारों को अलग-अलग कमेटियों में भी मनोनीत करती है। यह काम पूरी तरह से मनमाने तरीके से किया जाता है। कमेटियों में होने के साथ कई तरह के फायदे जुड़े होते हैं। रेल मंत्रालय के साथ जुड़ी कमेटियों के सदस्यों को असीमित रेल यात्राएं करने की सुविधा होती है। सदस्य अपने साथ एक और व्यक्ति को भी यात्रा पर साथ ले जा सकते हैं। संचार मंत्रालय से जुड़े सदस्यों को मुफ्त टेलीफोन पर असीमित कॉल करने की सुविधा मिलती है। इन समितियों के सदस्यों को बैठकों के लिए आने-जाने और ठहरने का खर्च भी मिलता है। समितियों में शामिल होने के वजह से सरकारी दफ्तरों और अधिकारियों तक पहुंच का जो फायदा मिलता है, उसका इस्तेमाल कोई किस तरह करता है, यह उसके विवेक पर निर्भर है लेकिन पत्रकारों के भ्रष्ट होने का रास्ता यहां से खुल सकता है। खासकर जब न्यूज मीडिया का पूरा धंधा मुनाफे और राजस्व पर टिका हो तो मीडियाकर्मियों से सदाचार की उम्मीद ही की जा सकती है।

पत्रकारों और सरकार के बीच एक और रिश्ता विज्ञापन का भी होता है। कई समाचारपत्रों और चैनलों में पत्रकार ही विज्ञापन प्रतिनिधि का भी काम करते हैं। जिला स्तर के संवाददाताओं को अक्सर या तो विज्ञापन विभाग के साथ मिलकर काम करना होता है या फिर जिला संवाददाता ही विज्ञापन का भी काम देखता है। कई समाचारपत्र और चैनल संवाददाताओं को लाए गए विज्ञापन के लिए कमीशन भी देते हैं। इस वजह से भी सरकारी विभागों और पत्रकारों के बीच लेन-देन का रिश्ता बन जाता है। संवाददाताओं को अक्सर जिन विभागों की खबर देनी होती है, वहीं से विज्ञापन भी लाना होता है। मिसाल के तौर पर, यह देखा गया कि चुनावों के दौरान कवरेज का पैकेज बेचने के लिए संवाददाता और विज्ञापन विभाग के प्रतिनिधि एक साथ नेताओं और राजनीतिक दलों के पास गए। हर चुनाव में अब संवाददाताओं को विज्ञापन जुटाने का टार्गेट दिया जाता है।

ऐसी परिस्थिति में पत्रकारिता और विज्ञापन संग्रह के बीच की विभाजन रेखा खत्म हो जाती है। विज्ञापन लाने के लिए पत्रकारिता में समझौते न करने का विकल्प कागज पर बेशक हो, लेकिन व्यवहार में यह संभव नहीं है। विज्ञापन लाने के लिए पत्रकार कभी पक्ष में खबर देगा तो कभी खिलाफ खबर लिखकर ब्लैकमेलिंग करेगा। इस तरह, कुल मिलाकर निष्पक्ष होकर पत्रकारिता करने का रास्ता अवरुद्ध हो जाता है। जिन राज्यों का आर्थिक विकास कम हुआ है (मसलन, बिहार या उत्तर प्रदेश), वहां मीडिया की सरकारी विज्ञापनों पर निर्भरता ज्यादा है। ऐसी जगहों पर पत्रकारों पर सरकारी विज्ञापन

लाने का दबाव अपेक्षाकृत ज्यादा होता है। ऐसे राज्यों में राज्य सरकारें मीडिया की बांह मरोड़ने के लिए बेहतर स्थिति में होती हैं। कुल राजस्व का बड़ा हिस्सा सरकारी विज्ञापनों से आने की वजह से मीडिया सरकार के मामले में सेल्फ सेंसरशिप बरतता है।

कोई यह कह सकता है कि आखिर सरकार पत्रकारों पर कोई खजाना तो लुटा नहीं रही है। सरकारी मकान सस्ते में देने या शराब की बोतलों, विदेश यात्राओं, यात्रा भाड़े में छूट आदि पर सरकार आखिर कितना खर्च करती है? हो सकता है कि यह रकम अरबों में न हो, लेकिन यहां सवाल यह नहीं है कि पत्रकारों पर सरकार कितना खर्च करती है बल्कि सवाल यह है कि सरकार पत्रकारों पर खर्च क्यों करती है? पत्रकार स्वतंत्र होकर काम करें, इसके लिए जरूरी है कि वे जिनके बारे में खबर लिख रहे हैं, उनके साथ पत्रकार का लेन-देन का संबंध न हो। जिनके कामकाज की निर्मम समीक्षा करने का दायित्व पत्रकार पर है वह अगर पत्रकार को तमाम तरह की सुविधाएं, उपहार, पुरस्कार आदि देगा तो पत्रकार निष्पक्ष होकर कैसे काम करेगा? ये सुविधाएं पत्रकारीय स्वतंत्रता में बाधक हैं। अदालतों के फैसले, प्रेस कौंसिल के निर्देश, प्रेस आयोग की सिफारिश और सिफारिश पर अमल करने की घोषणा के बावजूद सरकार पत्रकारों को अपनी ओर से सुविधाएं दे रही है। इससे इस नतीजे पर पहुंचा जा सकता है कि सरकार नहीं चाहती कि पत्रकार स्वतंत्र होकर काम करें।

यह तर्क भी दिया जाता है कि मीडियाकर्मियों के एक छोटे से हिस्से को ही सरकारी सुविधाएं/प्रलोभन दिए जाता हैं। बाकी मीडियाकर्मी और पत्रकार ईमानदारी से अपना काम करते हैं। उनकी तनख्वाहें भी मामूली होती हैं और सरकार या निजी क्षेत्र द्वारा लुटाए जानेवाले पैसे में वे हिस्सा नहीं लेते। यह बात एक हद तक सही है। वर्ष 2009 के नवंबर महीने में केंद्रीय श्रम मंत्रालय ने लोकसभा को बताया कि देश में 1.76 लाख मीडियाकर्मी ऐसे हैं जो एंप्लाइज प्रोविडेंड फंड के दायरे में हैं।[100] मीडिया उद्योग में काम करनेवालों की वास्तविक संख्या इससे काफी ज्यादा होगी क्योंकि अब ज्यादातर मीडिया समूह कर्मियों को स्थायी नौकरी की जगह ठेके पर रखते हैं और ऐसे कर्मचारी प्रोविडेंड फंड के दायरे में नहीं आते। इसके मुकाबले 2009 में केंद्र सरकार के मान्यताप्राप्त पत्रकारों की संख्या 2,330 थी। राज्य सरकारों के मान्यताप्राप्त पत्रकारों की संख्या को जोड़ें तो भी मान्यताप्राप्त पत्रकारों की संख्या सीमित ही है। मान्यताप्राप्त पत्रकारों में भी एक छोटा हिस्सा ही है जो सरकारी सुविधाओं का लाभ उठा पाता है। मिसाल के तौर पर, विदेश यात्रा से लौटते समय बिना कस्टम ड्यूटी दिए उपकरण लाने की सुविधा का लाभ उठाने में हर पत्रकार सक्षम नहीं है।

लेकिन यह तर्क देते हुए यह नहीं भूलना चाहिए कि मीडिया हायरार्की यानी अनुक्रम से काम करनेवाली संस्था है। इस कारोबार में ऊपर के पदों पर मौजूद लोग मीडिया उत्पाद को निर्णायक रूप से प्रभावित करते हैं। इसलिए अगर किसी मीडिया संस्थान में संपादक और ऊंचे पदों पर मौजूद लोग सरकार की ओर से दिए जा रहे प्रलोभन

स्वीकार कर रहे हैं तो इस बात से खास फर्क नहीं पड़ता कि नीचे के पदों पर मौजूद लोग कैसी पत्रकारिता कर रहे हैं। ऐसे लोगों को भी उन्हीं मापदंडों और नीतियों के दायरे में रहकर काम करना पड़ता है, जो ऊंचे पदों पर मौजूद लोग तय करते हैं।

मीडिया एक दुलारा उद्योग

> समाचारपत्र उद्योग द्वारा आयातित हाई स्पीड प्रिंटिंग प्रेस को मिलनेवाली 5% की रियायती कस्टम ड्यूटी और 5% काउंटर वेलिंग ड्यूटी (सीवीडी) की सुविधा अब मेलरूम उपकरणों को भी दी जाएगी।[101]

वित्तमंत्री प्रणव मुखर्जी ने अपने 2011-2012 बजट भाषण में यह घोषणा की। इसके तीन दिन पहले रेल मंत्री ममता बनर्जी ने मान्यताप्राप्त पत्रकारों को सपरिवार रेल यात्रा की रियायत बढ़ाने की घोषणा की थी। जाहिर है, सरकार मीडिया उद्योग और पत्रकारों पर मेहरबान रहती है। इससे पहले के बजट में भी मीडिया के लिए घोषणाएं होती रही हैं।

मिसाल के तौर पर, 2010-2011 के बजट में केंद्र सरकार ने ऑनलाइन समाचार देनेवाली मान्यताप्राप्त समाचार एजेंसियों को सर्विस टैक्स के दायरे से मुक्त कर दिया। इस प्रावधान की घोषणा करते हुए वित्त मंत्री ने कहा कि ऐसी समाचार एजेंसियां समाचार के प्रसारण में महत्त्वपूर्ण योगदान करती हैं।

इससे पहले 2009-2010 का बजट ऐसे समय में आया जब ग्लोबल मंदी चल रही थी। इस साल के बजट में वित्त मंत्री ने मीडिया को राहत देते हुए कहा–'फरवरी 2009 में प्रिंट मीडिया के लिए राहत पैकेज की घोषणा की गई थी। इसके तहत डीएवीपी (विज्ञापन और दृश्य प्रचार निदेशालय) के विज्ञापनों पर 15% की दर से लगने वाला एजेंसी कमीशन हटा लिया गया और डीएवीपी विज्ञापन के रेट में 10 फीसदी की बढ़ोतरी की गई। इसके लिए मीडिया संस्थान को यह बताना था कि गैर सरकारी विज्ञापनों में उन्हें नुकसान हुआ। चूंकि प्रिंट मीडिया अभी भी मुश्किल दौर से गुजर रहा है, इसलिए इस पैकेज को छह और महीने के लिए यानी 30 जून 2009 से 31 दिसंबर 2009 तक के लिए बढ़ाया जाता है।'

हालांकि केंद्र सरकार ने चुनावी साल में मंदी के नाम पर मीडिया के लिए पैकेज दिया लेकिन क्या भारत में मंदी का असर मीडिया उद्योग पर सचमुच उतना गहरा था जितना कि मीडिया इंडस्ट्री कहती है? यह दौर अगर मंदी का था तो किसी भी उद्योग की ऐसे समय में पहली प्राथमिकता विस्तार की योजनाओं पर पुनर्विचार करने और अक्सर उन्हें मुल्तवी करने की होती है। इस मामले में वर्ष 2009 में भारतीय मीडिया उद्योग के कई समूहों की चाल उल्टी रही।[102]

इस साल हिंदुस्तान टाइम्स ग्रुप ने अपने बिजनेस अखबार 'मिंट' का कोलकाता और चेन्नई संस्करण शुरू किया। 'फाइनेंशियल क्रॉनिकल' का दिल्ली में लॉन्च हुआ।

'लोकमत' गोवा पहुंचा तो 'राजस्थान पत्रिका' ने भोपाल, इंदौर और जबलपुर से संस्करण शुरू किए। 'दैनिक हिंदुस्तान' इलाहाबाद और बरेली पहुंचा। तमिल दैनिक 'दिनाकरन' ने दिल्ली संस्करण शुरू किया तो 'नवभारत' ने पुणे से अखबार निकालना शुरू किया। पत्रिकाओं की बात करें तो वर्ष 2009 में स्पेक्टेटर, लिविंग इटीसी और स्पोटर्स इलेस्ट्रेटेड जैसी विदेशी और युवा, कैरियर्स 360, शूज एंड एक्सेसरीज, फूड एंड नाइट लाइफ जैसी भारतीय पत्रिकाएं शुरू हुईं। टाइम्स ऑफ इंडिया ने सप्ताहांत का अखबार 'क्रेस्ट' लॉन्च किया। इस साल प्रिंट माध्यम को मिलनेवाले विज्ञापनों में भी पिछले साल के मुकाबले मामूली सी (तीन फीसदी) बढ़ोतरी ही हुई। हालांकि विज्ञापनों से होनेवाली आमदनी में पिछले साल के मुकाबले मामूली गिरावट आई। टीवी की बात करें तो मंदी का साल कहे जाने के बावजूद वर्ष 2009 में 72 नए चैनलों का प्रसारण शुरू हुआ और सक्रिय चैनलों की संख्या 461 तक पहुंच गई (टैम के आंकड़े)। इसी साल सरकार ने स्पेक्ट्रम की कमी की बात कहकर नए चैनलों के लिए आवेदन लेना बंद कर दिया। टीवी पर विज्ञापन देनेवालों की संख्या वर्ष 2009 में 9,400 तक पहुंच गई, जबकि वर्ष 2008 में विज्ञापनदाताओं की संख्या 8,500 थी। टीवी चैनलों पर विज्ञापनों और अपने प्रचार का तय औसत समय भी लगातार बढ़ रहा है। वर्ष 2009 में हिंदी के मनोरंजन चैनलों में यह समय बढ़कर 17 मिनट प्रति घंटा हो गया। टीवी पर विज्ञापनों का समय भी बढ़ा और पिछले साल के मुकाबले विज्ञापनों से होनेवाली आमदनी भी 8,250 करोड़ रुपए से बढ़कर 8,800 करोड़ रु हो गई।

मीडिया उद्योग है। सरकार बाकी उद्योग को मिलनेवाली सारी सुविधाएं मीडिया को भी देती हैं लेकिन सरकार मीडिया को कई ऐसी सुविधाएं भी देती है जो बाकी उद्योग को नहीं मिलतीं। मिसाल के तौर पर, मीडिया समूहों को सरकार अक्सर सस्ती दर पर जमीन देती है। इसके लिए कोई प्रावधान नहीं होता, लेकिन सरकार और मुख्यमंत्री अपने विशेष अधिकार का इस्तेमाल करते हुए ऐसा अक्सर करते हैं। प्रेस को दिए जा रहे विभिन्न प्रकार के प्रलोभनों पर विचार करने के लिए प्रेस कौंसिल द्वारा गठित एक कमेटी ने पाया कि सरकारें समाचारपत्र मालिकों को कौड़ियों के भाव में बेशकीमती जमीन देती हैं। कमेटी ने यह भी पाया कि कुछ अखबार इस तरह हासिल की गई जमीन पर बनी इमारत में एक छोटा हिस्सा तय इस्तेमाल के लिए रखकर बाकी को किराए पर दे देते हैं। कुछ अखबारों ने पूरी जमीन पर ही व्यावसायिक कॉम्प्लैक्स बना दिया और इस तरह वे भारी मुनाफा कमा रहे हैं। कमेटी ने ऐसे मामले भी देखे जब किसी अखबार ने पूरी इमारत को किराए पर चढ़ा दिया ताकि उन्हें कोई और जमीन मिल जाए और इस दौरान वे अपने पत्रकारों पर हुए हमलों का विरोध नहीं कर रहे थे ताकि सरकार के साथ अच्छे रिश्ते बने रहें। समिति की राय में, ऐसे समाचारपत्र फासिस्ट ताकतों के साथ समझौता कर रहे थे और प्रेस की स्वतंत्रता की बलि चढ़ाने के लिए तैयार हो गए थे।[103]

मीडिया संगठन सरकार से सस्ते में मिली जमीन का क्या करते हैं[104]

क्रम	*समाचार एजेंसी/प्रेस का नाम और पता*	*आवंटन की तारीख और क्षेत्रफल*	*आवंटन का उद्देश्य*	*गलत इस्तेमाल*	*कार्रवाई*
1.	यूनाइटेड इंडिया पिरियॉडिकल्स प्रा.लि. प्लॉट नंबर-3 बहादुरशाह जफर मार्ग	29.08.1959 क्षेत्रफल : 0.5 एकड़	कुल इलाके का एक तिहाई प्रेस और समाचारपत्र के दफ्तरों के लिए	बेसमेंट का प्रेस के लिए इस्तेमाल	भवन को 13.12.2002 को दोबारा किराए पर दिया गया। इस बारे में दिए गए आदेश पर हाईकोर्ट ने 20.01.2003 को स्टे लगा दिया। यह जमीन जिसने पहले लीज पर ली थी, उसे 8,87,13,905.00 रुपए चुकाने का आदेश दिया गया। मामला अदालत में है।
2.	चिल्ड्रेन बुक ट्रस्ट प्लॉट नंबर-4 बहादुरशाह जफर मार्ग	04.06.1958 क्षेत्रफल : 0.673 एकड़	ट्रस्ट का प्रेस और ऑफिस	व्यावसायिक संगठनों को किराए पर देना	गलत इस्तेमाल के लिए लगाया गया जुर्माना 15.06.1984 को माफ कर दिया गया और जो जैसा चल रहा है। उसे जारी रहने दिया गया और बदल में नाम मात्र की पेनाल्टी लगाई गई।
3.	दैनिक प्रताप प्लॉट नंबर-5 बहादुरशाह जफर मार्ग	04.09.1958 क्षेत्रफल : 0.354 एकड़	प्रेस और प्रेस के वास्तविक कर्मचारियों के लिए सबसे ऊपरी फ्लोर पर रहने के घर	भवन का एक हिस्सा व्यावसायिक संगठनों को किराए पर दिया गया	22.02.2007 को 12.71 करोड़ रुपए जुर्माना देने का आदेश।

4.	नेशनल हेराल्ड प्लॉट नंबर-5 ए बहादुरशाह जफर मार्ग	18.04.1962 क्षेत्रफल : 0.03365 एकड़	प्रेस और ऑफिस (होटल और सिनेमा घर खोलने की इजाजत नहीं	जितनी इजाजत थी, उससे ज्यादा जगह का व्यावसायिक इस्तेमाल और किराए पर दिया जाना।	इस प्रॉपर्टी का मामला एस्टेट ऑफिसर के पास लंबित।
5.	गुलाब सिंह एंड संस प्रा.लि. प्लॉट नंबर-6 बहादुरशाह जफर मार्ग	22.02.1953 क्षेत्रफल : 0.675 एकड़	ग्राउंड फ्लोर पर प्रेस और समाचारपत्र और ऊपरी मंजिलों पर दफ्तर	गलत तरीके से व्यावसायिक इस्तेमाल तथा सीमा से अधिक इलाके को किराए पर दिया गया	10.08.2005 को 7.55 करोड़ रुपए जुर्माने का आदेश
6.	बेनेट कोलमन एंड कंपनी लिमिटेड (टाइम्स ऑफ इंडिया) प्लॉट नंबर-7 बहादुरशाह जफर मार्ग	01.10.1956 क्षेत्रफल : 0.677 एकड़	प्रेस और ऑफिस। चौथी मंजिल का एक हिस्सा प्रेस के कर्मचारियों के आवास के लिए इस्तेमाल किया जा सकता है।	चौथी मंजिल का व्यावसायिक इस्तेमाल जिसके लिए इजाजत नहीं ली गई। बेसमेंट में गलत तरीके से प्रेस चलाया गया।	लीज को बदला गया, प्रॉपर्टी को रिएंटर किया गया और पब्लिक प्रेमाइसेज एक्ट 1971 के तहत इसे खाली कराने और नुकसान की भरपाई के लिए एस्टेट अफसर के पास केस लंबित।
7.	डेली तेज प्लॉट नंबर-8 बहादुरशाह जफर मार्ग	22.08.1964 क्षेत्रफल : 0.251 एकड़	प्रेस और ऑफिस। चौथी मंजिल का एक हिस्सा प्रेस के कर्मचारियों के आवास के लिए इस्तेमाल किया जा सकता है।	बेसमेंट के दोनों लेबल का इस्तेमाल प्रेस के लिए।	19.08.1998 को 2.31 लाख रुपए जुर्माना अदा करने का आदेश।

8.	डेली मिलाप प्लॉट नंबर-8 ए बहादुरशाह जफर मार्ग	22.08.1964 क्षेत्रफल : 0.252 एकड़	प्रेस और ऑफिस। लीज पर लेने वाला चाहे तो चौथी मंजिल के एक हिस्से को प्रेस के कर्मचारियों के निवास के रूप में इस्तेमाल कर सकता है।	बेसमेंट का प्रेस के लिए इस्तेमाल तथा दूसरे व्यावसायिक संगठनों को किराए पर भी दिया गया। अन्य मंजिलों को भी चेंज ऑफ यूज किए बगैर किराए पर दिय गया।	रि एंट्री के लिए 12.01.1998 को शो कॉज नोटिस भेजा गया।
9.	एक्सप्रेस न्यूज पेपर्स प्रा.लि. प्लॉट नंबर-9, 10 बहादुरशाह जफर मार्ग	24.091952 क्षेत्रफल : 0.2965 वर्ग गज 11.04.1956 क्षेत्रफल : 2740 वर्ग गज	न्यूज पेपर प्रेस दूसरा अलॉटमेंट लॉन, रास्ते तथा पार्किंग के लिए	बेसमेंट का प्रेस के लिए इस्तेमाल। अन्य मंजिलों को किरए पर दिया गया।	प्रॉपर्टी को रिएंटर किया गया और केस दिल्ली हाई कोट में लंबित है।
10.	प्रेस ट्रस्ट ऑफ इंडिया 4, संसद मार्ग नई दिल्ली	14.02.1964 क्षेत्रफल : 1.39 एकड़	वित्तीय और प्रशासनिक कार्यों के लिए तथा ऊपरी मंजिल पर आवासीय उद्देश्य हेतु।	बेसमेंट में 3650 वर्ग फुट स्थान किराए पर दिया गया, जिसके लिए इजाजत नहीं ली गई थी।	12.01.2010 को नोटिस जारी

इसके अलावा केंद्र सरकार विज्ञापनों की शक्ल में हर साल एक बड़ी रकम न्यूज मीडिया को देती है। सिर्फ विज्ञापन और दृश्य प्रचार निदेशालय यानी डीएवीपी के विज्ञापनों की बात करें तो इसमें साल दर साल बढ़ोतरी हो रही है।[105]

डीएवीपी द्वारा प्रिंट मीडिया को दिए गए विज्ञापन

वर्ष	*कुल विज्ञापन*	*विज्ञापन पर खर्च (करोड़ रु में)*
2007-08	15,979	207.07
2008-09	13,077	321.23
2009-10	13,829	323.64

विज्ञापनों का यह हिसाब सिर्फ प्रिंट मीडिया यानी अखबारों और पत्रिकाओं के लिए है। देश में 4,648 अखबारों और पत्रिकाओं को डीएवीपी से विज्ञापन मिलते हैं। इसके अलावा 203 ऑडियो-वीडियो माध्यमों यानी चैनलों और रेडियो स्टेशनों को भी डीएवीपी विज्ञापन देती है। ऑडियो-विजुअल माध्यमों को दिए जानेवाले विज्ञापनों की संख्या तेजी से बढ़ रही है। मिसाल के तौर पर, 2007-08 में उन्हें 94 विज्ञापन दिए गए जो अगले साल बढ़कर 184 हो गए। वर्ष 2009 यानी चुनावी साल में ऑडियो-विजुअल माध्यमों को 325 विज्ञापन दिए गए। ये विज्ञापन अलग-अलग चैनलों पर बार-बार दिखाए गए। डीएवीपी से जारी होनेवाले कुल विज्ञापनों का खर्च 2008-2009 में 472 करोड़ रुपए को पार कर गया था।[106]

डीएवीपी से अलग केंद्र सरकार का हर मंत्रालय अपने तौर भी विज्ञापन देता है। मिसाल के तौर पर, रेलवे ने 2008-2009 में अखबारों और पत्रिकाओं को 208 करोड़ रुपए से ज्यादा के विज्ञापन दिए।[107] बीएसएनएल ने 2008-2009 में 359 करोड़ रुपए के विज्ञापन दिए जबकि सिर्फ दिल्ली और मुंबई में काम करनेवाली एमटीएनएल ने इसी साल 36 करोड़ रुपए से ज्यादा के विज्ञापन दिए।[108] केंद्र सरकार और उसके मंत्रालयों-निगमों के अलावा राज्य सरकारें, राज्य सरकारों के मंत्रालय, स्वायत्त संस्थान, पीएसयू आदि कुल मिलाकर हर साल हजारों करोड़ रुपयों के विज्ञापन न्यूज मीडिया को देते हैं। न्यूज मीडिया के लिए आमदनी का यह बड़ा स्रोत है और कई मीडिया संस्थानों के लिए तो यह आय का सबसे बड़ा स्रोत है। सरकार इन विज्ञापनों को देने या न देने के अधिकार का इस्तेमाल मीडिया कंटेंट को रेगुलेट करने के लिए करती है।

कोई भी सरकार या सरकारी संस्था जब किसी समस्या से घिरती है तो क्राइसिस मैनेजमेंट की उसकी रणनीति में मीडिया मैनेजमेंट एक प्रमुख हिस्सा होता है। मीडिया मैनेजमेंट के कई तरीकों में एक तरीका उनके लिए बड़े पैमाने पर और अक्सर करोड़ों रुपए के विज्ञापन जारी करना होता है। निजी कंपनियों और सरकार के बीच इस मामले में कोई फर्क नहीं होता। कॉमनवेल्थ खेलों में भ्रष्टाचार के आरोप लगने के बाद

खेलों की आयोजन समिति ने खेल के आयोजन के बाद पूरे पेज के विज्ञापन अखबारों को दिए और यह बताया कि सब ठीकठाक है। कर्नाटक में मुख्यमंत्री बी एस येदियुरप्पा पर जब भ्रष्टाचार के आरोप लगे तो उन्होंने अखबारों को चार-चार पेज के विज्ञापन दिए और यह बताया कि उनके नेतृत्व में कर्नाटक किस तरह तेजी से तरक्की कर रहा है। कोई कह सकता है कि विज्ञापन देकर सरकार मीडिया को खरीदने की कोशिश करती है, लेकिन जरूरी नहीं है कि मीडिया बिक ही जाए। तकनीकी रूप से यह बात सही हो सकती है, लेकिन ज्यादा विज्ञापन पाने की इच्छा और जरूरत मीडिया कंटेंट को प्रभावित कर सकती है। अगर ऐसे प्रचार (मीडिया को पैसे देने के) अभियान मीडिया को प्रभावित करने में बेअसर होते तो यह चलन जारी नहीं रहता।

इस तरह हम पाते हैं कि मीडिया और सरकार के बीच कुल मिलाकर बेहद सौहार्दपूर्ण वातावरण है। जिस संस्था का दायित्व सरकार की निगरानी करना होना चाहिए, वह सरकार से सुविधाएं लेने के लिए लाइन में लगा रहता है। सरकार विज्ञापन से लेकर तमाम तरह की छूट और सुविधाएं देकर और कई बार सख्ती बरतकर मीडिया को रेगुलेट करने की कोशिश करती है और मीडिया को अक्सर इस तरह रेगुलेट होने से परहेज भी नहीं होता। इस तरह चौथा खंभा कही जानी वाली संस्था शासन के बाकी खंभों के साथ एकाकार हो जाती है।

मीडिया का धंधा और आम आदमी की विदाई

> 'टाइम्स ऑफ इंडिया समूह की भारत के नीति निर्माताओं, बुद्धिजीवियों और इलीट में सबसे ज्यादा पहुंच है। इस वजह से हम विज्ञापनदाताओं को कम खर्च में फायदे का बेहतर सौदा दे सकते हैं। हमारे पास हर विभिन्न प्रकार के प्रकाशन हैं और इनके खास पाठक वर्ग हैं। इसलिए विज्ञापन प्रबंधकों के लिए चुनने और विज्ञापन बजट से अधिकतम लाभ उठाने की सुविधा हम देते हैं।'
>
> –टाइम्स आफ इंडिया समूह के परिचय से[109]

भारत का सबसे बड़ा मास मीडिया समूह अपने बारे में बताते हुए अगर ऐसी घोषणा करे तो इससे भारतीय मीडिया के बारे में बहुत सारे सवालों का समाधान हो जाना चाहिए। यह मीडिया समूह भारत में कुल विज्ञापनों का 30 प्रतिशत नियंत्रित करता है। मीडिया की दशा और दिशा तय करने में टाइम्स समूह की भारत में अक्सर निर्णायक भूमिका होती है। यहां टाइम्स समूह अपने विज्ञापनदाताओं को कह रहा है कि उसके पास सबसे बेहतरीन क्वालिटी के पाठक हैं, जिसे खरीदकर कोई भी विज्ञापनदाता निराश नहीं होगा। इसी परिचय में यह भी लिखा है कि उसके 48 समाचारपत्र-पत्रिकाएं हैं और उसके प्रकाशनों के कुल मिलाकर 4 करोड़ से ज्यादा पाठक हैं।

वर्तमान समय में भारत जैसे देश में मीडिया की ताकत एक निर्विवाद तथ्य है। लेकिन किसी भी और कारोबार के बढ़ने और विकसित होने पर जब कोई चिंता नहीं जताई जाती तो मीडिया उद्योग में ऐसी क्या खास बात है कि इस बारे में बात की जाए? आखिर ऐसी नौबत क्यों आ जाती है कि दुनिया के लगभग सभी विकसित और लोकतांत्रिक कहे जानेवाले देशों में मीडिया स्वामित्व और एक से ज्यादा मीडिया प्लेटफॉर्म के मालिकाना (क्रॉस मीडिया ओनरशिप) को लेकर इतनी बहस है और किसी न किसी तरह का नियंत्रण और नियमन है? भारत में हालांकि यह बहस अभी शुरू भी नहीं हुई है लेकिन वर्ष 2008 में भारत सरकार ने टेलीकॉम रेगुलेटर को मीडिया स्वामित्व के बारे में कंसल्टेशन पेपर बनाने को कहा था। यह कंसल्टेशन पेपर बना और फिर कुछ नहीं हुआ।

बहरहाल मीडिया का स्वामित्व और उसका कारोबारी ढांचा लगभग हर देश में चर्चा में इसलिए होता है क्योंकि लोगों की राय बनाने में इसकी भूमिका होती है। टाइम्स ऑफ इंडिया समूह अपने परिचय में यह दावा भी करता है–'एक प्रकाशन संस्थान के रूप में टाइम्स ऑफ इंडिया ग्रुप ने जनमत को असरदार तरीके से प्रभावित किया है और यह देश को जानने-समझने का सही पैमाना है।[110] वॉल्टर लिपमैन से लेकर मीडिया विमर्शकारों की एक पूरी शृंखला है जो यह मानती है कि मास मीडिया लोगों के सोचने के तरीकों को प्रभावित कर सकता है। किसी भी बड़े समूह में जहां ज्यादातर लोग एक-दूसरे से नहीं मिलते हों, वहां सामूहिक राय के निर्माण में मास मीडिया की भूमिका होती है। भारत जैसे बड़े देश में किसी उत्पाद या नेता या विचार को पूरे या बड़े भौगोलिक विस्तार में पहुंचाने का काम मास मीडिया के जरिए ही संभव है। मीडिया की एजेंडा सेटिंग (कोहेन, मैकॉम्ब्स शॉ और अन्य) में भी भूमिका होती है। मास मीडिया ही अक्सर तय करता है कि लोगों को किन चीजों और मुद्दों के बारे में सोचना है। जो चीज मास मीडिया में नहीं होती, वह अक्सर लोगों के बीच चर्चा में भी नहीं होती। हैबरमास जैसे विद्वानों की राय में, मास मीडिया पब्लिक स्फियर के निर्माण का माध्यम है। बड़े देशों में यह माध्यम ज्यादा महत्त्वपूर्ण और असरदार हो जाता है क्योंकि वहां ज्यादातर लोग एक-दूसरे से कभी नहीं मिलते।

मास मीडिया की ही ताकत है कि कोई एक फिल्म रिलीज होती है और रिलीज होने से पहले ही देश भर के सिनेमाघरों में उसकी एडवांस बुकिंग हो जाती है। कोई खास ब्रैंड का बिस्किट या तेल या क्रीम या कपड़ा या कंप्यूटर लॉन्च होने के साथ ही देश भर में बिकने लगता है। यह मास मीडिया की ही ताकत है कि लोग उसके बारे में जानने लगते हैं और उसे खरीदते हैं। कोई भी नया आईपीओ (शेयर) आता है तो मास मीडिया की वजह से करोड़ों लोगों तक इसकी जानकारी पहुंच जाती है।

लोकतंत्र के संचालन में भी मास मीडिया की भूमिका है। छवि-निर्माण के लिए सरकार भी मास मीडिया पर काफी हद तक निर्भर है। इसके लिए वह सरकारी और निजी मास मीडिया का इस्तेमाल करती है। केंद्र सरकार प्रचार के लिए विज्ञापन और दृश्य प्रचार निदेशालय (डीएवीपी) के जरिए लगभग पौने पांच सौ करोड़ रुपए मास मीडिया को देती है। दूरदर्शन, आकाशवाणी, पत्र सूचना कार्यालय समेत सरकार के कई विभाग मास मीडिया के जरिए जनमत को बनाने और सरकार के पक्ष में मोड़ने में लगे रहते हैं। लोकसभा चुनाव क्षेत्र में लगभग 10 लाख मतदाताओं तक एक उम्मीदवार को पहुंचना होता है और इस काम में मास मीडिया की काफी उपयोगिता है। अगर यह न होता तो उम्मीदवार और पार्टियां 'पेड न्यूज' पर और चुनावी विज्ञापनों पर करोड़ों रुपए खर्च न करतीं। लोगों तक अपनी बात पहुंचाने के लिए

राजनीतिक पार्टियां मास मीडिया पर काफी हद तक निर्भर हैं। कई दल और नेता अपना या अपने प्रभाव वाला मास मीडिया चलाते भी हैं। यह सारी बातें राजनीतिक प्रक्रिया में मास मीडिया के महत्त्व को दर्शाती हैं।

आर्थिक और राजनीतिक क्षेत्र ही नहीं, जीवन के विविध क्षेत्रों में मास मीडिया की ताकत देखी जा सकती है। कोई बाबा या ज्योतिषी मास मीडिया की ताकत से देखते ही देखते देश भर में लोकप्रिय हो जाता है। कोई चिकित्सा विधि या योग की कोई खास परंपरा मीडिया के जोर पर घर-घर पहुंचा दी जाती है। मास मीडिया की ताकत से बाबा रामदेव देश के हर कस्बे तक में पहुंच चुके हैं। शनि महाराज जैसे देवता पिछले दसेक साल में देश भर में छा गए हैं। कई तावीज, यंत्र और चमत्कारी दवाएं देश भर में बेची-खरीदी जाती हैं। यह सब मास मीडिया के बिना संभव नहीं है। मास मीडिया की ताकत समझने के बाद कई बाबा अपना चैनल चलाने लगे हैं। पाक कला के विशेषज्ञ को अगर मास मीडिया की ताकत न हासिल हो तो उसकी प्रतिभा मोहल्ले या शहर के बाहर नहीं पहुंच सकती। ऐसे सैंकड़ों उदाहरण हो सकते हैं जो भारत जैसे देश में पब्लिक स्फियर के निर्धारण में मीडिया के प्रभाव को सत्यापित करते हैं।

भारत जैसे देश में मास मीडिया किस तरह काम करेगा, यह सवाल सिर्फ अकादमिक महत्त्व का नहीं है। इसका असर इतना व्यापक है कि इसकी संरचना और इसका स्वामित्व लोक महत्त्व का विषय है। 600 से अधिक सैटेलाइट चैनलों, 21 टेरेस्टेरियल चैनल (सभी सरकारी) और 60,000 से ज्यादा पत्र-पत्रिकाओं के साथ भारतीय मीडिया की पहुंच अब घर-घर तक है। इनमें से चंद चैनलों और अखबारों का, या कहें चंद मीडिया समूहों का ही इस कारोबार पर कब्जा है। आबादी का छोटा हिस्सा ही अब मीडिया की पहुंच से बचा हुआ है। ऐसे समय में भारतीय मीडिया किसके हाथों में है, मीडिया को चलाने के पीछे उनके उद्देश्य क्या हैं और इसकी वजह से पब्लिक स्फियर पर क्या असर होता है, यही इस अध्याय की विषय वस्तु है।

हालांकि पब्लिक स्फियर या लोकवृत्त या लोकविमर्श क्षेत्र की क्लासिक परिभाषा मास मीडिया की भूमिका को सीमित करके देखती है और जरगन हैबरमास जैसे विद्वान तो कॉफी हाउस जैसी संस्थाओं को विचार निर्माण के बड़े केंद्र के रूप में देखते हैं लेकिन जरगन हैबरमास जिस 'पब्लिक' की बात कर रहे थे उसका भौगोलिक विस्तार काफी सीमित है और वह लगभग एक जैसे लोगों से मिलकर बना है। भारत जैसे देश में 'पब्लिक' का विस्तार लगभग असीम है और उसमें विविधता के अकल्पनीय आयाम हैं। ऐसा पब्लिक स्फियर कॉफी हाउस जैसी संस्थाओं को जरिए अभिव्यक्त नहीं हो सकता। मास मीडिया के बगैर भारत जैसे बड़े और विविधतापूर्ण समाज में पब्लिक स्फियर की कल्पना नहीं की जा सकती।

लेकिन मास मीडिया से बने पब्लिक स्फियर में वह लोकतांत्रिक ऊर्जा और संभावनाएं नहीं हो सकतीं और यह काफी दोषपूर्ण भी होता है। इसमें फीडबैक और बहस के सीमित अवसर होते हैं और मास मीडिया अपनी राय थोपने की स्थिति में होता है। लोकतंत्र में लोगों की हिस्सेदारी अक्सर मास मीडिया के जरिए अभिव्यक्त होती है और अगर मास मीडिया सही तरीके से काम न करे, तो लोकतंत्र के लिए इसके गंभीर मायने हैं।

ऐसी स्थिति में मास मीडिया के स्वामित्व और उसकी कारोबारी संरचना को गौर से देखा और पढ़ा जाना चाहिए :

> भारतीय मीडिया और एंटरटेनमेंट इंडस्ट्री का आकार वर्ष 2009 में 12.91 अरब डॉलर था। पिछले साल के मुकाबले इसने 1.4 फीसदी की बढ़ोतरी हासिल की। फिक्की और केपीएमजी[111] की रिपोर्ट के मुताबिक, मीडिया-एंटरटेनमेंट इंडस्ट्री सालाना 13 फीसदी की दर से बढ़ेगी। यह अर्थव्यवस्था के सबसे तेजी से बढ़ते क्षेत्रों में से एक है। असंख्य टीवी चैनलों और निजी एफएम रेडियो स्टेशनों ने दूरियों को खत्म कर दिया है और मनोरंजन तथा सूचनाएं देश के कोने-कोने तक पहुंच रही हैं। सरकार की उदार आर्थिक नीतियों और भारतीय उद्यमियों के प्रयासों की वजह से यह बूम आया है।
>
> —भारत सरकार के वाणिज्य मंत्रालय की वेबसाइट से

21वीं सदी का भारतीय मीडिया की मुख्यधारा का कॉरपोरेटीकरण हो चुका है। यह उद्योग है। ठीक उसी तरह, जिस तरह कोई भी और उद्योग। भारत सरकार मीडिया को लोकतंत्र का चौथा स्तंभ नहीं मानती है। भारत सरकार की नजर में मीडिया एक उद्योग है। मीडिया उद्योग की नजर में भी मीडिया उद्योग है। इस नाते मीडिया उद्योग अपने लिए किसी सामाजिक भूमिका की बात नहीं करता। मीडिया उद्योग के लिए लोककल्याण, आम आदमी, गरीब, दलित, आदिवासी आदि विजातीय शब्द हैं। रोचक बात यह है कि भारत सरकार मीडिया और मनोरंजन को मिलाकर एक उद्योग मानती है। इसलिए वाणिज्य मंत्रालय दुनिया भर के लोगों को जब भारतीय उद्योग के बारे में बताता है तो इसके एक अंग के रूप में मीडिया एंटरटेनमेंट इंडस्ट्री का ब्यौरा देती है। भारत में लोककल्याण वाली पत्रकारिता की तलाश करनेवालों को कॉरपोरेट मीडिया हाउस में ऐसा कुछ भी नहीं मिलनेवाला।

मीडिया और खासकर समाचार और पत्रकारिता को लेकर अब तक जो अवधारणाएं चली आ रही हैं, उसे मानने वालों को भारत सरकार की इस व्याख्या से तकलीफ हो सकती है कि पत्रकारिता और मनोरंजन एक ही तरह की चीज है और यह सेवा कार्य नहीं, एक उद्योग है। मीडिया उद्योग में अखबारों, पत्रिकाओं, चैनलों आदि को प्रोडक्ट या माल कहा जाता है। मिसाल के तौर पर, टाइम्स ऑफ इंडिया समूह में अखबारों

को ब्रैंड कहा जाता है और उसके संचालन में संपादक के ऊपर ब्रैंड मैनेजर की भूमिका होती है। संपादक अपना काम ब्रैंड मैनेजर के मार्गदर्शन में करता है। मीडिया उद्योग जब अपना तिमाही या सालाना लेखा-जोखा करता है तो इस बात की चर्चा नहीं होती है कि कैसी पत्रकारिता की गई। वहां किसी भी और उद्योग की तरह राजस्व यानी आमदनी, एसेट यानी परिसंपत्ति, लाभ-हानि, कारोबार के लिए लक्ष्य आदि की ही चर्चा होती है। न्यूज मीडिया कंपनियों के बोर्ड को देखें तो वहां पत्रकार के लिए जगह नहीं होती। इन बोर्ड में मालिक, बैंकर, विज्ञापन उद्योग से जुड़े लोग, उद्योगपति, चार्टर्ड एकाउंटेंट, वकील जैसे लोग ही होते हैं। मीडिया कंपनी के बोर्ड में अक्सर कोई पत्रकार नहीं होता।

परंपरागत तौर पर समाचार को लेकर एक पवित्रताबोध का भाव भारत में रहा है। पत्रकारिता को लोकतंत्र का चौथा स्तंभ कहने का चलन रहा है। विचार और अभिव्यक्ति की स्वतंत्रता से जोड़कर इसे देखा जाता है। ऐसा शायद इसलिए है क्योंकि अंग्रेजी राज में आंदोलनों से जुड़े पत्र-पत्रिकाओं ने कई बार सरकार विरोधी तेवर अख्तियार किए थे। सरकार के टकराव के क्रम में ही भारत में पत्रकारिता की एक धारा का विकास हुआ था लेकिन आजादी के बाद बहुत सारी चीजों के साथ ही मीडिया की भूमिका भी बदल गई। सरकार और सत्ता के साथ मीडिया के रिश्तों के बदलने की कहानी पुरानी है।

जो चीज 1991 के बाद निर्णायक रूप से बदली है वह है—पत्रकारिता का आर्थिक ढांचा और कारोबारी स्वरूप। आर्थिक उदारीकरण के बाद मीडिया उद्योग में ढेर सारा पैसा आया। साथ ही नैतिकता, ईमानदारी, प्रतिरोध की संस्कृति जैसे प्रतिमान बदल गए या खत्म हो गए। इस वजह से मीडिया के लिए अब किसी भी तरह की लोककल्याणकारी छवि का छद्‌म बनाए रखना भी असंभव हो गया है। मीडिया अब धंधा कर रहा है और खुलकर कर रहा है। पैसे या लाभ देकर खबर तो पहले भी छपती थीं लेकिन अब दफ्तरों में बाकायदा खबरें बेचने के विभाग खुल गए हैं। आप रसीद कटवाकर और चेक से भुगतान करके समाचारों के स्थान पर समाचार की शक्ल में अपनी बात या प्रचार सामग्री छपवा सकते हैं। टाइम्स ऑफ इंडिया ने मीडियानेट के जरिए इसकी शुरुआत की और अब कई अखबार और चैनल ऐसा करते हैं।

परंपरागत रूप से यह भी माना जाता है कि सरकार और लोगों के बीच मीडिया आम आदमी के पक्ष में खड़ा होगा लेकिन ऐसा हुआ नहीं। इमरजेंसी के दौर को छोड़ दें तो भारतीय पत्रकारिता और सत्ता के बीच कभी तीखा टकराव नहीं रहा। उस समय भी मीडिया के एक छोटे हिस्से ने प्रतिरोध में आवाज उठाई और बाकी मीडिया ने झुकने के लिए कहे जाने पर लेट जाने का रास्ता चुना। बोफोर्स कांड जैसे मामलों में जब मीडिया का एक हिस्सा सरकार का विरोध करता नजर आया तो वह

दरअसल सत्ता के एक और हिस्से के पक्ष में खड़ा था। बुनियादी आर्थिक-सामाजिक और राजनीतिक सवालों पर भारतीय मीडिया और राजसत्ता के विचारों में अद्‌भुत समानता है। भारत सरकार जब यह कहती है कि उदार आर्थिक नीतियों का मीडिया और मनोरंजन उद्योग के विकास में अहम योगदान है तो वह मीडिया के स्वरूप के बारे में रही-सही शंकाओं को दूर कर रही है।

फायदा सिर्फ आर्थिक नहीं

खासकर समाचार मीडिया का अर्थशास्त्र और गणित बाकी मीडिया से थोड़ा अलग है। वर्ष 2011 की फरवरी में छपी एक रिपोर्ट[112] के मुताबिक, भारत में चल रहे 623 चैनलों में 55 फीसदी समाचार और समसामयिक विषयों की श्रेणी में हैं। इस श्रेणी के क्षेत्रीय चैनलों की संख्या 230 से ज्यादा है। टीवी पर मिलनेवाले कुल विज्ञापनों का छोटा हिस्सा ही समाचार और समसामयिक विषयों के चैनलों को मिलता है। 'फाइनेंशियल एक्सप्रेस' में छपी रिपोर्ट के मुताबिक, समाचार चैनलों का सालाना राजस्व 1200 करोड़ रुपए है, जबकि मनोरंजन चैनलों का विज्ञापन राजस्व 8000 करोड़ रुपए है और सब्सक्रिप्शन से होनेवाली आमदनी अलग है। इसके बावजूद समाचार चैनल खोलने की होड़ लगी रहती है। इस रिपोर्ट में एक एक्सपर्ट के हवाले से कहा गया है–समाचार चैनलों की श्रेणी में 15 से 20 ब्रॉडकास्टर ही मुनाफा कमा रहे हैं। बाकी चैनलों के लिए पैसा कहां से आ रहा है, यह संदिग्ध है। इस बात पर आश्चर्य नहीं होना चाहिए कि इनमें से ज्यादातर चैनलों को राजनीतिक या कॉरपोरेट समर्थन हासिल है।

समाचार मीडिया चलाने का एकमात्र उद्‌देश्य मुनाफा कमाना नहीं है। अखबार और समाचार चैनल कई और मकसद से निकाले जाते हैं। राजनीतिक दलों की सरपरस्ती में इस देश में कई चैनल चल रहे हैं। तमिलनाडु का उदाहरण लें तो वहां हर प्रमुख दल का समर्थन करनेवाले चैनल और अखबार हैं। इनका स्वामित्व राजनीतिक परिवारों के हाथों में है। सन टीवी मारन परिवार का है और द्रमुक की राजनीति का समर्थन करता है। कलइगनार टीवी भी द्रमुक का समर्थक है और इसके बोर्ड में मुख्यमंत्री एम करुणानिधि के परिवार के लोग हैं। जया टीवी जयललिता के राजनीतिक उद्‌देश्यों को घोषित रूप से आगे बढ़ता है। पीएमके के पास अपना चैनल मक्कल टीवी है। कई बार टीवी चैनल और अखबार चलाने के पीछे अन्य कॉरपोरेट हित भी होते हैं।

इसे इस तरह से भी समझा जा सकता है कि वर्ष 2010 भारतीय समाचार मीडिया कारोबार के लिए अच्छा साल साबित नहीं हुआ। हांगकांग की एक फर्म मीडिया पार्टनर एशिया ने शोध करके बताया कि शेयर बाजार में लिस्टेड 12 कंपनियों के शेयर भाव में वर्ष 2010 में 46 फीसदी तक की गिरावट आई। मुनाफा कमाने

वाली समाचार मीडिया कंपनियां तीन या चार थीं लेकिन इसी साल 100 से ज्यादा चैनल खुले जिनमें से आधे से अधिक समाचार चैनल हैं।

ग्लोबल इकोनॉमी के एक चर्चित मॉडल रूल ऑफ थ्री (जगदीश शेठ और राजेंद्र सिसोदिया) के मुताबिक, किसी भी बाजार में तीन कंपनियां ज्यादातर हिस्से पर काबिज होती हैं। बाजार में इसके बाद ठीक-ठाक हैसियत उसी की हो सकती है जो किसी खास जरूरत के हिसाब से उत्पाद बना रहा है। शेठ और सिसोदिया ने कार से लेकर घरेलू उपकरण और हवाई जहाज कंपनियों से लेकर बर्गर और पिज़ा चेन और टीवी नेटवर्क तक पर इस मॉडल को लागू किया। उन्होंने दूसरे देशों से भी उदाहरण लिए। उनकी मान्यता है कि सबसे बड़े तीन खिलाड़ी किसी भी तरह के उत्पाद बाजार को संतुलित बनाते हैं। इसके बाद बचे खिलाड़ियों के पास 5 से 10 फीसदी हिस्सा होता है। कम उत्पादन के कारण उनकी लागत ज्यादा होती है और बड़े खिलाड़ियों को मिलनेवाले फायदों से भी ये वंचित रहते हैं।

भारत में समाचार उद्योग पर इस मॉडल को लागू करके देखा जाए तो किसी भी शहर में तीन बड़े खिलाड़ी सर्कुलेशन और विज्ञापन के बड़े हिस्से पर काबिज होते हैं। इसी पुस्तक के मीडिया मोनोपली अध्याय में यह दिखाया गया है कि किस तरह विभिन्न शहरों में दो या तीन बड़े अखबार पूरे बाजार को नियंत्रित करते हैं। ब्रॉडकास्टर्स के मामले में भी स्टार-डेन, ज़ी टर्नर और एमएसएम (सोनी) के नेतृत्व में बनी कंपनियों का पूरे टीवी मीडिया डिस्ट्रिब्यूशन बाजार पर काफी हद तक नियंत्रण है।

ऐसे में सवाल उठता है कि अगर किसी शहर में तीन अखबार ही मुनाफा कमाते हैं तो बाकी सैंकड़ों अखबार क्यों निकलते हैं। परंजय गुहा ठाकुरता अपनी किताब मीडिया एथिक्स (ऑक्सफोर्ड, 2009) में इसकी चर्चा करते हुए कहते हैं कि कई अखबार इसलिए निकाले जाते हैं क्योंकि सरकार प्रेस खोलने के लिए समाचार मीडिया को सस्ती जमीन देती है। घाटा सहकर भी अखबार और समाचार चैनल चलाने के पीछे एक बड़ा कारण यह है कि मीडिया से रुतबा आता है और लॉबिंग करने की ताकत भी। अखबारों और समाचार चैनलों का एक इस्तेमाल दूसरे व्यवसायों को बचाने और उन्हें ताकत देने के लिए भी होता है।

अखबार और चैनल चलाने वाले समूह अक्सर कोई और धंधा भी करते हैं। कई समाचार मीडिया समूहों ने बाद में कई और धंधे शुरू कर दिए। वहीं कई उद्योग और कारोबार समूहों ने बाद में चलकर मीडिया हाउस खोले या मीडिया बिजनेस खरीद लिया। जिन समूहों के लिए मीडिया प्राथमिक कारोबार नहीं है, उनमें सहारा (वित्तीय सेवा), ईनाडु (वित्तीय सेवा और कई अन्य), हिंदुस्तान टाइम्स (बिड़ला समूह से अप्रत्यक्ष रिश्ते), ओपन मैगजीन (आरपीजी ग्रुप), आउटलुक (रहेजा बिल्डर्स), ज़ी (पैकेजिंग, चावल, रियल एस्टेट और अन्य) लाइव इंडिया (रियल एस्टेट समूह एचडीआईएल) प्रमुख हैं। एक समय रिलायंस समूह ने भी 'संडे ऑब्जर्वर' नाम

से हिंदी और इंग्लिश में अखबार निकाला था जो लंबे समय तक चल नहीं सका। उद्योगपति कमल मुरारका का अखबार 'चौथी दुनिया' कई वर्षों तक बंद होने के बाद अब फिर चल रहा है। अन्य भारतीय भाषाओं में तो ऐसे उदाहरण बेशुमार हैं।

कितना बड़ा है मीडिया और मनोरंजन का कारोबार[113]

भारत में मीडिया और मनोरंजन व्यवसाय का आकार वर्ष 2010 में 652 अरब रुपए हो गया था।[114] भारत में यह सबसे तेजी से बढ़ते कारोबारों में से एक है। यह अपेक्षाकृत कम निवेश पर ज्यादा मुनाफेवाला कारोबार भी है। दरअसल नई अर्थव्यवस्था के साथ इस कारोबार के तार जुड़े हैं और मध्यवर्ग का आकार बढ़ने के साथ ही इस कारोबार में लगातार तेजी आई है। अर्थव्यवस्था में तेजी और आबादी की संरचना में आ रहे बदलाव का फायदा भी इस उद्योग को मिला है। भारत में मीडिया और मनोरंजन व्यवसाय ने तेजी से तरक्की करने की होड़ में भारतीय अर्थव्यवस्था की रफ्तार को भी पीछे छोड़ दिया है।

भारतीय मीडिया : लगातार बढ़ता बिजनेस (अरब रु. में)[115]

माध्यम	*2006*	*2009*	*2014*
टेलीविजन	183	257	521
प्रिंट	139	175	269
रेडियो	6	8	16
इंटरनेट	2	8	29
मीडिया-मनोरंजन उद्योग	443	587	1091

नोट : मीडिया मनोरंजन उद्योग में फिल्म, आउटडोर ऐड, गेमिंग, म्युजिक और एनिमेशन शामिल।

भारत में अभी मीडिया का पूरा विस्तार भी नहीं हुआ है। जो लोग मीडिया व्यवसाय के लिए खरीदार हो सकते हैं वे भी अभी मीडिया की पहुंच से बाहर हैं। देश में लगभग 36 करोड़ ऐसे लोग हैं जो किसी एक भाषा को समझ और पढ़ सकते हैं, लेकिन कोई भी अखबार या पत्रिका नहीं पढ़ते।[116] यानी मीडिया और खासकर प्रिंट मीडिया की तरक्की की कहानी पश्चिमी देशों में खत्म हो चुकी है या आखिरी अध्याय में है, जबकि भारत में ऐसा नहीं है। भारत में एक ऐसा वर्ग है जो मीडिया के साथ खरीदार का रिश्ता जोड़ सकता है। इस तबके पर तमाम मीडिया प्लानर्स की नजर है। भारतीय मीडिया, खासकर गैर-अंग्रेजीभाषी मीडिया में हुए विदेशी निवेश और एक के बाद एक आ रहे मीडिया कंपनियों के आईपीओ के पीछे भी एक कारण यह संभावित बाजार है।

कुछ प्रमुख मीडिया कंपनियों के आंकड़े (करोड़ रु.)[117]

कंपनी	*बाजार पूंजीकरण*	*राजस्व/आमदनी*	*मुनाफा*	*परिसंपत्ति (ऐसेट)*
सन टीवी	20,086	1008	437	2015
ज़ी एंटरटेनमेंट	10,788	1278	559	2944
डीबी कॉर्प	4,433	–	–	1003
जागरण प्रकाशन	3777	941	176	734
एचटी मीडिया	3431	1283	125	1186
डेक्कन क्रॉनिकल	2376	892	261	1600
आईबीएन 18	2258	210	.82	838
यूटीवी सॉफ्ट	2169	328	59	1784
एनडीटीवी	534	304	.20	326
टीवी टुडे	372	285	31	371
ज़ी न्यूज	306	507	44	332

नोट–बाजार पूंजीकरण यानी मार्केट कैपिटलाइजेशन के आंकड़े 19 जनवरी, 2011, दोपहर 2 ,बजे के शेयर भाव के हिसाब से। डीबी कॉर्प यानी दैनिक भास्कर के राजस्व और मुनाफे के आंकड़े नई कंपनी होने के नाते उपलब्ध नहीं थे।

देश की सबसे बड़ी मानी जानेवाली मीडिया कंपनी बैनेट कॉलमन कंपनी लिमिटेड (बीसीसीएल) यानी टाइम्स ऑफ इंडिया समूह के इतने विस्तृत आंकड़े उपलब्ध नहीं हैं, क्योंकि यह कंपनी शेयर बाजार में लिस्टेड नहीं है। हालांकि वनीता कोहली खांडेकर ने अपनी किताब 'इंडियन मीडिया बिजनेस' में बीसीसीएल के कारोबार और मुनाफे का ब्यौरा दिया है।[118] इस किताब के मुताबिक, वर्ष 1991 में बीसीसीएल का राजस्व यानी आमदनी 971 करोड़ रुपए थी और ऑपरेटिंग प्रॉफिट 178 करोड़ रुपए था। वर्ष 2008 तक के आंकड़ों के मुताबिक, कंपनी की सालाना आमदनी 4,282 करोड़ रुपए हो गई और मुनाफा बढ़कर 1328 करोड़ रुपए पहुंच गया। फॉर्च्युन 500 की भारतीय लिस्ट में यह सबसे बड़ी मीडिया कंपनी है और भारतीय मीडिया में इसकी भूमिका ट्रेंडसेटर वाली है।

मीडिया उद्योग में आए पैसे की वजह से इस उद्योग को चलानेवालों के हाथ में बड़ा पैसा आ गया है। भारत के अरबपतियों की लिस्ट में मीडिया उद्योगपतियों के भी नाम शुमार हैं। अंतरराष्ट्रीय बिजनेस पत्रिका 'फोर्ब्स' हर साल तरह-तरह की लिस्टें बनाती है। उनमें एक लिस्ट 100 सबसे अमीर भारतीयों की भी होती है। वर्ष 2010 की फोर्ब्स की लिस्ट में सीधे तौर पर पांच नाम ऐसे हैं, जो मीडिया का कारोबार चलाते हैं। इसके अलावा कई अरबपति ऐसे भी हैं जिनकी मीडिया कंपनियों में हिस्सेदारी है। फोर्ब्स की लिस्ट में शामिल 5 मीडिया उद्योगपति हैं–सन टीवी के कलानिधि मारन,

जिनकी निजी जायदाद 400 करोड़ डॉलर बताई गई है, 'टाइम्स ऑफ इंडिया' समूह की मालकिन इंदू जैन की निजी संपत्ति 310 करोड़ डॉलर है, ज़ी टेलीफिल्म्स के मालिक सुभाष चंद्रा की निजी संपत्ति 290 करोड़ डॉलर, एचटी मीडिया की मालकिन शोभना भरतिया की जायदाद 89.5 करोड़ डॉलर और भास्कर समूह के मालिक रमेश अग्रवाल की जायदाद 79.5 करोड़ डॉलर है।

भारत में मीडिया का कारोबार चलाने वाले लोग न सिर्फ बेहद अमीर बल्कि शक्तिशाली भी हैं। 'इंडियन एक्सप्रेस' अखबार ने 2010 में जब देश के सबसे पॉवरफुल यानी प्रभावशाली 100 लोगों की लिस्ट बनाई तो इसमें मीडिया जगत से सीधे जुड़े हुए 12 लोग थे। इन 12 लोगों में अनिल अंबानी जैसों को नहीं गिना गया है, जिनकी कई मीडिया कंपनियों में हिस्सेदारी है। 'इंडियन एक्सप्रेस' के 100 सबसे रसूखदार लोगों की लिस्ट में मीडिया से जुड़े नाम हैं–टाइम्स ऑफ इंडिया समूह के समीर और विनीत जैन, 'द हिंदू' के संपादक एन. राम, एचटी मीडिया की शोभना भरतिया, आनंद बाजार पत्रिका के अवीक सरकार, जागरण समूह के संजय और महेंद्र मोहन गुप्ता, स्टार इंडिया के उदय शंकर, टाइम्स नाउ के अर्णव गोस्वामी, नेटवर्क 18 के राघव बहल, सन टीवी के कलानिधि मारन और पत्रकार अरुण शौरी। इसी तरह 'बिजनेस वीक' पत्रिका ने 2009 में जब भारत के सबसे प्रभावशाली 50 लोगों की लिस्ट बनाई तो उसमें मीडिया से जुड़े 5 नाम थे। 'बिजनेस वीक' की लिस्ट में मीडिया उद्योग से जुड़े नाम थे–टाइम्स ऑफ इंडिया समूह के समीर जैन, गूगल इंडिया के शैलेश राव, यूटीवी के मालिक रॉनी स्क्रूवाला, तहलका के संपादक तरुण तेजपाल और कलर्स चैनल की प्रोग्रामिंग हेड अश्विनी यार्दी।

देश के सबसे अमीर और सबसे प्रभावशाली लोग मीडिया का कारोबार चला रहे हैं। चूंकि मीडिया को कॉरपोरेट चला रहे हैं और इसके संचालक देश के इलीट हैं, इसलिए कम के कम आर्थिक सवालों पर मीडिया की दृष्टि में किसी भी तरह का धुंधलापन होने की गुंजाइश नहीं है। मीडिया समूहों और मीडिया मालिकों का अपना वर्गीय हित मीडिया के चरित्र को निर्धारित करनेवाला सबसे महत्त्वपूर्ण आधार है। जब तक इन हितों पर सीधे चोट न पड़ती हो तब तक भारतीय मीडिया लोकतांत्रिक भी बना रह सकता है लेकिन सूचना और समाचार के लोकतंत्र और मीडिया के कारोबारी हितों के बीच एक को चुनना हो तो पलड़ा हमेशा कारोबारी हित के पक्ष में झुकता है और यह स्वाभाविक भी है। इसलिए उदारीकरण के बाद से ऐसा शायद ही कोई मौका आया हो जब किसी मीडिया समूह ने निजी हितों की कीमत पर सत्ता के हितों के साथ टकराव मोल लिया हो।

उदारीकरण और वैश्वीकरण से भारतीय मीडिया उद्योग के कुछ खिलाड़ियों को तो सीधे तौर पर लाभ हुआ है। वैश्वीकरण के दौर में विदेशी कंपनियां और कई बार विदेशी सरकारें भारत में बड़े विज्ञापनदाता के रूप में उभरे हैं। यह कारोबार इतना

आकर्षक और बड़ा है कि देश के सबसे बड़े मीडिया समूह टाइम्स ऑफ इंडिया ने इसके लिए अलग से एक कंपनी टाइम्स इंटरनेशनल मीडिया मार्केटिंग यानी टीआईएमएम[119] बनी ली। इसका मकसद विदेशी विज्ञापनदाताओं के सामने भारत को विज्ञापन बाजार के रूप में पेश करना है। भारत को विदेश से मिलनेवाले विज्ञापनों का 75 फीसदी से ज्यादा हिस्सा टाइम्स ऑफ इंडिया समूह यानी बैनेट कोलमन एंड कंपनी को मिलता है।

टीआईएमएम का दावा है कि अगर कोई देशी या विदेशी कंपनी भारत में कारोबार बढ़ाना चाहती है तो वह उसकी सहायता करती है। इसके लिए कंपनी अंतरराष्ट्रीय फीचर और रिपोर्ट छापती है। इसके भारत में उस देश की छवि बेहतर होती है और उस देश में कारोबारी संभावनाओं के बारे में जानकारी बढ़ती है। टाइम्स समूह की इस कंपनी का दावा है कि इन रिपोर्ट का काफी असर होता है क्योंकि टाइम्स समूह के प्रकाशन तरक्की कर रहे लोगों और नीति निर्माताओं तक पहुंचते हैं। वैश्वीकरण से इस तरह सीधे तौर पर लाभान्वित हो रही मीडिया कंपनी स्वाभाविक रूप से वैश्वीकरण के पक्ष में काम करेगी। इसके लिए सरकार को अलग से कुछ बोलने या करने की जरूरत नहीं है।

मीडिया में कंटेंट नहीं, विज्ञापन ही बादशाह

ऐसे तो वह कोई भी दिन हो सकता है लेकिन उदाहरण के तौर पर 16 जनवरी, 2011 यानी रविवार के दिन अगर आपके घर पर दिल्ली के चार प्रमुख अखबार आते तो उनके पेज पलटने के लिए भी आपको काफी समय की जरूरत होती। इस दिन का टाइम्स ऑफ इंडिया 78 पेज का, नवभारत टाइम्स 38 पेज का, हिंदुस्तान टाइम्स 68 पेज (+24 पेज की पत्रिका), दैनिक हिंदुस्तान 42 पेज का निकला। इन चार अखबारों के लिए आपको सिर्फ 17 रुपए चुकाने पड़ते। सवाल उठता है कि इतने भारी-भरकम अखबार अपनी लागत से चौथाई या उससे भी कम कीमत पर आपको क्यों पहुंचाए जा रहे हैं। ऐसा इसलिए है क्योंकि अखबार अपने पाठकों से कमाई नहीं करते। अखबार मुफ्त में बेचने पर भी वे फायदे में रहेंगे क्योंकि उनकी कमाई का मुख्य स्रोत विज्ञापन हैं। इसी तरह ज्यादातर न्यूज चैनल भी या तो फ्री टू एयर हैं या फिर किसी बुके के हिस्से के तौर पर लगभग मुफ्त में मिलते हैं। दर्शक अपनी जानकारी में बिरले ही पैसे देकर कई न्यूज चैनल देखता है।

पश्चिम के मीडिया विश्लेषकों और शोधार्थियों ने मीडिया कारोबार के इस चलन को काफी पहले पहचान लिया था कि मीडिया इंडस्ट्री का प्रमुख लक्ष्य समृद्ध पाठकों और दर्शकों को विज्ञापनदाताओं के सुपुर्द कर देना है। दर्शकों और पाठकों तक सूचनाएं और समाचार पहुंचना इस लक्ष्य को हासिल करने का जरिया है और यह काम लागत, लाभ और हानि के गणित को ध्यान में रखकर ही किया जाता है।[120]

सवाल उठता है कि अगर पाठक और दर्शक बेचे और खरीदे जानेवाले माल हैं तो किसी मीडिया इंडस्ट्री को ज्यादा और कम कमाई क्यों होती है? इस हिसाब से तो जिसके पास बेचने के लिए ज्यादा पाठक और दर्शक हो, उस मीडिया हाउस की आमदनी ज्यादा होनी चाहिए। यानी 'दैनिक जागरण' और 'दैनिक भास्कर' की आमदनी 'टाइम्स ऑफ इंडिया' और 'हिंदुस्तान टाइम्स' से ज्यादा होनी चाहिए। इसी तरह इंडिया टीवी की कमाई एनडीटीवी इंडिया से ज्यादा होनी चाहिए। लेकिन ऐसा हमेशा नहीं होता है। विज्ञापनदाता किसी मीडिया उत्पाद पर विज्ञापन देने के ज्यादा और किसी के लिए कम पैसे क्यों चुकाते हैं? बहुत ज्यादा बिकनेवाला कोई प्रकाशन घाटे में क्यों रहता है या बंद क्यों हो जाता है?

इसकी वजह यह है कि विज्ञापन के बाजार में हर पाठक और दर्शक की बराबर हैसियत नहीं होती। टाइम्स ऑफ इंडिया के एक पाठक की हैसियत विज्ञापन बाजार में नवभारत टाइम्स के पाठक से ज्यादा है। इसे इस रूप में देखा जा सकता है कि दिल्ली शहर में लगभग बराबर बिकने (आईआरएस तीसरी तिमाही 2010-11 के आंकड़ों के मुताबिक, दोनों अखबारों की औसत पाठक संख्या में लगभग पचास हजार का फर्क है) के बावजूद नवभारत टाइम्स विज्ञापनों के मामले में टाइम्स ऑफ इंडिया की तुलना में बेहद दरिद्र अखबार है। टाइम्स ऑफ इंडिया न सिर्फ विज्ञापनों से लदा-फदा होता है, बल्कि उसकी विज्ञापन दर भी नवभारत टाइम्स से कई गुना ज्यादा होती है।

इसी तरह, गुजरात जैसे अपेक्षाकृत समृद्ध राज्य के औसत पाठक की हैसियत बिहार या उत्तर प्रदेश के पाठक से ज्यादा है। इसलिए समाचारपत्र और चैनल सिर्फ सर्कुलेशन या व्यूअरशिप बढ़ाने की कोशिश नहीं करते, साथ ही वे इस बात की भी कोशिश करते हैं कि उनकी पहुंच अपेक्षाकृत समृद्ध लोगों तक हो। कारोबार के इस गणित की वजह से मीडिया में आम आदमी और गरीब आदमी की हैसियत कम होती चली गई है। मिसाल के तौर पर, टाइम्स ऑफ इंडिया समूह की एक वेबसाइट[121] पर बताया गया है कि देश में प्रिंट विज्ञापनों पर किए जानेवाले कुल खर्च का 66 फीसदी हिस्सा इंग्लिश प्रकाशनों को मिलता है। इंग्लिश प्रकाशनों को मिलनेवाले विज्ञापनों का 86 फीसदी दिल्ली, मुंबई, चेन्नई, कोलकाता और बेंगलुरु के हिस्से आता है और 57 फीसदी तो सिर्फ दिल्ली और मुंबई के प्रकाशनों को मिलता है।

विज्ञापन कॉरपोरेट मीडिया को निर्णायक रूप से नियंत्रित करने लगा है। यह मीडिया पर बाजार और विज्ञापन की विजय का दौर है। विज्ञापन के बूते चलनेवाले मीडिया से अब लोककल्याणकारी भूमिका निभाने की उम्मीद करना उचित नहीं है। इस मायने में यह मीडिया की मुश्किल से और करीने से गढ़ी गई छवि के टूटने-बिखरने का भी दौर है। मीडिया का इलीट के पक्ष में झुकाव अब साफ नजर आने लगा है।

इस समय जबकि अखबार जिंदा रहने से लेकर मुनाफे के लिए विज्ञापनों पर पूरी तरह निर्भर हैं, विज्ञापन बंद करने की धमकी से बड़ा सेंसरशिप कुछ भी नहीं है। इससे न बचा जा सका है न ही इसके विरोध की कोई परंपरा बन पाई है। अखबार और चैनल चलाना अब इतना बड़ा बिजनेस है कि छोटे बिजनेसमैन के लिए इस खेल में टिक पाना मुश्किल है। कोई भी बड़ा खिलाड़ी प्राइस वार के जरिए छोटे खिलाड़ी का गला घोंट सकता है। बड़े खिलाड़ी के लिए यह कर पाना आसान है क्योंकि जो जितना बड़ा खिलाड़ी है, विज्ञापन से उसकी आमदनी उतनी ज्यादा है और बिक्री से मिले पैसे पर उसकी निर्भरता उतनी ही कम है। इस कारण वह अपनी कीमत कम रखकर भी ज्यादा कमाई कर सकता है। वह अखबार मुफ्त में बेचकर भी कमाई कर सकता है। जब कोई अखबार साथ में कोई बुकलेट, पत्रिका या बड़ा-सा परिशिष्ट मुफ्त बांटता है तो इसका अर्थशास्त्र विज्ञापन से ही चलता है।

संपादकीय सामग्री और संपादकीय विभाग पर विज्ञापनदाताओं के दबाव के असर को सबसे ज्यादा अखबारों के परिशिष्टों में देखा जा सकता है। परिशिष्ट अब अखबारों में बेहद आम हो गए हैं। कुछ अखबार तो हर दिन एक या ज्यादा सप्लिमेंट देने लगे हैं। इस रणनीति का एक मकसद पाठकों को वह सामग्री अखबार में ही उपलब्ध कराना होता है, जिसके लिए वे कई बार पत्रिकाओं की तरफ जाते हैं। सप्लिमेंट में रंगों से लेकर साज-सज्जा और ले आउट के अमूमन वे सभी प्रयोग हो रहे हैं, जो पहले सिर्फ पत्रिकाओं में मिलते थे। इन परिशिष्टों में कैसी संपादकीय सामग्री जाएगी, ये अगर विज्ञापनदाता तय नहीं करते हैं तो भी संपादकीय विभाग खुद ही विज्ञापनदाताओं की इच्छाओं का ध्यान रखता है। कई बार तो विज्ञापनदाता ही संपादकीय सामग्री का सुझाव देते हैं और छपनेवाली सामग्री की निगरानी भी करते हैं। ऐसी मिसालें भी हैं कि विज्ञापनदाता कंपनी विज्ञापन के साथ ही संपादकीय टेक्स्ट और तस्वीरें भी भेज देती है। विज्ञापनदाता कई बार अपने उत्पादों के बारे में लेख छापने की मांग भी करते हैं।[122] वे चाहते हैं कि किसी उत्पाद के बारे में अखबार का रिपोर्टर समाचार की तरह लिखे क्योंकि जब कोई सामग्री अखबार के रिपोर्टर की तरफ से या संपादकीय विभाग की ओर से पेश की जाती है तो उसकी विश्वसनीयता बढ़ जाती है या कहें कि उसमें अखबार की विश्वसनीयता जुड़ जाती है।

कितना बड़ा है विज्ञापन का धंधा

मीडिया व्यवसाय के विकास के पीछे मुख्य ताकत विज्ञापनों से मिले पैसे की ही है। 2008-2009 की ग्लोबल मंदी के बाद भारतीय विज्ञापन बाजार ने 2009-2010 में फिर रफ्तार पकड़ी और 2011 की फिक्की-केपीएमजी रिपोर्ट के मुताबिक, 2010 में भारतीय विज्ञापन बाजार 266 अरब रुपए का हो गया। 2009-2014 के दौरान विज्ञापन कारोबार की औसत सालाना विकास दर 14 फीसदी से ज्यादा होने का

अनुमान है। आर्थिक माहौल के बदलने से विज्ञापनों से होनेवाली आमदनी पर असर जरूर पड़ा है लेकिन विज्ञापन कारोबार के बढ़ने की दर जीडीपी विकास दर के किसी भी अनुमान से ज्यादा है।

तेजी से बढ़ता विज्ञापन बाजार[123]

केटेगरी	*2006*	*2009* *(अरब रुपए)*	*2014 (अनुमान)*	*5 साल की औसत सालाना बढ़ोतरी (%)*
टीवी	61	88	181.5	15.6
प्रिंट	85	103	176.4	11.4
इंटरनेट	2	7.8	28.5	29.6
रेडियो	6	7.8	16.4	16
आउटडोर	11.7	13.7	24.1	12
कुल	**165.7**	**220.3**	**426.9**	**14.1**

मीडिया उत्पाद जब अपनी क्वालिटी बेहतर करने की बात करता है तो उसका मतलब होता है–अपने पाठकों और दर्शकों की क्वालिटी को बेहतर कर उसे विज्ञापनदाताओं के और अनुकूल बनाना। जिस मीडिया उत्पाद के पास अच्छी क्वालिटी के पाठक या दर्शक नहीं होते उनके लिए विज्ञापनदाता कम कीमत देता है। यही वजह है कि विज्ञापन के बाजार में हिंदी का एक पाठक जितने रुपए में बिकता है, उसकी तुलना में इंग्लिश का एक पाठक नौ गुनी कीमत में बिकता है। अन्य भारतीय भाषाओं के पाठकों के मुकाबले इंग्लिश के पाठकों की हैसियत विज्ञापन बाजार में 13.4 गुना आंकी जाती है।[124] इस वजह से इंग्लिश के प्रकाशन अपेक्षाकृत कम बिकने के बावजूद भारतीय भाषाओं के प्रकाशनों से ज्यादा कमाई कर ले जाते हैं। इसी तरह दिल्ली, मुंबई, बेंगलुरु और गुजरात जैसे अपेक्षाकृत समृद्ध मार्केट में विज्ञापन के रेट ज्यादा होते हैं। यानी बिहार में एक लाख सर्कुलेशन वाले अखबार की विज्ञापन दर कम होगी जबकि दिल्ली में इतने ही अखबार बेचकर कोई मीडिया कंपनी ज्यादा कमाई कर लेगी।

यह स्वाभाविक है कि देश के कुल प्रिंट विज्ञापनों का 23% महाराष्ट्र के प्रकाशनों को मिला, जबकि 14% विज्ञापन दिल्ली के प्रकाशनों के हिस्से आए।[125] इसी तरह समृद्ध राज्यों के प्रकाशनों को भी ज्यादा विज्ञापन मिलते हैं। सबसे ज्यादा विज्ञापन महाराष्ट्र के हिस्से में आने के पीछे मुंबई का योगदान स्पष्ट है।

इस परिघटना को इस तरह से भी देख सकते हैं कि देश के इलीट कॉरपोरेट मीडिया को सब्सिडाइज करते हैं, ताकि वे सस्ते में अपने अखबार और चैनल आम लोगों तक पहुंचाएं और इस तरह इलीट के हितों और विचारों के हिसाब से जनमत

का निर्माण करें। एजेंडा सेटिंग की क्षमता होने की वजह से मास मीडिया इलीट के हिसाब से मुद्दे चुनता है और उन्हें जनता का मुद्दा बना देता है। इलीट जिन मुद्दों को नहीं चाहता, मीडिया सेल्फ सेंसरशिप के आधार पर उन मुद्दों को नहीं उठाता और इस तरह देश के ज्यादातर लोग ऐसे किसी मुद्दे के बारे में जान भी नहीं पाते हैं।

टीआरपी के पीछे भागते चैनल और सर्कुलेशन बढ़ाने के लिए हर जतन करनेवाले मीडिया में यह स्वाभाविक ही है कि विश्लेषणात्मक कार्यक्रमों और आलेखों के लिए जगह कम होती जा रही है। समाचार मीडिया और मनोरंजन मीडिया के बीच फर्क तेजी से मिटता जा रहा है। टीआरपी में एक प्वाइंट की कमी या बढ़ोतरी पर जब करोड़ों रुपए के विज्ञापन दांव पर लगे हों तो कंटेंट को निर्धारित करनेवाला सबसे प्रमुख पहलू उसका लोकप्रिय होना बन जाएगा। ऐसा हो चुका है। टीवी के समाचार चैनलों पर इस समय सबसे ज्यादा दिखने वाले विषयों में फिल्म, क्रिकेट, अपराध की चटपटी खबरें, लॉफ्टर शो और ज्योतिष के कार्यकम हैं। साथ ही, विज्ञापनदाता किसी गंभीर या सोचने को मजबूर करनेवाले समाचार के आसपास अपना विज्ञापन नहीं रखना चाहेंगे। इसलिए भी समाचार माध्यमों में हल्की-फुल्की खबरों का और गंभीर खबरों को भी हल्के-फुल्के ढंग से रखने का चलन है।

मीडिया विश्लेषक एरिक बर्नो[126] कहते हैं कि टीवी का मुनाफा कमाने के अलावा कोई एजेंडा नहीं है। इस अर्थ में टीवी का समाचार अपनी अंतर्वस्तु में सत्ता का समर्थक होता है। टीवी समाचार आम लोगों के हितों का ध्यान रखने के लिए नहीं है। टीवी चैनलों का कॉरपोरेट स्वामित्व समाचार की पवित्रता को खंडित कर रहा है। टेलीविजन समाचार के सामने सबसे बड़ी चुनौती कॉरपोरेट नियंत्रण और कॉरपोरेट संस्कृति है। बर्नो आगे लिखते हैं कि रेटिंग के पीछे दौड़ने की मजबूरी की वजह से टीवी के समाचार मनोरंजन और हल्के-फुल्के हो गए हैं और उनमें विश्लेषण और आलोचना के पहलू कमजोर हो गए हैं। दरअसल टीवी न्यूज चैनलों के सामने दर्शकों को बांधे रहने की मजबूरी भी होती है और यह मजबूरी ही कंटेंट को निर्धारित करती है।

स्पष्ट है कि कारोबारी संरचना और स्वामित्व के ढांचे से मीडिया का कंटेंट निर्धारित हो रहा है। कॉरपोरेट मीडिया से आम आदमी की पूरी तरह विदाई हो चुकी है। कॉरपोरेट मीडिया गें आम आदमी की ही नहीं, पत्रकार की भूमिका भी घटी है। कंटेंट के निर्धारण में मार्केटिंग, ब्रैंड और विज्ञापन विभागों का दखल बढ़ा है। साथ ही, खासकर बड़े मीडिया समूहों में पत्रकारों का वर्गीय स्वरूप भी बदला है। जब मीडिया में पैसा आया और यह पैसा कमाने की जरिया बन गया तो नए तरह के पत्रकार भी आ गए। पत्रकारिता इनके लिए पैसा और रुतबा पाने का जरिया है। अपने वर्गीय हितों की रक्षा के लिए तत्पर ये पत्रकार लगभग सभी मामलों में खुद पर ही सेंसरशिप

लगा लेते हैं। वे ऐसा कुछ नहीं छापते या दिखाते, जिससे देश के कारोबारी माहौल का कोई नुकसान नहीं पहुंचे या यथास्थिति में कोई खलल आए। सेल्फ सेंसरशिप इस समय मीडिया का सबसे पॉपुलर जुमला है।

मास मीडिया का दुलारा क्रिकेट

क्रिकेट एक बड़ा बिजनेस है। इसका अंदाजा इस बात से लगाया जा सकता है कि वर्ष 2011 के आईपीएल-4 की कीमत 1000 करोड़ रुपयों से ज्यादा आंकी जा रही है। करोड़ों रुपयों में खिलाड़ियों की नीलामी हुई है। क्रिकेट को जो लोग सिर्फ खेल समझ रहे हैं, वे धोखे में हैं। क्रिकेट खेल से कहीं ज्यादा एक मीडिया इवेंट है। इस पर विज्ञापनदाताओं के हजारों करोड़ रुपए लगे हैं। मिसाल के तौर पर ग्रुप एम के दक्षिण एशिया के सीईओ विक्रम सखूजा[127] लिखते हैं कि भारत में विज्ञापन का सालाना बाजार 30,000 करोड़ रुपए का है, जिसमें से टीवी विज्ञापनों का बाजार 12,000 करोड़ रुपए का है। इसमें से 2000 करोड़ रुपए सिर्फ 2011 के क्रिकेट वर्ल्ड कप और उसके फौरन बाद शुरू हो रहे आईपीएल-4 में खर्च हुए।

अब क्रिकेट दरअसल टीवी दर्शकों के लिए ही खेला जाता है। वह भी खासतौर पर भारतीय दर्शकों के लिए क्योंकि क्रिकेट से आनेवाले पैसे का 70 फीसदी भारत से जाता है। स्टेडियम पर मौजूद कुछेक हजार दर्शक भी दरअसल एक टीवी शो के ऑडियंस या कोरस की भूमिका में होते हैं। टीवी कैमरे के सामने टॉस से लेकर मैन ऑफ द मैच की घोषणा होती है। टीवी स्क्रीन के लगभग आधे हिस्से में अक्सर विज्ञापन चलता रहता है। ओवर के बीच में विज्ञापन दिखाने का चलन तो पुराना है, अब कैच, चौका और छक्का तक स्पॉन्सर्ड होता है। खिलाड़ियों के बैट, विकेट, जूते, ड्रेस सभी कुछ स्पॉन्सर्ड हो गए हैं। पूरी बाउंड्री लाइन पर स्पॉन्सर के बोर्ड लगे होते हैं। इन सबका लक्ष्य है—उन दर्शकों तक पहुंचना, जो उपभोक्ता भी हैं। क्रिकेट को पूरी तरह से निचोड़ लेने की कोशिश होती है। ईएसपीएन-स्टार स्पोटर्स पर वर्ल्ड कप, 2011 के शुरुआती दौर में 10 सेकेंड के एक विज्ञापन की कीमत 3.5 लाख रुपए थी[128] वर्ल्ड कप, 2011 के फाइनल में ईएसपीएन-स्टार स्पोटर्स के 10 सेकेंड के विज्ञापन स्पॉट का रेट 25 लाख रुपए तक पहुंच गया।[129]

यह स्वाभाविक भी है। जो कंपनी अरबों रुपए खर्च करके ब्रॉडकास्ट राइट लेती है, वह न सिर्फ यह रकम निकालने की कोशिश करेगी बल्कि इस पर मुनाफा कमाने की भी तमाम कोशिश करेगी। मिसाल के तौर पर, इंटरनेशनल क्रिकेट कौंसिल यानी आईसीसी के वर्ष 2007 से वर्ष 2015 तक के सभी टूर्नामेंट के ब्रॉडकास्ट राइट्स ईएसपीएन-स्टार स्पोटर्स ने 5,040 करोड़ रुपयों में खरीदे हैं।[130] इसके पहले के आठ साल के टूर्नामेंट के ब्रॉडकास्ट राइट्स इसकी आधी कीमत पर खरीदे गए थे। इसके अलावा स्पॉन्सरशिप राइट्स पर लगभग 2,250 करोड़ रुपए दांव पर लगे हुए हैं। यह पैसा वसूल हो, इसके लिए

आईसीसी के टूर्नामेंट की संख्या बढ़ा दी गई है। 20 : 20 वर्ल्ड कप इसी के तहत शुरू किया गया है।

क्रिकेट का टूर्नामेंट दुनिया के किसी भी हिस्से में हो रहा हो, उसमें विज्ञापन भारतीय या भारत में बिकने वाले उत्पादों के ज्यादा दिखते हैं। वेस्टइंडीज से लेकर ऑस्ट्रेलिया तक में होनेवाले टूर्नामेंट में यह देखा जा सकता है। इसमें कोई रहस्य नहीं है। क्रिकेट के ज्यादातर टीवी दर्शक भारत में हैं और क्रिकेट के टूर्नामेंट सही मायने में उनके लिए ही खेले जाते हैं।

क्रिकेट की बहती गंगा में हाथ धोने में न्यूज चैनल भी पीछे नहीं रहना चाहते। इस दौरान विज्ञापनों की दर डेढ़ गुना तक हो जाती है और विज्ञापनदाताओं को खींचने के लिए चैनल तरह तरह की प्रोग्रामिंग करते हैं। इसके लिए पूर्व क्रिकेटरों को एक्सपर्ट के तौर पर लाया जाता है। 45 दिन के लिए उनका कॉन्ट्रेक्ट 10 लाख रुपए से दो करोड़ रुपए तक का होता है।[131] इमरान खान, गावसकर और कपिल देव सबसे महंगे एक्सपर्ट माने जाते हैं। यह सारा खर्च इसलिए ताकि लोग टीवी स्क्रीन से चिपके रहें और इसके एवज में विज्ञापनदाता अपनी झोली खोल दें। अखबारों ने भी तमाम तरह के एक्सपर्ट्स को साइन किया है जो उनके लिए कमेंट्री करते हैं। प्रिंट मीडिया के लिए भी क्रिकेट कमाई का काफी महत्त्वपूर्ण मौका होता है। टूर्नामेंट शुरू होने से पहले क्रिकेट को केंद्र में रखकर टीवी, मोबाइल, वेबसाइट आदि के विज्ञापन बड़े पैमाने पर आते हैं। खेल पन्नों पर उन दिनों शराब से लेकर सिगरेट कंपनियों के सेरोगेट विज्ञापन खूब दिखाए जाते हैं। अखबारों में क्रिकेट टूर्नामेंट के लिए स्पेशल पन्ने हैं और पहले पन्ने पर भी क्रिकेट छाया रहता है।

तुम मुझे रुपए/शेयर दो मैं तुम्हें कवरेज दूंगा

मीडिया का एक पुराना किस्सा है। टाइम्स ऑफ इंडिया के सप्लिमेंट 'मुंबई टाइम्स' का एक फोटोग्राफर कभी किसी लाभ के बदले में किसी तस्वीर को छपवाने की कोशिश करता पकड़ा गया। टाइम्स ऑफ इंडिया ने उस फोटोग्राफर से तो अपने तरीके से निबट लिया, लेकिन मीडिया में यह एक बड़े आइडिया के जन्म का कारण बना। इस घटना के बाद टाइम्स ऑफ इंडिया के प्रबंधन को लगा कि अगर किसी सामग्री को छापने के पैसे मिल सकते हैं तो यह काम पत्रकार या फोटोग्राफर क्यों करे?[132]

यहां से उस खुले खेल की शुरुआत हुई जिसे टाइम्स ऑफ इंडिया में मीडियानेट कहा गया। वर्ष 2002 में शुरू हुए इस चलन को कई और मीडिया हाउस ने भी अपना लिया। आखिर टाइम्स ऑफ इंडिया भारतीय मीडिया का लीडर है और लीडर के पीछे चलनेवालों की कभी कमी नहीं होती!

ऊपर लिखे किस्से का जिक्र गुरबीर सिंह ने देश की प्रमुख कारोबारी पत्रिका 'बिजनेस वर्ल्ड' के 15 फरवरी, 2008 के अंक में अपने लेख में किया है। इस किस्से का टाइम्स ऑफ इंडिया से कोई खंडन आया हो, इसकी जानकारी नहीं है और यह खबर बिजनेस वर्ल्ड की साइट पर किताब लिखे जाते समय (अप्रैल 2011) भी मौजूद है। यह न सोचें कि ऐसे किस्से का जिक्र करने से टाइम्स ऑफ इंडिया या इस ब्रैंड की स्वामी कंपनी बैनेट कॉलमन एंड कंपनी लिमिटेड (बीसीसीएल) के लिए छवि का कोई संकट खड़ा हो जाएगा। बैनेट कॉलमन एंड कंपनी लिमिटेड को इसकी परवाह नहीं है। कंपनी के सीईओ रवि धारीवाल ने 'आउटलुक' पत्रिका को दिए इंटरव्यू में मीडियानेट का बचाव करते हुए कुछ रोचक बातें कहीं–

> सवाल–क्या यह सच है कि मीडियानेट इसलिए बनाया गया क्योंकि पत्रकारों और पब्लिक रिलेशन एजेंसियों के बीच सौदेबाजियां हो रही थीं और आप लोग उसे खत्म करना चाहते थे?
>
> जवाब–हां, मीडियानेट के पीछे यह भी एक वजह थी।

सवाल–इसके बदले आप भ्रष्टाचार को ही खत्म क्यों नहीं करते?

जवाब–अब कोई भ्रष्टाचार नहीं है। हम यह कह रहे हैं कि यह समाचार नहीं, विज्ञापन सप्लिमेंट यानी परिशिष्ट है। हम पेड न्यूज के सख्त खिलाफ हैं।[133]

राडिया कांड में दुनिया ने पढ़ा और सुना कि किस तरह मीडियाकर्मी और कॉरपोरेट दलालों के बीच की सीमा रेखा मिट गई है। राडिया कांड एक आपराधिक षड्यंत्र की तरह नजर आता है। कई लोग ऐसा मानते हैं कि मीडिया इस आपराधिक षड्यंत्र में काफी गहराई तक लिप्त पाया गया। लेकिन एक और षड्यंत्र बड़े पैमाने पर और संगठित रूप में मीडिया घरानों में भी चल रहा है। यह षड्यंत्र खबरें खरीदने और बेचने का है, पाठकों और दर्शकों को धोखे में रखने का है, कंपनियों के हितों की रक्षा के बदले उनमें हिस्सेदारी खरीदने का है और कुल मिलाकर मीडिया की विश्सनीयता का धंधा करने का है। इसकी शक्लें कई हैं। कुछ तो परदे के पीछे हैं और अब बहुत कुछ परदे से बाहर खुले में है। फिलहाल उस भ्रष्टाचार की बात करते हैं, जो खुले में है। यह ज्यादा खतरनाक इस मायने में भी है कि कॉरपोरेट मीडिया आश्वस्त है कि इसकी वजह से उसका कोई अहित नहीं होनेवाला है। उसे नहीं लगता कि इसे भ्रष्टाचार माना जाएगा।

इसकी पहली सूरत वह है जिसका जिक्र रवि धारीवाल कर रहे हैं। पैसे या कोई और लाभ लेकर खबरें छापने के किस्से तो शायद तब से चले आ रहे हैं जब से मीडिया का लोक विमर्श में महत्त्व बढ़ा है। इसका जिक्र आजादी के पहले भी सुना गया है लेकिन बाकायदा ऑफिस और वेबसाइट खोलकर खबरें बेचने का किस्सा इक्कीसवीं सदी में ही सामने आया।

न्यूज स्पेस बिकता है, खरीदोगे?

प्रचार के लिए समाचारपत्रों और चैनलों में विज्ञापन होते हैं। न्यूज मीडिया की संपादकीय सामग्री से अलग स्वरूप के कारण विज्ञापनों को पहचाना जा सकता है। लोगों की सोच और अभिरुचि को प्रभावित करने में विज्ञापनों का महत्त्व निर्विवाद है। कोई भी उत्पाद विज्ञापनों की वजह से ही अक्सर बड़े उपभोक्ता वर्ग तक पहुंचता है। इसलिए आश्चर्य नहीं है कि कंपनियां विज्ञापनों पर करोड़ों रुपए खर्च करती हैं। किसी बात या प्रोडक्ट को लोगों तक पहुंचाने में विज्ञापन की सबसे बड़ी ताकत यह है कि विज्ञापन देनेवाला इसके कंटेंट का निर्धारण करता है। जो विज्ञापन देता है, वही विज्ञापन की सामग्री, कथ्य और साज-सज्जा का निर्धारण करता है। हमारे देश में विज्ञापन कोड के बेहद ढीले और अक्सर बेअसर नियमों के तहत किसी भी तरह का विज्ञापन बनाया जा सकता है। विज्ञापनों का दूसरा लाभ यह है कि अखबार या चैनल में इसका स्थान और बारंबारता यानी पीरियॉडिसिटी विज्ञापन देनेवाला तय करता है। लेकिन विज्ञापनों की कुछ सीमाएं हैं। इसकी सबसे बड़ी सीमा तो यह है

कि पढ़ने या देखनेवाले को पता होता है कि यह विज्ञापन है और इस नाते वह जानता है कि विज्ञापन देनेवाले ने जैसा चाहा होगा, वैसा विज्ञापन बनाया होगा। विज्ञापनों के साथ मीडिया की विश्वसनीयता नहीं जुड़ी होती है।

लेकिन खबर बेचने के जो व्यावसायिक मॉडल भारतीय मीडिया ने इस बीच ईजाद किए हैं, उनमें विज्ञापनों के ये दोनों बड़े लाभ तो हैं लेकिन विज्ञापन के साथ जुड़ी पाबंदी नहीं है। यानी विज्ञापन को खबर की तरह देनेवाला उसकी सामग्री, कथ्य और साज-सज्जा का निर्धारण करता है, मीडिया में जहां और जिस तरह वह उस सामग्री को दिखाना चाहता है और जितनी बार दिखाना चाहता है, वह दिखाता है लेकिन पाठकों या दर्शकों को पता नहीं होता कि यह विज्ञापन है। पाठक या दर्शक उस सामग्री को समाचार मानकर पढ़ता और देखता है और इस वजह से उसे विश्वसनीय मानता है।

मीडियानेट की कहानी–टाइम्स ऑफ इंडिया की जुबानी[134]

नई दिल्ली : जो सुस्त होते हैं वे बदलाव से डरते हैं। कुछ लोग बदलाव के बाद उस पर प्रतिक्रिया करते हैं लेकिन कुछ लोग बदलाव लाते हैं। टाइम्स समूह के सदस्य के तौर पर हम लोग तीसरे तरह के लोग होने में गर्व महसूस करते हैं। चाहे वह हमारी मार्केटिंग रणनीति हो, संपादकीय नीति या कंटेंट या प्रबंधन, या कीमतों का निर्धारण, हम जो भी करते हैं, वह बाजार की दिशा तय करता है। हम हमेशा नया रास्ता बनाते हैं।

बाजार हमारी ताल पर चलता है और इसका नतीजा यह है कि टाइम्स ऑफ इंडिया अब 21.44 लाख की बिक्री के साथ इंग्लिश का सबसे ज्यादा पढ़ा जानेवाला ब्रॉडशीट है। इस तरह हम अब तक के टॉप अखबार यूएसए टुडे (सर्कुलेशन–21.20 लाख) और द न्यूयॉर्क टाइम्स और वॉशिंग्टन पोस्ट से आगे हो गए हैं। हम जो भी पहल करते हैं, हमारे प्रतिद्वंद्वी हमेशा उसकी नकल करते हैं, हालांकि इसमें उन्हें हमारी जैसी कामयाबी नहीं मिलती। इसके बावजूद, इंडस्ट्री के अविवादित नेता के तौर पर हम जिम्मेदारीपूर्वक लगातार ऐसा कुछ करते रहते हैं, जिसकी बाकी प्रतिद्वंद्वी नकल करते हैं।

हमारी सबसे नई पहल मीडियानेट है। हमें ऐसा लगता है कि सूचना युग में समाचारपत्रों की प्रासंगिकता बनाए रखने के लिए परंपरागत मॉडल काफी नहीं हैं। पुराने दौर में सूचनाओं के लिए पाठकों की भूख सीमित हुआ करती थी। लेकिन आज इंटरनेट ने इस चाहत को कई गुना बढ़ा दिया है।

समाचारपत्र का मकसद सूचनाएं देना है। बदलते वक्त के साथ अखबारों की यह भूमिका नहीं बदली है लेकिन सूचनाओं की परिभाषा बदल गई है। पाठकों के लिए अब सूचनाओं का मतलब सिर्फ राष्ट्र, दल-गत राजनीति, संसद और सरकार के बारे में जानकारियां नहीं हैं। आज का पाठक सिर्फ देश और

राज्य से जुड़े मुद्दों के बारे में रिपोर्ट और टिप्पणियां नहीं चाहता, बल्कि वह लाइफस्टाइल, फैशन और मनोरंजन से जुड़ी सूचनाएं भी चाहता है।

इन सूचनाओं की चाहत रखनेवाला पाठक अब इनके लिए अखबारों का इंतजार नहीं करता। वह टीवी, रेडियो और इंटरनेट में सूचनाएं ढूंढ़ता है। उत्पादों और सेवाओं के बारे में सूचनाओं के लिए विज्ञापन एक वैध तरीका है। यह रोचक तरीके से सूचनाएं लोगों तक पहुंचाता है। इसी तरह उत्पादों और सेवाओं से जुड़े ऐडवर्टोरियल (ऐडवर्टाइजिंग और एडिटोरियल को मिलाकर बना शब्द यानी विज्ञापन, जो समाचार की शक्ल में होते हैं—लेखक) भी सूचनाओं का रूप हैं।

परंपरागत रूप से समाचारपत्र, समाचार इकट्ठा करने के लिए अपने संवाददाताओं और अंशकालिक संवाददाताओं के नेटवर्क के साथ ही पीटीआई, यूएनआई और रॉयटर्स जैसी एजेंसियों पर निर्भर होते हैं लेकिन समाचार संकलन के परंपरागत तरीके पाठकों की रुचि के नए विषयों जैसे लाइफस्टाइल, फैशन, मनोरंजन, इवेंट, प्रोडक्ट लॉन्च, सोशलाइट्स और शहर में होनेवाली हलचल आदि के कवर करने में सक्षम साबित नहीं हुए हैं। समाचारपत्रों के रिपोर्टरों में देश और राज्य से परंपरागत क्षेत्रों के बारे में रिपोर्टिंग करने का आग्रह ज्यादा होता है, इसलिए ऊपर जिन विषयों का नाम गिनाया गया है, उनकी अनदेखी कर दी जाती है।

इस तरह टीनएजर और युवा पाठकों के लिए जो सूचनाएं सबसे ज्यादा काम की हैं, उन्हें लाने में परंपरागत तरीका नाकाफी साबित हुआ है। इन क्षेत्रों में सूचनाएं देने के काम में विज्ञापनदाताओं और पी आर एजेंसियों की लगभग मोनोपली बन गई है। अखबारों को समाचार लिखने के लिए अक्सर इन स्रोतों की जानकारियों पर निर्भर होना पड़ता है। पी आर एजेंसियों से मिली सूचनाएं कई बार खबरों का आधार बनती हैं। वो पुरानी बात थी जब पेशेवर समाचारकर्मी पी आर एजेंसियों को त्याज्य मानते थे। अब तो उनमें से कई इन एजेंसियों को बेशकीमती 'सोर्स' मानते हैं।

हालांकि सूचनाओं का यह महत्त्वपूर्ण जरिया अब तक रेगुलेटेड नहीं है और न ही इस पर पर्याप्त नजर रखी जाती रही है। यहीं पर मीडियानेट की भूमिका शुरू होती है। हम मीडियानेट की भूमिका अंतरात्मा के पहरेदार, एक ऑडिटर और पहरुआ के रूप में देख रहे हैं, जो मीडिया और पी आर सेक्टर के बीच बढ़ते अंतर्संबंधों को रेगुलेट करने का काम करेगा।

मीडियानेट के हम कई फायदे देखते हैं :

विश्वसनीयता : मीडियानेट को इसलिए बनाया गया है ताकि अच्छे और बुरे तथा विश्वसनीय और अविश्सनीय के बीच सही चीज को छांटा जा सके। साथ ही, इससे पारदर्शिता बढ़ेगी, जो विश्वास कायम करने के लिए जरूरी है। जब पाठक को किसी आलेख के साथ 'मीडियानेट प्रोमो' लिखा हुआ दिखेगा, तो उसे मालूम होगा कि यह क्या चीज है। इसलिए किसी पी आर सामग्री को

मौलिक आलेख बताने का चलन बंद हो जाएगा। जो लोग मीडियानेट पर उंगली उठा रहे हैं, उनमें से कई अक्सर यही काम करते हैं।

गुणवत्ता : मीडियानेट गुणवत्ता वाली सामग्री जुटाने में मदद करता है। मिसाल के तौर पर, किसी खास ब्रैंड की घड़ी के लॉन्च में किसी नामचीन व्यक्ति से उसका प्रचार करवाने से लोगों का ध्यान इस पर ज्यादा जाएगा। इस तरह, यथार्थ से समझौता किए बगैर कवरेज की क्वालिटी बेहतर की जा सकती है।

गति : मीडियानेट से समाचार संकलन की गति तेज हो जाएगी। आमतौर पर जब कोई कंपनी कोई प्रोडक्ट या सर्विस लॉन्च करती है तो रिपोर्टर के पास उसका विश्लेषण करने के लिए काफी कम समय होता है। मीडियानेट इस तरह के काम के लिए हफ्तों पहले से योजना बनाने में मदद करता है ताकि सही विश्लेषण लोगों तक पहुंच सके।

एक्सक्लूसिव : चूंकि मीडियानेट का लक्ष्य परंपरागत स्रोतों से बाहर की सामग्री लाना है, इसकी वजह से एक्सक्लूसिव फोटो और फीचर बन पाते हैं। इस तरह पाठकों तक एक्सक्लूसिव सूचनाएं पहुंचती हैं।

टाइम्स ऑफ इंडिया मीडियानेट की पहल कर रहा है ताकि विज्ञापन और कंटेंट के बीच की दीवार को तोड़े बगैर ऐडवर्टोरियल के प्रायोजकों को ज्यादा फायदा पहुंचाया जा सके। मीडियानेट उन सूचनाओं को सामने लाता है जो परंपरागत समाचार के दायरे में नहीं आतीं और समाचार संकलन करते हुए जिनका ध्यान नहीं रखा जाता। इस तरह मीडियानेट नई तरह की सूचनाओं को लाता है और इस तरह पाठकों को ज्यादा सूचनाएं देकर समृद्ध बनाता है।

मीडियानेट मीडिया में स्पेस खरीदने-बेचने के नए दौर के साथ भी फिट बैठता है। विज्ञापनदाता को लाखों लोगों के शोर के बीच अपनी आवाज सुनानी है। यह सारा शोर उपभोक्ताओं का ध्यान आकर्षित करने के लिए है। विज्ञापन के परंपरागत तरीकों से उनका काम नहीं चलता। उन्हें पता है कि बड़ा विज्ञापन देने या उसे बार-बार दोहराने भर से उनकी बात पाठकों के बीच दर्ज नहीं होगी।

पाठकों यानी उपभोक्ताओं के दिलो-दिमाग में जगह बनाने के लिए जरूरी है कि उत्पाद न सिर्फ विज्ञापन की शक्ल में लोगों तक पहुंचे बल्कि किसी उत्सव या इवेंट के रूप में लोगों के दिमाग में उसकी छाप बने। इस बात को ध्यान में रखते हुए विज्ञापनदाता अपने प्रोडक्ट का प्रचार करने लगे हैं।

मिसाल के तौर पर, कोई उद्यमी अगर एक रेस्टोरेंट, फैशन की नई सिरीज या नया स्टोर खोलता है और अगर वह मार्केटिंग का उस्ताद है तो वह इस मौके पर किसी महत्त्वपूर्ण शख्सियत को जरूर लेकर आएगा। जब यह घटना अखबारों में आएगी तो पाठकों के लिए भी यह एक रोचक सूचना होगी और विज्ञापनदाता का तो फायदा होगा ही।

जो लोग इस बात से घबराए हुए हैं कि इस तरह प्रोडक्ट से जुड़े 'संदेश' का 'कंटेंट' के क्षेत्र में अतिक्रमण हो जाएगा, उन्हें इस बात को ध्यान में रखना

चाहिए कि ये दोनों अब एक-दूसरे के लिए अजूबे नहीं हैं और दोनों के बीच दोस्ताना रिश्ता है। मार्शल मैक्लुहान की चर्चित उक्ति है कि मीडियम ही मैसेज है। हम विनम्रता से कहना चाहते हैं कि मीडियानेट ही वह संदेशवाहक है। यह एक साहसिक नई पहल है।

टाइम्स ऑफ इंडिया की यह बात कॉरपोरेट मीडिया बिजनेस का मेनिफेस्टो है। इसे बेहद गौर से पढ़ने और समझने की जरूरत है। यह मेनिफेस्टो समाचारपत्र के परंपरागत रूप और छवि की मौत का फरमान है। देश का सबसे प्रमुख मीडिया समूह यह कह रहा है कि समाचारपत्र, समाचार के लिए नहीं हैं, सूचनाओं के लिए हैं और सूचनाओं के कई रूप हैं। विज्ञापन भी सूचना है, पी आर भी सूचना है। और पी आर कंपनियां मनमाने तरीके से कहीं भी, कुछ भी छपवा लें और अराजकता फैली रहे, इससे अच्छा है कि प्रचार चाहने वाले हमारे पास आएं, हमें पैसे दें, हम उनकी बातों को खबरों की शक्ल में लोगों तक पहुंचाएंगे। हम बताएंगे कि किसी रूखी सी खबर को कैसे रोचक बनाया जाए। टाइम्स ऑफ इंडिया कह रहा है कि परंपरागत रिपोर्टर नए जमाने के मिजाज को नहीं समझ सकते, इसलिए मीडियानेट के पास आएं। टाइम्स ऑफ इंडिया यह जरूर कहता है कि मीडियानेट के जरिए आई सूचनाएं 'मीडियानेट प्रोमो' के नाम से छापी जाएंगी। लेकिन ऐसा हुआ नहीं है। मीडियानेट की खबरें भी टाइम्स न्यूज नेटवर्क या टीएनएन नाम से उसी तरह छपती हैं, जैसे कि कोई भी और खबर। मीडियानेट की खबरों की अलग पहचान नहीं हो सकती।

मिसाल के तौर पर, 'द हूट' ने 'डेल्ही टाइम्स' में छपी एक खबर का जिक्र किया है। यह खबर इसलिए भी चर्चा में है क्योंकि रूपर्ट मर्डोक के स्वामित्व वाले अखबार 'लंदन टाइम्स' की रिपोर्टर ने जब टाइम्स ऑफ इंडिया के मीडियानेट विभाग का स्टिंग ऑपरेशन किया तो वहां उसे इसी खबर के बारे में बताया गया था, कि क्लाइंट ने इसे खरीदा है। वैसे इस मामले में किसी स्टिंग ऑपरेशन की जरूरत नहीं है क्योंकि टाइम्स ऑफ इंडिया यह काम बाकायदा दफ्तर खोलकर करता है। 'डेल्ही टाइम्स' में 17 फरवरी, 2011 को एक 'खबर'[135] छपी जिसमें बताया गया कि फिल्म अभिनेत्री कैटरीना कैफ यूनिबॉल पेन की ब्रैंड अंबेसडर चुनी गई हैं। इसमें कैटरीना कहती हैं– 'मैं एक यंग और हाइ क्वालिटी इंटरनेशनल ब्रैंड के साथ जुड़कर प्रसन्न हूं, ब्रिटेन में बचपन से मैं इससे जुड़ी रही। मैं खासतौर पर यूनिजेटस्ट्रीम को चाहती हूं, जो मेरी राय में दुनिया का सबसे स्मूद पेन हैं।' यह सामग्री न सिर्फ समाचार की तरह छपी है बल्कि इसे टीएनएन यानी टाइम्स न्यूज नेटवर्क के हवाले से दिया गया है।

'द हूट' की संपादक ने 'आउटलुक' में छपे बीसीसीएल के सीईओ रवि धारीवाल के इंटरव्यू को अपनी साइट पर छापते हुए इस बात का भी जिक्र किया है कि 'डेल्ही टाइम्स' में खबरें टीएनएन के नाम से ही छपती हैं।[136] रवि धारीवाल अपने इंटरव्यू में कहते हैं कि–'हमारे सप्लिमेंट और फीचर्स समाचार नहीं हैं। यह कहने के लिए समाचार

की परिभाषा को बदलना पड़ेगा कि एजुकेशन टाइम्स समाचार है या डेल्ही टाइम्स समाचार है। ये सब टाइम्स ऑफ इंडिया के संपादकीय नियंत्रण में नहीं हैं। हमारे मुख्य अखबार में समाचार होते हैं और वहां कोई पेड न्यूज नहीं है।' तकनीकी तौर पर रवि धारीवाल सही कह रहे हैं। बहुत कम पाठकों को पता होगा कि टाइम्स ऑफ इंडिया के साथ आनेवाले दिल्ली या मुंबई या बेंगलूर या कोलकाता टाइम्स और एजुकेशन और रियल एस्टेट आदि सप्लिमेंट का रजिस्ट्रार ऑफ न्यूजपेपर के दफ्तर में अलग रजिस्ट्रेशन है और इनके अलग आरएनआई नंबर और अलग संपादक हैं लेकिन यह नियमों से बचने के लिए है। पाठक के लिए यह सब टाइम्स ऑफ इंडिया का हिस्सा है और टाइम्स ऑफ इंडिया इन्हें अपने हिस्से के रूप में ही लोगों तक पहुंचाता है। हालांकि अब डेल्ली टाइम्स और विभिन्न शहरों के सप्लिमेंट में मास्टहेड के नीचे 'एडवर्टोरियल, एंटरनेटमेंट प्रमोशनल फीचर'[137] जैसा कुछ लिखा जाने लगा है।

टाइम्स ऑफ इंडिया अपने पहले पन्ने पर अखबार की कुल पृष्ठ संख्या बताता है तो उसमें उसके सप्लिमेंट कहे गए हिस्सों के पेज भी जुड़े होते हैं। अगर ये सप्लिमेंट टाइम्स ऑफ इंडिया के साथ न हों तो कोई भी इन्हें नहीं लेगा, खरीदने की बात तो दूर रही। ऐसा होते ही इनके जरिए खबरें बेचकर पैसे जुटाने का टाइम्स ऑफ इंडिया का मकसद पूरा नहीं होगा। अगर पाठकों को यह पता होगा कि ये सप्लिमेंट दरअसल विज्ञापन हैं तो फिर उनमें समाचार की शक्ल में छपने के लिए कोई भी शायद ही पैसे खर्च करेगा। कम-से-कम इतना तो हो जाएगा कि इन पन्नों पर समाचार की शक्ल में खबर छपवाने के लिए कोई विज्ञापन से ज्यादा दर पर पैसे नहीं देगा। इसलिए अखबार के लिए जरूरी है कि ये पन्ने अखबार के हिस्से के रूप में ही पाठकों तक पहुंचें।

मीडियानेट के जरिए होनेवाला प्रचार न्यूज स्पेस में ही होता है। इसकी विश्वसनीयता ज्यादा होती है, इसलिए विज्ञापनदाता/पी आर कंपनियां इस काम के लिए विज्ञापनों से ज्यादा रेट देने को तैयार रहती हैं। विज्ञापन की तुलना में मीडियानेट से प्रचार करने पर अखबार में समान जगह के लिए 35 से 50 फीसदी ज्यादा रकम चुकानी पड़ती है।[138] इससे समझा जा सकता है कि विज्ञापनदाता न्यूज स्पेस में मिलनेवाली जगह को ज्यादा महत्त्वपूर्ण और असरदार मानता है। ऐसी भी चर्चा है कि कुछ कंपनियों ने विज्ञापन के बजट में कटौती करके मीडियानेट जैसे तरीके से अपना प्रचार करने का रास्ता चुन लिया।

टाइम्स ऑफ इंडिया इस बहस और चर्चा के केंद्र में इसलिए है क्योंकि न्यूज स्पेस बेचने का काम उसी ने पहली बार संस्थाबद्ध तरीके से किया। यह काम कई और अखबार कुटीर उद्योग या किराना दुकान की तरह असंगठित रूप में करते हैं। इनका लेखा-जोखा नहीं होता और कई बार भुगतान भी पैसे की शक्ल में नहीं होता। हालांकि टाइम्स ऑफ इंडिया के इस दावे में दम है कि "हम जो करते हैं, बाद में सभी

प्रतिद्वंद्वी उसकी नकल करते हैं।" इस समय देश के कई बड़े और प्रतिष्ठित अखबार खासकर सिटी पेज में न्यूज स्पेस बेचते हैं और पाठक इन सबको समाचारपत्र का हिस्सा मानकर पढ़ते हैं। अखबारों के लगातार मोटे होते चले जाने के बीच पाठक किस तरह ठगे जा रहे हैं, इसका एहसास तक उन्हें नहीं होता क्योंकि यह ठगी बेहद चतुराई के साथ हो रही है। वे खुश होते हैं कि शहर के किसी स्टोर के उद्घाटन में आई एक्ट्रेस की ग्लैमरस तस्वीर या किसी क्रिकेटर की तस्वीर और इंटरव्यू उन्हें पढ़ने और देखने को मिलता है लेकिन उन्हें इसका एहसास नहीं होता कि इसके साथ एक इवेंट या प्रोडक्ट भी उनके दिमाग तक पहुंचा दिया जाता है।

पेज थ्री की खबरें बेचने का चलन तो फैशन, मनोरंजन, पार्टी आदि की सूचनाओं से शुरू हुआ था, लेकिन अब उसमें पेड कॉरपोरेट खबरों की मात्रा ज्यादा हो गई है। खासकर प्रोडक्ट या सर्विस लॉन्च की खबरें पेज थ्री में आम हो गई हैं। प्रोडक्ट के सेलेब्रिटी एंडोर्समेंट की तस्वीरें सप्लिमेंट में खूब छपती हैं। अखबार पैसे लेकर कंपनियों के लिए सेलेब्रिटी का बंदोबस्त तक करने को तैयार रहते हैं। पेज थ्री से उछलकर कई बार ऐसी खबरें मुख्य अखबार में भी आ जाती हैं। टीवी में भी खास कर फिल्म रिलीज और प्रोडक्ट लॉन्च की खबरें बेची और खरीदी जाती हैं। स्टील अथॉरिटी ऑफ इंडिया लिमिटेड और ओएनजीसी समेत कई सरकारी कंपनियों तक ने टीवी चैनलों पर अपने बारे में आधे-आधे घंटे के कार्यक्रम चलवाए। कार्यक्रम देखकर दर्शकों को यह पता नहीं चलता होगा कि यह स्पॉन्सर्ड कार्यक्रम है। कई राज्य सरकारें भी टीवी पर अपने प्रायोजित कार्यक्रम चलवाती हैं, लेकिन उन्हें विज्ञापन या प्रायोजित कार्यक्रम के तौर पर नहीं दिखाया जाता। ऐसा होते ही इनका असर कम हो जाएगा। पी आर कंपनियों के लिए प्रचार का यह मॉडल बेहद उपयोगी है क्योंकि इस तरह न्यूज मीडिया में अपनी बात को ज्यादा असरदार तरीके से और गारंटी के साथ पहुंचाना मुमकिन हो गया है। इसके बगैर कंपनियां अपने विज्ञापन तो छपवा लेती थीं, लेकिन न्यूज स्पेस में उनकी बात पहुंचने को लेकर संदेह बना रहता था। अब एडवांस पेमेंट के साथ ही यह तय हो जाता है कि किसी कंपनी, प्रोडक्ट या व्यक्ति को लेकर कैसी और कितनी खबरें छपेंगी।

मीडियानेटवाले मॉडल से पहले भी अखबार और चैनल ऐडवर्टोरियल छापा और दिखाया करते थे। इसमें कई बार तो पाठक या दर्शक यह समझ जाता है कि वह विज्ञापनदाता द्वारा दी गई सामग्री देख रहा है, लेकिन इसमें भी अक्सर छल किया जाता है। मिसाल के तौर पर, किसी प्रोडक्ट या सरकार के पक्ष में आधे पेज के लेख के अंत में एक छोटा सा (वि.) या (एड.) या (Advt.) जैसा कुछ लिख दिया जाता है। ऐडवर्टोरियल की साज-सज्जा और फोंट तक मुख्य अखबार से मिलती-जुलती होती है, जिससे कि वह मुख्य अखबार का ही हिस्सा लगे। भारत में इसे लेकर न तो विज्ञापन क्षेत्र और न ही मीडिया क्षेत्र के रेगुलेटर की ओर से कोई ऐतराज जताया

जाता है इसलिए यह चलन साल दर साल चल रहा है। वहीं पश्चिमी देशों में कंज्यूमर एक्टिविज्म का यह असर है (मुमकिन है कि वहां नैतिकता के प्रतिमान ऊंचे हों) कि छकानेवाले और धोखा देनेवाले ऐडवर्टोरियल को लेकर सख्ती बरती जाती है।

मीडियानेट और पेड न्यूज का रेडियो अवतार हैं आरजे मैंशन।[139] यह चलन खासतौर पर एफएम रेडियो स्टेशनों में है। इसमें रेडियो जॉकी अपने शो के दौरान किसी प्रोडक्ट और सर्विस का जिक्र करता है। मिसाल के तौर पर, किस खास होटल में कौन सा फूड फेस्टिवल चल रहा है या फिर किस मॉल में कौन-सा नया स्टोर खुला है। यह मैसेज कई बार इतना खुला न होकर बारीकियों में होता है। लेकिन मकसद किसी न किसी चीज को बेचना ही होता है और इसके बदले रेडियो स्टेशन को पैसे मिलते हैं।

लंदन के 'डेली एक्सप्रेस' का एक मामला काफी चर्चित रहा है, जिसमें अखबार ने आधे पेज में विज्ञापन दिया और ऊपर के आधे हिस्से में उस उत्पाद के बारे में लेख छाप दिया। इसकी शिकायत जब ऐडवर्टाइजिंग स्टैंडर्ड अथॉरिटी को की गई तो उसने जांच के बाद शिकायत को सही पाया। 12 अगस्त, 2009 को दिए फैसले में अथॉरिटी ने 'डेली एक्सप्रेस' की इस सफाई को नहीं माना कि विज्ञापनदाता ने लेख की सामग्री को प्रभावित नहीं किया था और लेखक ने खुद ही शोध करके यह आलेख लिखा है। इस मामले में जिस कंपनी लेडी केयर के प्रोडक्ट के लिए पूरा पेज निकाला गया था, उसकी सफाई थी कि उसने विज्ञापन दिया है। अखबार ने लेख में क्या छापा, इससे उसका लेना-देना नहीं है। इसे भी ऐडवर्टाइजिंग स्टैंडर्ड अथॉरिटी ने नहीं माना। अथॉरिटी ने अपने फैसले में कहा–

> हम मानते हैं कि आम पाठक ने पूरे पेज को ही उस खास प्रोडक्ट पर छापे गए फीचर के रूप में लिया होगा। इस बात से फर्क नहीं पड़ता कि पेज के दोनों हिस्सों की स्टाइल में फर्क है। हमारी राय में पेज के ऊपर वाले हिस्से में छपे लेख को विज्ञापन न बताकर अखबार और विज्ञापनदाता, दोनों ने विज्ञापन की आचार संहिता को तोड़ा है। ऐसा लगता है कि विज्ञापनदाता और अखबार के बीच इसके लिए वित्तीय लेन-देन हुआ है। लेख में छपी सामग्री पर विज्ञापनदाता के नियंत्रण को देखते हुए यह सही होता कि लेख के साथ विज्ञापन फीचर या ऐसा ही कुछ लिखा जाता।[140]

लेकिन भारत में हर दिन अखबार ऐसा करते हैं। एक ही पेज पर प्रोडक्ट के बारे में विज्ञापन और उसी पेज पर उसके बारे में लेख का होना बेहद सामान्य बात है और इस पर किसी की नजर टेढ़ी नहीं होती। मिसाल के तौर पर, टीवी चैनलों पर आर्टिफिशियल स्वीटनर के फायदे बताने वाले किसी स्वास्थ्य कार्यक्रम के लिए यह बेहद सामान्य है कि प्रायोजक आर्टिफिशियल स्वीटनर का ही कोई ब्रैंड हो। इसी तरह कार और बाइक शो या इन पर निकाले वाले सप्लिमेंट के विज्ञापनदाता कार और

बाइक कंपनियां ही होती हैं। हद तो तब भी नहीं होती जब मीडिया हाउस कार और बाइक कंपनियों से विज्ञापन भी लेते हैं और हर साल कार ऑफ द ईयर, बाइक ऑफ द ईयर, बेस्ट लॉन्च ऑफ द ईयर जैसे पुरस्कार भी देते हैं। वे कभी यह नहीं बताते कि जिस कार या बाइक को यह पुरस्कार दिया गया, उसके कितने लाख या करोड़ रुपए के विज्ञापन उसे मिले।

यह देखा गया है कि अमूमन हर नई कार या बाइक किसी न किसी मीडिया हाउस से कोई पुरस्कार हासिल कर लेती है। फिर इस पुरस्कारों का जिक्र करते हुए उस कार या बाइक के विज्ञापन दिए जाते हैं। मिसाल के तौर पर 'टाटा मोटर्स' की कार नैनो को वर्ष 2009 और वर्ष 2010 में कुल मिलाकर 12 पुरस्कार दिए।[141] ये पुरस्कार उसे एनडीटीवी प्रॉफिट, सीएनबीसी टीवी 18, आज तक, बिजनेस स्टैंडर्ड, ब्लूमबर्ग यूटीवी, और ईटी ज़िगह्वील्स (टाइम्स ऑफ इंडिया समूह) की ओर से दिए गए। इन सभी मीडिया प्लेटफॉर्म पर टाटा नैनो के विज्ञापन भी आते हैं। इन पुरस्कारों में टाटा नेनो को बेहतरीन कार बताया गया, जबकि इसी दौरान नैनो में आग लगने की घटनाओं की छिटपुट खबरें आती रहीं और नैनो की बिक्री में भी वर्ष 2010 के आखिरी महीनों में भारी गिरावट आई। बिक्री में गिरावट को रोकने के लिए वर्ष 2010 के आखिर में नैनो ने भारी विज्ञापन अभियान भी चलाया जो वर्ष 2011 की शुरुआत तक जारी रहा। इसी तरह ऑडी को पांच मीडिया समूहों-सीएनबीसी, यूटीवीआई, बिजनेस स्टैंडर्ड, ईटी ज़िगह्वील्स और ऑटोकार ने बेहतरीन कार का अवार्ड दिया। ऑडी के विज्ञापन इन सभी मीडिया समूहों को मिलते हैं। अवार्ड समारोह की खबरें भी इन मीडिया समूहों के प्लेटफॉर्म पर खूब दिखाई जाती हैं।

प्राइवेट ट्रीटी, स्ट्रेटेजिक पार्टनरशिप और भांति-भांति के सोल्यूशन

वर्ष 2011 में वसंत के मौसम में देश के सबसे बड़े बिजनेस अखबार 'इकनॉमिक टाइम्स' के पहले पन्ने पर में एक खबर छपी। यह वह समय था जब शेयर बाजार लगातार गोते खा रहा था। निफ्टी और सेंसेक्स के साथ मिडकैप और स्मॉल कैप शेयरों की लगातार पिटाई हो रही थी। इस दौरान विदेशी निवेशक भारतीय बाजार से पैसे निकाल रहे थे। महंगाई दर और एक के बाद एक खुल रहे घोटालों की वजह से निवेशकों का आत्मविश्वास हिल गया था। ऐसे समय में अखबार निवेशकों का भरोसा बनाए रखने की जद्दोजहद में जुटे थे। 'इकनॉमिक टाइम्स' ने 9 फरवरी, 2011 को पहले पेज पर पहली हेडलाइन के तौर पर अमेरिकी वित्तीय संस्था मॉर्गन स्टेनली के सीईओ जेम्स गोरमन का इंटरव्यू छापा जिसका शीर्षक है–रिकवरी इन द वेस्ट वुड नॉट हर्ट इंडियन स्टोरी। इस इंटरव्यू में गोरमन कहते हैं कि भारत में बुनियादी ढांचे की जरूरतें अपनी जगह कायम हैं। सामान और सेवाओं की मांग भी बनी रहेगी। इस वजह से भारत में निवेश होता रहेगा। इसी अखबार के मार्केट पेज 20 और 21 पर

दो और इंटरव्यू हैं। पहला इंटरव्यू आईआईएफएल के एक्जिक्यूटिव डायरेक्टर आर वेंकटरमन का है, जिसमें यह कहा गया है कि शेयर बाजार में बुल रन (तेजड़ियों का बोलबाला) आने ही वाला है। शीर्षक है—इटस अ मैटर ऑफ टाइम बिफोर बुल्स रिटर्न एज ग्रोथ स्टोरी इंटेक्ट। दूसरा इंटरव्यू कोटक महिंद्रा बैंक के वाइस चेयरमैन और एमडी उदय कोटक का है, जिसमें यह बताया है कि मौजूदा स्तर पर भारतीय बाजार में शेयरों की कीमतें सही हैं। शीर्षक है—इंडियन मार्केट इज फेयरली वेल्यूड एट करंट लेबल, उदय कोटक फाइंड बैंकिंग एंड फाइनांस, टेक, फार्मा सेक्टर्स एट्रेक्टिव। यह सारी बातें 'इकनॉमिक टाइम्स' उस दिन बता रहा है जिसके एक दिन पहले सेंसेक्स में 1.45 फीसदी और निफ्टी में 1.55 फीसदी गिरावट आई थी और शेयर बाजार 7 महीने के सबसे निचले स्तर पर था।

अगले दिन शेयर बाजार और गिर गया। सेंसेक्स 1.03 फीसदी और निफ्टी 1.11 फीसदी गिरा। 10 फरवरी, 2011 को 'इकनॉमिक टाइम्स' ने पहले पेज पर छापा कि एक्सपर्ट की राय में सेंसेक्स यहां से 1000 अंक और गिर सकता है। 21 फंड मैनेजरों और दलालों के बीच सर्वे करके 'इकनॉमिक टाइम्स' ने बताया कि यह गिरावट उन लोगों के लिए सही मौका है जो रिटायरमेंट को ध्यान में रखते हुए शेयर का पोर्टफोलियो बना रहे हैं। मार्केट पन्ने पर 'इकनॉमिक टाइम्स' का शीर्षक है—'मिस्ड आउट 2010 रैली? हेयर इज अनदर ऑपुर्चुनिटी।' इसमें लोगों को सलाह दी गई है कि वे सिस्टमिक इनवेस्टमेंट प्लान यानी सिप के जरिए मार्केट में इस समय प्रवेश करें।

खबर की भाषा : भाषा का खेल

> बाजार ने साल की शुरुआत के हिसाब से बेशक गिरावट देखी है, लेकिन जिन फंड मैनेजरों और दलालों ने ईटी के पोल में हिस्सा लिया उनका कहना है कि जो निवेशक पिछले साल की रैली (बाजार की बढ़त) में शामिल होने से रह गए, उनके लिए अच्छी खबर है। ईटी ने जिन 11 दलालों से संपर्क किया उनके मुताबिक, बाजार में तेजी से हुई गिरावट शेयर खरीदने का बेहतरीन मौका है।

इस खबर में क्या गड़बड़ी है? वैसे तो कुछ भी नहीं। 'इकनॉमिक टाइम्स' ने बाजार में गिरावट के दौर में कुछ शेयर दलालों और फंड मैनेजरों की राय लेकर उसे लोगों तक पहुंचाया लेकिन इस खबर के साथ अगर इस तथ्य को ध्यान में रखें कि 'इकनॉमिक टाइम्स' जिस समूह बैनेट कोलमन एंड कंपनी का अखबार है, उसकी हिस्सेदारी ऐसी सैकड़ों कपंनियों में हैं, जिनके शेयर या तो बाजार में हैं या जो शेयर बाजार में आने की तैयारी कर रहे हैं। अगर शेयर बाजार गिरता है और इस वजह से कंपनियों के शेयर नीचे आते हैं तो बैनेट कोलमन के लिए यह सिर्फ खबर नहीं है। वास्तविकता यह है कि इससे बैनेट कोलमन की जेब हल्की होती है। ये सारी हिस्सेदारी

बैनेट कोलमन ने जिस सौदे के तहत ली, उसे प्राइवेट ट्रीटी नाम से जाना जाता है। इसमें कोई कंपनी विज्ञापन छपवाने के लिए किसी मीडिया समूह से लंबे समय का करार करती है और इसके बदले पैसे नहीं बल्कि कंपनी की हिस्सेदारी बेच देती है।

कोई कंपनी विज्ञापनों के बदले नकद भुगतान न करके अपनी कंपनी की हिस्सेदारी मीडिया हाउस को दे तो क्या इसमें कुछ भी अनैतिक है? अगर ऐसी 500 या हजार कंपनियों के विज्ञापन और ब्रैंड बिल्डिंग के ठेके कोई मीडिया हाउस ले और बदले में उनकी हिस्सेदारी हासिल कर ले, तो क्या यह पत्रकारिता के नियमों के विरुद्ध है? इस चलन ने भारतीय मीडिया व्यवसाय में नैतिकता के सवाल को लेकर विवादों की शृंखला खड़ी कर दी है।

भारतीय मीडिया बिजनेस में कई नए आविष्कारों की तरह यह आविष्कार भी टाइम्स ऑफ इंडिया समूह की ओर से आया। हालांकि कुछ लोग मानते हैं कि डॉट कॉम में आए उछाल के दौर में कई इंटरनेट कंपनियों ने विज्ञापनों का भुगतान पैसे की शक्ल में करने की जगह कंपनी की हिस्सेदारी देने का रास्ता चुना। लेकिन उस समय तक यह चलन काफी असंगठित था। वर्ष 2004 में टाइम्स ऑफ इंडिया समूह की मूल कंपनी बैनेट कॉलमन (बीसीसीएल) ने प्राइवेट ट्रीटीज नाम से इसे संस्थागत रूप दे दिया। प्राइवेट ट्रीटीज को अब बीसीसीएल ने ब्रैंड कैपिटल[142] का नया नाम दिया है। विज्ञापन के बदले शेयर की फिलॉसफी को अगर ब्रैंड कैपिटल की साइट से जानें तो वह कुछ इस तरह है–

> तेजी से छलांग लगाने के लिए जरूरी है कि सोचने के तरीके में भी उतना ही भारी बदलाव किया जाए। बाजार में जो बड़े खिलाड़ी हैं, उनका मुकाबला करने के लिए जरूरी है कि विज्ञापन के क्षेत्र में भी उनकी बराबरी की जाए। किसी भी ब्रैंड को स्थापित करने में विज्ञापनों का काफी महत्त्व है क्योंकि इससे उपभोक्ताओं की संख्या, ब्रैंड की हैसियत और आमदनी बढ़ती है। महंगे विज्ञापनों के लिए पैसा खर्च करना कंपनियों के लिए बड़ी समस्या होती है।

ब्रैंड कैपिटल इस समस्या को सुलझाने का रास्ता है।

> ब्रैंड कैपिटल राष्ट्रीय पहुंच वाले देश का सबसे ताकतवर मीडिया मंचों को अपने अंदर समेटे टाइम्स समूह की अनूठी पहल है। ब्रैंड कैपिटल आगे बढ़ने की चाहत रखने वाले उद्यमों की दीर्घकालीन विज्ञापन जरूरतों को पूरा करता है। पांच साल में हमने 300 से ज्यादा कंपनियों को ब्रैंड खड़ा करने में मदद की है।
>
> हम विज्ञापन पर होनेवाले खर्च को पूरा करने का वैकल्पिक उपाय उपलब्ध कराते हैं जो क्लाइंट के बिजनेस प्लान के मुताबिक हो। हम उद्यमियों को वह उपलब्ध कराते हैं जिसकी उन्हें जरूरत है यानी अपने मीडिया प्लेटफॉर्म पर उनके ब्रैंड की संभावनाओं को साकार करना।

इन लच्छेदार शब्दों में जो लिखा गया है उसका मतलब यह है कि बैनेट कॉलमन के अलग-अलग मीडिया मंचों पर विज्ञापन छपवाने का यह एक वैकल्पिक जरिया है। इसमें जो लिखा नहीं गया है वह यह कि इसके बदले कंपनियों को पैसे नहीं देने होंगे, बल्कि वे अपनी कंपनी में हिस्सेदारी देंगे। बैनेट कॉलमन के सीईओ रवि धारीवाल इसे स्पष्ट करते हुए कहते हैं कि–

'प्राइवेट ट्रीटी एक जरिया है जिसके माध्यम से विज्ञापनों का भुगतान हम तक पहुंचता है। यह पैसे की शक्ल में नहीं होता बल्कि इक्विटी यानी हिस्सेदारी की शक्ल में होता है।'

हिंदुस्तान टाइम्स ग्रुप ने प्राइवेट ट्रीटी को स्ट्रैटेजिक पार्टनरशिप का नाम दिया है। एचटी मीडिया ने अपनी साइट पर इस बिजनेस का अलग से लिंक दिया भी है, जहां से कोई भी कंपनी इस स्कीम के बारे में जानकारी ले सकती है।[143] इसमें बाकायदा स्केच बनाकर समझाया गया है कि यह स्कीम किस तरह तीन चरणों में काम करती है।

1. एचटी मीडिया और पार्टनर कंपनी के बीच समझौता होता है
2. एचटी मीडिया पार्टनर कंपनी में निवेश करती है, उसकी हिस्सेदारी या प्रॉपर्टी खरीदती है
3. एचटी मीडिया पार्टनर कंपनी को सलाह देती है कि किस तरह वह अपने ब्रैंड को तेजी से लोकप्रिय बनाए।

इस काम के लिए एचटी मीडिया अपने मीडिया प्लेटफॉर्म का किस तरह इस्तेमाल कर सकती है और ये प्लेटफॉर्म कितने मजबूत हैं, इसका पूरा ब्यौरा इस वेबसाइट पर मौजूद है। इसी वेबसाइट पर यह जानकारी भी दी गई है कि एचटी मीडिया की किन कंपनियों में कितनी फीसदी हिस्सेदारी है। इस बिजनेस को परिभाषित करते हुए एचटी मीडिया ने लिखा है–'स्ट्रैटेजिक पार्टनरशिप विभाग की शुरुआत वर्ष 2008 में की गई। यह विभाग तरक्की कर रही कंपनियों की पहचान करता है और उनके साथ स्ट्रैटेजिक पार्टनरशिप करता है। समझौतों का लक्ष्य इन कंपनियों को विज्ञापन के लिए मंच उपलब्ध कराना और इस तरह उनके ब्रैंड को मजबूत बनाकर उनका बिजनेस बढ़ाना है।'

पहली नजर में किसी को यह लग सकता है कि इसमें बुराई क्या है। खासकर जिन छोटी कंपनियों के पास विज्ञापन पर खर्च करने के लिए ढेर सारे रुपए नहीं हैं वे विज्ञापनों के बदले में भुगतान अपनी इक्विटी के रूप में कर रहे हैं। यानी फर्क सिर्फ भुगतान के तरीके में आया है। छोटी कंपनियां तो इसे बेहद फायदेमंद मानती हैं और इस वजह से एक के बाद कई मीडिया हाउस ने प्राइवेट ट्रीटी (अलग-अलग नामों से) शुरू कर दी है। प्रेस कौंसिल या सूचना और प्रसारण मंत्रालय को इससे कोई शिकायत नहीं है। विज्ञापनों को नियमित करनेवाली संस्था ने भी इस पर

एतराज नहीं जताया है और कॉरपोरेट अफेयर्स मंत्रालय को भी इसमें कुछ भी आपत्तिजनक नहीं लगा। शेयर बाजार को नियमित करनेवाली संस्था सेबी ने इस चलन को नियमित करने की कोशिश जरूर की है और कहा कि 'व्यावसायिक और स्वार्थ के नजरिये से इस तरह पक्षपातपूर्ण सूचनाएं फैलाने से शेयर बाजार के निवेशक भ्रम में पड़ सकते हैं। इस तरह की पत्रकारिता शेयर बाजार के हित में नहीं है।' इस समस्या से निबटने के लिए सेबी ने प्रेस कौंसिल को ये उपाय सुझाए, जिसे प्रेस कौंसिल ने स्वीकार कर लिया–

1. जिस कंपनी में किसी मीडिया समूह ने हिस्सेदारी ली हो, उससे बारे में समाचारपत्र या चैनल में खबर/खबर/संपादकीय लिखते या दिखाते समय इस बात का जिक्र किया जाए कि मीडिया समूह के पास उस कंपनी की कितनी हिस्सेदारी है।
2. मीडिया समूह की वेबसाइट पर इस बात का उल्लेख होना चाहिए कि इसके पास किन कंपनियों की कितनी फीसदी हिस्सेदारी है।
3. मीडिया समूह के किसी व्यक्ति के ऐसी कंपनी के बोर्ड में शामिल होने या मैनेजमेंट कंट्रोल हासिल करने तथा ऐसी किसी भी जानकारी को सार्वजनिक करना, जिसके बारे में ऐसी आशंका हो कि यह हितों के टकराव का मामला हो सकता है।[144]

सेबी की चिंता खासकर उन कंपनियों को लेकर है जो शेयर बाजार में लिस्टेड हैं या जो लिस्टेट होने की प्रक्रिया में हैं। सेबी ने कहा है कि कंपनियों की हिस्सेदारी के बदले मीडिया कंपनियां टीवी और समाचारपत्रों में विज्ञापनों, खबरों और संपादकीय सामग्री के जरिए उन कंपनियों के ब्रैंड को चमकाने का काम कर रही हैं। सेबी को आशंका है कि यह न सिर्फ हितों के टकराव का मामला है बल्कि इससे इन कंपनियों के बारे में समाचार और संपादकीय विचार देने की स्वतंत्रता भी बाधित होती है।

प्रेस मीडिया नियमन की एकमात्र संस्था होने के नाते प्रेस कौंसिल से उम्मीद थी कि वह इस रिपोर्ट को लेकर सख्ती बरतेगी और सेबी की सिफारिशों पर सख्ती से अमल करने का संदेश देगी लेकिन प्रेस कौंसिल ने एक बार फिर साबित किया कि उसके दांत नहीं हैं (यह उपमा सांसद अरुण जेटली ने पेड न्यूज के बारे में राज्यसभा में हुई चर्चा के दौरान दी थी)। प्रेस कौंसिल ने 2 अगस्त, 2010 को बैठक करके इन सिफारिशों को स्वीकार कर लिया और सिर्फ इतना कहा कि मीडिया को इन सुझावों का ध्यान रखना चाहिए (The above suggestions may be kept in mind by the media)। अपनी विज्ञप्ति में प्रेस कौंसिल ने इतनी कमजोर भाषा का इस्तेमाल किया, जिसके बाद इस पर अमल की उम्मीद भी नहीं की जा सकती। प्रेस कौंसिल की इस घोषणा और 27 अगस्त, 2010 को सेबी द्वारा यह जानकारी अपनी

साइट[145] पर डालने के बावजूद मीडिया समूह हर दिन प्राइवेट ट्रीटी वाली कंपनियों के बारे में खबरें छापते हैं और यह नहीं बताते कि इनके साथ उनकी प्राइवेट ट्रीटी है। किसी भी मीडिया समूह ने अपनी न्यूज साइट पर यह जानकारी नहीं दी है कि किन कंपनियों की हिस्सेदारी उनके पास है। टाइम्स समूह ने तो इसके लिए अलग साइट (brandcapital.co.in) बना ली है। हिंदुस्तान टाइम्स न्यूज साइट की जगह अपनी कॉरपोरेट साइट htmedia.com पर इसकी जानकारी देता है। टीवी18 समूह से जुड़ी समाचार साइट पर भी प्राइवेट ट्रीटी की जानकारी नहीं मिलती। इस काम के लिए बनाए गए प्लेटफॉर्म कैपिटल 18[146] के लिंक पर भी निवेश की सूचना नहीं है।

टाइम्स ऑफ इंडिया समूह ने सेबी की सिफारिशों और प्रेस कौंसिल के सुझाव को कितनी गंभीरता से लिया है, उसकी झलक बैनेट कोलमन के सीईओ रवि धारीवाल के इस इंटरव्यू में देखी जा सकती है[147]

> सवाल : आपको सेबी की गाइडलाइंस के बारे में पता होगा कि जब भी आप प्राइवेट ट्रीटी वाली कंपनियों के बारे में खबर छापेंगे तो वहीं इस बात का जिक्र करना होगा कि आपके पास कितनी हिस्सेदारी है।
> जवाब : हम पिछले दो साल से यह कर रहे हैं। हम हर खबर (स्टोरी) में ऐसा करें, यह जरूरी नहीं है। हमने सेबी को लिखा है कि जैसे ही हम किसी पत्रकार को यह बताते हैं कि इस कंपनी में हमारी हिस्सेदारी है, वैसे ही हम उसे किसी न किसी रूप में पक्षधर बना देते हैं। हम अपने पत्रकारों को पक्षधर नहीं बनाना चाहते। लेकिन यदि किसी पाठक की दिलचस्पी जानकारी लेने में है तो हम उसे संबंधित साइट के बारे में बताते हैं, जहां से उसे यह जानकारी मिल सकती है।
> सवाल : लेकिन यह तो काफी मुश्किल काम है।
> जवाब : अगर यह किसी आईपीओ से जुड़ी खबर है या जिस खबर से शेयर की कीमत पर असर पड़ सकता है तो सेबी को उसके बारे में चिंतित होना चाहिए। ऐसे मामलों में हम प्राइवेट ट्रीटी का जिक्र हमेशा करते हैं लेकिन हर आर्टिकल में इसका जिक्र करना व्यावहारिक नहीं है। हम समाचार पत्र के लिए रात 11 बजे तक समाचार लेते हैं और हमारे साथ 500 प्राइवेट ट्रीटी है। क्या इतने कम समय में पत्रकार यही जानकारी जुटाता रहेगा कि किस-किसके साथ हमारी प्राइवेट ट्रीटी है?

जाहिर है, सेबी के दिशा निर्देश और प्रेस कौंसिल के सुझाव मीडिया के इस चलन को रोक पाने में समर्थ नहीं हैं। एक तो सेबी का कार्यक्षेत्र सिर्फ उन कंपनियों तक सीमित है जिनके शेयर, बाजार में हैं या फिर जो कंपनी शेयर बाजार में उतरने वाली है। टाइम्स ऑफ इंडिया समूह, हिंदुस्तान टाइम्स, भास्कर और टीवी-18 की जिन कंपनियों के साथ प्राइवेट ट्रीटी है उनमें से ज्यादातर कंपनियां न तो शेयर

बाजार में हैं और न ही अभी वे शेयर बाजार में उतरने की प्रक्रिया में हैं। खासकर टाइम्स ऑफ इंडिया समूह ने तो आमतौर पर नई और उभरती कंपनियों के साथ प्राइवेट ट्रीटी की है। जमी-जमाई कंपनियां विज्ञापन छापने के बदले हिस्सेदारी बेचने जैसे तरीके नहीं अपनातीं। साथ ही, सेबी ने अपनी ओर से कोई दिशा निर्देश जारी नहीं किया। इस वजह से कंपनियों को भी प्राइवेट ट्रीटी करने में कोई खौफ नहीं है। ये दिशा निर्देश (या कहें सुझाव) एक ऐसी संस्था (प्रेस कौंसिल) की ओर से आए हैं जिसके पास कार्रवाई करने का अधिकार ही नहीं है और जिससे किसी को भी डर नहीं लगता। प्रेस कौंसिल के जिम्मे यह मुद्दा छोड़ने का मतलब है कि प्राइवेट ट्रीटी पर न तो रोक लग पाएगी और न ही इस पर किसी तरह की निगरानी या नियमन हो पाएगा।

प्राइवेट ट्रीटी के पक्ष में मुख्य रूप से यह तर्क सामने आता है कि इसमें विज्ञापन के बदले भुगतान लेने के तरीके के अलावा कुछ भी नहीं बदला है। छोटी कंपनियों के पास अपने ब्रैंड को प्रमोट करने के लिए ढेर सारे पैसे नहीं हैं। ऐसे में मीडिया हाउस उन्हें विज्ञापन के लिए स्पेस मुहैया करा रहे हैं और बदले में पैसा नहीं, हिस्सेदारी ले रहे हैं। मीडिया कंपनियों को इस तरह लंबी अवधि के विज्ञापनदाता मिल जाते हैं जो विज्ञापन-बाजार की सुस्ती के दौर में काम आते हैं। प्राइवेट ट्रीटी के बचाव में यह तर्क भी आता है कि यह समझौता सिर्फ विज्ञापनों के लिए होता है और संपादकीय सामग्री पर इसका असर नहीं होगा। प्राइवेट ट्रीटी के करार में भी इस बात का जिक्र होता है कि इसके बदले संपादकीय मामलों में किसी तरह का हस्तक्षेप नहीं किया जाएगा। प्राइवेट ट्रीटी के बिजनेस मॉडल का बचाव करते हुए नेटवर्क 18 (कलर्स, सीएनबीसी और सीएनएन आईबीएन चैनलों का समूह) के मालिक राघव बहल ने 'फाइनेंशियल एक्सप्रेस' को दिए एक इंटरव्यू में कहा कि[148]

> नैतिकता का सौदा तो प्राइवेट ट्रीटी के बिना भी हो सकता है। नैतिकता का सौदा करने के लिए आपको ट्रीटी की क्या जरूरत है? अगर आप नैतिकता से खिलवाड़ करना चाहते हैं तो पैसे चेक में क्यों लेंगे, वह भी 10 पेज के एक करार के साथ? इसलिए मैं नैतिकता वाले सवाल से सहमत नहीं हूं। यह पैसे कमाने का एक तरीका है लेकिन बहुत असरदार तरीका नहीं है। मुझे नहीं लगता है कि अपनी संपादकीय स्थिति का यह सही इस्तेमाल है।

टाइम्स ऑफ इंडिया की ही तरह दैनिक भास्कर ग्रुप भी कंपनियों के साथ प्राइवेट ट्रीटी करता है। 11 मई, 2009 को दैनिक भास्कर समूह के अंश स्वामित्ववाले अखबार 'डीएनए' में छपी एक खबर के मुताबिक, 'दैनिक भास्कर' की 34 कंपनियों के साथ प्राइवेट ट्रीटी है और यह 100 करोड़ रुपए का बिजनेस है। ग्रुप की ज्यादातर प्राइवेट ट्रीटी हर्बल मेडिसिन, शिक्षा व्यवसाय और बिल्डरों के साथ है। क्या इसमें नैतिकता का भी कोई पहलू है और क्या इससे समूह के समाचारों पर कोई असर

पड़ता है, इसके जवाब में 'दैनिक भास्कर' के प्राइवेट ट्रीटी बिजनेस के तत्कालीन सीईओ अरविंद मित्तल ने कहा कि–

> इसके दो पहलू हैं। पहली बात हिस्सेदारी देनेवाली कंपनी के अपने अनुशासन की है यानी क्या वह संपादकीय सामग्री को प्रभावित करने की कोशिश करती है। अगर वह ऐसा करती है तो यह बात कैश देकर दिए गए विज्ञापनों के मामले में भी लागू हो सकती है। यह बात सिर्फ प्राइवेट ट्रीटी के लिए नहीं है। दूसरी बात यह है कि हमारी कंपनी में संपादकीय और मार्केटिंग विभाग के बीच चीन की दीवार है। ट्रीटी के करार में ही हम यह लिख देते हैं कि संपादकीय सामग्री पर इसका कोई असर नहीं होगा। अगर कोई इसके लिए कहता भी है तो हम विनम्रतापूर्वक मना कर देते हैं। संपादकीय विभाग के साथ जानकारियों का कोई लेनदेन नहीं होता।

'दैनिक भास्कर' को इस तरह खुलकर क्यों बोलना पड़ा, इसके पीछे एक छोटा सा किस्सा है। दरअसल वर्ष 2008 में मुंबई में 'टाइम्स ऑफ इंडिया' और 'डीएनए' के बीच सर्कुलेशन की लड़ाई चल रही थी। इस दौरान 'डीएनए' ने अखबार के पहले पन्ने पर एक प्रचार अभियान शुरू किया जिसके शीर्षक थे–*ट्रूथ विल सोल्ड मेक द हेडलाइन टुमोरो, बाय पेइंग फॉर इट मनी कैन नॉट बाइ अवर इंटिग्रिटी।* ऐसे एक विज्ञापन में कहा गया था–*शीर्षक के लिए पैसे लिए जाते हैं। समाचार के लिए पैसे लिए जाते हैं। सौभाग्य से इस सेक्शन का जो एकमात्र हिस्सा नहीं बिक सकता, वह है मौसम। वे इस तरह की खबरों को पब्लिक रिलेशन एक्सरसाइज का नाम देते हैं।*[149] इस प्रचार अभियान को लेकर हिंदुस्तान टाइम्स ग्रुप के बिजनेस अखबार 'मिंट' ने 17 अप्रैल 2008 को एक खबर छापी जिसमें यह बताया गया कि डीएनए को निकालने वाली कंपनी डिलिजेंट मीडिया दैनिक भास्कर और एसेल ग्रुप (ज़ी ग्रुप) का 50 : 50 ज्वायंट वेंचर है और दैनिक भास्कर ग्रुप ने तीन महीने पहले खुद ही प्राइवेट ट्रीटी का काम शुरू किया है। इसी खबर में आगे बताया गया है कि 'मिंट' को छापनेवाली कंपनी हिंदुस्तान टाइम्स मीडिया का भी प्राइवेट ट्रीटी बिजनेस है। हालांकि आगे यह सफाई दी गई है कि 'मिंट' जब भी कोई स्पॉन्सर्ड सामग्री छापता है तो उसे मीडिया मार्केटिंग इनिशिएटिव नाम से छापा जाता है और उसका फोंट भी अलग रखा जाता है। इस खबर के लगभग एक साल बाद 11 मई, 2009 को 'डीएनए' ने खबर छापकर बताया कि प्राइवेट ट्रीटी का धंधा मीडिया में किस तरह चल रहा है। इसमें हालांकि यह स्वीकार किया गया कि भास्कर समूह का भी प्राइवेट ट्रीटी का धंधा है, लेकिन खबर में टाइम्स ऑफ इंडिया ग्रुप के प्राइवेट ट्रीटी बिजनेस के बारे में काफी कुछ बताया गया। मिसाल के तौर पर, शेयर बाजार के उछालवाले समय में टाइम्स समूह का प्राइवेट ट्रीटी बिजनेस 4,000 करोड़ रुपए को पार कर गया था, तो मंदी आने के बाद गिरकर 1,500

करोड़ रुपए का रह गया जबकि भास्कर का प्राइवेट ट्रीटी बिजनेस तो सिर्फ 100 करोड़ रुपए का है।[150]

प्राइवेट ट्रीटी को लेकर मीडिया के एक हिस्से में चर्चा काफी समय से चल रही है। मीडिया विश्लेषक इसे एक खतरनाक चलन के तौर पर चिन्हित करते रहे हैं। प्राइवेट ट्रीटी में लिप्त मीडिया संगठन इसके बचाव में जिस एक जुमले का बार-बार इस्तेमाल करते हैं वह है संपादकीय और मार्केटिंग विभागों के बीच मौजूद 'चीन की दीवार।' इकनॉमिक टाइम्स और इटी नाउ के पत्रकारों के लिए 18 सितंबर, 2010 को कंपनी द्वारा जारी किए गए कोड ऑफ कंडक्ट में इस बात का जिक्र है कि विज्ञापन और निवेश के विभागों के साथ संपादकीय विभाग के रिश्ते कैसे होंगे।

> हमारा रिपोर्टिंग और विश्लेषण विभाग हमारे विज्ञापन और निवेश विभागों (रिस्पांस, सेल्स और प्राइवेट ट्रीटी) से पूरी तरह स्वतंत्र होंगे। हम विज्ञापनदाताओं और ट्रीटी पार्टनर को किसी तरह का तवज्जो नहीं देते और न ही हम बैनेट कॉलमन कंपनी (बीसीसीएल) के बिजनेस विभागों की बात और उनके अनुरोध स्वीकार करते हैं। हम संपादकीय और बिजनेस विभाग के बीच चीन की दीवार के सिद्धांत को मानते हैं।[151]

लेकिन चीन की यह दीवार दरअसल दिखावटी है। किसी कंपनी में हिस्सेदारी लेने के बाद किसी मीडिया कंपनी को यह बताने की जरूरत नहीं है कि पार्टनर कंपनी के हितों की रक्षा करनी है क्योंकि पार्टनर कंपनी को होनेवाला हर नुकसान मीडिया समूह की जेब पर भारी पड़ेगा। मिसाल के तौर पर, अगर किसी कंपनी का मार्केट कैपिटलाइजेशन (बाजार पूंजीकरण) 100 करोड़ रुपए है और उसने अपनी 10 करोड़ रुपए की हिस्सेदारी किसी मीडिया कंपनी को प्राइवेट ट्रीटी या स्ट्रैटेजिक पार्टनरशिप के तहत दे दी। अब अगर किसी वजह से कंपनी के शेयर का भाव 20 फीसदी गिरता है तो मीडिया कंपनी को दो करोड़ रुपए का घाटा होगा। यानी प्राइवेट ट्रीटी वाली कंपनी के भाव नीचे न जाएं, इसमें मीडिया समूह का सीधा हित है। वर्ष 2008-09 की मंदी कई मीडिया कंपनियों को इसलिए भी भारी पड़ी क्योंकि मंदी की वजह से ट्रीटी की पार्टनर कंपनियों के शेयर नीचे चले गए थे।

यह समझना जरूरी है कि विज्ञापन के लिए चेक या नकद रुपए लेने और कंपनी में हिस्सेदारी लेने में फर्क है। एक कंपनी की अगर 500 प्राइवेट ट्रीटी है तो उसे 500 कंपनियों में अपने हितों यानी निवेश का ध्यान रखना होगा। इसके अलावा मीडिया कंपनी को उन सेक्टर के हितों का भी ध्यान रखना होगा जिन सेक्टर में उसकी ट्रीटी कंपनियां काम करती हैं। इन सबके ऊपर मीडिया कंपनियों को शेयर बाजार और अर्थव्यवस्था के मूड का भी ख्याल रखना होता है। शेयर बाजार में आई हर गिरावट उन मीडिया कंपनियों को भारी पड़ेगी, जिनके ट्रीटी पार्टनर के शेयर बाजार में हैं। इन

हितों का ख्याल रखने के लिए किसी बाहरी दबाव की जरूरत नहीं है। मीडिया समूह अपने हित में खुद ही यह काम करेगा। इसी वजह से कई मीडिया समूहों ने 2008-2009 की मंदी की खबरों को काफी कम तवज्जो दी और *रिसेशन* शब्द से परहेज करते हुए इसे *स्लोडाउन* यानी अर्थव्यवस्था में आई सुस्ती बताया। अगर किसी मीडिया हाउस ने रियल एस्टेट सेक्टर की कई कंपनियों में हिस्सेदारी ले ली है तो रियल एस्टेट में मंदी की वास्तविक तस्वीर दिखाने से वह परहेज करेगा। जो भी मीडिया समूह प्राइवेट ट्रीटी के धंधे में है, उसमें संपादकीय विभाग के एक खास स्तर के ऊपर के कर्मचारियों को यह बता दिया जाता है कि किन कंपनियों के साथ प्राइवेट ट्रीटी है।

प्रमुख बिजनेस पत्रकार सुचेता दलाल ने पर्सनल फाइनांस पत्रिका 'मनीलाइफ'[152] में टाइम्स समूह के अखबार 'इकनॉमिक टाइम्स' के कार्यकारी संपादक राहुल जोशी के एक ई-मेल का जिक्र किया है, जो जोशी ने अपने सहकर्मियों को भेजा था। 29 नवंबर, 2007 के इस ई-मेल में राहुल जोशी अपने स्टाफ को यह बताते हैं कि कुछ लोगों को प्राइवेट ट्रीटी क्लाइएंट्स के लिए काम करना है ताकि इन कंपनियों और साथ ही टाइम्स ऑफ इंडिया समूह को फायदा पहुंचे। इसके लिए एक अलग टीम बनाने की बात कही गई है। मेल के मुताबिक, हर बड़े केंद्र में संपादकीय विभाग का एक वरिष्ठ कर्मचारी प्राइवेट ट्रीटी क्लाइंट्स के साथ संपर्क में रहेगा। वह वरिष्ठ व्यक्ति अपनी टीम के साथ संपादकीय कंटेंट के लिए जवाबदेह होगा। इस टीम में रीजनल चैंपियन (शब्दों के इस्तेमाल पर गौर करें–लेखक) होंगे, जिसे एक या दो रिपोर्टर मदद करेंगे। कंटेंट को समाचारपत्र के अलग-अलग हिस्सों में लगवाने के लिए वे स्थानीय संपादकों के साथ संपर्क में रहेंगे। इस तरह संपादकीय सामग्री के साथ प्राइवेट ट्रीटी को संपादकीय सामग्री का हिस्सा बनाया जाएगा, ताकि वे कंपनियों की प्रेस रिलीज की तरह न नजर आएं।

'इकनॉमिक टाइम्स' ने इस मेल के होने का खंडन नहीं किया है। इसलिए इसे सही माना जाना चाहिए। परंजय गुहा ठाकुरता ने भी इस प्रसंग का जिक्र अपनी किताब (मीडिया एथिक्स) में किया है।[153] अगर यह सही है तो प्राइवेट ट्रीटी चलाने वाली मीडिया कंपनियों की बात गलत साबित होती है कि संपादकीय और मार्केटिंग विभाग के बीच कोई *चीन की दीवार* होती है। हालांकि राहुल जोशी का यह मेल सार्वजनिक न होता तो भी सामान्य तर्क भी यही कहता है कि जिस कंपनी में किसी की हिस्सेदारी होगी, उसके हितों की रक्षा उसे करनी ही चाहिए। प्राइवेट ट्रीटी आमतौर पर उन कंपनियों के साथ होती है जिन्हें जबर्दस्त प्रचार की जरूरत होती है। इस वजह से ऐसी ट्रीटी करनेवाली कंपनियों में ज्यादातर वे हैं, जो शेयर बाजार में उतरने की तैयारी कर रही हैं या जिन्हें प्राइवेट इक्विटी चाहिए या फिर वे बिल्डर जिन्हें महंगे फ्लैट बेचने हैं। इसके अलावा कंज्यूमर उत्पाद बेचने वाली कंपनियों की

दिलचस्पी भी प्राइवेट ट्रीटी करने में होती है क्योंकि उनका विज्ञापन का खर्च काफी होता है।

ऐसे भी उदाहरण हैं जब कोई एक कंपनी एक से ज्यादा मीडिया हाउस के साथ प्राइवेट ट्रीटी का करार कर लेती है। मिसाल के तौर पर, बिल्डर फर्म एम्मार-एमजीएफ (कामनवेल्थ खेलगांव बनानेवाली कंपनी) ने 16 जनवरी, 2008 को एनडीटीवी को 3,62,318 शेयर अलॉट किए। इसी दिन ठीक इतने ही शेयर बैनेट कॉलमन एंड कंपनी (टाइम्स ऑफ इंडिया समूह) को भी अलॉट किए गए। इसके बाद 17 अक्टूबर, 2008 को एम्मार एमजीएफ ने 1,87,132 शेयर फिर से बैनेट कॉलमन को दिए। एम्मार एमजीएफ ने इन सबका ब्यौरा सेबी में जमा किए अपने रेड हियरिंग प्रोस्पेक्टस में दिया है। यह प्रोस्पेक्टस 30 सितंबर, 2010 को जमा किया गया।[154] इसी तरह रियल एस्टेट फर्म एमवीएल ने बैनेट कॉलमन और एचटी मीडिया, दोनों के साथ प्राइवेट ट्रीटी की थी। हालांकि हिंदुस्तान टाइम्स मीडिया ने 3 सितंबर, 2010 को एमवीएल कंपनी के 19 लाख 80 हजार शेयर 66.63 रुपए के भाव पर बेच दिए।[155] यह सौदा 13.19 करोड़ रुपयों में हुआ।

एक से ज्यादा प्रमुख मीडिया समूहों के साथ प्राइवेट ट्रीटी करने का मतलब है कि उस कंपनी ने काफी हद तक मीडिया के कुल कवरेज को नियंत्रित कर लिया है। मिसाल के तौर पर, टाइम्स ऑफ इंडिया और हिंदुस्तान टाइम्स को एक साथ हिस्सेदार बनाने का मतलब है कि दिल्ली में मीडिया के बड़े हिस्से को अपना हिस्सेदार बना लेना। अगर इस वजह से टाइम्स ऑफ इंडिया, हिंदुस्तान टाइम्स, इकनॉमिक टाइम्स, मिंट, नवभारत टाइम्स, दैनिक हिंदुस्तान, टाइम्स नाउ चैनल, टाइम्स ऑफ इंडिया तथा हिंदुस्तान टाइम्स समूह के इंटरनेट माध्यमों आदि पर नकारात्मक खबरों को रोक दिया जाता है या पक्ष में खबरें छापी जाती हैं तो इसका असर समझना मुश्किल नहीं है। ये दो मीडिया समूह दिल्ली में इंग्लिश प्रिंट मीडिया के पूरे बाजार को काफी हद तक नियंत्रित करते हैं और हिंदी प्रिंट के बाजार पर भी इनका काफी दबदबा है। इंग्लिश न्यूज चैनलों में इसी तरह का असर टीवी-18, एनडीटीवी और टाइम्स समूह के साथ एक साथ ट्रीटी करके भी हासिल किया जा सकता है।

पिरामिड साईमीरा घोटालाकॉरपोरेट, मीडिया और पी आर की तिकड़ी

22 दिसंबर, 2008 को सोमवार के दिन शेयर बाजार खुलने के साथ ही एंटरटेनमेंट कंपनी पिरामिड साईमीरा (इस कंपनी के साथ बैनेट कोलमन एंड कंपनी यानी टाइम्स ऑफ इंडिया समूह की प्राइवेट ट्रीटी है) के शेयर 10% उछल गए। यह उछाल अप्रत्याशित नहीं था क्योंकि 21 और 22 दिसंबर को कई अखबारों में यह खबर छपी थी कि मार्केट रेगुलेटर सेबी ने पिरामिड साईमीरा के प्रमोटर्स को इस बात की इजाजत दे दी है कि वे 250 रुपए पर ओपन ऑफर लाएं। इस बारे में सेबी के एक कथित

पत्र के बारे में मीडिया तक सूचनाएं पहुंची थीं, जिसके आधार पर खबरें छापी गईं। सोमवार सुबह पिरामिड साईमीरा के प्रबंधन ने स्पष्ट किया कि ऐसा कोई पत्र उसे नहीं मिला है। फिर साढ़े दस बजे पिरामिड के मैनेजमेंट ने बंबई स्टॉक एक्सचेंज और नेशनल स्टॉक एक्सचेंज को बताया कि कुरियर से उसे ऐसा पत्र मिला है। सोमवार को पिरामिड का शेयर 10 रुपए की गिरावट के साथ बंद हुआ। सेबी की जांच में पता चला कि वह पत्र फर्जी था। सेबी ने ऐसा कोई पत्र लिखा ही नहीं था। 23 दिसंबर को सेबी ने प्रेस रिलीज जारी करके यह बात स्पष्ट कर दी लेकिन सेबी के पत्र की खबर मीडिया में आने का शेयर की कीमत पर असर सबने देखा।

जिस समय यह शेयर चढ़ रहा था और आम निवेशक शेयर खरीद रहे थे, उस दिन एक शख्स और उसकी ओर से कुछ लोग यह शेयर बेच रहे थे। शेयर बेचनेवाले का नाम निर्मल एन कोटेचा था, जो इस कंपनी के प्रमोटरों में से एक थे। सेबी की जांच के मुताबिक, निर्मल एन कोटेचा के मामा दीपक ठक्कर ने 16 और 17 दिसंबर को कंपनी के 89,758 शेयर खरीदे और 22 दिसंबर को 99,843 शेयर बेच दिए। शेयर 53.96 रु. और 62.04 रु. में खरीदे गए और बिक्री का भाव 80.10 रु. और 82.30 रु. के बीच था। इस तरह ठक्कर ने एक दिन में इस सौदे से 20.76 लाख रुपए बनाए। (सेबी का आदेश, पेज–3)

घोटाले में मीडिया और पब्लिक रिलेशन की भूमिका : सेबी ने अपने आदेश में जिन लोगों के खिलाफ कार्रवाई की है उनमें 'इकनॉमिक टाइम्स' के सहायक संपादक राजेश उन्नीकृष्णन और ऐडफैक्टर्स पी आर लिमिटेड में उस समय काम कर रहे राकेश शर्मा शामिल हैं। ये दोनों लोग कभी 'बिजनेस स्टैंडर्ड' में एक साथ पत्रकारिता की नौकरी करते थे। सेबी का यह फर्जी पत्र 19 दिसंबर का यानी शुक्रवार का था। अगले दो दिन शेयर बाजार बंद रहते हैं। पत्र को पिरामिड साईमीरा के दफ्तर तक पहुंचाने वाली कुरियर कंपनी ब्लूडार्ट ने बताया कि उसे निर्देश था कि यह पत्र सोमवार को ही पहुंचाया जाए। जाहिर है कि जो लोग इस घोटाले से जुड़े थे, उन्होंने शुक्रवार शाम से लेकर रविवार रात तक का इस्तेमाल इसे मीडिया तक पहुंचाने में किया। सेबी की जांच से यह पता चला कि मीडिया तक इस पत्र के बारे में सूचना पहुंचाने में राकेश शर्मा और राजेश उन्नीकृष्णन की भूमिका थी। 'इकनॉमिक टाइम्स' ने भी यह खबर छापी थी कि उसके पत्रकार राजेश उन्नीकृष्णन के खिलाफ सेबी ने आदेश जारी किया है और यह कहा है कि 'इकनॉमिक टाइम्स' इसकी जांच कर रहा है।[156]

सेबी ने अपने आदेश में लिखा है–शुरुआती जांच से यह जानकारी मिली कि राकेश शर्मा ने इस फर्जी पत्र को मीडिया तक पहुंचाने में बड़ी भूमिका निभाई। उन्होंने ऐसा बंदोबस्त किया कि यह खबर 22 दिसंबर को शेयर बाजार खुलने से पहले छप कर आए। सेबी की एफआईआर में भी राकेश शर्मा का नाम है और उसे पुलिस ने

गिरफ्तार भी किया। उसके अलावा राजेश उन्नीकृष्णन ने भी फर्जी पत्र को मीडिया में पहुंचाने में मदद की। उन्नीकृष्णन ने खुद भी पिरामिड साईमीरा के शेयर एक प्रमोटर से दूसरे प्रमोटर को ट्रांसफर किए जाने के बारे में 'इकनॉमिक टाइम्स' में खबरें छापी थीं। यह भी पता चला कि 10 दिसंबर, 2008 के बाद से उन्नीकृष्णन और कोटेचा एक-दूसरे के संपर्क में थे।[157] कोटेचा, राकेश शर्मा और उन्नीकृष्णन के कॉल और एसएमएस रिकॉर्ड से भी सेबी इस नतीजे पर पहुंची कि तीनों ने मिलकर षड्यंत्र को अंजाम दिया।

सेबी ने अपने आदेश में लिखा है–निर्मल कोटेचा, राकेश शर्मा और राजेश उन्नीकृष्णन की तिकड़ी ने मीडिया को इस धोखे में रखा कि सेबी के पत्र के बारे में वे जो बातें फैला रहे हैं, वे सच हैं। उन्होंने सारी योजना इस तरह से बनाई कि जो पत्रकार इस जानकारी की पुष्टि करने के लिए कॉल कर रहे थे, उन्हें ऐसा लगा कि यह जानकारी सही है...इन तीनों ने ऐसा पक्का बंदोबस्त कर दिया कि पत्रकार अगले दिन यह खबर छापें। इस तरह ओपन ऑफर के बारे में फर्जी पत्र की खबर को 22 दिसंबर, 2008 को बाजार खुलने से पहले प्रचार मिल गया। इस तरह निर्मल कोटेचा ने 22 दिसंबर को बढ़ी हुई कीमत पर अपने शेयर बेचकर मुनाफा काटा।[158]

ऐसी ही घटनाओं को देखते हुए सेबी ने 10 फरवरी, 2010 को निवेशकों को सतर्क करते हुए एक प्रेस रिलीज जारी की, जिसमें यह कहा गया है कि–शेयर बाजार में किसी भी तरह के इंट्रा डे, शॉर्ट टर्म या लॉन्ग टर्म निवेश करते समय वेब साइट, ब्लॉग, समाचारपत्र में छपे विज्ञापन, एसएमएस, ई-मेल, अफवाह और टेलीविजन या प्रिंट मीडिया में दी जानेवाली सलाह को लेकर सतर्क रहें।[159] शेयर बाजार में कीमतों के उतार-चढ़ाव में मीडिया की भूमिका को लेकर सेबी की चिंता पुरानी है और सेबी के पूर्व प्रमुख एम. दामोदरन 'एंकर इनवेस्टर्स' की भूमिका को लेकर अपनी चिंता जता चुके हैं लेकिन इस गठजोड़ को तोड़ने में सेबी के उपाय अब तक बेअसर साबित हुए हैं।

न्यूज मीडिया भी, पब्लिक रिलेशन भी

पत्रकार और पब्लिक रिलेशन एक्जिक्यूटिव के बीच कैसा रिश्ता होना चाहिए, पत्रकारीय नैतिकता से जुड़ा यह अहम सवाल है। पब्लिक रिलेशन और खासकर कॉरपोरेट कम्युनिकेशन का काम अपने क्लाइंट की छवि का ख्याल रखना है और इस वजह से वह घटनाओं और तथ्यों को इस तरह से रखता है जिससे उसके क्लाइंट के हित सुरक्षित रहें। उसके लिए सत्य और तथ्य का महत्त्व नहीं है जबकि पत्रकार के बारे में माना जाता है कि वह वस्तुनिष्ठता, ईमानदारी और तथ्यपरकता के साथ खबरें देगा। लेकिन अगर कोई मीडिया कंपनी ही पब्लिक रिलेशन का कारोबार भी करे तो

क्या पत्रकार ईमानदारी से और वस्तुनिष्ठता के साथ खबरें दे सकता है? यह मुमकिन नहीं है। अपनी मीडिया कंपनी के द्वारा संचालित पब्लिक रिलेशनल फर्म की अनदेखी कोई भी पत्रकार अपनी नौकरी की कीमत पर ही कर सकता है।

लेकिन मीडिया समूहों को इसमें कुछ भी गलत नहीं लगता कि वे पब्लिक रिलेशन का कारोबार भी करें। बैनेट कॉलमन एंड कंपनी ने वर्ष 2009 में देश की प्रमुख पी आर और ऐडवर्टाइजिंग फर्म ऐडफैक्टर्स पी आर के साथ मिलकर तत्वा पब्लिक रिलेशन प्राइवेट लिमिटेड नाम की कंपनी खोली। इस कंपनी में बीसीसीएल की हिस्सेदारी 33 फीसदी है और बाकी हिस्सेदारी ऐडफैक्टर्स के पास है। तत्वा ने अपनी साइट पर बताया है कि वह कॉरपोरेट कम्युनिकेशन, ब्रैंड और कंज्यूमर कम्युनिकेशन, फाइनेंशियल कम्युनिकेशन और पब्लिक अफेयर्स संबंधी सेवाएं देती है।[160] पब्लिक अफेयर्स के क्षेत्र में कंपनी क्या कर सकती है इसके बारे में कंपनी ने जानकारी दी है–

'लगभग हर तरह के कारोबार और यहां तक कि एनजीओ को, नीतियां और नियमन प्रभावित करते हैं। कई बार कारोबार बढ़ाने या किसी सामाजिक मुद्दे को आगे लाने के लिए नियमों में संशोधन करवाने की जरूरत होती है। इसके लिए पहला कदम यह है कि संशोधन करनेवाले लोगों को इन मुद्दों की खबर दी जाए। इसके बाद इन बदलाव के पक्ष में पब्लिक ओपिनियन यानी लोगों की राय बनाना। तत्वा में काम करनेवालों को इन मुद्दों की समझ है और वे किसी (वैलिड) एजेंडा के पक्ष में लोगों की राय को बदलने में सक्षम हैं। हमारे पब्लिक अफेयर्स एक्सपर्ट जानते हैं कि तर्क किस तरह खड़े किए जाते हैं, उन्हें किन मीडिया मंचों पर लाया जाए और सही नतीजे के लिए किस तरह संगठित तरीके से प्रयास किया जाए।'[161]

मीडिया में राडिया के अवतार

यह ठीक वही काम है जो वैष्णवी कॉरपोरेट कम्युनिकेशन की प्रमुख नीरा राडिया करती हैं। मिसाल के तौर पर, अपने क्लाइंट मुकेश अंबानी की कंपनी रिलायंस इंडस्ट्रीज के पक्ष में वे देश में गैस प्राइसिंग की नीति को बदलवाने की कोशिश करती सुनाई देती हैं। वे किसी को यह लिखने के लिए नहीं कहतीं कि गैस की कीमत का निर्धारण रिलायंस के हित में होना चाहिए बल्कि वे पत्रकारों को यह लिखने के लिए कहती हैं कि गैस राष्ट्रीय संपत्ति है और इसकी कीमत के निर्धारण का आधार दो भाइयों (अनिल अंबानी और मुकेश अंबानी) के बीच हुए पारिवारिक समझौता नहीं हो सकता। नीरा राडिया मीडिया के जरिए यह माहौल बनाने की कोशिश करती हैं, और इसमें उन्हें एक हद तक कामयाबी भी मिलती है कि प्राकृतिक गैस एक बेशकीमती राष्ट्रीय संसाधन है और इसकी कीमत ऊंची होनी चाहिए। रिलायंस इंडस्ट्रीज के पक्ष में होने के बावजूद इन तर्कों को इस तरह पेश किया गया मानो राष्ट्रीय हित के मुद्दे

पर चर्चा हो रही हो। वीर सांघवी 'हिंदुस्तान टाइम्स' के अपने कॉलम 'काउंटरप्वाइंट' के बारे में नीरा राडिया को यही बताते हैं कि इस बहस को इस तरह पेश किया ताकि यह भाइयों के झगड़े का मामला न लगे।

यही वह महारत और कौशल है जिसका दावा तत्वा जैसी पब्लिक रिलेशन एजेंसी कर रही है। खास बात यह है कि पी आर फर्म तत्वा के हाथ नीरा राडिया से भी ज्यादा मजबूत होंगे क्योंकि उसके साथ देश का सबसे बड़ा मीडिया समूह मालिक के तौर पर जुड़ा हुआ है। हालांकि न्यूज एक्स चैनल के साथ नीरा राडिया के जिस तरह के रिश्ते सामने आते हैं और चैनल को चलानेवाले जहांगीर पोचा जिस तरह से नीरा राडिया से कर्मचारियों की तनख्वाह भेजने के बारे में कहते हैं[162] उससे लगता है कि नीरा राडिया भी दूसरे मीडिया हाउसों पर पूरी तरह निर्भर नहीं थीं। जाहिर है कि अपना मीडिया हाउस होने से पब्लिक रिलेशन और लॉबिंग के काम आसान हो जाते हैं।

रेगुलेटर की नाकामी और स्वनियंत्रण का छद्म

कुछ साल बाद मास मीडिया का कोई शोधार्थी या विद्यार्थी अगर सूचना एवं प्रसारण मंत्रालय, प्रेस कौंसिल, एडिटर्स गिल्ड, न्यूज ब्रॉकास्टर्स एसोसिएशन या इंडियन न्यूजपेपर सोसाइटी जैसी किसी संस्था की रिपोर्ट आदि को पढ़ेगा, तो उसे यह पता नहीं चल पाएगा कि वर्ष 2010 में भारत में नीरा राडिया कांड जैसी कोई चीज हुई थी, जिसने भारतीय सत्ता के साथ ही मीडिया को भी झकझोर कर रख दिया था। राडिया कांड में खासतौर पर पत्रकारों और मीडिया समूहों की भूमिका के बारे में मुख्यधारा के मीडिया में एक भयानक खामोशी देखी गई। अप्रैल, 2010 के बाद से ही मीडियाकर्मियों को इस टेप के बारे में मालूम था लेकिन टीवी न्यूज चैनलों और समाचार पत्रों-पत्रिकाओं में इसे कई महीनों तक रिपोर्ट नहीं किया गया। 'ओपन' और 'आउटलुक' पत्रिकाओं में छपने के बाद भी समाचार पत्रों और चैनलों में इसे लेकर खामोशी बनी रही, जिसे दिखाने के लिए 'ओपन' पत्रिका ने अपने दो पन्ने सफेद छोड़ दिए थे। मीडिया संगठनों ने इस मसले पर चुप्पी साधे रखी, जो स्वाभाविक भी है।

भारत के प्रिंट मीडिया रेगुलेटर प्रेस कौंसिल ने राडिया टेप के खुलासे के कई हफ्तों बाद तक यह स्पष्ट नहीं किया कि वह इसे समस्या के तौर पर देखता भी है या नहीं। पेड न्यूज विवाद में परंजय गुहा ठाकुरता और के. श्रीनिवास रेड्डी की रिपोर्ट को न छापने के फैसले की वजह से प्रेस कौंसिल की विश्वसनीयता वैसे ही काफी कम हुई है।[163] पेड न्यूज पर अपनी रिपोर्ट के फुटनोट में प्रेस कौंसिल ने यह कहा है कि परंजय गुहा ठाकुरता और के श्रीनिवास रेड्डी की उप-समिति की रिपोर्ट कौंसिल के रेकॉर्ड में संदर्भ दस्तावेज के तौर पर रखी रहेगी।[164] अब अगर राडिया कांड पर भी प्रेस कौंसिल कुछ नहीं करता दिखेगा, तो उसके होने के कारणों पर चर्चा शुरू हो जाएगी। ऐसी चर्चा होने में कुछ भी अनुचित नहीं है।

प्रेस कौंसिल को ठीक इसी तरह के मामलों में हस्तक्षेप करने के लिए बनाया गया था। पहले प्रेस आयोग ने प्रेस की स्वतंत्रता सुनिश्चित करने और प्रेस का स्तर बनाए रखने और उसे बेहतर बनाने के उद्देश्य से प्रेस कौंसिल के गठन की सिफारिश की थी। इसी सिफारिश के आधार पर संसद ने कानून बनाकर 1966 में प्रेस कौंसिल का गठन किया था। इसे प्रेस का वाचडॉग यानी पहरुआ होना चाहिए और प्रेस द्वारा

नैतिकता के उल्लंघन और प्रेस की स्वतंत्रता पर हमले से संबंधित शिकायतों की सुनवाई करने का दायित्व इसे सौंपा गया है। प्रेस कौंसिल शिकायतों पर कार्यवाही करने के साथ ही अपनी पहल पर भी कोई मामला उठा सकता है।[165]

राडिया कांड मीडिया की नैतिकता से जुड़े महत्त्वपूर्ण सवाल उठाता है। मीडिया पर लॉबिस्ट के असर के बारे में भी पहली बार इतने प्रामाणिक तौर पर बातें आई हैं। इस तरह यह प्रेस की स्वतंत्रता को बाधित करनेवाली प्रवृत्ति को भी सामने लाता है। नीरा राडिया और ऐसे ही दलाल न सिर्फ यह बता रहे हैं कि क्या छापना है और क्या नहीं छापना है, बल्कि वे यह भी तय कर रहे हैं कि कौन सा रिपोर्टर कौन सी खबर लिखेगा। वे खबरों का नजरिया तक तय कर रहे हैं। वे खबरों का सौदा कर रहे हैं और बात नहीं मानने वालों को दंडित करने की धौंस दिखा रहे हैं। संपादक राडिया को बताते हैं कि किस खबर का कैसा कवरेज किया जा रहा है। राडिया संपादकों को बताती हैं कि किस नेता से क्या बात करनी है और संपादक ऐसा करने के बाद राडिया को इसकी सूचना देते हैं। वीर सांघवी जैसे बड़े माने जानेवाले संपादक अपने कॉलम में शब्दशः वही लिखते हैं, जो राडिया के साथ बातचीत में तय होता है।[166] यानी मीडिया की स्वतंत्रता का खुलेआम उल्लंघन का एक गंभीर मामला सामने था। ऐसे मामले में संज्ञान लेने के लिए प्रेस कौंसिल जैसे मीडिया रेगुलेटर को किसी की शिकायत का इंतजार नहीं करना चाहिए लेकिन जून, 2011 के शुरुआती हफ्ते तक इस बात के कोई संकेत नहीं थे कि प्रेस कौंसिल इन मामलों को अपने हाथ में लेगा।

पत्रकारों और संपादकों के अपने संगठन, जैसे एडिटर्स गिल्ड और नेशनल ब्रॉडकास्टर्स एसोसिएशन भी इस विवाद में कार्रवाई करते नहीं दिखे। एडिटर्स गिल्ड में वर्ष 2010 की सालाना बैठक में नीरा राडिया कांड की चर्चा की। बैठक में इस बात पर राडिया कांड की वजह से हुए इस खुलासे पर चिंता जताई गई कि कुछ ख्यातिनाम संपादक पत्रकारिता की श्रेष्ठ परंपरा का पालन नहीं कर रहे हैं। एडिटर्स गिल्ड की प्रेस रिलीज में यह कहा गया कि 'गिल्ड के सदस्यों को लगता है कि इस कांड की वजह से पूरी मीडिया की विश्वसनीयता घटी है। गिल्ड ने सभी सदस्य संपादकों से अपील की कि वे ईमानदारी को सभी अन्य बातों के ऊपर रखें।[167] एडिटर्स गिल्ड ने उन संपादकों का नाम तक नहीं लिया, जिनका जिक्र राडिया टेपों में है और राडिया से जिनकी बातचीत सार्वजनिक हो चुकी है। जिस तरह प्रेस कौंसिल ने पेड न्यूज की रिपोर्ट में मीडिया संस्थानों का नाम नहीं लिया, ठीक वही काम एडीटर्स गिल्ड ने भी किया। राडिया कांड जब चर्चा में आया तो सीएनएन आईबीएन के मालिकों में से एक राजदीप सरदेसाई गिल्ड के चेयरमैन थे। उन्होंने प्रेस क्लब ऑफ इंडिया में हुई चर्चा में यह कहा था कि एडिटर्स गिल्ड इस मामले को उठाएगा। उन्होंने इसी बात को ट्विटर पर भी डाला था।[168] लेकिन जिस तरह से एडीटर्स गिल्ड ने उपदेश देने के अंदाज में इस मामले को निबटा दिया, उससे जाहिर होता है कि मीडिया जिन

समस्याओं से गुजर रहा है, उसका समाधान करने में मीडिया के अंदर की संस्थाएं अक्षम साबित हुई हैं।

इस बात को शायद सभी समझ रहे हैं कि मीडिया खुद अपने अंदर की इस बीमारी से लड़ने में समर्थ नहीं है। हालांकि मीडिया के कई विश्लेषक राडिया कांड को मीडिया के लिए व्युतिक्रम या अपवाद के तौर पर देख रहे हैं। उन्हें यह लगता है कि मीडिया में कुछ गड़बड़ियां आ गई हैं, जिन्हें बेहतर नियमन और आत्मनियंत्रण से ठीक किया जा सकता है। कुछ विश्लेषक इसे चंद पत्रकारों के पतन के तौर पर देख रहे हैं। उनकी राय में ज्यादातर पत्रकार ईमानदार हैं और कुछ लोगों के भ्रष्ट होने से मीडिया की विश्वसनीयता पर कोई खतरा नहीं होगा। एडिटर्स गिल्ड का चेयरमैन पद छोड़ने के बाद 'हिंदुस्तान टाइम्स' में प्रकाशित अपने कॉलम में राजदीप सरदेसाई ने साफतौर पर इसे एक व्यापक समस्या के रूप में देखने से इनकार किया। उनके मुताबिक, मीडिया पर जो आरोप लगाए जा रहे हैं, उनमें से कई सही हो सकते हैं, लेकिन पूरे मीडिया को कुछ लोगों के गलत व्यवहार से नहीं आंका जाना चाहिए। मीडिया में सैकड़ों प्रतिबद्ध पत्रकार और रिपोर्टर हैं और वे बिना किसी भय या लालच के हर दिन आप तक खबर पहुंचाते हैं।[169]

यहां राजदीप सरदेसाई इस बात की जानबूझ कर अनदेखी कर रहे हैं कि राडिया टेप उन पत्रकारों के बारे में नहीं हैं, जो खबर देने के लिए मेहनत से जुटे रहते हैं। राडिया टेप मीडिया के शिखर पर बैठे लोगों के बारे में है। ये वो लोग हैं जो मीडिया की दशा और दिशा तय करते हैं और इनके तय किए मापदंडों और रास्तों पर ही हर 'मेहनती-ईमानदार' पत्रकार को चलना पड़ता है। नीरा राडिया मंत्री बनवाने, मुकेश अंबानी के पक्ष में खबर लिखवाने या किसी नेता तक अपनी बात पहुंचाने के लिए बरखा दत्त, राजदीप सरदेसाई, वीर सांघवी, प्रभु चावला जैसे बड़े पत्रकारों–मीडिया संचालकों से बात करती है। किसी भी मीडिया संस्थान में किस तरह से पत्रकारिता की जाएगी, उसे ये बड़े लोग ही तय करते हैं। बाकी पत्रकारों के सामने चुनौती सिर्फ यह होती है कि इनके मानदंडों पर वे कितना फिट बैठते हैं। इसलिए राडिया कांड के सबक के तौर पर यह कहने का कोई मतलब नहीं है कि आम पत्रकार ईमानदारी से अपना काम करते हैं। सवाल यह है कि क्या वे ईमानदार रहकर मीडिया में बने रह सकते हैं? क्या वे तब भी ईमानदार बने रह सकते हैं जब उनके मालिक या संपादक ने तय कर लिया हो कि वे ईमानदार नहीं रहेंगे और जिस मीडिया प्लेटफॉर्म को वे चलाते हैं, उसे ईमानदार नहीं रहने देंगे?

प्रेस कौंसिल या कागजी शेर

प्रेस कौंसिल को काम करते पांच दशक से ज्यादा वक्त हो चुका है (इमरजेंसी के दौरान दो साल तक इस संस्था का अस्तित्व नहीं था। जनता पार्टी के शासन में इसे

फिर से गठित किया गया) और अब खुद प्रेस कौंसिल भी इस नतीजे पर पहुंच चुकी है कि वर्तमान अधिकारों और कार्यक्षेत्र के साथ वह प्रिंट मीडिया की स्वतंत्रता और उसके नैतिक कार्यव्यवहार को सुनिश्चित नहीं कर सकती। दस साल से भी ज्यादा समय से प्रेस कौंसिल सरकार से यह मांग कर रही है कि उसे और अधिकार दिए जाएं। प्रेस कौंसिल ने अपने अधिकार, कार्यक्षेत्र और दायित्वों को नए सिरे से परिभाषित करने की मांग की है। लेकिन एक के बाद एक आई सरकारों ने इन बातों पर ध्यान नहीं दिया। वर्ष 2009 और वर्ष 2010 में भी प्रेस कौंसिल ने केंद्र सरकार के इस संबंध में नए प्रस्ताव भेजे लेकिन सरकार ने इस बारे में कोई फैसला नहीं किया।[170] जनता पार्टी के शासनकाल में गठित दूसरे प्रेस आयोग ने भी आचार संहिता के उल्लंघन के मामलों में प्रेस कौंसिल को कार्रवाई करने का कानूनी अधिकार देने की सिफारिश की थी। संपादकों (और मालिकों) की संस्था एडिटर्स गिल्ड ने इस सिफारिश का तब भी विरोध किया था। अब जबकि पेड न्यूज से लेकर नैतिकता के उल्लंघन की शिकायतों के निबटारे में प्रेस कौंसिल की अक्षमता सामने आती है तो आलोचक उसे कागजी शेर या 'दंतहीन'[171] करार देते हैं।

न्यूज मीडिया में गड़बड़ियों के बारे में पूछे गए हर सवाल पर केंद्र सरकार का एक रटा-रटाया जवाब होता है। सरकार हमेशा यह कहती है कि भारत में प्रेस स्वतंत्र है और सरकार उस पर किसी भी तरह का नियंत्रण नहीं थोपती और न ही उसके कामकाज में किसी भी तरह का हस्तक्षेप करती है।[172] सरकार हमेशा यह कहती है कि प्रिंट मीडिया के आत्मनियंत्रण के लिए प्रेस कौंसिल नाम की संस्था है, जिसे कानून के तहत गठित किया गया है। तकनीकी तौर पर सरकार का यह कहना सही है कि भारत में प्रेस का नियमन इसी तरह होता है। प्रेस कौंसिल एक्ट के तहत प्रेस कौंसिल हर साल मीडिया के लिए दिशानिर्देश जारी करती है। मीडिया से अपेक्षित है कि वह इन दिशानिर्देश का पालन करे। लेकिन इन दिशानिर्देशों को मानने के लिए मीडिया मजबूर नहीं है। साथ ही, प्रेस कौंसिल के पास दंडात्मक अधिकार भी नहीं हैं। आमतौर पर प्रेस कौंसिल शिकायत सुनने और सख्ती बरतने की स्थिति में निंदा करने की कार्रवाई करती है। मीडिया से आशा की जाती है कि वह निंदा में कही गई प्रेस कौंसिल की बातों को छापे। लेकिन यह भी अक्सर नहीं होता। साथ ही, प्रेस कौंसिल की बनावट भी ऐसी है कि उसमें मीडियाकर्मियों से ज्यादा अखबारों के मालिक या उनकी परांद के लोग होते हैं। पेड न्यूज के बारे में जांच करने के लिए गठित परंजय गुहा ठाकुरता और के. श्रीनिवास रेड्डी की रिपोर्ट सार्वजनिक न हो पाने की सबसे बड़ी वजह यह थी कि प्रेस कौंसिल में शामिल ज्यादातर सदस्य नहीं चाहते थे कि यह रिपोर्ट छपे। खासकर अखबार मालिकों और उनके प्रतिनिधियों ने इस रिपोर्ट को सार्वजनिक किए जाने के खिलाफ मतदान किया।

पेड न्यूज के बारे में आई शिकायतों का क्या हुआ?

वर्ष 2009-2010 में प्रेस कौंसिल के पास पेड न्यूज से संबंधित 19 शिकायतें आईं। ये शिकायतें 13 लोगों ने की थीं। वर्ष 2009 में लोकसभा के चुनाव हुए थे और महाराष्ट्र और हरियाणा जैसे महत्त्वपूर्ण (पेड न्यूज विवाद की दृष्टि से) राज्यों के विधानसभा चुनाव भी हुए। इसे देखते हुए पेड न्यूज के बारे में प्रेस कौंसिल के पास सिर्फ 19 शिकायतों का पहुंचना भी एक रोचक और चिंताजनक तथ्य है। इन शिकायतों पर प्रेस कौंसिल ने जो कार्रवाई की, उससे भी समझा जा सकता है कि लोग इस फोरम पर शिकायतें लेकर क्यों नहीं आते।

प्रेस कौंसिल से पेड न्यूज के बारे में की गई शिकायतें और उनका हश्र (2009-10)

शिकायतकर्ता	*शिकायत*	*कार्रवाई*
कुंवर मानवेंद्र सिंह (एमपी)	'दैनिक जागरण' मथुरा ने विरोधी उम्मीदवार के पक्ष में खबर छापी	केस बंद, क्योंकि शिकायत को आगे नहीं बढ़ाया गया
राकेश श्रीवास्तव 'न्यायिक' वाराणसी	'दैनिक हिंदुस्तान' ने पैसे लेकर बीएसपी उम्मीदवार के पक्ष में खबर छापी	केस बंद, क्योंकि शिकायत को आगे नहीं बढ़ाया गया
रामप्रवेश शर्मा	पटना के 'दैनिक हिंदुस्तान' ने पैसे लेकर एक उम्मीदवार के पक्ष में खबर छापी	केस बंद, क्योंकि शिकायत को आगे नहीं बढ़ाया गया
लवन ठाकुर	'द ट्रिब्यून' चंडीगढ़ ने पैसे लेकर एक उम्मीदवार के पक्ष में खबर छापी	केस बंद, क्योंकि शिकायत को आगे नहीं बढ़ाया गया
राम इकबाल सिंह, मऊ (उप्र)	'दैनिक जागरण' ने पैसे लेकर एक उम्मीदवार के पक्ष में खबर छापी	केस बंद, क्योंकि शिकायत को आगे नहीं बढ़ाया गया
रणदीप ठाकुर, कानपुर	'दैनिक जागरण' में न्यूज कॉलम खरीदकर एक उम्मीदवार ने खबर/विज्ञापन छपवाए	केस बंद, क्योंकि शिकायत को आगे नहीं बढ़ाया गया
लॉयन एस गोपालन	'दैनिक दिनमलार' और 'द हिन्दू' ने उम्मीदवार और चुनाव क्षेत्र का जातिगत ब्यौरा दिया	केस बंद, क्योंकि शिकायत को आगे नहीं बढ़ाया गया
रामाधार वर्मा	'दैनिक भास्कर' रायपुर ने एक दल के पक्ष में भ्रम फैलाने वाले विज्ञापन छापे	केस बंद, शिकायतकर्ता का पता उपलब्ध नहीं

पीपी कपूर	'दैनिक भास्कर', 'दैनिक जागरण' और 'पंजाब केसरी' ने हरियाणा विधानसभा चुनाव के दौरान भ्रम फैलाने वाले समाचार, लेख और विज्ञापन छापे	मामला कौंसिल की जांच समिति में जाएगा
के. रामसुब्रह्मण्यम	'दैनिक दिनाकरन', 'तमिल मरसु', 'डेली तंती' और 'मलई मलार' ने मनमौजी तरीके से चुनाव से सबंधित खबरें छापीं	सुनवाई के बाद केस खारिज
एस एस आर्या	'पंजाब केसरी' ने लोगों को भ्रमित किया	मामला कौंसिल की जांच समिति को जाएगा
राकेश कुमार शर्मा	'दैनिक जागरण' ने शेयरधारकों के साथ फ्रॉड किया और लोकसभा तथा विधानसभा चुनाव के दौरान पैसे लेकर समाचार, संपादकीय और विज्ञापन छापे	केस बंद। कौंसिल के अधिकार क्षेत्र के बाहर का मामला
जय सिंह, पीलीभीत	'अमर उजाला' ने जिला पंचायत चुनाव के दौरान ब्लैकमेल करने के मकसद से मानहानि करने वाला झूठा समाचार छापा	प्रतिक्रिया देने के लिए अमर उजाला को नोटिस जारी

स्रोत : लोकसभा प्रश्नोत्तर, तारांकित प्रश्न 97, उत्तर देने की तारीख–1 मार्च, 2011

जाहिर है कि पेड न्यूज की किसी भी शिकायत पर प्रेस कौंसिल ने कोई उल्लेख-योग्य कार्रवाई नहीं की। हालांकि पेड न्यूज पर अपनी रिपोर्ट में प्रेस कौंसिल ने इस समस्या से निबटने के लिए और अधिकारों की मांग की है, लेकिन अपने सीमित अधिकारों के साथ वह जो कर सकती थी, उसमें स्पष्ट रूप से ढिलाई बरती गई है।

समाचारपत्रों के नियमन का तंत्र इतना कमजोर और लचर होने के बावजूद समाचारपत्र उद्योग और सरकार, दोनों ही मौजूदा व्यवस्था से खुश हैं। समाचारपत्र उद्योग की तरफ से कभी यह मांग नहीं उठती कि सरकार को मीडिया नियमन के लिए कोई और व्यवस्था करनी चाहिए। सरकार ने भी प्रेस कौंसिल को मजबूत करने या कोई और असरदार व्यवस्था बनाने की पहल नहीं की। दरअसल मीडिया जिस तरह से काम कर रहा है, वह सत्ता के हितों के अनुकूल है और इस नाते यथास्थिति को बदलने की कोई कोशिश नहीं की जा रही है।

प्रेस कौंसिल का बेअसर होना बार-बार सामने आता है, लेकिन इस स्थिति को सुधारने की कोई कोशिश नहीं होती। मिसाल के तौर पर, शेयर बाजार को प्रभावित करने की मीडिया की कोशिशों के खिलाफ मार्केट रेगुलेटर (सेबी) ने कई बार प्रेस

कौंसिल को आगाह किया। ताजा मामला प्राइवेट ट्रीटी का है। प्राइवेट ट्रीटी में मीडिया कंपनियां पार्टनर कंपनी में हिस्सेदारी लेती हैं और बदले में उनकी ब्रांडिंग और विज्ञापन का काम संभालती हैं। सेबी ने प्रेस कौंसिल को लिखा कि मीडिया को पार्टनर कंपनियों के बारे में खबर लिखते या दिखाते समय इस बात का खुलासा करना चाहिए कि कंपनी की कितनी हिस्सेदारी उसके पास है। प्रेस कौंसिल ने 2 अगस्त, 2010 को बैठक करके सेबी की गाइड लाइंस को मान लिया और मीडिया से कहा कि इसका पालन किया जाना चाहिए।[173] लेकिन उसके बाद से हर दिन मीडिया कंपनियां इस निर्देश का उल्लंघन करती हैं और प्रेस कौंसिल और सेबी कोई कारवाई नहीं करतीं।

टीवी समाचारों की अराजकता

टेलीविजन के मामले में अराजकता और ज्यादा है। निजी टीवी चैनलों में क्या दिखाया जाएगा, यह चैनल खुद तय करते हैं और कार्यक्रमों के प्रि-सेंसरशिप की कोई व्यवस्था नहीं है। हालांकि केबल टीवी के तहत दिखाए जानेवाले कार्यक्रमों पर केबल टीवी नेटवर्क एक्ट 1995 का कार्यक्रम और विज्ञापन कोड लागू होता है। इसके तहत शिकायत मिलने पर चैनलों के खिलाफ कार्रवाई की जाती है। लेकिन यह व्यवस्था अब तक खास असरदार नहीं हुई है। ज्यादातर मामलों में कार्रवाई के नाम पर चैनलों को स्क्रॉल में (स्क्रीन के निचले हिस्से में) टिकर चलाकर माफी मांगने या खेद जताने की सजा दी गई है। सरकार टीवी चैनलों की मॉनिटरिंग कराती तो है, लेकिन उस मॉनिटरिंग का नतीजा क्या निकलता है, यह पता नहीं चलता। सूचना और प्रसारण मंत्रालय के तहत इलेक्ट्रॉनिक मीडिया मॉनिटरिंग सेल काम करता है जो निजी चैनलों के प्रसारण पर नजर रखता है। इस सेल का काम प्रोग्राम और एडवर्टाइजिंग कोड के उल्लंघन की जानकारी मंत्रालय तक पहुंचाना है। इस सूचना के आधार पर मंत्रालय केबल एक्ट के प्रावधानों के तहत कार्रवाई करता है।

न्यूज चैनलों की संस्था न्यूज ब्रॉडकास्टर्स एसोसिएशन की स्पष्ट मान्यता है कि कंटेंट रेगुलेशन के काम वे खुद करेंगे और इसमें सरकार की कोई भूमिका नहीं होनी चाहिए। एसोसिएशन के कोड ऑफ एथिक्स में यह कहा गया है–'मीडिया का दायित्व है कि वह राजकाज की स्थिति के बारे में लोगों को बताए और ऐसा करते हुए मीडिया अक्सर सत्ता के खिलाफ खड़ा होता है। मीडिया को सरकार और सत्ता की कमियों को उजागर करने के लिए ही बनाया गया है, इसलिए उस पर सरकार का कोई नियंत्रण नहीं हो सकता क्योंकि ऐसा होने से मीडिया की साख और विश्सनीयता का संकट खड़ा हो जाएगा।'[174] एसोसिएशन ने आत्मनियमन के पक्ष में तर्क देते हुए न्यूज मीडिया को काफी ऊंचे पायदान पर खड़ा कर दिया है जबकि वास्तविकता यह है कि अक्टूबर, 2008 में एनबीए का गठन इसलिए किया गया था क्योंकि न्यूज मीडिया के गिरते स्तर, गैरज़िम्मेदार रवैए और खासकर मुंबई में आंतकवादी हमले के मीडिया

कवरेज को लेकर काफी विवाद खड़ा हो गया था और न्यूज चैनलों के कंटेंट की निगरानी और नियमन के लिए कोड बनाने की बात चलने लगी थी।

सरकारी निगरानी से बचने के लिए एनबीए ने न्यूज ब्रॉडकास्टिंग स्टैंडर्ड (डिसप्यूट रिड्रेसल) अथॉरिटी का गठन किया, जिसके चेयरमैन सुप्रीम कोर्ट के रिटायर्ड चीफ जस्टिस जे.एस. वर्मा को बनाया गया। यह अथॉरिटी 2 अक्टूबर वर्ष 2008 से काम कर रही है लेकिन यह प्रयोग बेअसर साबित हुआ है। न्यूज ब्रॉडकास्टर्स का आत्मनियमन का प्रयोग पहले झटके को भी नहीं झेल पाया। नैतिकता के उल्लंघन के एक मामले में इंडिया टीवी को दोषी ठहराए जाने पर उसने न्यूज ब्रॉडकास्टर्स एसोसिएशन से खुद को अलग करने की धमकी दे डाली। दरअसल यह मामला फरहाना अली के इंटरव्यू से जुड़ा हुआ है। यह इंटरव्यू रॉयटर्स को दिया गया था जिसे इंडिया टीवी को दिया गया इंटरव्यू कहकर चैनल ने दिखाया, और वह भी हिंदी भाषा में। इसमें बताया गया कि फरहाना सीआईए की जासूस है। ऐसा कहने के लिए इंडिया टीवी के पास कोई आधार नहीं था। फरहाना की शिकायत पर न्यूज ब्रॉडकास्टिंग स्टैंडर्ड अथॉरिटी ने मामले की सुनवाई की और इंडिया टीवी को दोषी करार देते हुए उस पर एक लाख रुपए का जुर्माना ठोक दिया और कहा कि इंडिया टीवी माफीनामे का टिकर अपने चैनल पर चलाए।[175] अथॉरिटी ने इंडिया टीवी के कवरेज को निजता, निष्पक्षता और वस्तुनिष्ठता का उल्लंघन बताया।[176] इंडिया टीवी ने इस आदेश को मानने से इनकार कर दिया और एनबीए से बाहर आने की धमकी दे डाली। इंडिया टीवी ने यह आरोप भी लगाया कि प्रतिद्वंद्वी चैनल आज तक को चलाने वाली कंपनी टीवी टुडे नेटवर्क के जी कृष्णन एनबीए के मुखिया की हैसियत से फैसलों को प्रभावित कर रहे हैं।[177] अभी की स्थिति यह है कि इंडिया टीवी एनबीए का सदस्य बना हुआ है। सितंबर 2009 में जब इंडिया टीवी की एनबीए में वापसी हुई तो चैनल के मालिक रजत शर्मा एनबीए के बोर्ड के सदस्य बनाए गए। इंडिया टीवी ने बयान जारी करके कहा कि 'एनबीए के नियमों और आचारसंहिता के उल्लंघन के बारे में इंडिया टीवी ने जो बुनियादी सवाल उठाए थे उसे एनबीए के निदेशकों ने सही माना।'[178]

फरहाना अली की शिकायत के अलावा न्यूज ब्रॉडकास्टिंग स्टैंडर्ड अथॉरिटी ने 1 जनवरी, 2011 तक सिर्फ तीन और मामलों की सुनवाई की है और इंडिया टीवी के साथ हाथ जलने के अनुभव के बाद से वह काफी सहमकर फैसला देती है। एक मामले में उससे चैनलों को चेतावनी दी, जबकि दूसरे मामले में स्पष्टीकरण देने को कहा और तीसरे मामले में चैनल को टिकर पर माफी मांगने को कहा। एनबीए की बनाई अथॉरिटी के पास लोगों की शिकायतों का न आना इस बात का प्रमाण है कि आत्मनियमन का यह मॉडल असरदार नहीं है। इंडिया टीवी ने एनबीए की अथॉरिटी के आदेशों की अवहेलना करके यह दिखा दिया है कि चैनलों की नजर में इस अथॉरिटी की क्या हैसियत है।

न्यूज ब्रॉडकास्टिंग स्टैंडर्ड अथॉरिटी ने अब तक क्या किया[179]

शिकायत	*चैनल का नाम*	*कार्रवाई*
1. फरहाना अली ने रॉयटर्स को इंटरव्यू दिया था जिसे इंडिया टीवी को दिया गया इंटरव्यू कहकर चैनल ने दिखाया और वह भी हिंदी भाषा में। इसमें बताया गया कि फरहाना सीआईए की जासूस है।	इंडिया टीवी	1. एक लाख रुपए का जुर्माना 2. माफीनामा टिकर पर चलाया जाए 3. ये फैसले लागू नहीं हुए।
2. 24 फरवरी, 2008 को इंडिया गेट के पास कार दुर्घटना में मरने वाले युवाओं को शराब के नशे में धुत बताया गया।	विभिन्न न्यूज चैनल	चैनलों ने पुलिस की कही बातों को दिखाया, इसलिए उनकी कोई गलती नहीं। लेकिन संवेदनशील मामलों में आगे से सतर्क रहने की हिदायत।
3. आई बैंक को-ऑर्डिनेशन एंड रिसर्च सेंटर परेल, मुंबई, और अर्पण आई बैंक घाटकोपर, मुंबई में गोरखधंधे तथा सरकारी कोष को हड़पने के बारे में 16 और 17 दिसंबर, 2008 को दिखाई गई खबर।	एनडीटीवी इंडिया	चैनल पर टिकर चलाकर अफसोस जताएँ कि ऐसा गलती से हुआ, बुरी नीयत नहीं थी।
4. 10 जुलाई, 2010 को श्रीनगर में पुलिस फायरिंग में एक आदमी के मरने की गलत खबर दिखाए जाने के संदर्भ में। 11 जुलाई, 2010 को 'हिंदुस्तान टाइम्स' में खबर छपी थी कि एक पत्रकार पर हिंसा भड़काने का मुकदमा दर्ज।	न्यूज एक्स	चेतावनी दी गई।

अक्टूबर 2008 में गठन के बाद से वर्ष 2010 बीत जाने तक देश के न्यूज चैनलों के कंटेंट के बारे में एनबीए की अथॉरिटी सिर्फ चार मामलों पर फैसला कर पाई और उसमें से भी एक मामला (श्रीनगर फायरिंग) ऐसा था जो अखबार में छपने की वजह से अथॉरिटी ने अपने हाथ में लिया। जाहिर है, लोग न्यूज चैनलों की शिकायत लेकर अथॉरिटी के पास नहीं आ रहे हैं या फिर अथॉरिटी शिकायतों की सुनवाई नहीं कर रही है। दोनों ही स्थितियों में अथॉरिटी ने अपने होने का आधार गंवा दिया है।

चैनलों की गड़बड़ियों के बारे में एनबीए की अथॉरिटी के इस रिकॉर्ड से एनबीए में कोई चिंता नहीं है बल्कि एनबीए के तत्कालीन अध्यक्ष और सीएनएन-आईबीएन के मालिमों में एक समीर मनचंदा, शिकायत के निबटाने की इस व्यवस्था के जबर्दस्त

प्रशंसक हैं। 15 सितंबर, 2010 को एनबीए के जलसे में अध्यक्षीय भाषण देते हुए समीर मनचंदा ने कहा है कि सेल्फ रेगुलेशन का एनबीए का मॉडल सफल साबित हुआ है और इस मॉडल ने बताया है कि भारत जैसे लोकतंत्र में प्रेस की आजादी की रक्षा करते हुए कंटेंट रेगुलेशन किस तरह किया जा सकता है।[180]

मीडिया उद्योग काफी जोरदार तरीके से अपना पक्ष रखता है कि मीडिया को रेगुलेट न किया जाए या कम-से-कम रेगुलेट किया जाए। मीडिया इसे विचार और अभिव्यक्ति की स्वतंत्रता से जोड़कर पेश करता है। मीडिया के कंटेंट रेगुलेशन के खिलाफ तर्क देते हुए अक्सर इमरजेंसी के दिनों की याद दिलाई जाती है, जब इंदिरा गांधी सरकार ने मीडिया पर कई तरह की बेड़ियां लगा दी थीं और उसे घुटनों पर चलने के लिए मजबूर कर दिया था। चंद अपवादों को छोड़कर लगभग पूरा मीडिया इमरजेंसी की शर्तों को मानने के लिए तैयार भी हो गया था। किसी भी तरह के रेगुलेशन को मीडिया की आजादी के लिए खतरा बताने वाले यह कहते हैं कि सरकार इस बहाने अपनी मर्जी चलाएगी।

फ्री प्रेस या स्वतंत्र-अनियंत्रित-अनियमित मीडिया की अवधारणा को सेंसरशिप के प्रतिरोध में एक लोकतांत्रिक संस्था के रूप में बताने की कोशिश की जाती है। इस वजह से मीडिया को नियमित करने की सरकार की हर कोशिश को बहस के बगैर खारिज कर दिया जाता है लेकिन मीडिया के अनियमित और अनियंत्रित तरीके से संचालित होने की आजादी बड़े कॉरपोरेट समूहों और मीडिया कॉरपोरेशन की आजादी का रूप ले चुकी है। मीडिया समूह खुद बड़े कॉरपोरेट में तब्दील हो चुके हैं और मुनाफे की फिलॉसफी के तहत काम करते हैं। साथ ही, अपने कारोबार के लिए वे बड़ी कंपनियों से मिलनेवाले विज्ञापनों पर बुरी तरह निर्भर हैं। अपने स्वामित्व की संरचना और आमदनी के तौर-तरीकों की वजह से मीडिया हर तरह के कॉरपोरेट नियंत्रण में है।

प्रमुख मीडिया विश्लेषक रॉबर्ट मैकचेस्नी इस बहस को आगे ले जाते हुए कहते हैं कि 'यह सोचना गलत है कि निजी हाथों में होने की वजह से मीडिया स्वतंत्र और लोककल्याणकारी होगा। व्यायसायिक स्वरूप की वजह से अमेरिकी मीडिया लोकतंत्र के लिए एक नकारात्मक संस्था है। यह लोगों में अराजनीतिकरण की प्रक्रिया को बढ़ावा देता है और इस वजह से मीडिया कंटेंट पर कारोबारी और व्यावसायिक हित हावी रहते हैं।'[181] मैकचेस्नी अमेरिकी संदर्भ में जो बात कह रहे हैं, वह भारत के लिए भी काफी हद तक सही है। भारत में एक खास बात यह है कि यहां का समाज अपनी अंतर्वस्तु में अलोकतांत्रिक है और यहां समाज के कुछ समूह न सिर्फ सामजिक रूप से पिछड़े हैं बल्कि आर्थिक और शैक्षणिक रूप से भी वंचित हैं। निजी मीडिया पर हमेशा समाज के प्रभावशाली लोगों का नियंत्रण होता है और कंटेंट पर इसका असर होता है। किसी भी तरह का रेगुलेशन न होने से कंटेंट पर धार्मिक और जातीय रूप से प्रभावशाली समूहों के दबदबे को चुनौती नहीं मिलती है। नियमन की संस्थाओं के

कमजोर और बेअसर होने की वजह से भी राममंदिर आंदोलन के दौरान मीडिया को सांप्रदायिक होने का मौका मिला। उसी तरह 1990-91 और 2006 में आरक्षण के सवाल पर पूरा कॉरपोरेट मीडिया जातिवादी नजरिए के साथ सवर्ण जातियों के समर्थन में अभियान में उतर गया। जातिवार जनगणना के सवाल पर कॉरपोरेट मीडिया ने पूरी तरह से जातिवादी रुख अख्तियार कर लिया था और सभी अखबारों ने जातिवार जनगणना के खिलाफ संपादकीय लिखे। दंगों की रिपोर्टिंग में भी मीडिया आमतौर पर अल्पसंख्यकों को खिलाफ खड़ा होता है। इसी तरह मौका मिलते ही मीडिया गांव और किसानों के खिलाफ खड़ा हो जाता है। जब कभी किसान दिल्ली में अपनी मांगों को लेकर प्रदर्शन करते हैं तो मीडिया इसे उत्पात करनेवालों की हरकत के रूप में रिपोर्ट करता है।[182]

किसी भी तरह के रेगुलेशन के विरोध में एक तर्क यह भी आता है कि मीडिया कंटेंट को बाजार के हवाले छोड़ दिया जाए ताकि दर्शक या पाठक जिसे चाहें उसे पसंद करें और जिसे न चाहें उसे खारिज कर दें। लेकिन बाजार के बाकी उत्पादों पर लागू होनेवाले कई नियम मीडिया पर ठीक उसी तरह लागू नहीं किए जा सकते। कई चैनल होने का यह मतलब नहीं है कि ग्राहक चुनने की स्वतंत्रता का इस्तेमाल कर सकता है। अक्सर कई चैनल एक ही अंदाज में खबरें देते हैं। सभी चैनलों का कारोबारी ढांचा और रेवेन्यू मॉडल एक जैसा होने की वजह से भी चुनने के लिए दर्शकों के पास वास्तविक अर्थों में विकल्प नहीं होते। साथ ही, बाजार के तर्कों से चलें तो इस आधार पर चैनलों को सरकारी सुविधाओं का इस्तेमाल नहीं करना चाहिए क्योंकि बाजारवाद का मतलब है–सरकार की भूमिका का कम होना। कारोबार के मामले में तो बाजारवाद सरकार की न्यूनतम भूमिका देखता है। ऐसे में चैनलों को सरकार से न तो सस्ती जमीन लेनी चाहिए और न ही उपकरण इंपोर्ट करते समय ड्यूटी में छूट मांगनी चाहिए। चैनलों को सरकारी विज्ञापनों और पीएसयू (सार्वजनिक उपक्रमों) की कॉरपोरेट फिल्मों के प्रसारण से भी परहेज करना चाहिए क्योंकि एनबीए का खुद ही कहना है कि *चैनलों को ज्यादातर समय सरकार के खिलाफ खबर देनी होती है।*

समाचार माध्यमों के लिए आत्मनियमन के मॉडल इस देश में असफल हो चुके हैं। प्रेस कौंसिल की हैसियत उपदेश देने भर की रह गई है। वैसे भी उसके पास कार्रवाई करने का अधिकार तक नहीं है। वहीं टीवी समाचारों के क्षेत्र में तो प्रेस कौंसिल जैसी कोई संस्था भी नहीं है और पूरी तरह अराजकता की स्थिति है।

नियमन से डरता कौन है?

हर उद्योग या क्षेत्र के लिए नियमन यानी रेगुलेशन की कोई न कोई व्यवस्था होती है। पुल बनानेवाले यह नहीं कहते कि पुल टूटेगा तो जांच ठेकेदारों की संस्था करेगी। डॉक्टर यह नहीं करते कि चिकित्सकीय लापरवाही की जांच हमारे सहकर्मी करेंगे।

वकील अगर अपने प्रोफेशनल कोड का उल्लंघन करे तो बार कौंसिल उसकी निगरानी करती है। टेलीकॉम सेक्टर और डीटीएच की निगरानी के लिए टेलीकॉम रेगुलेटरी अथॉरिटी यानी ट्राई जैसी संस्था है। बीमा क्षेत्र की निगरानी आईआरडीए करती है। शेयर बाजार का नियमन सेबी और कमोडिटी बाजार का नियमन फॉरवर्ड मार्केट कमीशन यानी एफएमसी करती है। वित्तीय क्षेत्र का नियमन रिजर्व बैंक के जिम्मे है तो शिक्षा क्षेत्र के नियमन के लिए यूजीसी और एआईसीटीई जैसी संस्थाएं हैं। दवा निर्माण की निगरानी के लिए ड्रग कंट्रोलर होते हैं। फिल्म मीडिया की निगरानी के लिए सेंसर बोर्ड है।

आरोप सही पाए जाने पर डॉक्टर, वकील, शेयर दलाल, वायदा कारोबारी आदि का लाइसेंस रद्द हो सकता है। फिल्मों का प्रदर्शन रोका जा सकता है, दवा के निर्माण पर रोक लग सकती है, ठेकेदार ब्लैकलिस्ट हो सकते हैं। कम तौलने, मिलावट करने, पैकेट पर लिखी जानकारी के मुताबिक माल न देने पर कार्रवाई करने के लिए देश में कानून हैं, लेकिन समाचारों में मिलावट करने, गलत जानकारी देने, जानकारी छिपाने आदि को रोकने के लिए किसी भी तरह की व्यवस्था नहीं है। इन्हें अपराध नहीं माना जाता, इसलिए कोई सजा भी नहीं दी जा सकती।

समाचार माध्यम किसी भी तरह का नियमन नहीं चाहते। इस समय देश में ऐसी कोई व्यवस्था नहीं है जिससे गलत, फर्जी, धोखाधड़ी, ब्लैकमेलिंग, दलाली आदि करने पर किसी पत्रकार को आगे पत्रकारिता करने से रोका जा सकता है। मिसाल के तौर पर, राडिया टेप में नाम आनेवाले पत्रकारों बरखा दत्त, प्रभु चावला, वेणुगोपाल, जहांगीर पोचा, वीर सांघवी, नवीका कुमार आदि के साथ उनका संस्थान चाहे जो भी करे, लेकिन आरोपों की जांच होने तक उन्हें पत्रकारिता करने से रोका नहीं जा सकता। किसी भी कोड या नियम के तहत यह मांग भी नहीं की जा सकती कि उन्हें पत्रकारिता न करने दी जाए। पेशे की नैतिकता के खिलाफ आचरण करने पर आर.के. आनंद जैसे बड़े वकील का वकालत करने का लाइसेंस थोड़े समय के लिए ही सही, लेकिन सस्पेंड हो सकता है लेकिन आज तक किसी पत्रकार को पत्रकारिता करने से रोका नहीं गया है। किसी अखबार को गलत खबर देने के आरोप में बंद नहीं किया जा सकता है, न ही किसी न्यूज चैनल का प्रसारण लंबे समय तक रोका जा सकता है। तकनीकी तौर पर देखा जाए तो चैनल का प्रसारण स्थगित करने के लिए केबल टेलीविजन रेगुलेशन एक्ट, 1995 जरूर है लेकिन इसका इस्तेमाल न्यूज चैनलों के लिए कभी-कभार होता है। न्यूज मीडिया, कंज्यूमर प्रोटेक्शन एक्ट के दायरे में भी नहीं आता। यानी मीडिया का कंज्यूमर होते हुए भी आप मीडिया में आ रही गलत सामग्री की शिकायत के लिए कंज्यूमर कोर्ट नहीं जा सकते। कुल मिलाकर जिस तरह की स्वच्छंदता मीडिया को हासिल है, उसकी तुलना किसी भी और क्षेत्र से नहीं की जा सकती।

कॉरपोरेट न्यूज मीडिया पूरी तरह से कारोबारी तरीके से चलना चाहता है। वह कोई सामाजिक जवाबदेही लेना नहीं चाहता। हर कारोबारी की तरह पैसा कमाना और कारोबार बढ़ाना ही उसका लक्ष्य है लेकिन जब कभी इस कारोबार के नियमन की बात आती है, वह विचार और अभिव्यक्ति की स्वतंत्रता, चौथा खंभा जैसी बातों की आड़ लेकर छिपना चाहता है। समाचार के धंधे में मीडिया मालिकों की स्वतंत्रता और दर्शकों और पाठकों की जानने की स्वतंत्रता के बीच टकराव है। यह कुछ ऐसा ही टकराव है जैसा ठग और ठगे जानेवाले के हितों के बीच होता है। ठग को ठगने की स्वतंत्रता नहीं होनी चाहिए। लोकतंत्र में तो ऐसा कतई नहीं होना चाहिए।

यहां यह बात भी गौर करने लायक है कि दो या अधिक मीडिया हाउस जब एक-दूसरे के खिलाफ खबर छापते या दिखाते हैं तो इसकी शिकायत वे आत्मनियंत्रण करनेवाली संस्थाओं में नहीं करते। इसके लिए वे सीधे अदालत की ओर चल पड़ते हैं। मिसाल के तौर पर, राडिया कांड में जब 'ओपन' और 'आउटलुक' ने बरखा दत्ता का नाम लेकर खबरें छापीं तो एनडीटीवी ने इसकी शिकायत प्रेस कौंसिल में नहीं की। इसके बदले अपनी ही साइट पर एक चेतावनी दे दी कि इस बारे में हम कार्रवाई कर सकते हैं।[183] इसी तरह 'संडे गार्डियन' में एनडीटीवी के आर्थिक मामलों और आईसीआईसीआई से मिले लोन के बारे में छपी खबर के बाद भी एनडीटीवी ने इसकी शिकायत किसी भी मीडिया संगठन में करने की जगह कानूनी नोटिस भेजने का रास्ता चुना। एनडीटीवी ने कानूनी नोटिस भेजकर 'संडे गार्डियन' से दो दिन के अंदर 100 करोड़ रुपए देने की धमकी दी।[184] जाहिर है, मीडिया संगठन अपने खिलाफ छपी खबरों के लिए आत्मनियमन की संस्थाओं की शरण में नहीं जाते, लेकिन यह चाहते हैं कि पाठक और दर्शक आत्मनियमन का फॉर्मूला मान लें।

सरकार और मीडिया रेगुलेशन

यहां सवाल उठता है कि सत्ता और सरकार ने मीडिया को इतना आजाद क्यों रहने दिया? क्या मीडिया की स्वच्छंदता सरकार और सत्ता के लिए खतरा नहीं है? मीडिया का मनमानापन कई बार सरकार के लिए सिरदर्द बनता है लेकिन सरकार के पास उसे काबू में रखने के अपने तरीके हैं। हाल के दिनों में कई बार सूचना और प्रसारण मंत्री या मंत्रालय के अधिकारियों ने न्यूज मीडिया के संचालकों को बुलाकर उन्हें निर्देश दिए हैं। गुर्जर आरक्षण के विवाद और तेलंगाना अलग राज्य आंदोलन के कवरेज में उग्र भीड़ को न दिखाने के निर्देश दिए गए और मीडिया ने उनका पालन किया। सरकार का निर्देश न माननेवाले चैनलों के खिलाफ सरकार ने काफी सख्ती की। तेलंगाना अलग राज्य आंदोलन के दौरान एक चैनल राज टीवी को पुलिस ने नोटिस जारी किया और थोड़े समय के लिए उसका प्रसारण भी बंद रखा गया। इस आंदोलन

के प्रसारण के लिए न्यूज ब्रॉडकास्टर्स एसोसिएशन के दिशानिर्देश को ही आधार बनाया गया, जबकि एसोसिएशन के दिशानिर्देशों का न्यूज चैनल हर दिन अपने स्क्रीन पर माखौल उड़ाते रहते हैं लेकिन जब सरकार को जरूरी लगा तो उन दिशानिर्देशों के उल्लंघन की बात करके एक चैनल के खिलाफ कार्रवाई कर दी गई। कॉमनवेल्थ गेम्स में भ्रष्टाचार के आरोपों की जब बौछार लग गई थी तब सरकार की तरफ से इसे राष्ट्र गौरव के आयोजन के तौर पर पेश किया गया और उसके बाद मीडिया के तेवर ढीले पड़ गए। जुलाई 2011 के आखिरी हफ्ते में संपादकों के साथ बैठक में प्रधानमंत्री मनमोहन सिंह ने कहा कि भ्रष्टाचार की खबरें दिखाते हुए मीडिया का एक हिस्सा गैर-जिम्मेदार हो जाता है।

सरकार मीडिया को कई और तरीके से नियंत्रिण करती है। इसमें प्रलोभन से लेकर चेतावनी और धमकी तक सारे उपकरण इस्तेमाल में लाए जाते हैं। मिसाल के तौर पर, डाउनलिंकिंग गाइडलाइंस[185] के तहत केंद्र सरकार लोक हित या राष्ट्र की सुरक्षा के हित में किसी कंपनी या रजिस्टर्ड चैनल से डाउनलिंकिंग का अधिकार छीन सकती है। जाहिर है कि देश की सरकार अपनी सुविधा से लोकहित या राष्ट्रीय सुरक्षा की व्याख्या कर सकती है। सरकार की राय में, अगर कोई चैनल ऐसा आपत्तिजनक अनधिकृत सामग्री या संदेश का प्रसारण करता है, जो लोकहित या राष्ट्रीय सुरक्षा हितों के खिलाफ हो या अगर कोई चैनल सूचना और प्रसारण मंत्रालय के निर्देशों का उल्लंघन करे तो उस कंपनी या चैनल से डाउनलिंकिंग सुविधा छीन ली जाएगी और अगर पांच साल तक उसे इस सुविधा से वंचित कर दिया जाएगा। साथ ही, उस चैनल का रजिस्ट्रेशन भी रद्द कर दिया जाएगा और अगले पांच साल तक वह रजिस्ट्रेशन के लिए आवेदन भी नहीं कर पाएगा।

इन प्रावधानों के इस्तेमाल की जरूरत नहीं पड़ती है क्योंकि कोई भी चैनल सरकार के निर्देशों के खिलाफ नहीं जाता। उदारीकरण के बाद से मीडिया भारत की आर्थिक नीति को लेकर आलोचनात्मक रुख को छोड़ चुका है। नई आर्थिक नीति लागू होने के बाद से सरकार और मीडिया के रिश्ते निर्णायक रूप से बदल चुके हैं। मीडिया अब पूरी तरह से कॉरपोरेट नियंत्रण में है। मीडिया के कारोबारी हित उसे सरकार के साथ टकराव के रास्ते पर नहीं चलने देते। सरकार खुद ही देश में कारोबारी हितों का संरक्षण करनेवाली सबसे महत्त्वपूर्ण संस्था के रूप में विकसित हो चुकी है। सरकार और मीडिया के बीच टकराव के कारण अव खत्म हो चुके हैं। ऐसे में सरकार के लिए ऐसे मौके कम ही आते हैं जब उसे मीडिया को नियंत्रित करने की जरूरत महसूस होती है।

राजीव गांधी के बाद किसी भी प्रधानमंत्री ने मीडिया को नियंत्रित करने के सख्त कानून जैसे उपायों का इस्तेमाल करने की कोशिश नहीं की। विदेश और रक्षा नीति के सवालों पर भी मीडिया कमोबेश सरकारी नीतियों के साथ ही चलता है। आर्थिक

नीति, उदारीकरण, विस्थापन, कश्मीर, पूर्वोत्तर, नक्सल आंदोलन समेत आंतरिक सुरक्षा के सवालों पर सरकार और कॉरपोरेट न्यूज मीडिया के रुख में कोई अंतर नहीं है। सरकार विज्ञापनों का इस्तेमाल भी समाचारपत्रों और चैनलों को नियंत्रित करने के लिए करती है। यह भारतीय मीडिया का एक और पहलू है, जिस पर पुस्तक में दूसरी जगह विस्तार से बात की गई है।

मीडिया रेगुलेशन के नाम पर पत्रकारों का रेगुलेशन

भारत में मीडिया को लेकर जितनी भी आचारसंहिताएं, नियम, कायदे हैं वे सब पत्रकारों को लक्षित करके बनाए गए हैं। प्रेस कौंसिल ने अपने जितने नॉर्म बनाए हैं, सभी के केंद्र में पत्रकार हैं। इन सबकी चिंताओं का आधार कंटेंट है। सांप्रदायिक खबरों के कवरेज का मामला हो, या एचआईवी-एड्स पीड़ितों के बारे में खबर लिखने का, या फिर आर्थिक पत्रकारिता की शुचिता बनाए रखने का—प्रेस कौंसिल के सभी नॉर्म पत्रकारों पर ही लागू होते हैं। इसी तरह न्यूज ब्रॉडकास्टर्स एसोसिएशन ने भी टीवी पत्रकारों के लिए ही आचार संहिता बनाई है। कई मीडिया हाउस ने भी पत्रकारों के लिए नॉर्म बनाए हैं और उन पर पत्रकारों के दस्तखत भी कराए जाते हैं। इकनॉमिक टाइम्स, मिंट, ईटी नाउ, स्टार न्यूज, सीएनबीसी समेत कई मीडिया समूहों ने अपने स्तर पर आचार संहिताएं बनाई हैं।

यह एक विचित्र स्थिति है। ऐसे समय में जब कंटेंट के निर्धारण में पत्रकारों की भूमिका निरंतर घट रही है, तब पत्रकारिता में वस्तुनिष्ठता, ईमानदारी, निष्पक्षता, सच्चाई आदि को बचाए रखने का दायित्व पत्रकारों पर है। मीडिया में कंटेंट के बारे में नीति संबंधी फैसले पत्रकार नहीं करते। किसी भी मीडिया कंपनी में यह फैसला प्रबंधन के स्तर पर लिया जाता है। संपादक नाम की संस्था काफी कमजोर हुई है। टाइम्स ऑफ इंडिया समूह समेत कई अखबारों में संपादक के ऊपर ब्रैंड मैनेजर बैठने लगे हैं, जिनके निर्देशन पर संपादक अमल करते हैं। कई मीडिया हाउस में तो मालिक ही संपादक का भी काम करते हैं। ऐसी स्थिति में नैतिकता का सारा बोझ पत्रकारों के कंधों पर डालने का कोई मतलब नहीं है।

मीडिया की बड़ी समस्याओं का कारण पत्रकारों का अनैतिक होना नहीं है। ये समस्याएं मीडिया उद्योग की संरचना से जुड़ी हुई हैं। मिसाल के तौर पर, मीडिया समूहों की आमदनी में विज्ञापनों का हिस्सा बढ़ना और इस वजह से विज्ञापनदाताओं की इच्छा के मुताबिक कंटेंट का सृजन एक ऐसी समस्या है, जिसे पत्रकारों के स्तर पर नहीं निबटा जा सकता। इसी तरह, टीआरपी के लिए कंटेंट में सेक्स-क्राइम-क्रिकेट और फिल्म का हिस्सा बढ़ाने जैसे फैसले संपादकीय विभाग के स्तर पर नहीं किए जाते। मीडिया स्वामित्व और मीडिया मोनोपली की वजह से पैदा होनेवाली समस्याएं भी पत्रकारों के स्तर पर नहीं सुलझाई जा सकतीं। मीडिया में ठेके पर काम कराने के

बढ़ते चलन के कारण मीडियाकर्मियों में नौकरी को लेकर बढ़ती असुरक्षा और इस वजह से अपनी बात मजबूत तरीके से नहीं रख पाने जैसी समस्याओं का निदान भी पत्रकारों के वश में नहीं है। सरकार के साथ रिश्तों का खेल सिर्फ पत्रकार नहीं खेलते बल्कि मीडिया मालिक भी खेलते हैं। वर्ष 2009 के लोकसभा चुनावों में तो मीडिया समूहों के प्रबंधन ने पत्रकारों को बाइपास करके नेताओं और राजनीतिक दलों से कवरेज का सीधा सौदा किया। इस तरह के संस्थाबद्ध पेड न्यूज की बीमारी का इलाज भी पत्रकार नहीं कर सकते।

देश में मीडिया व्यवसाय के रेगुलेशन की कोई व्यवस्था नहीं है। मीडिया समूहों पर ऐसी कोई रोक नहीं है कि वे दूसरे कारोबार नहीं कर सकते। अखबार या चैनल में विज्ञापन के अनुपात को लेकर भी कोई स्पष्ट नजरिया नहीं है। एक मीडिया हाउस के कई अलग-अलग प्लेटफॉर्म पर होने यानी क्रॉस मीडिया होल्डिंग को लेकर कोई नियम-कानून या पाबंदी नहीं है। वर्ष 2008 में ट्राई ने मीडिया स्वामित्व के बारे में कंसल्टेशन पेपर[186] बनाकर सरकार को सौंप दिया। साथ में इससे जुड़े सभी पक्षों की राय भी सरकार को सौंप दी। लेकिन सरकार वहां से एक कदम भी आगे नहीं बढ़ पाई। सरकार मीडिया, खासकर न्यूज मीडिया को अन्य कॉरपोरेट से अलग कई सुविधाएं देती है, लेकिन उसके बदले उससे जवाबदेही की मांग नहीं करती।

बहरहाल वर्तमान स्थितियों में सरकार, कॉरपोरेट और मीडिया, तीनों का ही काम रेगुलेशन के बिना बढ़िया चल रहा है। समाज की प्रभुत्वशाली शक्तियों (आर्थिक, धार्मिक और जातीय) को मीडिया की मनमानी परेशान नहीं करती, बल्कि कमजोर समुदायों को दबाने के लिए मीडिया को मिली बेलगाम आजादी उन्हें रास आती है। मीडिया बिना नियमन के मनमाने तरीके से काम कर रहा है और अपने कॉरपोरेट तथा अन्य लक्ष्यों के लिए बेलगाम होकर चल रहा है।

आत्मनियंत्रण नहीं, सेल्फ सेंसरशिप

भारत में मीडिया परंपरागत अर्थों में आजाद है। कोई अखबार क्या छापता है और कोई चैनल क्या दिखाता है, उसे कोई सेंसर पास नहीं नहीं करता। मीडिया अक्सर सरकार की और सरकारी नीतियों की आलोचना करता भी दिख जाता है। सरकार के अंदर चल रहे भ्रष्टाचार की खबरें भी मीडिया के जरिए भी लोगों तक पहुंचती हैं। राजदीप सरदेसाई जैसे मालिक-संपादक राडिया कांड की चर्चा करते हुए भी इस बात के लिए मीडिया की पीठ थपथपाते हैं कि मीडिया की वजह से ही कई घोटालों से पर्दा उठा। अलग-अलग मीडिया समूह और कई बार एक ही मीडिया समूह के अलग-अलग उत्पाद किसी मुद्दे पर भिन्न राय रखते हैं। कई बार तो एक ही अखबार या चैनल में दो अलग-अलग राय के बीच टकराव नजर आता है। अखबारों और चैनलों में अक्सर बहस होती दिखती है लेकिन गौर से देखें, क्या ये सब किसी

ऑर्केस्ट्रा के अलग-अलग साजिंदों की तरह हैं जो अलग-अलग साज बजाते हैं और उनसे अलग-अलग स्वर निकलते हैं, लेकिन उनके बीच एक तारतम्य भी होता है। इन सब साजों से मिलकर एक धुन बनती है। यह चमत्कार होता है सेल्फ सेंसरशिप की वजह से।

मीडिया विश्लेषक रॉबर्ट मैक्चेस्नी ने एड्वर्ड एस हरमन और नॉम चॉमस्की का इंटरव्यू प्रकाशित करते समय उसकी भूमिका में सेल्फ सेंसरशिप की परिघटना पर चर्चा की है :

> हरमन और चॉमस्की मीडिया के बर्ताव के पीछे किसी तरह का षड्यंत्र नहीं देखते। कुछ धुर वामपंथी मीडिया विश्लेषकों को ऐसा लगता है कि मीडिया में जो चल रहा है कि इसके पीछे किसी तरह की साजिश है, लेकिन हरमन और चॉमस्की का कहना है कि मीडिया के पक्षपात के पीछे 'खास तरह की सोच वाले मीडियाकर्मियों को काम पर रखने, उन्हें तय विचारों की घुट्टी पिलाने और प्रोपेगंडा मॉडल में बताए गए फिल्टर से हर तरह की सामग्री को गुजारने' की बाध्यता जैसे कारण हैं। इस तरह से मीडिया में जो पक्षपात या झुकाव नजर आता है, वह मुख्य रूप से सेल्फ सेंसरशिप यानी आत्म नियंत्रण की वजह से है। अमेरिका में मीडिया इसी तरह से काम करता है और प्रोपेगंडा के लिए अमेरिकी मीडिया एक बेहतरीन मॉडल है क्योंकि सरकारी सेंसरशिप के तुलना में इसकी विश्वसनीयता ज्यादा होती है। किसी भी तानाशाही शासन में सत्ता के नियंत्रण में चलनेवाला मीडिया इलीट के हित को जिस हद तक साधता है, वही काम अमेरिकी मीडिया भी करता है। अमेरिकी मीडिया की विशिष्टता यह है कि वह ऊपर से देखने में स्वतंत्र लगता है, लेकिन अपनी संरचना और सेल्फ सेंसरशिप की वजह से वह भी इलीट के हितों का उतना ही असरदार संरक्षक है। इस तरह के मॉडल में मीडिया की विश्वसनीयता और वैधता इसलिए भी कायम रहती है क्योंकि इसमें तमाम मुद्दों पर मीडिया में एक राय नहीं होती। हरमन और चॉमस्की भी मानते हैं कि मीडिया में कई मुद्दों पर जोरदार बहस होती है और विवाद भी होते हैं। लेकिन उनका कहना है कि मीडिया के अंदर चलनेवाली बहस में जो पक्ष सामने आते हैं वे इलीट के किसी न किसी हिस्से को स्वीकार्य होते हैं। कुल मिलाकर विवाद में वह भी एक समझदार पक्ष ही होता है। जिन मुद्दों पर इलीट में आम राय होती है, वहां मीडिया उस आम राय के साथ रहता है। ऐसे मुद्दों पर किसी विरोधी स्वर को जगह नहीं दी जाती है और जब ऐसे किसी पक्ष को लाया भी जाता है तो उसका मजाक उड़ाने या तमाशा बनाने के लिए।

मीडिया में सेल्फ सेंसरशिप कई तरह से काम करता है। स्वामित्व का मीडिया कंटेंट पर असर पड़ना स्वाभाविक ही है। कॉरपोरेट मीडिया को कॉरपोरेट हितों का

खयाल रखना पड़ता है। अगर कोई मीडिया कंपनी शेयर बाजार में लिस्टेड है तो शेयर बाजार को लेकर वह कंपनी ज्यादा संवेदनशील होगी क्योंकि शेयर बाजार में होनेवाली कोई भी उथल-पुथल उस कंपनी और कंपनी के शेयरधारकों को प्रभावित करेगी। मीडिया उद्योग की तरक्की का संबंध अर्थव्यवस्था की सेहत से भी जुड़ी हुई है। ऐसा पाया गया है कि जब अर्थव्यवस्था की विकास दर तेज होती है तो मीडिया कंपनियों की भी चांदी होती है। इसी तरह मंदी का मीडिया पर बुरा असर पड़ता है। इसलिए अर्थव्यवस्था की गति कायम रखने में मीडिया उद्योग का हित है। इसलिए मीडिया में उदारीकरण को लेकर और ग्रोथ रेट को लेकर हमेशा सकारात्मक नजरिया देखा जाता है।

इसके अलावा भारतीय मीडिया जगत में वैसे तो हजारों अखबार और चैनल हैं लेकिन मीडिया के प्रभावशाली हिस्से को चंद बड़े कॉरपोरेट समूह नियंत्रित करते हैं (इस बारे में भारतीय मीडिया मोनोपली अध्याय में विस्तार से चर्चा की गई है)। ये कॉरपोरेट समूह न सिर्फ मीडिया के अलग-अलग प्लेटफॉर्म जैसे प्रिंट, टीवी, वेब, रेडियो और फिल्म जैसे माध्यमों को चलाते हैं बल्कि मीडिया से अलग कई और कारोबार भी चलाते हैं। इन सब कारोबारी हितों को वे मीडिया के जरिए आगे बढ़ाते हैं और उसकी रक्षा करते हैं। साथ ही, अक्सर यह भी होता है कि मीडिया कंपनियों के शेयरधारक दूसरे सेक्टर की कंपनियों के भी शेयरधारक होते हैं। इसी तरह, कई बार मीडिया कंपनियों के निदेशक, दूसरे क्षेत्र की कंपनियों के बोर्ड ऑफ डायरेक्टर्स में शामिल होते हैं। कई मीडिया कंपनियों के अन्य कंपनियों में शेयर भी हैं। ये साझा हित भी मीडिया के कंटेंट को प्रभावित करते हैं। मिसाल के तौर पर, बिरले ही कभी कोई चैनल या अखबार अर्थव्यवस्था के बारे में नकारात्मक नजरिया छापते हैं। इसके लिए इस बात की भी जरूरत नहीं होती कि मीडिया को ऐसा करने के लिए कहा जाए या किसी तरह का दबाव डाला जाए। मीडिया अपने कारोबारी हितों की वजह से अपने ही ऊपर नियंत्रण या सेल्फ सेंसरशिप लागू करता है।

सेल्फ सेंसरशिप का दूसरा स्तर विज्ञापन है। भारत में मीडिया उद्योग की आमदनी का प्रमुख स्रोत विज्ञापन है। अलग-अलग मीडिया कंपनियों की कुल आमदनी का 60 से 95 फीसदी तक हिस्सा विज्ञापनों से आता है। खासकर महानगरों में भारी-भरकम अखबार नाम मात्र की कीमत पर बेचे जाते हैं। कई न्यूज चैनल भी फ्री टू एयर हैं या किसी बुके के तहत लगभग मुफ्त में ही दिखाए जाते हैं। आमदनी का मुख्य स्रोत विज्ञापन होने के कारण विज्ञापनदाताओं के हितों की रक्षा करना मीडिया का दायित्व बन जाता है। उन्हें अपने अखबार और चैनल जैसे उत्पाद को इस तरह तैयार करना पड़ता है कि विज्ञापनदाता उसमें अपना विज्ञापन देने को प्रेरित हों। मिसाल के तौर पर, हर मीडिया समूह यह कोशिश करता है कि ज्यादा से ज्यादा समृद्ध पाठक और दर्शक उससे जुड़ें, ताकि उपभोक्ताओं की तलाश कर रही कंपनियां उसे

विज्ञापन दें। चैनलों और अखबारों को अपनी सामग्री का चयन करते समय इन सब बातों का ध्यान रखना पड़ता है।

एडवर्ड एस हरमन और नोम चॉम्सकी ने वर्ष 2009 में एंड्रयू मुलेन को दिए एक इंटरव्यू में इस बात पर जोर दिया है कि पूंजीवादी देशों में मीडिया को नियंत्रित करने के लिए सरकार को कभी कभार ही पहल करनी होती है। ऐसे देशों में मीडिया को नियंत्रित करने का काम बाजार अपने संरचनात्मक औजारों से करता है। अमेरिका जैसे अपेक्षाकृत लोकतांत्रिक देश में इलीट के लिए प्रोपेगंडा की जरूरत ज्यादा है क्योंकि ऐसे देश में सत्ता को हिंसा का खुलकर इस्तेमाल करने में दिक्कत होती है।[187]

भारत में भी मीडिया इलीट के लिए प्रोपेगंडा मशीनरी की भूमिका में है। इसलिए मीडिया नियमन न सरकार के एजेंडे पर है न ही मीडिया के।

वैकल्पिक मीडिया और नागरिक पत्रकारिता संभावनाएं और सीमाएं

मीडिया के बारे में अक्सर कहा जाता है कि हर किसी की बंद मुट्ठी खोलने को तत्पर मीडिया कभी अपनी मुट्ठी नहीं खोलता। ब्रिटिश पत्रकार निक डेविस ने मीडिया और लॉबिंग के रिश्तों के बारे में अपनी चर्चित किताब *फ्लैट अर्थ न्यूज* की भूमिका की शुरुआत में मीडिया के बारे में लिखा है कि कुत्ता कुत्ते को नहीं खाता। भूमिका के अंत में उन्होंने लिखा है कि इस नियम को तोड़ने की ज़रूरत है।[188] मीडिया में यह अघोषित विधान रहा है कि देश-दुनिया में जो कुछ हो रहा है, सब कुछ बताओ, लेकिन अपने बारे और अपने कारोबार से जुड़े अन्य संस्थानों और लोगों के बारे में न बताओ। इसके उदाहरण आसपास देख सकते हैं।

मिसाल के तौर पर, वर्ष 2009 में जब आर्थिक मंदी के दौर में भारत में छँटनियां हो रही थीं तो कारोबार के अलग-अलग क्षेत्रों में नौकरियां खत्म होने की खबरें देनेवाले अखबारों या चैनलों ने यह नहीं बताया कि मीडिया में भी बड़े पैमाने पर छँटनी हुई है और वेतन घटाए गए हैं। मीडिया के मालिक और संपादक राजनेताओं ओर पार्टियों के करीब हैं, यह बात हम तभी जान पाते हैं जब कोई मालिक या संपादक राज्यसभा का सदस्य बन जाता है या पद्मश्री या पद्मविभूषण से सम्मानित किया जाता है। मीडिया कभी नहीं बताता कि उसके कौन से और कारोबार या कारोबारी हित हैं और इस बात का उसकी संपादकीय नीति पर किस तरह असर पड़ता है। मिसाल के तौर पर, भारत में प्रमुख मीडिया हाउस, मीडिया से इतर लगभग ढाई सौ और कारोबार हैं। यह कारोबार कुछ भी हो सकता है, मसलन—चीनी मिल, तेल मिल, रियल एस्टेट, माइनिंग, स्टील, शिक्षा, फिल्म निर्माण, अचार, रसायन उद्योग, रिटेलिंग आदि, लेकिन यह बात पाठकों और दर्शकों को पता नहीं चलती। न ही वह यह जान पाता है कि इसका उसके अखबार, पत्रिका या टीवी चैनल पर क्या असर होता है।

नीरा राडिया टेप कांड ने मीडिया के बारे में इस कहावत पर पुनर्विचार करने को मजबूर कर दिया है कि कौए की तरह मीडिया भी अपनी बिरादरी का मांस नहीं

खाता। पता चला कि राडिया के टेप 2010 के सितंबर महीने से ही कुछ मीडिया समूहों के पास थे। इनके कुछ हिस्सों को प्रसारित भी किया गया। मिसाल के तौर पर, 'हेडलाइंस टुडे' नाम के समाचार चैनल ने राडिया और पूर्व संचार मंत्री ए राजा की बातचीत के अंश सार्वजनिक करते हुए खबर दिखाई थी, लेकिन उस समय किसी भी मीडिया समूह ने यह नहीं छापा या दिखाया कि मीडिया के हाथ भी इस कीचड़ में उसी तरह सने हैं, जैसे कि कॉरपोरेट और राजनेताओं के। मीडिया को लेकर बातें सामने आने में लगभग ढाई महीने लग गए, यह अपने आप में इस बात का प्रमाण है कि मीडिया में पर्दा कितना जबर्दस्त है।

नीरा राडिया के बारे में मुख्यधारा के मीडिया में पहला लिखा हुआ शब्द 'ओपन' मैगजीन ने छापा।[189] टीवी पर इस बारे में पहला कार्यक्रम इसके बाद सीएनबीसी टीवी18 पर हुआ, जिसे करण थापर ने एंकर किया। इसके बाद 'द हिंदू' ने इस बारे में पहले संपादकीय पन्ने पर और बाद में समाचारों के पन्ने पर सामग्री छापी। 'आउटलुक' ने इस बारे में कई ऐसे तथ्य सामने लाए जिनका ओपन ने भी खुलासा नहीं किया था। 'इंडियन एक्सप्रेस' ने भी इस बारे में छापा। हिंदी मीडिया की बात करें तो 'दैनिक भास्कर' के दिल्ली संस्करण में दो पेज की सामग्री छापी गई। एनडीटीवी ने बरखा दत्त को सफाई का मौका देने के लिए 47 मिनट का एक कार्यक्रम किया (एक घंटे का कार्यक्रम 13 मिनट पहले ही अचानक समेट दिया गया) जबकि 'हेडलाइंस टुडे' ने प्रभु चावला को ऐसा ही मौका देने के लिए एक शो किया। फिर मामला इतना बड़ा हो गया कि मीडिया इस बारे में बच-बचाकर ही सही, लेकिन रिपोर्टिंग करनी पड़ी।

यहां एक महत्त्वपूर्ण बात यह है कि मीडिया-कॉरपोरेट और नेताओं के रिश्तों पर कुछ अखबारों, पत्रिकाओं और चैनलों पर खबर आने से पहले ही यह कांड राष्ट्रीय स्तर पर चर्चा में आ गया था। मास मीडिया को लेकर बहुचर्चित और प्रशंसित एजेंडा सेटिंग थ्योरी यह कहती है कि मीडिया किसी मुद्दे पर सोचने के तरीके पर हो सकता है कि निर्णायक असर न डाल पाए, लेकिन किन मुद्दों पर सोचना है, यह मीडिया काफी हद तक तय कर देता है।[190] तो राडिया-मीडिया कांड में ऐसा कैसे हुआ कि मास मीडिया में कोई बात आए, उससे पहले ही वह बात लोकविमर्श में आ गई। जब मास मीडिया में कोई भी बरखा-वीर-चावला कांड को नहीं छाप/दिखा रहा था तो लोगों को इसकी खबर कैसे हो गई और यह मुद्दा चर्चा में कैसे आ गया?

यह पहले संभव नहीं था लेकिन आज यह संभव है। यह मुमकिन हुआ वैकल्पिक मीडिया के एक नए तंत्र की वजह से, जिसके उपकरण वैसे तो कई दशक पुराने हो गए हैं, लेकिन भारत में इसका इस्तेमाल अपेक्षाकृत नया है। सूचना महामार्ग यानी इंटरनेट पर फेसबुक, यू-ट्यूब और ट्विटर जैसे सोशल नेटवर्किंग, मीडिया शेयरिंग और माइक्रोब्लॉगिंग के जरिए मुख्यधारा में छापे/दिखाए जाने से पहले काफी लोग यह जान गए थे कि मीडिया, राजनीति और कॉरपोरेट दलालों के बीच रिश्ते के टेप सामने आए हैं।

इक्कीसवीं सदी के दूसरे दशक की शुरुआत के साथ ही भारत जैसे देश में भी मुख्यधारा मीडिया के सामने एक मजबूत विकल्प खड़ा हो गया है। भारत में इंटरनेट के 10 करोड़ से ज्यादा उपयोगकर्ता[191] और फेसबुक जैसे सोशल मीडिया के 2 करोड़ से ज्यादा यूजर[192] नए मीडिया तंत्र के हिस्से हैं। फेसबुक जैसा माध्यम तो दो करोड़ लोगों को एक साथ पत्रकार बनाने में सक्षम है। जो भी चाहे, फेसबुक और ऐसे ही अन्य मंचों पर अपनी बात कर सकता है। पत्रकार बनने के लिए जब निजी पत्रकारिता संस्थान विद्यार्थियों से 2 से 5 लाख तक भी वसूल रहे हैं, तब इंटरनेट पर पत्रकारिता करने के लिए आपकी जेब में 10 रुपए होने चाहिए, जिसे देकर आप साइबर कैफे में बैठकर नई पत्रकारिता कर सकते हैं।

एक और महत्त्वपूर्ण बात यह कि भारत के पैमाने पर राडिया टेप कांड और वैश्विक स्तर पर विकिलीक्स के खुलासे को देखें तो आप पाएंगे कि वैकल्पिक माने जानेवाले माध्यमों ने जो सामग्री दी, उसका बाद में मुख्यधारा के मीडिया ने फॉलोअप किया। यानी वैकल्पिक मीडिया आगे-आगे चला और अखबार तथा चैनल पीछे-पीछे चलने को मजबूर हुए। 'आउटलुक' पत्रिका ने भी जिन टेपों का खुलासा किया, उन्हें इंटरनेट पर डाल दिया। लिखे हुए शब्द के मुकाबले यह माध्यम ज्यादा असर पैदा करने में सक्षम साबित हुआ। पत्रकार गिरीश निकम की साइट इंडियाजरिपोर्ट डॉट कॉम पर राडिया कांड के बारे में लगातार सामग्री आती रही जबकि उस दौर में मुख्यधारा के मीडिया में खामोशी छाई हुई थी।

राडिया कांड में मीडिया के लिए एक दुखद बात यह हुई कि 5 दिसंबर, 2010 को मीडिया समीक्षक सेवंती नैनन ने 'द हिंदू' अखबार के *मीडिया मैटर्स* कॉलम के लिए जो सामग्री भेजी वह छापी नहीं गई। इसके बाद वाले हफ्ते में यानी 12 दिसंबर को भी मीडिया मैटर्स नहीं छपा। मीडिया को समझने के लिए यह एक उपयोगी कॉलम है, जिसका दो हफ्ते बंद रहना दुखद रहा। सेवंती नैनन ने बाद में वह कॉलम 'द हूट' नामक इंटरनेट साइट पर डाल दिया।[193] हिंदू ने 17 दिसंबर को सेवंती नैनन का कॉलम फिर से शुरू कर दिया। 'द हिंदू' ने राडिया टेप के बारे में नैनन का लिखा क्यों नहीं छापा, इसका जवाब इस अखबार के पाठकों को संपादक एन राम से मांगना चाहिए। 'द हिंदू' ने आमतौर पर राडिया टेप के बारे में बाकी अखबारों से ज्यादा छापा और बहादुरी से छापा लेकिन जिस तरह से 'हेडलाइंस टुडे' चैनल के कार्यक्रम में 'द हिंदू' के संपादक एन राम ने प्रभु चावला का बचाव किया, उसने कई लोगों को चौंकाया।

कौन है पत्रकार या कौन कर रहा है पत्रकारिता?

कोई व्यक्ति है जिसने नीरा राडिया की बातचीत के टेप 'यूट्यूब' पर डाले। यह बातचीत अलग-अलग लोगों से की गई थी। इनमें से नीरा राडिया और बरखा दत्त की पहली बातचीत के टेप को वर्ष 2010 के अंत तक पौने दो लाख लोगों ने डाउनलोड

किया। ऐसे दर्जनों टेप हैं और कुल मिलाकर कई लाख लोगों ने इन्हें सुना। इस तरह मुख्यधारा की मीडिया में आने से पहले किसी व्यक्ति के प्रयास से यह मुद्दा पब्लिक स्फियर यानी लोकविमर्श में आ गया। तो क्या वह व्यक्ति पत्रकार था, जिसने ये टेप यूट्यूब पर डाले? इस सवाल का जवाब अगर भारत या देश की किसी राज्य की सरकार से पूछें तो जवाब मिलेगा कि नहीं, वह पत्रकार नहीं था। परंपरागत पत्रकार भी नहीं मानेंगे कि वह पत्रकार था। लेकिन क्या उस व्यक्ति ने पत्रकारिता की? शायद हां। बल्कि पक्के तौर पर यह बात कही जा सकती है कि उस व्यक्ति ने एक खबर दुनिया को दी और इस नाते उसने पत्रकारिता की। इसी तरह जिन लोगों ने अपने ब्लॉग पर यह खबर डाली या टेप का लिंक डाला या जिन लोगों ने इसे ट्विटर पर डाला या फेसबुक पर शेयर किया उन सभी लोगों ने कई लोगों को यह खबर दी और इस नाते उस सब लोगों ने भी पत्रकारिता की।

मुमकिन है कि इनमें से किसी ने भी पत्रकारिता का प्रशिक्षण न लिया हो। हो सकता है कि इन लोगों ने पत्रकारिता की पढ़ाई न की हो। मुमकिन है कि इन लोगों को यह न मालूम हो कि पत्रकारिता क्या होती है। इस टेप से जुड़ी जानकारी और लोगों तक पहुंचाने के लिए उन्हें तनख्वाह निश्चित तौर पर नहीं मिलती होगी। किसी सरकार से उन्हें पत्रकार के तौर पर मान्यता भी नहीं मिली होगी। पत्रकार की कोई भी परिभाषा ऐसे लोगों को पत्रकार साबित नहीं करेगी। लेकिन संवादकर्मी के तौर पर इन लोगों ने अपनी भूमिका निभाई। ऐसे समय में क्या पत्रकार की परिभाषा को नए सिरे से गढ़ने की जरूरत है?

कोलंबिया में ग्रेजुएट स्कूल ऑफ जर्नलिज्म की शिक्षक ऐन कूपर का मानना है कि अब यह सवाल नहीं पूछा जाना चाहिए कि कौन पत्रकार है, बल्कि यह पूछा जाना चाहिए कि कौन पत्रकारिता कर रहा है।[194] उन्होंने 1990 के दशक के आखिरी वर्षों में चीन में दिखी एक नई प्रवृत्ति का जिक्र किया है। उन दिनों कूपर कमेटी टू प्रोटेक्ट जर्नलिस्टस की कार्यकारी निदेशक थीं। चीन में परंपरागत मीडिया पर कड़ा सरकारी नियंत्रण है और इसके बीच कुछ लोग इंटरनेट के जरिए सरकार के बारे में आलोचनात्मक खबरें दुनिया तक पहुंचा रहे थे। वर्ष 1999 में ऐसे छह लोगों को चीन में गिरफ्तार किया गया, जिन पर आरोप था कि वे इंटरनेट का इस्तेमाल सरकार विरोधी खबरों को फैलाने के लिए कर रहे थे। लेकिन वे लोग परंपरागत अर्थों में पत्रकार नहीं थे। पत्रकारिता न तो उनका पेशा था और न ही वे किसी परंपरागत मीडिया के लिए काम करते थे। कमेटी टू प्रोटेक्ट जर्नलिस्ट्स के सामने सवाल था कि इन छह लोगों की गिरफ्तारी को पत्रकारिता पर हमला माना जाए या नहीं। आखिरकार कमेटी ने इसे पत्रकारिता मानते हुए उनका मामला अपने हाथ में लिया। इसके पीछे तर्क यह था कि उन्होंने पत्रकारीय तरीके से काम किया। उन्होंने समाचार, सूचना और विचारों को और लोगों तक पहुंचाया। हालांकि जब जूलियन असांज और विकिलीक्स ने अमेरिका

को असहज बनानेवाली कुछ सूचनाएं साइट पर डालीं, तो उसी अमेरिका के जिम्मेदार राजनेताओं ने कहा कि असांज को घेरकर मार डालना चाहिए। उसके साथ ओसामा बिन लादेन की तरह बरताव करने की बात की गई।

बहरहाल कमेटी टू प्रोटेक्ट जर्नलिस्ट्स ने पत्रकार की जो परिभाषा चीन के संदर्भ में बनाई थी, उसका विस्तार भारत में करें तो इस समय देश में कई लाख लोग बेशक पत्रकार के तौर पर नौकरी नहीं करते, लेकिन समाचार, सूचनाएं और विचार लोगों तक पहुंचा रहे हैं और इस मायने में पत्रकारिता कर रहे हैं। वॉशिंगटन के वकील स्कॉट ग्रांट ने वर्ष 2007 में एक किताब लिखी, जिसका नाम है–*वी आर ऑल जर्नलिस्ट : द ट्रांसफॉर्मेशन ऑफ द प्रेस एंड रि-शेपिंग ऑफ द लॉ इन द इंटरनेट एज।* पत्रकारिता को नई तकनीक के जमाने में नए तरीके से परिभाषित करने की जरूरत है और इस मामले में अब तक की श्रेष्ठ परिभाषा यह है कि–जो भी कह रहा है कि वह पत्रकार है, उसे पत्रकार मान लेना चाहिए।[195]

न्यूज मीडिया का मतलब अब सिर्फ टीवी-रेडियो और प्रिंट नहीं रह गया है। इंटरनेट पर काम करनेवाले पत्रकारों को अब स्थापित पत्रकार मान लिया गया है। बराक ओबामा ने राष्ट्रपति बनने के बाद अपनी पहली प्रेस कॉन्फ्रेंस में 'हफिंगटन पोस्ट' नाम की वेबसाइट के एक पत्रकार को बुलाया और इस तरह इंटरनेट की पत्रकारिता को व्हाइट हाउस ने मान्यता दे दी। राष्ट्राध्यक्षों की प्रेस कॉन्फ्रेंस में अब ब्लॉगर्स भी बुलाए जाते हैं। अब ज्यादातर बड़े माने जानेवाले मुख्यधारा के पत्रकार ब्लॉगिंग और ट्विट करते हैं। इस वजह से कई बार इनकी बात प्रिंट या टीवी से पहले इंटरनेट पर आती है। भारत सरकार और विभिन्न मंत्रालयों की प्रेस विज्ञप्तियों के बारे में लोग या तो टीवी से या फिर अगले दिन के समाचारपत्रों के जरिए जानते थे लेकिन इंटरनेट के आने के बाद अब तमाम सरकारी विज्ञप्तियां ऑनलाइन उपलब्ध हैं।[196] एक समय था, जब ये विज्ञप्तियां सिर्फ मान्यताप्राप्त पत्रकारों को ही दी जाती थीं। आज अगर आपके पास इंटरनेट है तो तमाम सरकारी फैसले और विज्ञप्तियां आप उसी तरह देख पाते हैं, जैसे कि कोई पत्रकार। सालाना आर्थिक समीक्षा, बजट के पेपर, चुनाव नतीजे और ऐसे ही कई सरकारी दस्तावेज अब पत्रकारों और आम लोगों को एक साथ उपलब्ध होते हैं।

इस मायने में, सूचनाओं को पहले प्राप्त करने का पत्रकारों का विशेषाधिकार टूटा है। कई लोग इंटरनेट के जरिए ये सूचनाएं मूल स्रोत से लेते हैं। परंपरागत मीडिया उनके लिए दोयम दर्जे का स्रोत है। कुछ कंपनियां अपने उत्पाद के बारे में पहली जानकारी मीडिया से भी पहले फेसबुक जैसी सोशल नेटवर्किंग साइट पर डालती हैं। शेयर मार्केट की ताजा जानकारियां हासिल करने के लिए अखबारों की कोई उपयोगिता नहीं है और टीवी के मुकाबले बेहतर पोर्टेबिलिटी के कारण ज्यादातर लोग और खासकर डे ट्रेडर्स टेलीविजन के मुकाबले इंटरनेट पर निर्भर रहते हैं। वैसे भी टीवी एक

साथ सीमित संख्या में शेयरों के भाव ही बता सकता है जबकि इंटरनेट पर सभी शेयरों के भाव देख जा सकते है और हर शेयर का इतिहास और उससे जुड़ी जानकरियां हासिल की जा सकती हैं।

तकनीक की ताकत की वजह से इंटरनेट, कई बार मुख्यधारा के मीडिया से ज्यादा तेज और ताकतवर साबित होता है। कई बार किसी बड़ी घटना या दुर्घटना की पहली तस्वीर, ऑडियो या वीडियो सबसे पहले किसी ब्लॉग पर नजर आता है। मोबाइल फोन और डिजिटल कैमरे ने आम लोगों (तथाकथित गैर-पत्रकारों) के हाथों में पत्रकारिता के औजार पहुंचा दिए हैं। इंटरनेट ने संवाद का मंच उपलब्ध करा दिया है। अब पत्रकारिता परंपरागत पत्रकारों की मोहताज नहीं है। तकनीकी तौर पर देखें तो आज भारत में कोई व्यक्ति फेसबुक पर अपनी बात दो करोड़ से ज्यादा लोगों तक पहुंचाने में सक्षम है। यह संख्या दुनिया में सबसे ज्यादा सर्कुलेशन वाले इंग्लिश दैनिक होने का दावा करनेवाले अखबार टाइम्स ऑफ इंडिया की औसत दैनिक रीडरशिप से ज्यादा है। इंटरनेट पर कोई खबर टेक्स्ट, ग्राफिक्स, ऑडियो या वीडियो किसी भी या इन सभी फॉर्मेट में हो सकती है। हाइपरलिंक की सुविधा के कारण संदर्भ देना भी आसान होता है और इसमें शब्द या समय की सीमा नहीं होती। इस माध्यम में असीम विस्तार है। फेसबुक जैसी तमाम सोशल नेटवर्किंग साइटें आज आधुनिक पत्रकारिता का नया ध्रुव बन चुकी हैं।

हालांकि जैसे-जैसे अ-पत्रकार बिरादरी का असर बढ़ रहा है, उसका विरोध भी बढ़ रहा है। इंटरनेट पर किए जा रहे लेखन और पत्रकारिता को लेकर परंपरागत पत्रकार ही नहीं, सरकार और कॉरपोरेट जगत भी लगातार चिंता जताता है। इस पर शिकंजा कसने के उपाय ढूंढ़े जा रहे हैं और इसके कुछ नमूने विकिलीक्स के साथ ही पूरी दुनिया ने देखा और महसूस किया। भारत में भी इंटरनेट पर पहरा बिठाने की कोशिशें आनेवाले समय में तेज होंगी। इंटरनेट पर पत्रकारिता करनेवालों को भी सतर्क होकर काम करना होगा और मानहानि और अदालत तथा संसद-विधानसभा की अवमानना आदि कानूनी प्रावधानों को जानना होगा। परंपरागत पत्रकार आमतौर पर सत्ता के साथ तालमेल बिठाकर काम करता है और विषम परिस्थितियों में मीडिया संस्थान की ताकत उसके साथ होती है। यह सुविधा इंटरनेट पर काम करनेवाले नए तरह के पत्रकारों को हासिल नहीं है। अगर वे सत्ता के साथ मिलकर काम करते हैं तो उनके होने का कोई मतलब नहीं है और जब वे सत्ता के विरुद्ध होंगे, तो उन्हें सत्ता के क्रोध का सामना करने के लिए तैयार रहना होगा।

छिपाने के मुकाबले बताने की पत्रकारिता

इंटरनेट पर की जा रही पत्रकारिता को लेकर कुछ लोगों की शिकायत है कि यह गैर-पेशेवर लोग हैं और इनकी बातों पर भरोसा कैसे किया जाए। उनके मुताबिक,

परंपरागत पत्रकारिता में कई गेटकीपर होते हैं इस वजह से सूचनाएं छनकर लोगों तक पहुंचती हैं लेकिन जिस गेट कीपिंग को परंपरागत पत्रकारिता की ताकत बताया जा रहा है वह दरअसल उसकी कमजोरी भी है। कई बार वास्तविक समाचार गेटकीपिंग के दौरान छन और छंट जाता है। मुख्यधारा की पत्रकारिता की विश्वसनीयता में लगातार गिरावट ने भी इंटरनेट जैसे नए माध्यमों में पत्रकारिता के लिए स्पेस मुहैया कराया है। मुख्यधारा की पत्रकारिता जो छिपाती है, वही इंटरनेट की सबसे हिट खबरें हैं। यानी इंटरनेट पर पत्रकारिता के जरिए मुख्यधारा की पत्रकारिता के द्वारा खाली छोड़ी गई जगह को भरने की कोशिश की जा रही है। इंटरनेट जैसे माध्यम में अ-पत्रकारों द्वारा की जा रही पत्रकारिता में गेटकीपर नहीं हैं। इसके खतरे हैं, लेकिन यही इस तरह की पत्रकारिता की ताकत भी है।

कुछ साल पहले तक अमेरिका के राष्ट्रपति चुनावों के बारे में यह कहा जाता था कि ये चुनाव दरअसल टेलीविजन स्टूडियो में लड़े और जीते जाते हैं। इस बात में बेशक अतिश्योक्ति हो, लेकिन इससे इनकार नहीं किया जा सकता कि अमेरिकी चुनावों में टेलीविजन माध्यम की महत्त्वपूर्ण भूमिका रही है। लेकिन वर्ष 2009 के राष्ट्रपति चुनाव के दौरान यह जुमला बदले रूप में सामने आया और कहा गया कि बराक ओबामा ने यह चुनाव फेसबुक और ट्विटर जैसी इंटरनेट साइट पर जीता। फेसबुक पर ओबामा के सिर्फ एक एकाउंट से 1.70 करोड़ से ज्यादा लोग जुड़े हैं, जबकि उनके नाम के फेसबुक में कई खाते हैं। माइक्रोब्लॉगिंग साइट ट्विटर पर ओबामा से 60 लाख से ज्यादा लोग जुड़े हैं। जिस माध्यम के सहारे एक साथ इतने लागों तक पहुंचा जा सकता हो, उसकी ताकत का अंदाजा लगाया जा सकता है। इस माध्यम की ताकत इसलिए भी ज्यादा है कि यहां सिर्फ ओबामा आपसे संवाद नहीं करते, आप भी ओबामा से संवाद करते हैं।

विडंबना यह है कि जिस अमेरिकी राष्ट्रपति के बारे में कहा गया कि उसने इंटरनेट पर चुनाव लड़ा और जीता है, वह राष्ट्रपति और उसका देश इंटरनेट की एक साइट पर लागातार आ रही सामग्री से तबाह नजर आया। विकिलीक्स पर हो रहे खुलासे से न सिर्फ अमेरिकी रक्षा और विदेश मंत्रालय परेशान रहा, बल्कि एक लोकतांत्रिक मुल्क के रूप में अमेरिका की साख का भी क्षरण हुआ। अमेरिकी डिप्लोमेसी इस समय विश्वसनीयता का गंभीर संकट झेल रही है और यह सब इंटरनेट पर मौजूद एक साइट की वजह से है।

वैसे देखें तो एक साइट के तौर पर विकिलीक्स में ऐसी कोई खास बात नहीं हैं। इस साइट में कोई तामझाम नहीं है, इसका राजस्व का कोई ठोस मॉडल नहीं है, इसके पीछे किसी कॉरपोरेट या देश की ताकत नहीं है। इसकी जो भी ताकत है, वह यूजर यानी इसे इस्तेमाल करनेवालों की ताकत है। वे इस साइट पर ऐसी सामग्री डाल रहे हैं, जिससे न सिर्फ देशों के बीच रिश्ते बदल रहे हैं, बल्कि इस बात की प्रबल संभावना है कि डिप्लोमेसी यानी राजनय के तौर-तरीके अब निर्णायक रूप से बदल जाएंगे।

यहां यह बात नोट की जानी चाहिए कि संचार माध्यमों के जरिए ऐसा जबर्दस्त असर पैदा करनेवाली साइट विकिलीक्स परंपरागत अर्थों में कोई मीडिया हाउस नहीं है, न ही इसमें सामग्री डालने के लिए किसी को पत्रकार बनना होगा। पत्रकारिता का हुनर और प्रशिक्षण यहां आवश्यक नहीं है। आपके पास अगर लीक करने लायक कुछ महत्त्वपूर्ण खुलासा या रहस्य या भेद या दस्तावेज है, तो विकिलीक्स की साइट आपकी है।

इस मायने में विकिलीक्स, माध्यम की तुलना में संदेश के बलशाली होने की घोषणा है। महत्त्वपूर्ण यह नहीं है कि कौन, किस और कितने बड़े मंच से बोल रहा है। महत्त्वपूर्ण यह है कि क्या कहा जा रहा है। यह नया मीडिया है। यह लोगों का मीडिया है। यह खबरों के उपभोक्ता को निष्क्रिय नहीं रहने देता। अब तक जो व्यक्ति खबरों को निष्क्रिय उपभोक्ता था, वह अब अपनी बात कह सकता है, किसी की बात पर टिप्पणी कर सकता है, कोई दस्तावेज, तस्वीर, वीडियो या किसी की आवाज अपलोड कर सकता है। इसके लिए उसे कोई तामझाम या तंत्र नहीं चाहिए। यह नए जमाने की नागरिक पत्रकारिता है। 21वीं सदी के पहले दशक के अंत में इसकी ताकत को अब दुनिया देख रही है और भारत इसके असर से अछूता नहीं है।

नागरिक पत्रकारिता : नए दौर में

नागरिक पत्रकारिता की परंपरागत परिभाषा के अनुसार, अगर कोई व्यक्ति पेशेवर पत्रकार नहीं है और किसी मीडिया संस्थान से जुड़ा नहीं है, इसके बावजूद अगर वह समाचार सामग्री का सृजन कर रहा है तो वह नागरिक पत्रकार या सिटिजन जर्नलिस्ट है। सिटिजन जर्नलिस्ट के दायरे में उन पत्रकारों को भी गिना जाता है जो सांस्थानिक ढांचे के बाहर या संस्था के अंदर ही अपेक्षाकृत स्वतंत्र माध्यम जैसे ब्लॉग के जरिए अपनी बात रखता हो। साथ ही, अगर कोई दर्शक या पाठक किसी समाचार माध्यम से मिली सूचना की पुष्टि के लिए सूचना और समाचार के दूसरे माध्यमों का इस्तेमाल करता है और इस तरह अपनी राय बनाता है तो वह भी नागरिक पत्रकारिता कर रहा होता है।

विकिलीक्स के संदर्भ में यह स्पष्ट है कि जो बात परंपरागत समाचार माध्यमों में नहीं आ रही थीं, वह विकिलीक्स के जरिए व्यापक जनसमुदाय तक पहुंच गई। परंपरागत माध्यमों में जो खाली स्थान छोड़ दिया, उसे ही विकिलीक्स ने भरा है। ये खुलासे किसी समाचारपत्र या चैनल पर भी किए जा सकते थे लेकिन सरकारी नियमन, कारोबारी हितों और आत्म नियंत्रण (सेल्फ सेंसर) से बंधे होने के कारण इस तरह के खुलासे किसी अखबार या चैनल पर नहीं हुए। इस नाते इसे वैकल्पिक पत्रकारिता भी कह सकते हैं। इंटरनेट पर निगरानी की जटिलताओं के बीच जगह बनाते हुए विकिलीक्स ने ये खुलासे किए। नागरिक पत्रकारिता का यह श्रेष्ठ उदाहरण है।

नागरिक पत्रकारिता ने दरअसल पत्रकारिता की विधा को लोकतांत्रिक बनाया है। इसमें पढ़ने या देखनेवाला, यानी संचार सामग्री का उपभोक्ता सक्रिय भूमिका

निभाने लगता है। पत्रकारिता की तिलिस्म को तोड़ने में इसकी बड़ी भूमिका है। आज एक व्यक्ति बिना किसी पत्रकारीय प्रशिक्षण के, साइबर कैफे में बैठकर या अपने घर से ब्लॉग लिख सकता है और दुनिया भर में पहुंच सकता है। या फिर वह फेसबुक पर अपनी बात कह सकता है और हजारों लोग उसे पढ़ सकते हैं। ट्विटर और दूसरे सोशल नेटवर्किंग साइट्स के जरिए आज अपनी बात पहुंचाना पहले की तुलना में काफी आसान हो गया है। जो बात मुख्यधारा में नहीं कही जा सकती, वह इन माध्यमों के जरिए कही जा सकती है। परंपरागत पत्रकारिता के भारी तामझाम और खर्च से अलग यह नई पत्रकारिता है।

पश्चिमी देशों में नई मीडिया की ताकत टेक्नोलॉजी के विस्तार की वजह से बहुत अधिक है लेकिन भारत में भी इसकी ताकत बढ़ रही है। भारत में इंटरनेट के 8 करोड़ से ज्यादा उपभोक्ता हैं।[197] दूसरे स्रोत इस संख्या को 10 करोड़ बताते हैं। अमेरिका के 22 करोड़ और चीन के 21 ग्राहकों की तुलना में यह संख्या छोटी जरूर है, लेकिन भारत इस समय इंटरनेट के सबसे तेजी से बढ़ते बाजारों में से एक है। टेलीकॉम रेगुलेटरी अथॉरिटी (ट्राई) के दिसंबर 2010 में जारी किए गए आंकड़े (ये आंकड़े सितंबर, 2010 तक के हैं) के मुताबिक, तेज रफ्तार इंटरनेट यानी ब्रॉडबैंड के ग्राहकों की संख्या एक करोड़ को पार कर गई है। अगस्त से सितंबर, 2010 के बीच एक महीने में देश में 2.10 लाख नए ब्रॉडबैंड कनेक्शन लिए गए।[198]

इंटरनेट पर आने जानेवालों का लेखा-जोखा रखने वाली दुनिया की प्रमुख संस्था कॉमस्कोर ने वर्ष 2009 में किए गए अध्ययन के आधार पर बताया कि भारत में इंटरनेट इस्तेमाल करनेवालों में 44 फीसदी लोग समाचार साइट पर भी जाते हैं। 15 साल से ज्यादा उम्र के डेढ़ करोड़ से ज्यादा लोग अक्टूबर महीने में समाचारों की वेबसाइट पर गए। एक साल में यह संख्या 37 फीसदी बढ़ी है।[199] सोशल नेटवर्किंग साइट की लोकप्रियता भी भारत में बढ़ी। फेसबुक के यूजर की संख्या दो करोड़ को पार कर गई। (देखें बॉक्स)

भारत में सोशल नेटवर्किंग का बढ़ता नेटवर्क[200]

यूनीक विजिटर (000) में	*जुलाई 2009*	*जुलाई 2010*	*बदलाव %*
सोशल नेटवर्किंग	23,255	33,158	43
फेसबुक	7,472	20,873	179
ऑर्कुट	17,069	19,871	16
भारत स्टूडेंट डॉट कॉम	4,292	4,432	3
याहू पल्स	–	3,507	–
ट्विटर	984	3,341	239
लिंक्ड इन	–	3,267	–

स्रोत–कॉमस्कोर

दुनिया काफी बदल गई है। बदलाव बेशक ग्लोब के एक हिस्से में हुआ, लेकिन इसका असर देर तक और दूर तक होने के आसार हैं। मिस्र का लोकतंत्र समर्थक आंदोलन दूसरे देशों को अपनी चपेट में लेने वाली सुनामी बने या न बने, लेकिन यह तय है कि इसने पूरी दुनिया में कई तरह की नई बहस और चर्चाओं को जन्म दिया है। जनसंचार या मास मीडिया को लेकर भी इस आंदोलन के संदर्भ में कई चर्चाएं चली हैं और इस विधा के लिए भी मिस्र की घटनाओं का काफी महत्त्व है।

भारतीय अखबारों का मिस्र में तो क्या, पूरे अफ्रीका महादेश में कोई नियमित यानी रेगुलर संवाददाता नहीं है। इसलिए मिस्र से जुड़ी शुरुआती खबरें भारतीय पाठकों और दर्शकों तक पश्चिमी सूचना माध्यमों के जरिए पहुंचीं। खाड़ी देशों में इक्का-दुक्का भारतीय अखबारों ने अपने संवाददाता रखे हैं, लेकिन जब घटनाओं का विस्तार इतना बड़ा और व्यापक हो तो इन संवाददाताओं से ज्यादा उम्मीद भी नहीं की जा सकती, क्योंकि न तो वे मिस्र जैसे बड़े और विविधतापूर्ण देश को इतने कम समय में जान सकते हैं और न ही उसकी सही ढंग से रिपोर्टिंग कर सकते हैं। तस्वीरों के लिए तो भारतीय मीडिया पूरी तरह से पश्चिमी समाचार एजेंसियों पर निर्भर रहा। यह चिंताजनक है कि जब दुनिया के भू-राजनीतिक नक्शे को बदलने वाली घटना हो रही थी, तब भारत में लोगों ने उसे आमतौर पर पश्चिमी स्रोत से देखा। चार हजार से पांच हजार करोड़ रुपए तक बाजार पूंजीकरण वाली भारतीय मीडिया कंपनियों ने इस घटना को कवर करने के लिए संसाधन क्यों नहीं लगाए, इस पर विचार किया जाना चाहिए। यहां इस बात का जिक्र करना आवश्यक है कि भारतीय चैनलों ने इक्का-दुक्का रिपोर्टर वहां भेजकर रस्म अदायगी की और जब वहां वास्तविक सत्ता परिवर्तन हुआ, उससे पहले ज्यादातर भारतीय चैनल अपने संवाददाता वापस बुला चुके थे।

भारतीय मीडिया के कवरेज को ध्यान से देखें तो इसमें विशेषज्ञों की भूमिका भी अजीब नजर आती है। भारत में लगभग सभी थिंक टैंक और शोध संस्थान या तो सरकारी हैं या फिर अमेरिकी और यूरोपीय देशों की मदद से चलनेवाले। मिस्र के आंदोलन को लेकर अमेरिका शुरू से ही ढुलमुल रहा। अमेरिका अपने सबसे विश्वस्त सहयोगी होस्नी मुबारक के खिलाफ हो रहे आंदोलन को लेकर सकते में था और बच-बचाकर चल रहा था। भारत सरकार तो अमेरिका से भी ज्यादा सतर्क थी। ऐसे में थिंक टैंक और एक्सपर्ट की दुविधा का अंदाजा लगाया जा सकता है। मिस्र के आंदोलन का खुलकर समर्थन करनेवाले कम थे और भारत के लिए इसका क्या मतलब है, यह बताने वाला तो कोई था ही नहीं। कोई इसे मुस्लिम ब्रदरहुड के मजबूत होने के नजरिए से देख रहा था तो कोई इजराएल की चुनौती के संदर्भ में। कोई यह नहीं बता रहा था कि मिस्र की विकास दर भी भारत की तरह ही तेज रही है और दोनों

देशों में बेरोजगारी दर लगभग बराबर है। महंगाई और भ्रष्टाचार, दोनों देशों में चरम पर है। यह सब नहीं बताया जा रहा था। वजह यह नहीं है कि इसकी जानकारी नहीं थी, बल्कि इस तरह की जानकारियां सरकार और सत्ता को असहज कर सकती हैं। अखबार समेत मास मीडिया ऐसे मामलों में सेल्फ सेंसरशिप कर लेता है। सरकार को इसके लिए अलग से बोलने की जरूरत नहीं पड़ती।

सत्ता परिवर्तन तक पहुंचा मिस्र का आंदोलन दरअसल मजदूर आंदोलन के गर्भ से पैदा हुआ। अमेरिका में प्रतिरोध की संस्कृति गढ़ रही इंटरनेट साइट–काउंटरपंच में मेरी लिन क्रेमर लिखती हैं कि मिस्र में पिछले आठ साल में 3000 से ज्यादा हड़तालें हुई हैं। काहिरा के तहरीर चौक पर जो मंजर दुनिया ने देखा, उसकी पृष्ठभूमि इन हड़तालों और मजदूर आंदोलनों की तैयार की हुई है। दुनिया जिस *अप्रैल 6 यूथ मूवमेंट* को मिस्र में जनांदोलन संगठित करनेवाली संस्था के रूप में जानती है, उसका नाम भी मजदूर आंदोलन से जुड़ी एक घटना के आधार पर पड़ा। वर्ष 2008 में काहिरा के पास माहाल्ला में कपड़ा मजदूरों की बड़ी हड़ताल हुई तो पुलिस ने उसे कुचलने की कोशिश की। 6 अप्रैल को माहाल्ला में लगभग एक लाख लोगों ने विरोध प्रदर्शन किया। इस दौरान पुलिस फायरिंग में दो लोगों की मौत हो गई। यह पहला मौका था जब मिस्र के मजदूरों ने डर पर जीत हासिल कर ली। उन्होंने मुबारक की एक आदमकद प्रतिमा को गिरा दिया। यहीं से वह आंदोलन शुरू हुआ, जिसका आखिरी चरण मुबारक की सत्ता से विदाई के रूप में सामने आया।

तहरीर चौक में जो हुआ, उसे 6 अप्रैल, 2008 की घटना का विस्तार माना जाता है। मिस्र में वर्ष 2011 की जनवरी और फरवरी की घटनाओं को मीडिया ने इस तरह दिखाया मानो मिस्र के मध्यवर्गीय युवा तानाशाही से नाराज थे और उन्होंने आंदोलन किया। जबकि इन दिनों भी देश भर में जबर्दस्त मजदूर आंदोलन चल रहे थे और स्वेज नहर के आसपास के औद्योगिक इलाकों में बड़े पैमाने पर मजदूर हड़ताल पर चले गए। लेकिन मीडिया ने यह सब रिपोर्ट नहीं किया। अंतरराष्ट्रीय मीडिया में तो फिर भी इससे जुड़ी कुछ सूचनाएं मिल जाती हैं। मिसाल के तौर पर 'सिडनी मॉर्निंग हेराल्ड' के टिमोथी फेल्प्स ने 11 फरवरी, 2011 को लिखा कि वर्ष 2008 का मजदूर आंदोलन मुबारक की सत्ता के लिए खतरा बन गया। लेकिन भारतीय मीडिया ने मिस्र के आंदोलन के इस सबसे महत्त्वपूर्ण पहलू की अनदेखी की। यह अनजाने में नहीं हुआ।

भारतीय मीडिया ने इस मौके पर इस बात की भी छानबीन नहीं की कि भारत के होस्नी मुबारक और उसकी सरकार के साथ कैसे संबंध हैं। अगर वे ऐसा करना चाहते तो उन्हें पता चलता कि भारत और होस्नी मुबारक के बीच संबंध कितने मधुर रहे। भारत ने वर्ष 2007 में मुबारक को अंतरराष्ट्रीय शांति और सद्भाव के लिए नेहरू पुरस्कार दिया था। मनमोहन सिंह मिस्र के शहर शरम अल शेख में गुटनिरपेक्ष देशों के सम्मेलन में मुबारक को शांति का प्रतीक बता चुके थे।

भारतीय कंपनियों के मिस्र में कोराबारी हित हैं और भारत को जब तक भरोसा नहीं हो गया कि मुबारक जानेवाले हैं तब तक विदेश मंत्रालय से ढुलमुल बयान आते रहे या फिर चुप्पी रही। साथ ही, इस तथ्य की अनदेखी नहीं की जा सकती कि इजराएल की जितनी दोस्ती मुबारक से थी, उससे कम दोस्ती भारत से नहीं है। मुबारक के कमजोर होने को लेकर इजराएल डरा हुआ था और भारत इसकी अनदेखी नहीं कर सकता है कि किसी मामले में इजराएल क्या सोच रहा है।

मिस्र और भारत का मीडिया

मिस्र में प्रेस उसी तरह आजाद है जिस तरह भारत में। सरकारी चैनल हैं, लेकिन उससे ज्यादा पहुंच वाले निजी चैनल भी हैं। अखबार भी खूब छपते हैं लेकिन देश में आ रहे इतने बड़े उबाल को मिस्र के अखबार और चैनल नहीं देख पाए। मुबारक के सत्ता छोड़ने के दिन तक वहां के अखबार और चैनल संतुलन बनाकर चलने की कोशिश करते रहे। इस तरह मुख्यधारा के मीडिया में प्रतिरोध की आवाज को जगह नहीं मिल पाई। इस खाली जगह को वहां वेब मीडिया और सोशल नेटवर्किंग साइट ने भरा। तहरीर चौक में लोगों को आने के लिए अपील किसी अखबार या चैनल में नहीं आई। यह काम सोशल नेटवर्किंग साइट के जरिए हुआ।

मिस्र में 500 से ज्यादा दैनिक समाचारपत्र छपते हैं, जिनमें से आधे से अधिक निजी हाथों में हैं। ये समाचारपत्र अलग-अलग राजनीतिक विचारों के हैं और अल्पसंख्यक ईसाई समुदाय के भी 17 अखबार हैं। विपक्षी दलों के भी अपने समाचारपत्र हैं। अखबारों को आजादी थी कि वे सरकारी नीतियों का विरोध करें। मुबारक के राष्ट्रपति चुनाव में जीतने के तरीकों की कई अखबारों ने निंदा की थी और संपादकीय लिखे थे। 'अल दस्तूर' समाचारपत्र उनमें एक है, जिसका जिक्र कैम मैकग्रा ने 14 फरवरी, 2010 को काहिरा से भेजी अपनी रिपोर्ट में किया। यह रिपोर्ट इंटर प्रेस सर्विस यानी आईपीएस ने जारी की थी। लेकिन कुल मिलाकर मिस्र के मीडिया पर सरकार का दबदबा खत्म नहीं हुआ है। अखबारों के सर्कुलेशन को देखें तो मिस्र में अखबारों की 15 लाख की कुल बिक्री में 10 लाख कॉपियां सरकारी अखबार 'अल अहराम' की बिकती हैं।

इसी तरह मिस्र में टेलीविजन के 11 सरकारी चैनल हैं और 31 निजी चैनल। इसके अलावा दूसरे देशों से टेलीकास्ट होनेवाले अरबी भाषा के कई चैनल यहां देखे जाते हैं लेकिन कई चैनल होने का यह मतलब नहीं है कि उनमें सरकार और व्यवस्था विरोधी खबरों को पर्याप्त जगह मिले। काहिरा मानवाधिकार संगठन ने वर्ष 2005 के राष्ट्रपति चुनाव के दौरान मीडिया कवरेज का अध्ययन करने पर पाया कि होस्नी मुबारक को बाकी 9 प्रत्याशियों के मुकाबले काफी ज्यादा कवरेज दिया गया। जब मिस्र में मजदूर आंदोलन चल रहा था तो सरकारी ही नहीं, गैर सरकारी चैनलों और

अखबारों में इसकी कम खबरें छपीं। तहरीर चौक पर आंदोलन शुरू होने तक मिस्र का मीडिया लोगों के असंतोष को दर्ज नहीं कर पा रहा था। ऐसे समय में वैकल्पिक माध्यमों ने अपनी भूमिका निभाई।

अप्रैल 6 यूथ मूवमेंट और *वी आर ऑल खालिद सैद* जैसे फेसबुक प्रोफाइल के जरिए लोगों से यह अपील की गई कि वे सड़कों पर आएं। अप्रैल 2011 में फेसबुक पर इन दोनों पेजों के क्रमश : 66,000 और 83,000 फॉलोअर थे। तहरीर चौक पर प्रदर्शन से पहले भी फेसबुक के जरिए अलग-अलग शक्ल में आंदोलन की अपील जारी की जाती रही है। प्रतिरोध आंदोलन के संगठनकर्ता के रूप में इंटरनेट का इस्तेमाल इससे पहले ट्यूनीशिया में हो चुका है। ट्विटर और कई और माध्यमों के जरिए भी मिस्र में आंदोलनकारियों ने प्रतिरोध संगठित करने की कोशिश की और उन्हें काफी सफलता भी मिली। उनकी कामयाबी का अंदाजा इस बात से लगाया जा सकता है कि मिस्र की सरकार ने आंदोलन को कुचलने के लिए सबसे पहले इंटरनेट की पहरेदारी शुरू की और फेसबुक तथा ट्विटर समेत कई साइट और सोशल नेटवर्किंग प्लेटफॉर्म को ब्लॉक कर दिया। एक समय ऐसा आया जब सरकार ने इंटरनेट को ही ठप कर दिया। हालांकि इस वजह से देश की अर्थव्यवस्था का भारी नुकसान हुआ, लेकिन आंदोलन को दबाने के लिए सरकार ने यह कदम भी उठाया।

हालांकि वेब टेक्नोलॉजी को नियंत्रित करने की सीमाएं यहां भी नजर आईं। जब सरकार ने इंटरनेट का इस्तेमाल मुश्किल बना दिया तो लोगों ने मोबाइल फोन पर वायस कॉल और एमएमएस के जरिए एक-दूसरे को संदेश भेजे। गूगल/ट्विटर ने ऐसी सुविधा शुरू कर दी जिसके जरिए खास नंबर पर फोन करके दिया गया संदेश ट्विटर पर नजर आने लगा। इस तरह लोगों की आवाज कभी बंद नहीं की जा सकी। मिरर साइट के जरिए एक साइट को कई अलग-अलग आईपी एड्रेस का इस्तेमाल करके जिंदा रखा गया।

इंटरनेट की दुनिया में भारत की कछुआ चाल

देश	*अनुमानित आबादी (करोड़)*	*इंटरनेट यूजर (करोड़)*	*नेट यूजर/आबादी का अनुपात%*	*2000.2010 के बीच बढ़त (गुना)*
भारत	117	8	6.9	15
मिस्र	8	1.7	21.2	36
ट्यूनीशिया	1.05	0.36	34	35
अफ्रीका	101	11	10.09	23
एशिया	383	82	21.5	6
विश्व	684	196	28	4.4

लेकिन क्या इस आधार पर यह कहा जा सकता है कि फेसबुक या ट्विटर की वजह से ही मिस्र में बदलाव हुआ? ऐसा कहना सरलीकरण होगा। मिस्र के आंदोलन को इंटरनेट से ताकत जरूर मिली लेकिन इंटरनेट को आंदोलनकर्ता के रूप में देखकर जो लोग बहुत आशान्वित हो रहे हैं, उसका कोई कारण नहीं है। मिस्र में आंदोलन जनता, और मुख्य रूप से औद्योगिक मजदूरों का था, उसे संगठित करने में सोशल मीडिया और इंटरनेट ने भूमिका निभाई।

क्या भारत में सोशल मीडिया की ऐसी कोई सामाजिक भूमिका हो सकती है? आज इस सवाल का जवाब देना आसान नहीं हैं। भारत में सोशल मीडिया और इंटरनेट की पहुंच अपेक्षाकृत कम है। मिस्र में इंटरनेट मुफ्त है। वहां हर घर के लिए पर्सनल कंप्यूटर की मुहिम चलाई गई है, जिसके तहत बिना किस गारंटी के किश्तों पर कंप्यूटर खरीदने की सुविधा है। इसके मुकाबले भारत की स्थिति अच्छी नहीं कही जाएगी। इसके बावजूद भारत में वैकल्पिक चिंतन और विचार के मंच के रूप में इंटरनेट की भूमिका हो सकती है क्योंकि समाचारपत्र और टेलीविजन इसके लिए स्पेस मुहैया नहीं करा रहे हैं।

भारत के अखबारों और चैनलों में जिस तरह क्रिकेट छाया रहता है, वह मीडिया और विज्ञापन के रिश्तों को रेखांकित करता है। मिस्र के कवरेज के लिए भारतीय मीडिया ने जो संसाधन लगाए, उसकी तुलना क्रिकेट विश्व कप के कवरेज में लगाए गए संसाधनों से कीजिए। आप सहज ही अंदाजा लगा पाएंगे कि मीडिया आपको क्या दिखाना चाहता है। इसके पीछे किसी की साजिश नहीं है, न ही किसी की बदमाशी। भारत के कॉरपोरेट मीडिया की कारोबारी संरचना और आमदनी के तौर-तरीकों के वजह से यही स्वाभाविक है।

वेब पत्रकारिता की सीमाएं

सोशल नेटवर्किंग और वेब पत्रकारिता क्या भारत में कभी मिस्र को दोहराने का माध्यम बन सकती है या फिर क्या इंटरनेट भारत में भी प्रतिरोध का औजार साबित होगा? ये सवाल अभी भविष्य के गर्भ में हैं। इंटरनेट अपनी संरचना की वजह से संभावनाएं जरूर जगाता है। यह अपेक्षाकृत बेहद सस्ता माध्यम है। कोई व्यक्ति मामूली खर्च में इंटरनेट के जरिए अपनी बात लोगों तक पहुंचा सकता है। यह माध्यम खर्चीला नहीं है इसलिए आम लोगों की पहुंच के अंदर है। विज्ञापनों के दबाव के बिना भी यह काम करता है। अभी तक के अनुभव बताते हैं कि सरकार इसकी पहरेदारी तो कर सकती है, लेकिन यह आसान नहीं है। सरकारी पहरेदारी से बचकर इंटरनेट के जरिए अपनी बात कहने के कई मॉडल दुनिया में हैं। चीन, म्यांमार, ईरान, मिस्र, ट्यूनीशिया, यमन, जॉर्डन आदि देशों में लोगों ने सरकारी पाबंदियों के बावजूद इंटरनेट को प्रतिरोध का हथियार बनाया। विकिलीक्स ने इसकी संभावनाओं को और

विस्तार दिया है क्योंकि दुनिया ने यह देखा कि विश्व महाशक्ति और उसके यूरोपीय संगी-साथियों की कोशिशों के बावजूद विकिलीक्स पर पहरा नहीं बिठाया जा सका।

लेकिन भारत में प्रतिरोध के औजार के रूप में इंटरनेट के विकसित होने में कुछ बाधाएं हैं। सबसे बड़ी बाधा तो यह है कि भारत में इंटरनेट की पहुंच सीमित है। सिर्फ 7 फीसदी आबादी इंटरनेट के दायरे में हैं और ब्रॉडबैंड कनेक्शन तो एक फीसदी लोगों तक भी नहीं पहुंच पाया है। दूसरी बात यह भी है कि भारत में इंटरनेट अभी भी मुख्य रूप से एक शहरी परिघटना है और वहां भी यह सबसे पहले इलीट के हाथ में पहुंचा। हालांकि इस बारे में कोई शोध नहीं है, लेकिन अनुमान लगाया जा सकता है कि शहरों में भी ऊंची जातियों के लोगों की इंटरनेट तक पहुंच ज्यादा होगी। भारत में बदलाव की सबसे ज्यादा जरूरत ग्रामीण, गरीब और नीची कही जानेवाली जाति के लोगों को है जबकि इंटरनेट तक ज्यादा पहुंच शहरी, इलीट और ऊंची जाति के लोगों की है। इसलिए देश के वंचितों के बीच संगठक के तौर पर इंटरनेट की सीमित भूमिका ही हो सकती है। इसमें भाषा की अड़चन भी है। भारत में इंटरनेट की भाषा मुख्य रूप से इंग्लिश है। ऐसा इसलिए भी है क्योंकि यही देश के इलीट की भी भाषा है। इस वजह से आबादी के बड़े हिस्से तक इंटरनेट के पहुंचने में बाधा है। इस बात की भी अनदेखी नहीं की जा सकती कि भारत में इंटरनेट पर समाचार के क्षेत्र में बड़ी कॉरपोरेट कंपनियों की काफी धाक है। एलेक्सा रैंकिंग[201] के मुताबिक, भारत के टॉप साइट्स में समाचार देनेवाले साइट्स को देखें तो ऊपर से चार नाम ये आते हैं–याहू, रेडिफ, इंडिया टाइम्स और इन डॉट कॉम। इसके अलावा ज्यादातर पॉपुलर न्यूज साइट वही हैं, जिनके अखबार भी चलते हैं। इस तरह से इंटरनेट पर समाचार के मामले में स्वामित्व की वही स्थिति है जो प्रिंट और टेलीविजन में है।

इस वजह से कई मीडिया विश्लेषक इंटरनेट माध्यम की संभावनाओं को लेकर बहुत उत्साहित नहीं हैं। एड्वर्ड एस हरमन और चोम्सकी तो यहां तक मानते हैं कि प्रिंट और टेलीविजन मीडियम पर लागू होनेवाला प्रोपेगेंडा मॉडल इंटरनेट पर भी लागू होगा। यानी यह माध्यम भी इलीट के हित में काम करेगा। इसके कारण गिनाते वे कहते हैं कि (1) परंपरागत मीडिया ने इंटरनेट पर मजबूती से पांव जमा लिए हैं और वह इंटरनेट पर खबरों का प्रमुख स्रोत है, (2) परंपरागत मीडिया के पास काफी संसाधन हैं और वैकल्पिक मीडिया चलाने वालों के मुकाबले उन्हें बढ़त हासिल है, (3) इंटनरेट पर वैकल्पिक माध्यम चलाने वाले भी संचालन का खर्च पूरा करने के लिए विज्ञापन मांगते हैं, जिससे विकल्प बनने की उनकी क्षमता कम होती है। सबसे बड़ी साइट गूगल और याहू विज्ञापनों से मिलनेवाली आमदनी पर निर्भर हैं और वे समाचार संकलन पर कोई खर्च नहीं करतीं। न्यू मीडिया का बड़ा हिस्सा सामाजिक संपर्क बनाने का औजार बना हुआ है और राजनीति वहां दोयम दर्जे पर है।[202]

इसके बावजूद इंटरनेट के अभी तक के अनुभव बताते हैं कि विरोध को संगठित करने और उसे स्वर देने में इसकी सकारात्मक भूमिका रही है। परंपरागत समाचार माध्यमों पर करोड़ों और अरबों रुपए के निवेश की जरूरत की तुलना में इंटरनेट बेहद सस्ता और सुगम माध्यम है। किसी छात्र के लिए अपने जेब खर्च से भी इंटरनेट पर पत्रकारिता करना संभव है। बड़ी पूंजी से इंटरनेट पर बड़े उद्यम चल रहे हैं, लेकिन नाम मात्र के खर्च से भी यहां काम करने की संभावना है। यह बात इंटरनेट को दूसरे माध्यमों से अलग करती है।

वैकल्पिक माध्यम के रूप में इसकी क्षमता का अंदाजा इस बात से भी लगाया जा सकता है कि सरकारें लगातार इंटरनेट पर पहरा कड़ा करने में जुटी हैं। म्यांमार से लेकर ईरान और चीन से लेकर अरब देशों तक में इंटरनेट को नियंत्रित करने में सरकारें लगी रहती हैं। भारत में सरकार को परंपरागत माध्यमों से कोई दिक्तत नहीं होती और सरकार इनके नियमन तक के लिए राजी नहीं है (भारत में टीवी कंटेंट के नियमन का अब तक कोई कानून नहीं है और प्रेस के नियमन के लिए बनी संस्था प्रेस कौंसिल को कोई अधिकार नहीं है), लेकिन इंटरनेट पर शिकंजा कसने के लिए लगातार कानून बनाए जा रहे हैं।

मुक्त इंटरनेट पर सरकार का पहरा

इंटरनेट और साइबर दुनिया में विचारों और सूचनाओं के मुक्त प्रवाह की गुंजाइश बाकी जन संचार माध्यमों से ज्यादा है। इसलिए कई लोग इस माध्यम को लेकर बेहद उत्साहित हैं और इसे साक्षात मुक्ति का मार्ग तक करार देते हैं। मिस्र में लोकतंत्र समर्थक आंदोलन में सोशल नेटवर्किंग साइट की भूमिका ने भी ऐसे तर्कों को मजबूत किया है। यह सच है कि इंटरनेट अपोक्षाकृत स्वतंत्र संचार माध्यम है और सरकारों के लिए इसे नियंत्रित करना अपेक्षाकृत मुश्किल है। साथ ही, यह सस्ता और सुगम माध्यम भी है और इसमें यूजर निष्क्रिय नहीं रहता, बल्कि कंटेंट का सृजन करने की स्थिति में भी होता है। इंटरनेट की इन्हीं खूबियों की वजह से सरकारें अक्सर इंटरनेट को नियंत्रित करना चाहती हैं। जो सरकारें अखबारों, पत्रिकाओं, टीवी चैनलों के नियमन के लिए गंभीर नहीं होतीं, वे भी इंटरनेट की पहरेदारी को लेकर बेहद तत्पर होती हैं। भारत सरकार दुनिया की उन सरकारों में है, जो इंटरनेट में सूचनाओं के प्रवाह को नियंत्रित करने की कोशिशों में आगे है।

इसका सबसे बड़ा प्रमाण इंटरनेट पोर्टल गूगल की छमाही जारी होनेवाली ग्लोबल ट्रांसपेरेंसी रिपोर्ट (http://www.google.com/transparencyreport/governmentrequests/IN/) है। जुलाई-दिसंबर 2010 की समयावधि के लिए जारी अपनी रिपोर्ट में गूगल ने इस बात की जानकारी दी है कि विभिन्न देशों की सरकारों ने कितनी वेब साइट और ब्लॉग आदि को ब्लॉक करने या सामग्री हटाने का अनुरोध

उससे किया और कितने यूजर के बारे जानकारियां मांगी गईं। इस रिपोर्ट से पता चला है कि भारत दुनिया के उन देशों में है जो इंटरनेट पर पहरेदारी करने की कोशिशों में सबसे आगे हैं। यह रिपोर्ट बताती है कि भारतीय सत्ता और सुरक्षा एजेंसियों में इंटरनेट की सामग्रियों को लेकर असहिष्णुता बढ़ रही है और सेंसरशिप सख्त हो रही है।

गूगल ट्रांसपेरेंसी रिपोर्ट

ब्यौरा	जनवरी-जून 2010	जुलाई-दिसंबर 2010
रिक्वेस्ट की संख्या	30	67
कितने आईटम हटाने का अनुरोध	125	282
कितने रिक्वेस्ट माने गए	53%	22%
यूजर डाटा रिक्वेस्ट	1430	1699 (79% माने गए)

गूगल के पास विभिन्न देशों की सरकारों से ऐसे अनुरोध आते रहते हैं। भारत के साथ खास बात यह है कि ये अनुरोध ज्यादातर मामलों में तय प्रक्रिया के तहत नहीं किए गए। इस वजह से जहां कई देशों के लगभग सभी अनुरोध गूगल ने मान लिए, वहीं भारतीय सरकारी संस्थाओं की तरफ से किए गए सिर्फ 22 फीसदी अनुरोध पर ही अमल किया गया। सवाल उठता है कि भारत की सरकारी एजेंसियों को गूगल और उसकी साइट जैसे गूगल सर्च, ब्लॉगर, गूगल इमेज, यूट्यूब पर सामग्रियों से किस तरह की शिकायतें हैं?

गूगल पर सामग्री से कैसी शिकायतें

वजह	*कोर्ट का आदेश*	*अफसर/पुलिस आदि*	*कितने आईटम*
मानहानि	2	26	133
प्राइवेसी और सुरक्षा	1	2	54
किसी की पहचान की नकल	–	1	2
सरकारी की निंदा	–	4	11
राष्ट्रीय सुरक्षा	–	1	16
पोर्नोग्राफी	2	11	21
घृणा फैलाना	–	5	11
अन्य	1	11	34

इस आंकड़े से पता चलता है कि गूगल से किए गए कुल 67 रिक्वेस्ट में से सिर्फ 6 यानी लगभग 10% ही अदालती आदेश के तहत थे। बाकी आदेश सुरक्षा एजेंसियों की ओर से गए। ऐसे में गूगल के लिए इन आदेशों में से ज्यादातर को ठुकरा देने का फैसला करना मुश्किल नहीं था। गूगल ट्रांसपेरेंसी रिपोर्ट में भारत के बारे में एक महत्त्वपूर्ण टिप्पणी है–''हमें विभिन्न एजेंसियों से ऐसे रिक्वेस्ट मिले, जिनमें कहा गया था कि मुख्य मंत्रियों और वरिष्ठ अधिकारियों की आलोचना करनेवाले ब्लॉग और यूट्यूब वीडियो हटाए जाएं। हमने उन्हें नहीं माना।''

हालांकि भारत अगर गूगल के लिए ज्यादा रेवेन्यू पैदा करनेवाले देशों में होता और उस रेवेन्यू के आने या उसे रोक पाने में सरकार की कोई भूमिका होती, तो गूगल शायद इतनी बहादुरी की भाषा नहीं बोलता। इसका मतलब यह भी है कि अभी गूगल भारत की सरकारी एजेंसियों के 22% रिक्वेस्ट को मानता है तो आगे चलकर यह अनुपात बदल भी सकता है। सरकारी एजेंसियां इस बात से सबक लेकर अदालती आदेशों के साथ गूगल के पास जा सकती हैं। कुल मिलाकर, गूगल से सामग्रियां भारत सरकार के कहने पर हटाई जाती हैं और यह मात्रा बढ़ सकती है। फेसबुक और दूसरी साइट तथा एग्रिगेटर से ऐसे आंकड़े न मिलने की वजह से इस मामले में पूरी तस्वीर शायद कभी सामने न आए, लेकिन गूगल की ट्रांसपेरेंसी रिपोर्ट एक प्रवृत्ति की ओर इशारा करती है और यह भारत में इंटरनेट की सीमाओं का भी एहसास कराती है।

भारत सरकार इंटरनेट पर पहरेदारी के लिए तमाम कानूनी हथियारों से खुद को लैस कर चुकी है और उन हथियारों का इस्तेमाल भी होने लगा है। सरकारी एजेंसियां नए कानूनी प्रावधानों के तहत अनियंत्रित तरीके से इलेक्ट्रॉनिक निगरानी और सेंसरशिप कर सकती है और किसी भी सामग्री को ब्लॉक कर सकती है। आईटी एक्ट, 2000 में 2008 के संशोधन के बाद अब किसी सामग्री को देनेवाला ही नहीं, बल्कि लोगों तक उसे पहुंचाने के रास्ते में आनेवाले सभी इंटरमिडिएटरीज़ दोषी ठहराए जा सकते हैं। उनमें टेलीकॉम नेटवर्क, वेब होस्टिंग करनेवाले, इंटरनेट सर्विस प्रोवाइडर, साइबर कैफे, केबल ऑपरेटर, सर्च इंजन, सोशल नेटवर्किंग साइट, ऑनलाइन पेमेंट साइट, ई-बिजनेस साइट और यहां तक कि ब्लॉगर भी शामिल है। ये न सिर्फ अपनी दी हुई सामग्री के लिए जिम्मेदारी हैं, बल्कि उनके प्लेटफॉर्म पर शेयर की गई चीजों और टिप्पणियों के लिए भी जिम्मेदार हैं। इंटरनेट कैफे और इंटरनेट सर्विस प्रोवाइडर के लिए अब यह शर्त भी है कि वे ज्यादा समय तक यूजर डाटा रखें। जाहिर है कि इसका मकसद यूजर की निगरानी करना है।

कुल मिलाकर यह स्थिति है कि सरकार जब चाहे इंटरनेट पर किसी की भी अभिव्यक्ति का गला घोंट दे। यह काम सबसे ज्यादा कानून-व्यवस्था बनाए रखने और राष्ट्रीय सुरक्षा के नाम पर होता है, क्योंकि ऐसे मसले पर बहस या विवाद तक की

गुंजाइश अक्सर नहीं होती। 2008 में मुंबई पर आतंकवादी हमले के बाद ऐसे माहौल में सरकार ने कानून में फेरबदल किया, जब इस बारे में किसी और पक्ष को सुनने का माहौल ही नहीं था।

इन कानूनी बदलाव और सरकार के कड़े रुख की वजह से भारत में इंटरनेट की आजादी सीमित हुई है और जब फ्रीडम हाउस इंडेक्स की 2011 की सालाना रिपोर्ट में भारत में इंटरनेट को आंशिक रूप से स्वतंत्र बताया, तो किसी को आश्चर्य नहीं हुआ। 2010 में भी भारत का दर्जा यही था।

इन स्थितियों में भी इंटरनेट पर सूचनाओं और समाचारों की छापामारी ही संभव है। साइट और ब्लॉग से लेकर सोशल नेटवर्किंग और वीडियो शेयरिंग के जरिए अपनी बात पहुंचाने का यह एक जरिया है। वैकल्पिक पत्रकारिता के लिए इस समय इंटरनेट सबसे उपयुक्त माध्यम है।

अनुलग्नक-1

फेसबुक पर मीडिया विमर्श

(2010-2011 में अपने फेसबुक वाल पर मैंने मीडिया विषयक कई टिप्पणियाँ की थीं। उनमें से कुछ टिप्पणियाँ यहाँ रखी गई हैं।)

- आज तक, हेडलाइंस टुडे, CNN IBN, IBN7, CNBC TV18, CNBC आवाज, यूटीवी ब्लूमबर्ग...इन चैनलों में अनिल अंबानी की हिस्सेदारी है। 10% से 18% के बीच। (स्रोत–बिजनेस स्टैंडर्ड, टाइम्स ऑफ इंडिया, 17 जून, 2010)[203] तो इन चैनलों के पत्रकार क्या खाकर अपने मालिक अनिल अंबानी और उनकी कंपनियों के बारे में सच लिख लेंगे? स्पेक्ट्रम घोटाले का कवरेज देख लीजिए।
- पत्रकारों को लोग ज्यादा ही महत्त्व देते हैं। उनकी हैसियत का अंदाजा आप लगा सकते हैं। बेचारे पत्रकार और उनसे भी बेचारे वे लोग जो पत्रकारों पर भरोसा करते हैं और उनकी सीमाएं नहीं जानते।
- एक चैनल खोलने से अच्छा है आधा दर्जन चैनल मेरे लिए गाएं। अनिल अंबानी के अपने चैनल की विश्वसनीयता भी कम होगी। यहां तो अरुण पुरी से लेकर एमजे अकबर और राजदीप तक गाएंगे तो लोग भरोसा करेंगे। दरअसल यही असली समस्या भी है कि दर्शकों को खेल का पता नहीं होता।
- विभिन्न मीडिया हाउस के हजारों करोड़ रुपए शेयर बाजार में फंसे हैं। माहौल सुधारने की कोशिशें जारी हैं। मिसाल के तौर पर, एनडीटीवी का शेयर कल 10 फीसदी गिरा, तो प्रणय रॉय के शेयरों की कीमत लगभग 26 करोड़ कम हो गई। इसलिए मीडिया शेयर बाजार में गिरावट नहीं देखना चाहता। अखबार और टीवी को इस तरह से भी देखें।[204]
- ब्लॉगर्स ने ब्लॉगिंग कर-करके हफिंगटन पोस्ट को इतना शानदार बना दिया कि वह बाजार में बिकने के लिए खड़ा हो गया और आखिरकार साढ़े इकत्तीस करोड़ डॉलर में एक बड़े कॉरपोरेट के हाथों बिक गया।[205]

- संविधानिक प्रावधान का उल्लंघन कर JNU में 300 छात्रों का पिछले सेशन में एडमिशन नहीं हुआ। इस पर एक साल से सो रहे सिब्बल की मिनिस्ट्री की MMS कांड पर चपलता देखिए। यह है एजेंडा सेटिंग थ्योरी का सटीक इस्तेमाल। मीडिया ने तय कर दिया कि देश JNU के बारे में सोचे तो MMS के बारे में सोचे। एडमिशन तो आता-जाता रहता है और संविधान की परवाह किसे है।[206] मीडिया का तर्क है कि लोग यह देखना चाहते हैं। फिर चौथा खंभा होने की सारी सुविधाएं मीडिया को क्यों चाहिए? यह तर्क ही गलत है कि लोग क्या देखना चाहते हैं।
- डीएसपी ने मुख्यमंत्री के जूते साफ किए। यब बात उन संपादकों को भी बुरी लग रही है जो दिन-रात पत्रकारों से चरण स्पर्श करवाते रहते हैं।
- एक पी आर कंपनी ने जनरल मोटर्स की टवेरा गाड़ी के लिए 6 दिन में 15 प्रेस कॉन्फ्रेंस कराए। 10 दिन के अंदर देश भर में 350 से ज्यादा खबरें छपीं और हमें लगता है कि हम खबरें पढ़ते हैं। पी आर कंपनी गर्व से बता रही है कि उसने अपने क्लाइंट के लिए यह कर दिखाया। समस्या सिर्फ यह है कि ऑडियंस तक यह बात ट्रांसपेरेंट तरीके से नहीं पहुंचती। वह खबर को ईमानदार सूचना मानकर लेता है।
- पत्रकार, कंपनी, पी आर, मीडिया—सभी अपना काम कर रहे हैं, लेकिन जो खबर का कंज्यूमर है उसे भी पता होना चाहिए कि खबरें उस तक कैसे पहुंचती हैं। मिसाल के तौर पर, उसे पता होना चाहिए कि पिछले कुछ साल से कोका कोला के खिलाफ खबरें क्यों नहीं छपतीं। पत्रकार की तो मैं बात भी नहीं कर रहा हूं। खेल में उसकी हैसियत बहुत कम है। मीडिया जैसा चल रहा है, उसके लिए पत्रकार को दोष देना ज्यादती है।
- भारत सरकार मीडिया और एंटरटेनमेंट को एक साथ गिनती है और दोनों को इंडस्ट्री मानती है। सरकार कहती है—मीडिया एंटरटेनमेंट इंडस्ट्री, किसी को एतराज है?[207]
- आंख बंद करके इस्तेमाल करें तो दर्जनों टूथपेस्ट ब्रैंड के बीच आप फर्क नहीं कर पाएंगे, लेकिन दुकान में जाकर हर बार आप किसी खास ब्रैंड का टूथपेस्ट खरीद लाते हैं। आप ऐसा क्यों करते हैं? सबसे सस्ता टूथपेस्ट सबसे ज्यादा नहीं बिकता। हमें कैसे पता चलता है कि एक्स टूथपेस्ट अच्छा है। आपकी जुबान पर खास ब्रैंड चढ़ जाते हैं। आप वही मांगते हैं। आपकी जुबान पर किसी ब्रैंड को चढ़ाने के लिए कंपनियां हर साल 25,000 करोड़ रुपए विज्ञापनों पर खर्च करती हैं और दिखता क्या है, जो दिखाया जाता है। हो सकता है कि देश में सबसे अच्छा टूथपेस्ट बनानेवाला आपको अपना ब्रैंड दिखा न सके, और जो दिखेगा नहीं वो बिकेगा कैसे?

- रिलीज होने से पहले फिल्मों की एडवांस बुकिंग कैसे होती है? बाजार में आने से पहले कारों की बुकिंग कैसे होती है? किसी ने भी तो उसे आजमाकर नहीं देखा होता है...मनमोहन सिंह आपको ईमानदार क्यों लगते हैं? काफी लोगों की मनमोहन सिंह के बारे में यही राय है। सरकार के कई आलोचक भी ऐसा कहते हैं।
- हिंदी के पाठक मुकाबले इंग्लिश के पाठक विज्ञापन के बाजार में नौ गुना कीमत पर बिकते हैं। मिसाल के तौर पर, अगर आप हिंदी का अखबार पढ़ते हैं और आपकी कीमत 1 रुपए है तो इंग्लिश के पाठक की कीमत 9 रुपए है। इसलिए 'टाइम्स ऑफ इंडिया' से 5 गुना ज्यादा पढ़े जाने के बावजूद 'दैनिक जागरण' को मुकाबले में इतने कम विज्ञापन मिलते हैं। जागरण के विज्ञापन का रेट भी 'टाइम्स ऑफ इंडिया' से कम है। इसलिए जागरण दुबला है, टाइम्स ऑफ इंडिया मोटा।
- बिहार और उड़ीसा के के पाठक के मुकाबले मुंबई-दिल्ली का पाठक महंगा बिकता है। गांव के पाठक के मुकाबले शहर का पाठक महंगा बिकता है। 'द हिंदू' पर भी खेल के वही नियम लागू होते हैं। 'टाइम्स ऑफ इंडिया' के मुकाबले में वह कम हैसियत वाला खिलाड़ी है। निष्पक्ष नहीं दिखेंगे तो धंधा कैसे करेंगे? विश्वास यानी ट्रस्ट बाजार में बिकने योग्य सामग्री है। इसे खरीदा और बेचा जा सकता है।
- शनिवार, 5 फरवरी, 2011 को दिल्ली में 'टाइम्स ऑफ इंडिया' का एक पेज आपको छह पैसे से भी कम में मिला। अखबार का हर पेज रंगीन है। A4 साइज की Black & White फोटोकॉपी भी 50 पैसे से कम में नहीं मिलती। अखबार का साइज A4 से चार गुना होता है। इस अखबार को मैंने स्केल लेकर नापा तो इसमें 17% मैटर पढ़ने के लिए है और 83% विज्ञापन या सप्लिमेंट। जामिया यूनिवर्सिटी में मीडिया पर बातचीत के दौरान इस पर चर्चा हुई।
- दिल्ली का Times of India आज (5 फरवरी, 2011) 88 पेज का है और नवभारत टाइम्स 24 पेज का। 'Times of India' के दिल्ली में औसत 18.50 लाख पाठक हैं जबकि नवभारत टाइम्स के 18 लाख।
- टाइम्स ऑफ इंडिया के एक पेज के आप 5.6 पैसे देते हैं। नवभारत टाइम्स के एक पेज के आप 14.5 पैसे देते हैं।
- एक पेज का खर्च अगर एक रुपए भी है तो बाकी पैसे कौन देता है? और जो पैसे देता है, उसकी सुनी जाएगी कि आपकी?
- मीडिया नाम के मंदिर में पूजा करनेवालों को पुजारियों की हकीकत और मंदिर के तंत्र का पता होना चाहिए वरना गलतफहमी हो जाती है कि मीडिया

निष्पक्ष है।...इसका कोई विकल्प नहीं हैं। सतर्क रहें। खबरों को पवित्र और ईमानदार कमोडिटी न समझें। जरूरी सूचनाएं एक से ज्यादा सोर्स से लें। ओपिनियन किसी से न लें। अपनी राय बनाएं। शायद यही कुछ तरीके हो सकते हैं।

- एक कंपनी 200-250 करोड़ रु. में एक न्यूज चैनल खोलती है। ज्यादातर न्यूज चैनल मुफ्त हैं या किसी बुके में बाकी चैनलों के साथ लगभग मुफ्त में आते हैं। करोड़ों रुपए खर्च करके हमें मुफ्त में खबर दिखाने में किसी की दिलचस्पी क्यों होगी? इन चैनलों का साल का 60-70 करोड़ का खर्च कैसे निकलता होगा, वे मुनाफा कैसे कमाते होंगे? एक चैनल कई और चैनल कैसे खोलता होगा?
- जिसका पैसा-उसकी बात। ईमानदारी का सौदा है। पत्रकारिता इस मायने में बेईमान नहीं है।
- देश की स्वास्थ्य समस्याएं और चिंताएं : सांवला रंग, सिर के बाल गिरना, कमर का मोटापा, वजन बढ़ना, सेक्स में दुर्बलता, यौन इच्छा में कमी, चेहरे की झुर्रियां। किसी भी अखबार का हेल्थ सप्लिमेंट देख लीजिए। विज्ञापन भी स्लिमिंग क्लिनिक, गोरेपन की क्रीम, सेक्स क्लीनिक, सिर में बाल उगाने के ही ज्यादा दिखेंगे...इस देश में हर साल लगभग तीन लाख लोग TB से मरते हैं।
- 1990 के आरक्षण विरोधी आंदोलन में दिल्ली की सड़कों पर बलवा करना वाली बरखा दत्त कहती हैं कि वे उस समय 18 साल की अबोध बच्ची थीं। राजनीति और जाति की उन्हें समझदारी नहीं थी, लेकिन उन्होंने सही काम किया था।[208] वर्ष 2006 में उन्होंने एक बार फिर आरक्षण के खिलाफ आंदोलन किया। वह आंदोलन टीवी स्क्रीन पर था। तमाम बरखा दत्त जब टीवी पर एंकरिंग करें या लेख लिखें, तो उनके जातिवादी व्यवहार को ध्यान में रखा जाना चाहिए। वे निष्पक्ष नहीं हैं।
- मैं यही निवेदन कर रहा हूं ऐसे लोगों की पक्षधरता को ध्यान में रखकर उन्हें देखना-सुनना चाहिए। हर किसी को अपना पक्ष रखने का अधिकार है लेकिन तमाम लोगों की पक्षधरता का भी ध्यान रखा जाना चाहिए। मुश्किल तब होती है जब किसी को निष्पक्ष मान लिया जाता है, जबकि वह पक्षधर होता है।
- बरखा दत्त जब जातिवार जनगणना के खिलाफ लिखें या बोलें या कोई और पत्रकार ऐसा करे, तो उसके बैकग्राउंड का पता होना चाहिए। इसके बाद वे जो चाहें लिखें-बोलें, कोई दिक्कत नहीं है। बरखा आरक्षण का विरोध कर रही थीं और उन्हें पता ही नहीं था कि वे जातिवाद कर रही हैं। उन पर जातिवादी

होने का आरोप भी नहीं है...वहीं, आरक्षण के समर्थन में एक लाइन बोलते या लिखते ही लोग आप पर जातिवाद का आरोप लगाने लगते हैं।

- चैनल, अखबार, पत्रकार आदि को मैनेज करने के झंझट में क्या पड़ना। राजनीति करनी है तो अपना चैनल चलाओ और प्रधान संपादक बन जाओ। राजनीति की दक्षिण भारतीय शैली।[209]
- 'द हूट' में छपा समाचार विश्लेषण। तेंदुए के मारे जाने पर मीडिया में सहानुभूति की लहर और आदिवासियों के मारे जाने का मीडिया में जश्न।[210]
- मिस्र के कवरेज को इस्लामी कट्टरपंथ के साथ जोड़कर देखने की वजह से पश्चिमी मीडिया वहां के आंदोलन में शामिल महिलाओं के दृश्य नहीं दिखाता। भारतीय मीडिया पश्चिमी देशों के न्यूज सोर्स पर लगभग पूरी तरह निर्भर है। इसलिए भारतीय समाचार माध्यमों में भी यही इमेज जा रही है। We are all Khaled Said में पोस्ट किया गया अलबम बताता है कि मिस्र में महिलाएं बड़ी संख्या में सड़कों पर हैं।
- इंटरनेट बागी हो गया है। उसका गला घोंट दो। अमेरिका की प्रमुख नेता सारा पालिन भी चाहती हैं कि विकिलीक्स के संस्थापक असांजे का घेरकर शिकार किया जाए।[211]
- जिस खालिद को मिस्र की पुलिस ने मार डाला वह एक ब्लॉगर था और पुलिस की रिश्वतखोरी का वीडियो उससे अपने ब्लॉग में डाला था (http:// www. theglobeandmail.comènewsèworldèafrica-mideastèhow -a-brutal-beating-and-facebook-led-to-egyptian-protests/article 1884156/).
- अमेरिकी फौज ने जब इंटरनेट बनाया होगा तब कहां सोचा होगा कि किसी दिन विकिलीक्स इसी मंच का इस्तेमाल कर उसकी खाल खींच लेगा। दुनिया के कई देशों में इंटरनेट और खासकर सोशल नेटवर्किंग ने विरोध और प्रतिरोध को ताकत दी है। मिस्र के ब्लॉग को देखें। वैसे मिस्र ब्लॉगर्स के लिए दुनिया के दस सबसे खतरनाक देशों की लिस्ट में शामिल है।
- शहर और गांव की बीच मीडिया शहर को चुनता है, गरीब और अमीर के बीच अमीर को, कोठी और स्लम के बीच कोठी को। जेंडर का सवाल हो तो पुरुष को। धर्म का सवाल हो तो हिंदू धर्म को। जाति का सवाल हो तो सवर्ण को। फिलस्तीन और इजराएल में इजराएल को। क्रिकेट और बाकी खेलों के बीच क्रिकेट को। मीडिया आम राय से अमेरिका, उदारीकरण, निजीकरण, विस्थापन का समर्थक है। आरक्षण खत्म करने का समर्थक है। आम राय से जातिवार जनगणना के खिलाफ है। खास के हित में मीडिया में आम राय है।

- मीडिया में काम करनेवालों की पृष्ठभूमि महत्त्वपूर्ण है लेकिन मुझे नहीं लगता कि गरीब दलित महिला या ग्रामीण पृष्ठभूमि के लोग भी इस मीडिया में खास अलग कर पाएंगे। हालांकि ऐसे लोगों का आना ही मुश्किल है। व्यक्तिगत ईमानदारी और बेईमानी से अलग यह मीडिया के बिजनेस स्ट्रक्चर से जुड़ा मामला है।
- एक बेहद गंदी और अश्लील बात : झारखंड की राजधानी रांची से छपनेवाले हिंदी-इंग्लिश के किसी भी समाचारपत्र में दस शीर्ष पदों पर एक भी महिला पत्रकार नहीं है। सिर्फ एक अल्पसंख्यक है और दलित-आदिवासी के होने की तो कल्पना भी क्यों करते हैं। वे तो देश भर में कहीं नहीं हैं। OBC गिने-चुने हैं। तो फिर क्यों न कहें कि इस देश का मीडिया एक हिंदू द्विज पुरुष है। इस कटेगरी में देश की पांच फीसदी आबादी आती है 95% गुमशुदा।
- 2010-2011 की तीसरी तिमाही में हिंदुस्तान टाइम्स मीडिया को विज्ञापनों से 370 करोड़ रुपए मिले। आप और हम जैसे पाठकों ने सर्कुलेशन के तौर पर दिए 47 करोड़ रु।[212] लगभग सभी मीडिया समूहों का कारोबार इसी तरह चल रहा है। टीवी में तो विज्ञापनों से ही लगभग पूरी कमाई हो रही है। मतलब यह कि आप जैसे पाठकों की तुलना में विज्ञापनदाताओं की बात सात गुना ज्यादा सुनी जाएगी। गंदा है पर धंधा है।
- अगर झारखंड का या कहीं का मीडिया महिलाओं को भी सही जगह देता तो एक शिकायत तो कम हो जाती। जाति का प्रश्न तो ज्यादा जटिल है। इसे ठीक होने में समय लगेगा। अमेरिका में ब्लैक्स को हक पाने में कितना समय लगा, और कितना संघर्ष करना पड़ा, यह आप जानते ही हैं।
- मुश्किल यह नहीं है कि समाज के 5% लोग मीडिया को चला रहे हैं। मुश्किल यह है कि बाकी के 95% को यह नजर नहीं आता है। खासकर उनको जो भोलेभाले हैं। 5% लोगों का मीडिया बाकियों के लिए भरोसे के काबिल नहीं होना चाहिए, लेकिन है। यह है दिक्कत वाली बात। दूसरी दिक्कत यह है कि 5% का भी दरअसल शहरी और इलीट हिस्सा ही मीडिया को कंट्रोल करता है। 5% आबादी के भी बाकी लोगों को यह समझ में नहीं आता। हिंदू और द्विज गरीबों की बात भी कॉरपोरेट मीडिया में नहीं हो सकती। सवर्ण गरीबों को आरक्षण की बात पर मीडिया का रुख देख लीजिए। जनरल कटेगरी में क्रीमी लेयर की शर्त लगाने के पक्ष में अब तक किसी भी अखबार-चैनल ने कुछ भी नहीं दिखाया।
- या तो यह पत्रकार चंपक हैं या फिर उत्तर प्रदेश के ओबीसी या फिर कांग्रेस। कोई एक तो पक्के तौर चंपक है। पत्रकार महोदया कहना चाहती

हैं कि 15 साल पहले जो आदमी बेनी प्रसाद वर्मा कैबिनेट मिनिस्टर था, उसे राज्यमंत्री बनाकर कांग्रेस उत्तर प्रदेश के ओबीसी को स्ट्रांग मैसेज देना चाहती है।[213]

- वर्ल्ड कप क्रिकेट के लिए टीम का अनाउंसमेंट क्या मार्केटिंग और मीडिया सेगमेंट की खबर है? देश के एक प्रमुख बिजनेस अखबार ने इस खबर के लिए यह केटेगरी तय की है। गलती हो गई है या यही हकीकत है।[214]
- वर्ष 2009 के लोकसभा चुनावों में आप पर TV के जरिए 51.60 लाख सेकेंड के विज्ञापनों की बौछार की गई। 52 दलों ने 150 चैनलों पर ये विज्ञापन दिए। कुल मिलाकर, 1,76,001 विज्ञापन दिखाए गए। राजनीतिक दल मूर्ख नहीं हैं, जो इतने विज्ञापन दिखा रहे हैं। आप पर कुछ तो असर हुआ होगा।[215]
- 100 करोड़ रुपए से ज्यादा खर्च करके कोई न्यूज चैनल खोलता है। हर साल लगभग 20-30 करोड़ उसके चलाने पर खर्च करता है और आप उसे अक्सर बिना खर्च किए देखते हैं (ज्यादातर न्यूज चैनल फ्री टू एयर हैं या किसी बुके में ऐड ऑन के तौर पर मिलते हैं)। आप खुशनसीब हैं या बदनसीब?
- रविवार को हिंदुस्तान टाइम्स वाले अखबार के साथ 24 पेज की एक चमचमाती रंगबिरंगी मैगजीन BRUNCH मुफ्त देते हैं। एक भी पैसा नहीं लेते। हमलोग कितने खुशनसीब हैं!
- आज (15 जनवरी, 2011) का टाइम्स ऑफ इंडिया 76 पेज का है। लगभग 100 रुपए की लागत का अखबार 5 रुपए में पढ़कर आपको कितना अच्छा लग रहा होगा? लेकिन यह न भूलें कि जिसने बाकी के 95 रुपए दिए और मुनाफे का बंदोबस्त किया, अखबार उसका है। आप तो एक प्रोडक्ट हैं, जिसे अखबार या चैनल विज्ञापनदाताओं को बेचता है। इसलिए लगभग सभी न्यूज चैनल भी FREE हैं।
- अगर आप श्वेत हैं और सरकार, सेना या कॉरपोरेट जगत से जुड़े पुरुष हैं तो टेलीविजन कार्यक्रमों में गेस्ट के तौर पर आपको बुलाए जाने की प्रबल संभावना है। अमेरिका में 40 हफ्ते तक न्यूजलाइन कार्यक्रम पर किए गए सर्वे से यह पता चला।[216] भारत में अगर आप ऐसा सर्वे करेंगे तो आपको जातिवादी और नारीवादी करार दिया जाएगा।
- मीडिया भारत की प्रमुख अलोकतांत्रिक शक्ति बन गया है। कॉरपोरेट मीडिया के समृद्ध और शक्तिशाली होने के साथ लोकतंत्र की संभावनाएं कमजोर होती चली गई हैं। (रॉबर्ट मैकचेस्नी से प्रेरित)
- मणिशंकर अय्यर देवता बने। एक साथ दो चैनलों पर लाइव। सागरिका घोष चाहती हैं कि इस धोखाधड़ी को इसलिए माफ कर दिया जाए क्योंकि ऐसे

इंटरव्यू पर लाइव की जगह रिकॉर्डेड नहीं दिखाया जा सकता। टीवी की abc...जानने वाले बच्चे भी बता सकते हैं कि रिकॉर्डेड लिखने में कोई तकनीकी समस्या नहीं है।[217]

- भारत का राष्ट्रीय मीडिया एक समृद्ध पुरुष है, जो शहरों में रहता है। वह हिंदू है और सवर्ण भी। तो क्या यह मान लिया जाए कि रांची और रायपुर में मीडिया के ऊंचे पदों पर एक भी आदिवासी नहीं है? दिल्ली में कोई दलित-आदिवासी मीडिया के ऊंचे पदों पर नहीं हैं और ओबीसी सिर्फ 4% हैं यह पूरा देश जानता है। लेकिन रांची और रायपुर में भी? 85% से ज्यादा आबादी जिनकी है, वे मीडिया में दिखते क्यों नहीं हैं? या तो इन लोगों को मीडिया की मालदार नौकरियां पसंद नहीं हैं या फिर मीडिया इनसे नफरत करता है।
- टाटा समूह उन मीडिया हाउस का बायकॉट करेगा, जिन्होंने राडिया कांड की खबरें छापीं। जिन मीडिया समूह का बहिष्कार किया जाएगा उनमें से कुछ अनिल अंबानी या विरोधी कॉरपोरेट समूहों के करीबी हैं। यह मीडिया वार नहीं कॉरपोरेट वार है। इस बहस में कृपया आम आदमी की तलाश न करें।
- झारखंड के बड़े अखबारों और चैनलों के आदिवासी संपादकों, सहायक संपादकों, समाचार संपादकों, ब्यूरो चीफ, चीफ रिपोर्टरों और चीफ सब एडीटरों के नाम चाहिए। छत्तीसगढ़ के लिए भी ऐसी ही लिस्ट बनानी है। इन प्रदेशों में आबादी का सबसे बड़ा समूह आदिवासियों का है। कृपया यह न कहें कि ऐसा एक भी व्यक्ति नहीं है। इस काम के लिए एक लाख से ज्यादा बिक्री वाले अखबारों को बड़ा अखबार मानें।
- जो भी कहता है कि मैं पत्रकार हूं, वह पत्रकार है। पत्रकारिता की सबसे नई परिभाषा यही है। इस परिभाषा का जिक्र मैंने हाल ही में कोलंबिया जर्नलिज्म रिव्यू में देखा।
- क्या आप प्रणय रॉय की इस बात से सहमत हैं–"NDTV India, our Hindi News channel, is the only credible, serious, non-tabloid Hindi News channel in the country." यानी बाकी सभी हिंदी न्यूज चैनल अविश्वसनीय, अगंभीर और टेबलॉयड हैं? वैसे डॉक्टर प्रणय रॉय का योगदान यह भी है कि एनडीटीवी इमेजिन चलाते हुए उन्होंने हिंदी के दर्शकों को राखी का स्वयंवर दिखाया।
- जो लोग पत्रकारों के कॉरपोरेट दलाल बनने पर चौंक रहे हैं, उन्हें यह बता दें कि दुनिया में कॉरपोरेट दलाली के दो सबसे बड़े नाम आईवी ली और एड्वर्ड बर्नेस (दोनों को ही पब्लिक रिलेशन का पिता कहा जाता है) पत्रकार ही थे। पत्रकारिता और कॉरपोरेट दलाली का रिश्ता जन्म-जन्मांतर

का है। इनमें से कब कौन दूसरे का काम करने लगता है, यह समझ पाना मुश्किल है।

- राखी का स्वयंवर, आ रहा है महाप्रलय, सबसे महंगा हुस्न, शनि का श्राप, सबसे मंहगी कॉल गर्ल, स्वर्ग की सीढ़ी, नागिन का बदला, पांडवों की गुफा, नर्क का रास्ता,...कुछ भी दिखाओ, चलेगा। लेकिन तेलंगाना के लिए आंदोलन कर रहे छात्रों को पीट रहे पुलिसकर्मियों को दिखाओगे तो चैनल बंद कर देंगे। मीडिया की स्वतंत्रता भारत में इस तरह परवान चढ़ रही है।
- दिल्ली के चैनल चाहे जितना कूड़ा-कचरा दिखाएं...चलेगा, अंधविश्वास फैलाएं, नंगई दिखाएं...चलेगा, लेकिन तेलंगाना में हिंसा हो रही है, दिखाओगे तो चैनल बंद कर देंगे। मतलब पुलिस छात्रों को पीटेगी तो उसके दृश्य नहीं दिखाए जा सकते। यह है मीडिया की आजादी का मतलब।[218]
- न्यूज ब्रॉडकास्टर्स एसोसिएशन भाड़ में जाए। हिंसा न दिखाने की आचार संहिता के विरोध में कुछ तेलुगू चैनलों ने अपना ब्रॉडकास्टर्स एसोसिएशन बना लिया।[219] वैसे आरक्षण के विरोध में हिंसा का प्रसारण किया जा सकता है। जितनी हिंसा हुई उससे ज्यादा भी दिखा सकते हैं। यह अलग तरह की हिंसा है। इसमें कोई गलती नहीं है। कोटा के विरोध में हिंसा तो पुण्य का काम है।
- देश कैसे चलता है, यह समझने में सैकड़ों किताबों से ज्यादा उपयोगी राडिया के टेप हैं। A/U सर्टिफिकेशन के साथ इन्हें ग्यारहवीं कक्षा से पढ़ाया जाना चाहिए।
- कुछ लोग बर्फ देखने कश्मीर जा रहे हैं, कुछ मसूरी तो कुछ शिमला। वहीं अखबार और चैनल हमें समझाने की कोशिश कर रहे हैं कि हर दिन कुछ लोग ठंड की वजह से मर रहे हैं...ठंड से कोई नहीं मरता, गरीबी से मरता है।[220]
- मैं दुनिया और देश की ज्यादातर खबरें सबसे पहले Google News से जानता हूं। यही अक्सर मेरा होम पेज होता है। टीवी पर समाचार नहीं देखता, क्योंकि टीवी पर समाचार नहीं आते। बासी खबरों के लिए अखबार पढ़ता हूं क्योंकि सुबह चाय पीने की पुरानी आदत है। गूगल स्वतंत्र माध्यम नहीं, न्यूज एग्रिगेटर है लेकिन इसमें खबरों को चुनने का आधार मशीनी होने के कारण मानवीय घपलों से यह कुछ हद तक मुक्त है। साथ ही, इसमें एक ही खबर को कई सोर्स से जानने की सुविधा होने की वजह से फैक्ट तक पहुंचने की कोशिश की जा सकती है।
- गूगल न्यूज आपको हर चंद मिनट पर एक अखबार बनाकर देता है। वहां खबर छांटने के लिए कोई संपादक नहीं है न ही कोई पत्रकार वहां बैठा है। गूगल न्यूज जितने लोग देखते हैं उतने रीडर दुनिया के किसी अखबार के पास

नहीं हैं। गूगल न्यूज दरअसल न्यूज साइटस के 'कॉमन' सेंस के आधार पर काम करता है। यानी कई सौ संपादक उसके लिए मुफ्त काम करते हैं और संपादकों को पता ही नहीं चलता।

- जो पत्रकार लिख रहे हैं कि ठंड से इतने लोग मरे, उतने लोग मरे, वे या तो बेवकूफ हैं या फिर शब्दों का अर्थ बदलने की सत्ता की साजिश में हिस्सेदार। कोई भी आदमी ठंड से नहीं मरता, गरीबी से मरता है। अगर ठंड से लोग मरते तो अलास्का, आइसलैंड और स्कैंडेनेवियाई देशों में कोई जीवित नहीं बचता, जहां साल में कई महीने तक तापमान शून्य से काफी नीचे रहता है।
- पत्रकारों को सरकार से राहत क्यों चाहिए, जबकि सरकार के बारे में निष्पक्ष होकर रिपोर्टिंग करने की उम्मीद उससे की जाती है। सफाई कर्मचारियों या डॉक्टरों को भी ऐसी सुविधा क्यों नहीं। पंजाब सरकार ने पत्रकारों के लिए 5 लाख रुपए का इंश्योरेंस कवर देने की घोषणा की है। 10 करोड़ रुपए का मुख्यमंत्री राहत कोष, खास पत्रकारों को लिए।
- मुफ्त का लैपटॉप चाहिए तो 'सच बताने के धंधे' में शामिल हो जाएं... पत्रकारों पर सरकार इतना मेहरबान क्यों रहती है। जिस संस्थान के लिए पत्रकार काम करता है, वह मुनाफे के आधार पर चलता है, तो लैपटॉप वह संस्थान क्यों नहीं देता? सरकार का नमक खाने के बाद स्वतंत्र होकर पत्रकारिता कैसे की जा सकती है?६(असम सरकार द्वारा 1 जनवरी, 2011 को वरिष्ठ पत्रकारों को लैपटॉप देने की घोषणा पर।)[221]
- चुनावी साल में पं. बंगाल की सीपीएम सरकार का पत्रकारों को तोहफा (पत्रकारों के लिए पेंशन की घोषणा) कुछ तारीफ कर दो, प्लीज। मुफ्त यात्रा का बंदोबस्त भी कर दिया है सरकार ने। सरकार पत्रकारों के बारे में किस तरह से सोचती है, यह समझने के लिए ऐसी घोषणाओं से कुछ संकेत तो मिलते ही हैं।[222]
- दुनिया की बड़ी खबरें अब आप जैसे लोग सबसे पहले दुनिया को बताते हैं। परंपरागत पत्रकारों से यह जिम्मेदारी छिन गई है। अमूमन हर बड़ी घटना की तस्वीर और वीडियो अब पत्रकार नहीं, कोई आम नागरिक दुनिया को सबसे पहले इंटरनेट पर दिखाता है। यह नागरिक भी उतना ही पत्रकार है जितना पत्रकारिता की नौकरी करनेवाला।
- सवाल यह नहीं है कि कौन पत्रकार है, सवाल यह है कि पत्रकारिता कौन कर रहा है। राडिया के टेप जिसने भी यूट्यूब पर डाला और जिसे लाखों लोगों ने सुना, वह किस लिहाज से पत्रकार नहीं है? जो लोग अभी तक पत्रकार माने जाते हैं वे खबरें छिपाने, तोड़ने-मरोड़ने और उसे मतलबी स्पिन देने में

ज्यादा महारत रखते हैं। आप सभी पत्रकार हैं। अगर आपके पास बताने लायक कोई बात या खबर है और आप उसे आप पब्लिक करते हैं तो आप पत्रकार हैं।[223] अमेरिकी राष्ट्रपति के प्रेस कॉन्फ्रेंस में अब ब्लॉगर्स भी बुलाए जाते हैं। हमारे पास बात होनी चाहिए और बात को दूसरों तक पहुंचाने का तरीका आना चाहिए। आप परंपरागत पत्रकारों से ज्यादा असर पैदा कर सकते हैं।

- मीडिया-एंटरटेनमेंट इस देश के सबसे ज्यादा मुनाफा देनेवाले धंधों में हैं। परिसंपत्ति यानी एसेट पर सालाना 20% या ज्यादा मुनाफा आप कम ही धंधों में कमा सकते हैं। मिसाल के तौर पर, सन नेटवर्क ने 2015 करोड़ रु के एसेट से साल में 437 करोड़ रुपए की कमाई की। देश की सबसे बड़ी कंपनियों में से एक रिलायंस इंडस्ट्रीज ने लगभग 2 लाख करोड़ के एसेट पर साल में 8% की कमाई की है।[224]
- अमेरिका में मीडिया कंपनियों का औसत प्रॉफिट मार्जिन 20.5% है जो फॉर्चून 500 कंपनियों के औसत प्रॉफिट मार्टिन से लगभग दोगुना है। स्रोत–फ्लेट अर्थ न्यूज, लेखक निक डेविस, प्रकाशक–विंटेज, पेज नंबर-96
- दुनिया का पहला कॉरपोरेट दलाल एक पत्रकार ही था। पत्रकारों के कॉरपोरेट दलाल बनने की ऐतिहासिक परंपरा है। कॉरपोरेट कम्युनिकेशन के जनक Ivy Lee इस धंधे में आने से पहले 'न्यूयॉर्क टाइम्स' और 'न्यूयॉर्क वर्ल्ड' में पत्रकारिता की नौकरी करते थे।[225]
- क्या आपको पता है कि जो खबर आप पढ़ते या देखते हैं उसमें कितना पब्लिक रिलेशन है, कितना कॉरपोरेट कम्युनिकेशन, कितनी सरकारी विज्ञप्ति, कितनी पब्लिसिटी और कितनी साजिश या प्लांटेड? मेरा अनुमान है कि यह सब मिलाकर 70 फीसदी से ज्यादा होगा। मुंबई, दिल्ली जैसे शहरों में हर एक संवाददाता के पीछे कम-से-कम दो पब्लिक रिलेशन एक्जिक्यूटिव लगे हैं।
- अमेरिका में लोगों को यह समझने में कई दशक लग गए कि मीडिया सही खबरें नहीं देता। वर्ष 2009 में वहां हुए एक राष्ट्रव्यापी सर्वे में यह पता चला कि 63 फीसदी लोगों को खबरों के सही होने का भरोसा नहीं है। पेड न्यूज विवाद और फिर नीरा राडिया कांड की वजह से भारत में लोगों को यह सच जल्द समझ आ गया है।
- मास मीडिया भी तय करता है कि हम कौन से त्यौहार मनाएं। वेलंटाइन डे, संतोषी मां का व्रत और अब तो तय है कि हेलोवीन भी राष्ट्रीय स्तर पर मनाया जाएगा। कैसेट क्रांति से पहले वैष्णो देवी देश के एक हिस्से की देवी थीं। टीवी सीरियलों ने भी कई देवी-देवताओं को स्थापित किया है। कार्ड और

गिफ्ट कंपनियों ने इस देश को कई उत्सव दिए हैं। मीडिया के जरिए करवा चौथ को राष्ट्रीय विस्तार मिलते सबने देखा। इसमें टीवी चैनलों और सिनेमा की भूमिका रही है।

- देश में लगभग 2.5 करोड़ क्रिश्चियन हैं। कहते हैं कि सर्वधर्म समभाव है और उनके त्यौहार खासकर महानगरों में सभी मनाते हैं। बाकी जगहों पर भी मनाते होंगे...इसी देश में इनसे चार गुना आदिवासी हैं, जिनके अपने पर्व-त्योहार हैं। उनके त्यौहारों के बारे में क्या हम जानते भी हैं? सत्ता और सत्ता के एक हिस्से के तौर पर Mass Media जो नहीं चाहता, वह हम नहीं जानते। जो समृद्ध नहीं हैं, शहरी नहीं हैं और पावरफुल नहीं हैं, उनकी परवाह किसे है?
- विज्ञापनों की दौड़ में अमेरिका में ऑनलाइन ने प्रिंट को पहली बार पीछे छोड़ दिया है।[226] मोबाइल एसोसिएशन ऑफ इंडिया की हालिया रिपोर्ट / सर्वे में कहा गया है कि भारत में ऑनलाइन माध्यम का बाज़ार 28% बढ़ा है। पिछले वित्तीय साल में इंटरनेट विज्ञापन 785 करोड़ डॉलर था जो इस वित्तीय वर्ष में बढ़कर 993 करोड़ डॉलर हो गया है। एफएमसीजी और एजुकेशन क्षेत्र से सबसे ज्यादा विज्ञापन मिल रहे हैं।
- हिंदुस्तान यूनिलीवर ने एक साल में मीडिया पर 2,391 करोड़ रु. खर्च किए। (देखिए 22 दिसंबर, 2010 का 'इकनॉमिक टाइम्स')। इतनी रकम से एनडीटीवी (531 करोड़ रु.) जैसी चार कंपनियां खरीदी जा सकती हैं। इसके बाद जो रकम बचेगी उससे BAG (न्यूज 24)–(155 करोड़ रु.) को भी खरीदा जा सकता है। इतनी रकम में TV Today (आज तक) (395 करोड़ रु) जैसी छह कंपनियां आ जाएंगी। सवाल यह है कि आप लोग मीडिया में हिंदुस्तान यूनिलीवर के खिलाफ कुछ पढ़ना चाहते हैं क्या?[227]
- आधुनिक पब्लिक रिलेशन (PR) की शुरुआत मजदूर आंदोलन के खिलाफ हुई। राडिया-बरखा-वीर-चावला...तक आते-आते इसने लंबा सफर तय किया।[228]
- कौन मंत्री और कौन पत्रकार किस उद्योगपति का है, यह बताने के लिए देश को नीरा राडिया का शुक्रगुजार होना चाहिए। यह न भूलें कि दिल्ली में नीरा राडिया जैसे सैकड़ों दलाल हैं। क्या आप फिर भी कहेंगे कि 'भारत भाग्य विधाता' इस देश की जनता है?[229]
- लगभग एक ही समयावधि में लालू-राबड़ी शासन के मुकाबले नीतीश सरकार का विज्ञापन बजट चार गुना था। सवाल उठता है कि लालू प्रसाद को मीडिया में कवरेज खरीदने से किसने रोका था?[230]
- ब्रिटेन के कार्डिफ यूनिवर्सिटी के शोधकर्ताओं ने देश के चार सबसे प्रतिष्ठित अखबारों की सामग्री का अध्ययन करके पाया कि 60 फीसदी खबरें ऐसी हैं जो वायर यानी न्यूज एजेंसी कॉपी है या फिर पी आर यानी पब्लिक रिलेशन

सामग्री। (स्रोत–निक डेविस की किताब, फ्लैट अर्थ न्यूज, पेज नंबर 52). 100 में सिर्फ 12 समाचार ऐसे हैं जिसके लिए संवाददाताओं ने पूरी सामग्री जुटाई थी। भारत में स्थिति इससे भी बुरी होगी।[231]

- होंडा की 5 लाख से कम कीमत की कार BRIO अगले साल भारत आएगी। इसकी घोषणा बैंकाक में की गई। इसके लिए कई भारतीय पत्रकार होंडा के खर्च पर बैंकाक गए। कितने अखबारों ने आपको यह बताया कि उसका पत्रकार होंडा कंपनी के खर्च पर बैंकाक गया था। होंडा इस कार के लिए विज्ञापन अभियान भी चलाएगी। तो क्या रिपोर्टर को यह आजादी थी कि वह कार के बारे में कोई बुरी बात लिखे?
- कॉरपोरेट न्यूज मीडिया के हित कॉरपोरेट व्यवस्था के साथ जुड़े हैं। सबसे बड़ी मीडिया कंपनियों की कॉरपोरेट बिरादरी में अच्छी साख होती है। कारोबारी रिश्तों, समान निवेशकों, साझा निदेशकों और एक सामान राजनीतिक विचारधारा आदि के आधार पर मीडिया कंपनियों और कॉरपोरेट जगत के बीच संबंध कायम रहते हैं। इस वजह से टॉम शेलस के शब्दों में, 'न्यूज मीडिया, अर्थव्यवस्था की बेहद गुलाबी तस्वीर पेश करता है।[232]
- सिगरेट के पैकेट पर खतरनाक तस्वीरें लगाने के लिए सिगरेट कंपनियों पर दबाव बढ़ रहा है...देश की सबसे बड़ी सिगरेट कंपनी आईटीसी ने आज यानी 12 दिसंबर, 2010 को टाइम्स ऑफ इंडिया का पहला और दूसरा पेज विज्ञापन के लिए खरीद लिया। मीडिया में आईटीसी के विज्ञापन अभियान का क्या असर होगा, कल्पना कीजिए।
- टाटा चाहते हैं कि राडिया और उनकी बातचीत के टेप मीडिया से वापस लिए जाएं। क्या इंटरनेट के यूग में यह मुमकिन है? मिसाल के तौर पर 'राडिया टेप' का एक क्लिप यू ट्यूब में लगभग डेढ़ लाख बार डाउनलोड हो चुका है। यह सब वापस कैसे होगा? सरकार ने कह दिया है कि इन्हें वापस लेना संभव नहीं है।
- 'देश में इस समय चार करोड़ दलित पाठक मौजूद हैं और वे ऐसे अखबार पढ़ने को बाध्य हैं जो उनके संगठनों, सफलताओं, समस्याओं या मानव हित का कम ही ख्याल रखते हैं।'[233]
- कल भारत में लगभग एक हजार लोग टीबी से मरे हैं। मलेरिया से मरने वालों की संख्या इससे ज्यादा है। बच्चे के जन्म के समय तीन सौ से ज्यादा माताएं मृत्यु के मुंह में समा गईं। इनमें से हरेक के इलाज पर कुछ सौ रुपए खर्च होते तो इनमें से ज्यादातर लोग न मरते। क्या यह हिंसा नहीं है? बम विस्फोट में मरने वाले के प्रति पूरी संवेदना है, लेकिन हर जिंदगी कीमती है। टीबी और मलेरिया इस देश की मीडिया के लिए एजेंडा क्यों नहीं है?

- राडिया टेप कांड को लेकर पत्रकारिता में जो हंगामा मचा है वह टुच्चे पत्रकारों (आम आदमी पत्रकार) और चर्चित (सेलेब्रिटी) पत्रकारों का वर्ग संघर्ष है। सागरिका घोष महान पत्रकार हैं, राजदीप सरदेसाई की पत्नी हैं और 'हिंदुस्तान टाइम्स' में कॉलम भी लिखती हैं। उनका ट्विटर पर स्टेटस है–radiagate is now a class war. between "aam admi" journalists and perceived media 'celebrities'. its one of Naipaul's Million Mutinies
- डायन, पिशाच, प्रेत, एक्स बाबा, वाई बाबा, शुक्र, शनि, नाग–नागिन, टैरो, सेक्स, यूट्यूबी खेल, फिल्मी तमाशे, हीरोइन के गाऊन, क्रिकेट आदि में फंसे हिंदी चैनल राडिया राग से बच गए। न तो राडिया ने पूछा, न राडिया कांड को दिखाने की जरूरत पड़ी। उम्मीद का मीटर इतना नीचे है कि किसी को शिकायत भी नहीं है।
- भारतीय पत्रकारिता निर्णायक रूप से बदल रही है। कुछ बातें पुराने कॉन्सेप्ट और इतिहास के तौर पर याद की जाएंगी। मिसाल के तौर पर–मिशन, सच का पहरेदार, जनता की आवाज, चौथा खंभा, लोककल्याण का वाहक, लोकतंत्र का पहरुआ। हम तेजी से बदलते रोमांचक समय के गवाह हैं।
- स्वपन दासगुप्ता ने पूछा कि नीरा राडिया ने अपनी बात कांग्रेस तक पहुंचाने के लिए तुम्हें ही क्यों चुना? पद्मश्री बरखा दत्त के पास इसका कोई ठोस जवाब नहीं था।
- बरखा दत्त ने अपने शो में कहा कि मेरी ही तरह देश के 30 और बड़े पत्रकारों से भी नीरा राडिया (टाटा और मुकेश अंबानी की कॉरपोरेट दलाल) ने बातचीत की है, जिसके टेप हैं। निशाने पर सिर्फ मैं क्यों...जब तक शहर के सभी चोरों को न पकड़ लो, मेरी चोरी की बात क्यों करते हो। बरखा का तर्कशास्त्र मेरिट की पारंपरिक धारणा को तोड़ती है। बरखा में मेरिट न होना आश्चर्यजनक नहीं है?
- एनडीटीवी ने बरखा दत्त और संपादकों की बातचीत के कार्यक्रम को 47वें मिनट में क्यों खत्म कर दिया? एक घंटे तक बात पूरी नहीं होने दी गई। संपादकों को यह कहकर बुलाया गया था कि आप सवाल पूछेंगे और बरखा जवाब देंगी, लेकिन आप पाएंगे कि बरखा दत्त उल्टे सवाल पूछे रही थीं और कार्यक्रम की एंकर सोनिया वर्मा भी। और यह कार्यक्रम रिकॉर्डेड क्यों था? लाइव करने में क्या डर था?
- ग्लोबल ओपिनियन रिसर्च फर्म 'साइनोवेट' देश के पांच शहरों में यह सर्वे कर रही है कि आप पत्रकार पर ज्यादा भरोसा करते हैं या सब्जी बेचने वाले पर।

- नीरा राडिया कांड की जांच नहीं होगी। जांच इस बात की होगी कि टेप कैसे लीक हो गए। यह आदेश पी चिदंबरम के मंत्रालय ने जारी किया है। 30 नवंबर, 2010
- बजट पर बीजेपी की ओर से सबसे पहले कौन बोलेगा, यह मुकेश अंबानी ने तय किया था। अरुण शौरी के इस खुलासे के बाद तो समझा जा सकता है कि इस देश को संसद नहीं चलाती।[234]
- प्रणय रॉय ने एनडीटीवी इमेजिन में अपनी हिस्सेदारी बेच दी, लेकिन इस चैनल के प्रचार का जिम्मा अब भी नीरा राडिया की कंपनी विटकॉम के पास है। जब इमेजिन चैनल का नाम एनडीटीवी इमेजिन हुआ करता था तब उसके प्रचार का जिम्मा नीरा राडिया की कंपनी विटकॉम ने संभाला था!!–we, at Vitcom came up with a specifically targeted social media campaign for NDTV Imagine. We had to weave the social media campaign to attract youth. For which, Vitcom Digital created a specific Social Media campaign largely using Facebook, Twitter, Orkut and YouTube.[235]
- सोमवार तड़के 3 बजकर 20 मिनट पर 'इंडियन एक्सप्रेस' ने अपनी साइट पर खबर दी कि राडिया टेप को सार्वजनिक करने के खिलाफ रतन टाटा सुप्रीम कोर्ट चले गए हैं। सुप्रीम कोर्ट सुबह 10.30 पर खुलता है। एक्सप्रेस को सब पता है?
- कैसिनो कैपिटलिज्म के दौर में पत्रकारिता की मुख्यधारा अपने शिखर पर दलाल ही पैदा कर सकती है। उपाय सिर्फ यह है कि किसी एक स्रोत की सूचना पर भरोसा न करें। खबरों को हमेशा संदेह की नजर से देखें और साजिशों को पकड़ने का अभ्यास बनाएं। आम लोगों के लिए ऐसा करना आसान नहीं है, लेकिन इतना मुश्किल भी नहीं है। ज्यादातर अखबार किसी की तारीफ या निंदा कर रहे हों तो समझें कि कुछ गड़बड़ है।
- टीवी देखें मनोरंजन के लिए। सूचनाएं वहां से न लें।
- इमरजेंसी के बाद ऐसा पहली बार हुआ है। एक पत्रिका ने अपने पन्ने खाली छोड़ दिये। इमरजेंसी के दौरान तो इंदिरा की लाठी का खौफ था। इस दफा खौफ नहीं, साझा हित हैं। कॉरपोरेट हित हैं। हम किसी के बारे में छापेंगे तो दूसरा हमारे बारे में छाप देगा। इसलिए मुट्ठी बंद रखो, अपनी भी और दूसरों की भी। यह चोरों के बीच चोरी छिपाने की एकता है। अभूतपूर्व एकता। छिपाने के अपने तर्क हैं, जिसकी वजह से मीडिया के मुंह पर ताला जड़ गया है। नीरा राडिया, बरखा दत्त और वीर सांघवी कांड पर 'ओपन' पत्रिका के पर्दाफाश के बाद मीडिया जिस कदर खामोश है, उसका शोर बहरा करनेवाला

है। इसके प्रतिरोध का जो तरीका 'ओपन' ने चुना है, उसका हम स्वागत करते हैं।[236]

- बरखा कांड और एनडीटीवी का कोड ऑफ कंडक्ट : Officers are expected to act in accordance with the highest standards of personal and professional integrity, honesty and ethical conduct, while working on the Companys premises and outside at any other place where Officers are representing the Company. Honest conduct means conduct that is free from fraud or deception. Ethical conduct means conduct conforming to the accepted professional standards of conduct.[237]
- इंदिरा गांधी की याद में 19 नवंबर, 2010 को टाइम्स ऑफ इंडिया में 13 विज्ञापन हैं। कुल मिलाकर इन विज्ञापनों में 2,345 कॉलम सेंटीमीटर जगह घेरी है। सभी विज्ञापन 4-Colour हैं। करोड़ों रुपए छवि निर्माण के लिए खर्च किए गए। मीडिया की जेब गर्म हुई, मीडिया सरकार से खुश हुआ। जाहिर है कि इन विज्ञापनों में न नसबंदी का जिक्र है, न इमरजेंसी का।
- पंडित जवाहर लाल नेहरू का नाम आपके दिमाग में छाया रहे, इसके लिए केंद्र सरकार के मंत्रालयों और विभागों ने 14 नवंबर को कम-से-कम 14 रंगीन विज्ञापन अखबारों को दिए जिनका आकार कुल मिलाकर 2,100 कॉलम सेंटीमीटर है (देखें टाइम्स ऑफ इंडिया, दिल्ली संस्करण)। कुल खर्च करोड़ों रुपयों का है। बिरसा मुंडा की जयंती पर केंद्र सरकार का एक भी विज्ञापन नहीं।
- टेलीविजन न्यूज चैनल मनोरंजन के लिए हैं, सूचनाओं के लिए वहां जानेवाले अभागे हैं।–1992 study conducted by the Center for the Study of Communication at the University of Massachusetts at Amherst found that people who watched a lot of TV news had more incorrect answers regarding facts of the day than those who watched very little TV news. Lisa Pease, The Assassinations अगर आप सूचनाओं के लिए सिर्फ टीवी देखते हैं या सिर्फ एक अखबार पढ़ते हैं तो आप ठगे जाने के लिए अभिशप्त हैं।
- टीवी पर समाचार देखते समय सोचिए कि कहीं यह आपके साथ तो नहीं हो रहा है–'Night after night audiences are terrified and titillated, aroused and manipulated, but not informed. Like an unbalanced diet, which gradually can lead to serious illness, the local TV news threatens the health of our community.'–Paul Klite, former executive director, –Rocky Mountain Media Watch

- TV पर कौन बोलता है? अमेरिका के सबसे लोकप्रिय टीवी न्यूज कार्यक्रम NIGHTLINE में 40 हफ्तों में जो गेस्ट आए उनमें से 92 फीसदी श्वेत और 89 फीसदी पुरुष थे। भारत में टीवी के कार्यक्रमों में आनेवाले एक्सपर्ट कौन होते हैं? उनकी जाति, उनका धर्म, लिंग...? शायद 90 फीसदी सवर्ण (जिनकी आबादी 10 फीसदी भी नहीं है), लगभग उसी अनुपात में पुरुष। सवर्ण पुरुष ही इस देश में एक्सपर्ट होते हैं।
- समाचार एक माल है जिसके जरिए पाठक और दर्शक जुटाए जाते हैं, ताकि उन्हें विज्ञापनदाताओं के हाथों बेचकर पैसे कमाए जाएं। –'हाउ टू वाच टीवी न्यूज' पुस्तक से, लेखक-नील पोस्टमैन और स्टीव पावर्स, पेंग्विन से छपी है।
- चुनाव घोषित होने से ठीक एक दिन पहले नीतीश सरकार ने अपनी उपलब्धियां गिनाने के लिए 800 कॉलम सेंटीमीटर के 4-कलर विज्ञापन पटना के हर अखबार को दिए।
- पेड न्यूज और मीडिया का कॉमन 'वेल्थ'–कॉमनवेल्थ गेम्स शुरू होने से ठीक पहले 1 अक्टूबर, 2010 को आयोजन से जुड़े 880 कॉलम सेंटीमीटर के रंगीन विज्ञापन जारी किए गए। (देखें–द हिंदू, दिल्ली संस्करण, 1 अक्टूबर, 2010)। इनमें से सिर्फ एक विज्ञापन सरकारी रेट पर जारी किया गया है। बाकी सभी विज्ञापन व्यावसायिक आधार पर दिए गए। खेलों के दौरान मीडिया पर विज्ञापन बरसते रहे। क्या यह पेड न्यूज कहलाएगा?

अनुलग्नक-2

एक मीडिया कंपनी जब पैसे जुटाती है

(भारत में मीडिया फायदे का धंधा है और इसमें पैसा लगाकर आप मालामाल हो सकते हैं। यह मीडिया आलोचकों और विश्लेषकों की भाषा नहीं है। देश की कुछेक मीडिया कंपनियों को छोड़कर (टाइम्स ऑफ इंडिया प्रमुख अपवाद है) ज्यादातर ने अपने शेयर मार्केट में बेचे हैं। शेयर बाजार में आते समय यानी आईपीओ (इनिशियल पब्लिक ऑफरिंग) लाते समय कंपनियां यह बताती हैं कि उनका धंधा क्यों फायदेमंद है और निवेशकों को इस कंपनी में पैसा क्यों लगाना चाहिए। कानूनी बाध्यताओं को कारण कंपनियां यह भी बताती हैं कि इस कंपनी में निवेश करने के जोखिम क्या हैं। इसके लिए कंपनी जो दस्तावेज शेयर मार्केट नियामक सेबी के पास जमा करती है उसे रेड हेयरिंग प्रोस्पेक्टस कहते हैं। मीडिया के कारोबार को समझने के लिए किसी भी मीडिया कंपनी से जुड़े इस दस्तावेज से बेहतर और कोई उपकरण नहीं हो सकता, क्योंकि यह वह जगह है जहां मीडिया कंपनियां अपने सारे लोककल्याणकारी आवरण उतार देती हैं और खुलकर कहती है कि वह बिजनेस कर रही हैं और निवेशकों को कमाकर देंगी। मीडिया कंपनी यहां भूलकर भी नहीं कहती है कि वह लोकतंत्र का चौथा स्तंभ है या लोकतंत्र का पहरेदार है या कि वह लोककल्याण का काम करती है। यहां वह खुलकर लाभ-हानि, बैलेंस शीट, आमदनी, विज्ञापन बाजार, आदि की बात करती है। महाराष्ट्र का प्रमुख मीडिया समूह 'लोकमत' शेयर बाजार में आने की तैयारी है। उसका रेड हेयरिंग प्रोसपेक्टस सेबी की साइट पर उपलब्ध है। नीचे दिए गए अंश उसी दस्तावेज के चौथे खंड से हैं। अनुवाद में सहयोग के लिए पत्रकार अंशु सचदेवा का आभार। यह सामग्री कथादेश की मीडिया वार्षिकी 2011 में छप चुकी है। —लेखक)

भारतीय मीडिया और एंटरटेनमेन्ट उद्योग के बाज़ार में एक वर्ष में लगभग 10 अरब रुपए का इजाफा हुआ है। वर्ष 2009 में यह कारोबार 578 अरब रुपए का था जो 2010 में बढ़कर 587 अरब रुपए का हो गया है (स्रोत : फिक्की केपीएमजी की

रिपोर्ट, बैक इन द स्पॉटलाइट, 2010)। आर्थिक मंदी, जिसका भारतीय मीडिया पर भी असर पड़ा, की वजह से इस उद्योग की सालाना वृद्धि 1.3 प्रतिशत रही। केयर रिसर्च के मुताबिक, आर्थिक स्थिति में सुधार के कारण वर्ष 2010 में मीडिया और एंटरटेनमेंट उद्योग की सालाना विकास दर 14 फीसदी तक पहुंचने की संभावना है। वर्ष 2009 में भारत में मीडिया के क्षेत्र में किया गया खर्च जीडीपी का 0.41 प्रतिशत था। वहीं वैश्विक स्तर पर जीडीपी का 0.80 प्रतिशत मीडिया पर खर्च होता है। इसका मतलब है कि भारत में इस उद्योग के बढ़ने की काफी संभावना है (स्रोत : फिक्की केपीएमजी, वही, 2010)। मीडिया क्षेत्र की कुल आमदनी का 70 प्रतिशत हिस्सा प्रिंट और टेलीविजन से आया। इसके अलावा इंटरनेट, आउट ऑफ होम, गेमिंग और एनीमेशन अब भी शैशव के काल में हैं।

भारत में मीडिया-मनोरंजन उद्योग की तरक्की (आंकड़े अरब रु. में)

मीडिया के क्षेत्र	*2006*	*2009*	*2014 (अनुमान)*
टेलीविजन	183	257	480
प्रिंट मीडिया	139	175	260
फिल्म	78	89	166
रेडियो	6	8	14
आउटडोर विज्ञापन	12	14	22
इंटरनेट विज्ञापन	2	8	14
संगीत, गेमिंग, एनिमेशन	23	36	96
कुल	443	587	1ए052

स्रोत : फिक्की केपीएमजी की रिपोर्ट, बैक इन द स्पॉटलाइट, 2010

वर्ष 2006-2009 तक भारतीय मीडिया बाजार में लगभग 10 फीसदी की वार्षिक वृद्धि देखने को मिली। वर्ष 2010 से 2014 के बीच इस कारोबार की विकास दर 12 प्रतिशत होने का अनुमान है। केयर रिसर्च का अनुमान है कि वर्ष 2014 तक अधिक उपभोक्ता खर्च, टारगेट आडिएंस, माध्यमों और भौगोलिक विस्तार से मीडिया और एंटरटेनमेन्ट का बाजार 1,052 अरब रुपए तक बढ़ जाएगा। इस क्षेत्र में टेलीविजन, प्रिंट और फिल्म हावी रहेंगे।

भारत में मीडिया पर प्रति व्यक्ति सालाना खर्च चार डॉलर का है जो अन्य देशों की तुलना में कम है जबकि चीन में अधिक जनसंख्या होने पर भी प्रति व्यक्ति खर्च 27 डॉलर है। (इस जानकारी का मतलब यह है कि भारत में अभी मीडिया के विकास की काफी संभावना है और चीन के स्तर तक पहुंचने का मतलब है, छह गुना से ज्यादा की बढ़ोतरी। —लेखक)

मीडिया के बढ़ते बाजार में योगदान देनेवाले कारक

डिजिटल मीडिया : यह मुख्यतः उपभोक्ताओं की बढ़ती मांगे, तकनीक में तरक्की, अधिक से अधिक सुविधाएं देने के लिए मददगार साबित हुआ है। मीडिया में फैलाव के नए साधन डिजिटल केबल, डीटीएच, इंटरनेट प्रोटोकॉल टेलीविजन (आईपीटीवी), अखबारों, पत्रिकाओं और फिल्मों के डिजिटल रूप, ऑनलाइन संगीत के बाज़ार आदि ने मीडिया के डिजिटल रूप को व्यापक किया है और आगे आनेवाले समय में भी इसका प्रभुत्व रहेगा।

क्षेत्रीयकरण : साक्षरता, उपभोग और खर्च करने योग्य आमदनी में बढ़ोतरी की वजह से खासकर छोटे शहरों और गांवों में मीडिया का फैलाव हुआ है। कंटेंट को अधिक से अधिक क्षेत्रीय बनाया जा रहा है जो कि मीडिया इंडस्ट्री के कॉरपॉरेट्स की यूएसपी है।

शहरों और गांवों, दोनों ही जगहों में प्रिंट मीडिया की पहुंच का प्रतिशत उच्च वर्ग में ज्यादा है यानी समृद्ध लोगों में अखबार और पत्रिकाएं पढ़ने का चलन ज्यादा है लेकिन पाठकों की कुल संख्या को देखा जाए तो गावों और शहरों, दोनों ही जगहों में अपेक्षाकृत निम्न वर्ग के लोग प्रिंट मीडिया के ज्यादा बड़े ग्राहक हैं। इसका मतलब यह हुआ कि छोटे शहरों और गावों में अपेक्षाकृत निम्न वर्ग के लोगों के बीच अखबारों के पाठक बढ़ने की संभावनाएं और भी अधिक हैं।

अगले चार सालों में मीडिया में संभावनाएं

केयर रिसर्च के अनुसार, आबादी की संरचना, उपभोक्ताओं की आकांक्षाओं और बढ़ती आमदनी की वजह से भारतीय मीडिया और एंटरटेनमेंट उद्योग को खासा फायदा होगा। यह भी महत्त्वपूर्ण है कि भारत दुनिया के सबसे युवा देशों में है और यहां मीडिया कंटेंट के उपभोग का स्तर भी ऊंचा है। सरकारी कायदे-कानून भी इस उद्योग के विस्तार के पक्ष में हैं। आनेवाले चार सालों में मीडिया के क्षत्र में ये नए बदलाव देखने को मिल सकते हैं।

मीडिया की प्रवृत्तियां,

टेलीविजन : अंतरराष्ट्रीय ढर्रे के कार्यक्रमों की ओर दर्शकों को बढ़ता रुझान, क्षेत्रीय बाजार का विस्तार, टीवी की पहुंच वाले घरों की संख्या में विस्तार के साथ ही अच्छे कार्यक्रमों की बढ़ती चाहत, और डीटीएच/कैस।

प्रिंट : साक्षरता में बढ़ोतरी, विदेशी कंपनियों के साथ भारतीय कंपनियों का गठबंधन, क्षेत्रीय होने का बढ़ता चलन, विदेशी पत्रिकाओं की बढ़ती मांग।

न्यू मीडिया : 3जी, आईपीटीवी, वैल्यू एडिड सर्विसेस, ब्रॉडबैंड का अवरुद्ध विकास।

फिल्म : डिजिटलाइजेशन, मल्टिप्लेक्स की संख्या में बढ़ोतरी और सरकार की ओर से पहल।

भारतीय विज्ञापन बाजार

वर्ष 2009 में मीडिया और मनोरंजन उद्योग के राजस्व का कुल 38% विज्ञापन से आया। वर्ष 2009 में भारतीय विज्ञापन बाजार 220.3 अरब रुपए का था जो कि बीते वर्ष की तुलना में 0.4% कम था। ऐसा आर्थिक मंदी की वजह से हुआ। अमेरिका में सब प्राइम लोन संकट और इसकी वजह से भारत समेत दुनियाभर की अर्थव्यस्थाओं में आई सुस्ती की वजह से अक्टूबर, 2008 से लेकर जून, 2009 के बीच कंपनियों ने विज्ञापन का खर्च कम कर दिया। लेकिन वर्ष 2009 की दूसरी छमाही और वर्ष 2010 की पहली छमाही में भारतीय अर्थव्यवस्था की सेहत सुधरी। इसकी वजह से विज्ञापन बाजार में उछाल आया। वर्ष 2010 में कुल मिलाकर विज्ञापन खर्च में बढ़ोतरी होने का अनुमान रहा।

केयर रिसर्च के अनुसार, भारतीय विज्ञापन जगत 2010-14 के बीच सालाना 9.7 प्रतिशत की दर से बढ़ेगा। इस क्षेत्र में भी टेलीविजन और प्रिंट का दबदबा (कुल मिलाकर लगभग 86%) बना रहेगा।

प्रिंट माध्यम की शुरू से ही विज्ञापन बाजार में काफी बड़ी हिस्सेदारी रही है। अगले कुछ वर्षों में टीवी पर विज्ञापन तेजी से बढ़ेंगे, क्योंकि टीवी सेट की पहुंच बढ़ी है। यह दर्शाता है कि लोगों का समृद्धि स्तर ऊंचा हुआ है और अब उपभोक्ता, मनोरंजन और तफरीह के लिए समय निकाल रहे हैं। लेकिन ध्यान देनेवाली बात तो यह है कि वैश्विक स्तर पर प्रिंट में विज्ञापन का हिस्सा इंटरनेट और ब्रॉडबैंड के आने से कम हुआ है।

प्रिंट मीडिया का बाजार

भारतीय प्रिंट मीडिया का कारोबार वर्ष 2009 में 175 अरब रुपयों का था जिसमें साल दर साल 1.75 प्रतिशत की बढ़त दर्ज हुई। वर्ष 2006 में यह कारोबार 139 अरब रुपयों का था जबकि फिक्की केपीएमजी का अनुमान है कि वर्ष 2014 तक प्रिंट मीडिया का कारोबार बढ़कर 260 अरब रुपयों का हो जाएगा। प्रिंट मीडिया की आमदनी मुख्य रूप से विज्ञापनों और सर्कुलेशन से आती है। ऑनलाइन प्रिंट का अभी ज्यादा विस्तार नहीं हुआ है और यह मुख्य रूप से ई-पेपर और ई-मैगजीन तक सीमित है। वैश्विक स्तर पर प्रिंट मीडिया के कारोबार में कमी आई है। डिजिटल मीडिया और उपभोक्ताओं का बदलता रुझान इस गिरावट के मुख्य कारण हैं।

प्रिंट मीडिया सीधे तौर पर जीडीपी यानी सकल घरेलू उत्पाद के विकास से जुड़ा हुआ है क्योंकि विकास दर का विज्ञापनों पर किए जानेवाले खर्च के साथ सीधा संबंध

है। पूरे विश्व में प्रिंट मीडिया के क्षेत्र में भारत दूसरे स्थान पर है। भारत में प्रिंट मीडिया के पाठकों की संख्या 35 करोड़ है। भारत में 62,000 से ज्यादा समाचारपत्र छपते हैं जिसमें 92 प्रतिशत हिन्दी के और बाकी भारतीय भाषाओं में हैं। इंग्लिश के अखबार मुख्य रूप से मेट्रो शहरों की ओर दौड़ते हैं जबकि हिन्दी और अन्य भाषायी अखबार मुख्यतः छोटे शहर की ओर कदम बढ़ाते हैं। भारतीय प्रिंट मीडिया के कई खिलाड़ी अब अपने परंपरागत क्षेत्रों से बाहर बिजनेस फैला रहे हैं।

भारतीय प्रिंट मीडिया में पिछले चार सालों से औसत सालाना वृद्धि दर 8 प्रतिशत रही है। आर्थिक मंदी के बाद से भारतीय प्रिंट मीडिया में अच्छे बदलाव देखने को मिले हैं। जीडीपी के बढ़ने से भी प्रिंट मीडिया को बढ़ावा मिलेगा। किसी भी नए समाचारपत्र को शुरू करने के लिए काफी सारी दिक्कतें आती हैं। नए अखबार को शुरू करने में खर्च काफी आता है और कमाई करने में नए अखबार को कई बार 3 से 8 साल लग जाते हैं। पहले से ही स्थापित कई अखबार हैं और उनके पाठकों को एक नए अखबार की ओर आकर्षित करने में काफी समय लगता है। वर्ष 2006-09 के बीच प्रिंट मीडिया 7.98 प्रतिशत की वार्षिक वृद्धि दर से बढ़ा है। केयर रिसर्च का अनुमान है कि वर्ष 2010-14 के बीच यह दर 8.2 फीसदी रहेगी।

कहां से होती है प्रिंट मीडिया की आमदनी

	विज्ञापन	*सर्कुलेशन*	*कुल*
समाचारपत्र	70%	30%	100%
पत्रिकाएं	40%	60%	100%

फिक्की केपीएमजी की रिपोर्ट 2010, बैक इन द स्पॉटलाइट।

मीडिया और एंटरटेनमेन्ट इंडस्ट्री का 30 प्रतिशत राजस्व प्रिंट माध्यम से ही आता है। समाचारपत्रों के लिए सबसे जरूरी है लोगों तक पहुंचाने का उसका तंत्र यानी डिस्ट्रिब्यूशन। वर्ष 2009 में भारतीय विज्ञापन बाजार का 46.8 फीसदी हिस्सा प्रिंट माध्यम में गया। प्रिंट मीडिया आगे भी विज्ञापन में निम्न कारणों से हावी रहेगा।

1. ज्यादा लोगों तक पहुंच।
2. समाचारपत्रों को कभी भी, कहीं भी पढ़ने की सुविधा, साथ ले जाने की सुविधा।
3. जटिल और ज्यादा ब्यौरे वाले विज्ञापनों के लिए प्रिंट माध्यम बेहतर।
4. समाचारपत्रों की बढ़ती मांग।

अनुलग्नक-3

लॉबिंग के धंधे की आचार संहिता

भारत में लॉबिंग कानूनी तौर पर वैध नहीं है लेकिन भारत में लॉबिंग होती है। पब्लिक रिलेशन कंपनियां इसे पब्लिक अफेयर्स कहती हैं। इस काम को करनेवालों को लॉबिस्ट की जगह पॉलिटिकल कंसल्टेंट यानी राजनीतिक सलाहकार कहा जाता है। ये वही काम करते हैं जो लॉबिस्ट करते हैं यानी सत्ता के गलियारों में बिजनेस की राह को आसान बनाना। पब्लिक रिलेशंस कंसल्टेंट्स एसोसिएशन ऑफ इंडिया (पी आरसीआईए) ने संबद्ध पब्लिक रिलेशन कंपनियों और खासतौर पर पॉलिटिकल कंसल्टेंट के लिए मानक और दिशानिर्देश (30 नवंबर, 2010 को संशोधित) बनाए हैं। इसके कुछ अंश :

पी आर सीएआई का प्रोफेशनल चार्टर भाग-2

1. एसोसिएशन का सदस्य अपना प्रोफेशनल काम करते हुए जनहित का ध्यान रखेगा।
2. हर वक्त सत्य का सम्मान करना। कोई सदस्य जानबूझकर या लापरवाहीवश गलत या भ्रम में डालने वाली सूचना का प्रसार नहीं करेगा और अनजाने में ऐसी गलती न हो, इसके लिए पूरी सावधानी बरतेगा।
3. उसका कर्त्तव्य है कि जिस संगठन के लिए वह काम कर रहा है, उसके हितों का पूरा तरह से खुलासा किया गया है।
4. अन्य प्रोफेशनल की आचार संहिताओं को जानना और उसका सम्मान करना।
5. सरकार या सरकारी संस्था के लिए काम करते समय टैक्सदाताओं और उनके पैसे के प्रति सम्मान बरतना और लोगों के भरोसे को कायम रखना।
6. प्रोफेशनल जिम्मेदारियों को पूरा करने के क्रम में जताए गए भरोसे का सम्मान करना।

7. ऐसा कुछ भी नहीं करना या करने का वादा करना जिससे सरकार के किसी अंग पर या कानून बनाने की प्रक्रिया या मीडिया पर बेजा असर पड़े।
8. सरकारी पद पर बैठे व्यक्ति या विधि द्वारा स्थापित किसी संस्था के सदस्य को किसी तरह का प्रलोभन न देना। अपने क्लाइंट के हितों को पूरा करने के लिए ऐसा कुछ नहीं करना जो लोकहित के खिलाफ हो।

सरकार से जुड़े मामलों में पीआरसीएआई की आचार संहिता

प्रस्तावना

इस आचार संहिता के दायरे में राजनीतिक कंसल्टेंट की वे गतिविधियां हैं जो केंद्र या राज्य सरकारों या स्थानीय निकायों या सरकारी एजेंसियों या राजनीतिक दलों से जुड़ी हैं। यह आचार संहिता ऐसे सभी क्लाइंट पर लागू होती है, चाहे वे सर्विस के बदले पैसे देते हों या नहीं।

पी आरसीएआई की सदस्यता की यह शर्त है कि पब्लिक रिलेशन फर्म और उसके स्टाफ और कंसल्टेंट इस आचार संहिता का पालन करेंगे। पॉलिटिकल कंसल्टेंट के लिए जरूरी होगा कि अपने क्लाइंट और सरकारी संस्थाओं के साथ काम करते हुए इस आचार संहिता को मानेंगे।

यह आचार संहिता इस मान्यता के तहत बनाई गई है कि पॉलिटिकल कंसल्टेंट को सांसदों और सरकारी संस्थाओं के प्रतिनिधियों के साथ काम करते हुए खुलापन और पारदर्शिता बरतनी चाहिए और उनके बीच किसी भी तरह का रुपए-पैसों का संबंध नहीं होना चाहिए। पी आरसीएआई के सदस्य ईमानदारी और नैतिकता के उच्चतम मानदंडों का पालन करने के लिए प्रतिबद्ध हैं। पी आरसीएआई की राय है कि किसी व्यक्ति का एक साथ जनप्रतिनिधि और पॉलिटिकल कंसल्टेंट होना उचित नहीं है।

आचार संहिता

1. इस आचार संहिता के सिद्धांतों को मानते हुए पॉलिटिकल कंसल्टेंट ऐसा कोई काम या आचरण नहीं करेंगे जिससे एसोसिएशन और पॉलिटिकल कंसल्टेंट के पेशे की साख को नुकसान पहुंचे।
2. पॉलिटिकल कंसल्टेंट को अपने क्लाइंट और सरकारी संस्थाओं के प्रति ईमानदारी बरतनी चाहिए।
3. पॉलिटिकल कंसल्टेंट को इस बात का पूरा ध्यान रखना चाहिए कि वे जो भी बयान दें या सूचना दें, तथा क्लाइंट व सरकारी संस्थाओं को जो भी सूचना दें, वह सच और सटीक हो।

4. सरकारी संस्थाओं के सामने कोई बात रखते समय पॉलिटिकल कंसल्टेंट को अपने क्लाइंट की पहचान जाहिर करनी चाहिए और उनके हितों को गलत तरीके से आगे नहीं बढ़ाना चाहिए।
5. पॉलिटिकल कंसल्टेंट को जब भी जरूरी लगे तो अपने क्लाइंट को यह बताना चाहिए कि उनकी गतिविधि गैरकानूनी या अनैतिक या पेशेवर आचरण के खिलाफ हो सकती है और क्लाइंट की ऐसी किसी गतिविधि में शामिल न होना।

संदर्भ

1. द हिंदू, 19 दिसंबर, 2010 http://www.thehindu.com/news/national/article 961539.ece
2. फिक्की-केपीएमजी की 2011
3. मार्केटिंग पत्रिका *पिच* ने दिसंबर, 2010 अंक में बताया है कि मीडिया को साल में 25,000 करोड़ रुपयों के विज्ञापन मिलते हैं।
4. मीडिया का अंडरवर्ल्ड, पेड न्यूज, कॉरपोरेट और लोकतंत्र, लेखक - दिलीप मंडल, राधाकृष्ण प्रकाशन।
5. प्यू रिसर्च सेंटर का सर्वे, सितंबर 2009 में प्रकाशित।
6. "Here may lie the most important effect of mass communication, its ability to mentally order and organize our world for us. In short, the mass media may not be successful in telling us what to think, but they are stunningly successful in telling us what to think about." - Shaw & McCombs, 1977
7. ओपन, 23-29 नवंबर, 2010 का अंक
8. अलग-अलग स्रोत से आए आंकड़ों में फर्क है। इस आंकड़े का स्रोत- http://www.hindustantimes.com/India-now-third-biggest-internet-user/Article1-638366.aspx
9. ग्रुप एम का अध्ययन, मिंट 1 फरवरी, 2011
10. पिच मेडिसन मीडिया एडवर्टाइजिंग आउटलुक, 2011
11. मीडिया का अंडरवर्ल्ड, राधाकृष्ण प्रकाशन, 2010 में उपसमिति की रिपोर्ट के कुछ अंश छापे गए हैं।
12. टाइम्स ऑफ इंडिया, 7 दिसंबर, 2010 http://articles.timesofindia.indiatimes.com/2010-12-07/india/28216078_1_radia-tapes-conversations-of-corporate-lobbyist-niira-radia
13. 3 दिसंबर को डीएनए अखबार में पीटीआई रो हवाले से छगी खबर http://www.dnaindia.com/india/report_radia-phone-tapes-should-not-have-been-leaked-chidambaram_1476110
14. http://www.deccanherald.com/content/120560/aware-corporate-nervousness-over-phone.html
15. ओपन मैगजीन, 20 नवंबर, 2010 http://www.openthemagazine.com/article/nation/tell-me-what-should-i-tell-them

16. ओपन मैगजीन, 20 नवंबर, 2010, http://www.openthemagazine.com/article/nation/what-kind-of-story-do-you-want
17. http://www.outlookindia.com/article.aspx?268439
18. http://www.outlookindia.com/article.aspx?268406
19. http://indiasreport.com/magazine/data/radia%E2%80%94senthil-chengalvarayan-president-and-editorial-director-of-tv18-%E2%80%94tatacom-sebi/
20. http://ibnlive.in.com/news/arun-shourie-confirms-nira-radia-tape-leak/136006-37-64.html आईबीएन लाइव की 29 नवंबर, 2010 की खबर
21. http://www.vccpl.com/public.html वैष्णवी कॉरपोरेट कम्युनिकेशन की साइट
22. http://www.perfectrelations.com/about-perfectrelations
23. 7 अक्टूबर, 2009 को हिंदू बिजनेसलाइन में छपी खबर http://www. thehindubusinessline.in/2009/10/08/stories/2009100851090300.htm
24. http://www.adfactorspr.com/media_relations.asp ऐडफैक्टर्स की साइट से
25. एच के दुआ, कुलदीप नय्यर, चंदन मित्रा, बलबीर पुंज, राजीव शुक्ला, दिवंगत नरेंद्र मोहन, महेंद्र मोहन गुप्ता, अरुण शौरी, दीनानाथ मिश्रा, विजय दर्डा, प्रफुल्ल महेश्वरी, खुशवंत सिंह, संजय निरुपम, शाहिद सिद्दिकी आदि।
26. हरीश खरे, संजय बारू, अशोक टंडन, हरिवंश, के पी श्रीवास्तव, एच के दुआ आदि पत्रकार रहे हैं।
27. http://www.outlookindia.com/article.aspx?269686
28. http://www.perfectrelations.com/services/public-affairs परफेक्ट रिलेशन की वेबसाइट
29. http://www.genesisbm.in/PDF/Public-Affairs-Brochure.pdf
30. मंडल दिलीप, मीडिया का अंडरवर्ल्ड, राधाकृष्ण प्रकाशन, 2011
31. प्रेस कौंसिल की साइट, नॉर्म का टैब देखें।
32. हिंदुस्तान टाइम्स डॉट कॉम, 16 नवंबर, 2010
33. एनडीटीवी डॉट कॉम, 18 नवंबर, 2010
34. आईबीएन लाइव डॉट कॉम, 3 दिसंबर, 2010
35. http://www.integralpr.com/service.htm#CC
36. http://casestudy.co.in/wp-content/uploads/2009/11/Coca-Cola-Pesticide-Incident.pdf
37. http://www.cmcgindia.com/General%20Motors.pdf
38. http://www.2020india.com/
39. 17 स्टूअर्ट इवन, पी आर. ए सोशल हिस्ट्री ऑफ स्पिन, (ट्रस्ट अस, वी आर द एक्सपर्ट, पुटनेम पब्लिशर, 2001 से उद्धृत)
40. इकॉनोमिस्ट, 16 दिसंबर, 2010
41. प्रोपोगैंडा, एड्वर्ड एल बरनेस, आईजी पब्लिकेशन, 2005
42. वही, पेज 63
43. द बर्थ ऑफ स्पिन, ट्रस्ट अस, वी आर द एक्सपर्ट पुस्तक से, स्रोत- थर्ड वर्ल्ड ट्रेवलर

44. एसोचैम की प्रेस रिलीज, 27 जनवरी, 2011 http://www.assocham.org/prels/shownews.php?id=2739
45. http://www.adfactorspr.com/about.asp
46. ऐडफैक्टर्स की साइट से (http://www.adfactorspr.com/media_relations.asp)
47. http://www.adfactorspr.com/careers.asp
48. http://www.goodrelations.co.in/openposition.htm
49. मेकिंग न्यूज (ऑक्सफोर्ड, 2009) में नीरज दफ्तुआर के संकलित लेख से, पेज-276
50. वही, पेज-277
51. मीडिया एथिक्स, परंजय गुहाठाकुरता, ऑक्सफोर्ड, 2009
52. फ्लैट अर्थ न्यूज, निक डेविस, विंटेज बुक्स, 2009, पेज-52
53. गिरीश निकम की साइट www.indiasreport.com
54. वही
55. http://online.wsj.com/article/SB125380985325738135.html वाल स्ट्रीट जर्नल, 25 सितंबर, 2009
56. http://www.zeenews.com/news566130.html
57. 24 सितंबर को इंडियन एक्सेस की साइट पर छपी खबर
58. एक्सचेंज 4 मीडिया, 31 मार्च, 2009
59. फ्लैट अर्थ न्यूज, निक डेविस, विंटेज बुक्स, 2009, पेज-90
60. समयांतर मीडिया विशेषांक, फरवरी, 2011
61. न्यूज ऐज एंटरटेनमेंट, दया किशन थुस्सू, 2007, पेज-20
62. http://www.exchange4media.com/e4m/news/fullstory. asp?Section_id=6&News_id=41132
63. मीडिया स्वामित्व पर विमर्श पत्र, ट्राई, 2008, पेज-96
64. http://www.indiandth.in/Thread-RAM-Week-50-Radio-Mirchi-leads-in-Mumbai-Delhi-Kolkata-Big-FM-rules-Bengaluru
65. http://www.bestmediainfo.com/category/irs/irs-q3-2010/page/2/
66. http://www.bestmediainfo.com/2010/12/irs-q3-2010-top-english-dailies-in-mumbai/
67. समाचार 4 मीडिया samachar4media.com की रिपोर्ट
68. http://www.bestmediainfo.com/2010/12/irs-q3-2010-top-10-dailies-in-west-bengal/
69. कंपनी की वेबसाइट से मिली जानकारियां
70. आईआरएस तीसरी तिमाही, 2010-2011
71. विभिन्न समाचार स्रोत से ली गई जानकारियां
72. एक्सचेंज 4 मीडिया के चेयरमैन अनुराग बत्रा का कॉलम, http://www.samachar4media.com, 9 नवंबर, 2010
73. http://timesofindia.indiatimes.com/Biz/India-Business/Anil-buys-18-in-Bloomberg-UTV/articleshow/6056641.cms

74. सिंह, भूपेन, कथादेश, अप्रैल, 2011
75. फिक्की-केपीएमजी इंडियन मीडिया एंड एंटरटेनमेंट इंडस्ट्री रिपोर्ट 2010, पेज-41 और 71
76. प्रेस डे, 2009 पर भारतीय प्रेस कौंसिल की स्मारिका
77. सिंह, भूपेन, कथादेश, अप्रैल, 2011
78. मीडिया का अंडरवर्ल्ड, दिलीप मंडल, राधाकृष्ण प्रकाशन, 2011
79. फिक्की-केपीएमजी इंडियन मीडिया एंड एंटरटेनमेंट इंडस्ट्री रिपोर्ट, 2010
80. वही
81. 'ओपन' और 'आउटलुक' ने इन टेपों में दर्ज बातचीत के कई अंश अपनी पत्रिका में छापे हैं। इन पत्रिकाओं की न्यूज साइट पर उन्हें सुना भी जा सकता है।
82. न्यूज एक्स के कर्ताधर्ता माने जानेवाले जहांगीर पोचा से नीरा राडिया की बातचीत http://www.outlookindia.com/article.aspx?269686
83. http://www.outlookindia.com/article.aspx?268439
84. http://indiatoday.intoday.in/site/Story/120438/India/transcript-radia-and-vir-sanghvi.html
85. प्रेस इन्फॉर्मेशन ब्यूरो www.pib.nic.in
86. In India, journalists do not mind living in government houses on nominal rent when in fact newspaper owner ought to foot the bill for their palatial living. (International Encyclopaedia of Media Ethics, PC Sinha, Anmol Publications, 2006, Page-954)
87. रेल बजट, 2011, ममता बनर्जी का भाषण
88. प्रेस समिति की 1998 की रिपोर्ट के अंश : The Committee was of the opinion that this was favour so for as big and medium newspapers are concerned. The journalists attached to newspapers which are in profit have no justification for availing free or concessional bus/rail/air transport facility. However, in case of small newspapers this constituted a facility as the Committee felt that there was justification for extending such facility.
89. राज्यसभा अतारांकित प्रश्न 2125, जवाब देने की तारीख- 19 मार्च 2008
90. प्रेस कौंसिल की आचार संहिता, 2010
91. दूसरे प्रेस आयोग की सिफारिशें Chapter VIII, para 49, "no further housing facility should be provided to the journalists and existing allotment of the government accommodation in the National Capital and the States should be charged for at non subsidised rates and phased out as the present occupants leave".
92. दूसरे प्रेस आयोग की रिपोर्ट Chapter V. para 22- "Press should be able to resist not only external pressure but also inducements which would undermine independence from within. Journalist should be on guard against temptation to enjoy favours, whether from government authorities, employers, advertisers or others."

93. मेल टुडे की रिपोर्ट, 21 नवंबर, 2010
94. मेल टुडे की रिपोर्ट, 21 नवंबर, 2010
95. http://timesofindia.indiatimes.com/india/West-Bengal-govt-announces-pension-for-accredited-journalists/articleshow/6316206.cms
96. http://timesofindia.indiatimes.com/city/guwahati/Assam-journalists-to-get-laptop-free/articleshow/7201959.cms
97. http://daily.bhaskar.com/article/punjab-govt-approves-new-media-policy-1344320.html
98. International Encyclopaedia of Media Ethics, PC Sinha, Anmol Publications, 2006, Page-954
99. रॉयटर्स के कोड से- News sources, often companies, will sometimes offer journalists free transport or accommodation to get to cover a story. Our standard position is that we pay our own way and make our own travel arrangements. If that is impractical or will restrict access to sources, you must consult your manager about the offer. Permission will normally be given only if the story warrants coverage and to insist on paying would be impractical. In this case, a donation equivalent to the costs Reuters would have incurred should be made to a suitable charity and the donation logged.
100. लोकसभा अतारांकित प्रश्न, 1743
101. वित्त मंत्री प्रणव मुखर्जी का बजट भाषण, 28 फरवरी, 2011
102. मीडिया का अंडरवर्ल्ड, राधाकृष्ण प्रकाशन, 2011
103. प्रेस समिति की 1998 की रिपोर्ट के अंश : The Committee also noted that the governments were giving prime land to the newspaper owners at nominal price. Some of the newspaper establishments had either rented out the entire premises after retaining a small portion for their own use or had converted the premises into a commercial complex thereby earning huge profits. In some of the cases, it was found that the newspapers with a view to get another allotment at some other place after renting out the entire building, were not even reporting on attacks on their own scribes for the simple reason that they wanted to remain in the good books of the government. Such newspapers were compromising with the fascist forces and the freedom of the press.
104. 17 अगस्त, 2010 को लोकसभा में अतारांकित प्रश्न 3744 के जबाव में ये तथ्य दिए गए।
105. लोकसभा अतारांकित प्रश्न-3349, जवाब देने की तारीख-30 नवंबर, 2010
106. लोकसभा अतारांकित प्रश्न-4014, जवाब देने की तारीख-15 दिसंबर, 2009
107. लोकसभा तारांकित प्रश्न-472, जवाब देने की तारीख-6 अगस्त, 2009
108. लोकसभा अतारांकित प्रश्न-4879, जवाब देने की तारीख-26 अप्रैल, 2010

109. http://www.timm.indiatimes.com/timm/aboutus.jsp (कंपनी की साइट से)
110. http://www.bizxchange.in/timessme/faces/jsp/smecomponents/About_Us.jsp
111. फिक्की (फेडरेशन ऑफ इंडियन चैंबर्स ऑफ कॉमर्स एंड इंडस्ट्री) भारत में उद्योगपतियों की प्रमुख संस्था है। 1,500 से ज्यादा उद्योग इसके सदस्य हैं और 500 चैंबर ऑफ कॉमर्स इससे जुड़े हुए हैं जबकि केपीएमजी ग्लोबल कंसल्टेंसी फर्म है। पांच हजार से ज्यादा कंपनियां इसकी ग्राहक हैं। इसका कामकाज अब भारत में भी है। यह उद्योग के अलग-अलग क्षेत्रों के बारे में सलाह देती है और रिपोर्ट जारी करती है।
112. http://www.financialexpress.com/news/tv-channels-bloom-despite-ad-crunch/745240/0 फाइनैंशियल एक्सप्रेस, 4 फरवरी, 2011
113. यह हिस्सा लेखक की पुस्तक मीडिया का अंडरवर्ल्ड (राधाकृष्ण प्रकाशन, 2011) से।
114. फिक्की-केपीएमजी इंडियन मीडिया ऐंड एंटरटेनमेंट इंडस्ट्री रिपोर्ट 2011
115. फिक्की-केपीएमजी इंडियन मीडिया ऐंड एंटरटेनमेंट इंडस्ट्री रिपोर्ट 2010
116. आईआरएस 2007, राउंड-2
117. मनीकंट्रोल डॉट कॉम
118. 'द हूट' से उद्धृत, 24 जून, 2010, http://www.thehoot.org/web/home/story.php?storyid=4646
119. http://www.timm.indiatimes.com/timm/aboutim.jsp कंपनी का परिचय
120. ग्लोबल मीडिया, हरमन और मैकचेस्नी, 1998, पेज-7
121. http://www.timm.indiatimes.com/timm/fivemetros.jsp
122. भारतीय प्रसार माध्यम, प्रांजलि बंधु, संवाद प्रकाशन, 2006, पेज-108
123. फिक्की-केपीएमजी इंडियन मीडिया ऐंड एंटरटेनमेंट इंडस्ट्री रिपोर्ट, 2010, पेज-150
124. फिक्की-केपीएमजी मीडिया रिपोर्ट, 2009, पेज- 98
125. पिच मेडिसन एडवर्टाइजिंग आउटलुक, 2011 से, पेज 28
126. कॉन्ग्लोमरेट एंड द मीडिया, एरिक बर्नो और अन्य, न्यू प्रेस, 1997 (थर्ड वर्ल्ड ट्रेवलर से)
127. इकनॉमिक टाइम्स, ब्रैंड इक्विटी सप्लिमेंट, 9 फरवरी, 2011
128. इकनॉमिक टाइम्स में रघु कृष्णन का गेस्ट कॉलम, 15 फरवरी, 2011
129. मीडिया रिपोर्ट
130. मिंट, दिल्ली संस्करण, 14 फरवरी, 2011
131. http://www.livemint.com/2011/02/09215105/News-channels-pad-up-for-the-W.html 9 फरवरी, 2011 की रिपोर्ट
132. http://www.businessworld.in/index.php/Media-Entertainment/Times-In-PR-Mode.html
133. आउटलुक, 1 नवंबर, 2010
134. 4 मार्च, 2003 को टाइम्स ऑफ इंडिया की साइट पर छपी सूचना http://timesofindia.indiatimes.com/india/Medianet-Innovative-content-integrated-offering/articleshow/39286961.cms

135. द हूट, 21 फरवरी, 2011
136. http://www.thehoot.org/web/home/story.php?storyid=4910
137. डेल्ही टाइम्स, 1 अप्रैल और अन्य अंक, 2011
138. बिजनेस स्टैंडर्ड में शुचि बंसल की रिपोर्ट, 19 मई, 2004 http://www.business-standard.com/india/news/allnews-thats-paid-for/05/12/151366/
139. फौजिया रियाज, कथादेश मीडिया वार्षिकी, अप्रैल, 2011
140. http://www.asa.org.uk/ASA-action/Adjudications/2009/8/Express-Newspapers/TF_ADJ_46734.aspx
141. http://tatanano.inservices.tatamotors.com/tatamotors/awards.htm
142. http://brandcapital.co.in
143. http://www.htmedia.in/StrategicPartners.aspx?Page=Page-HTMedia-Stragetic
144. प्रेस कौंसिल की रिलीज, 2 अगस्त, 2010 http://www.sebi.gov.in/press/2010/presscouncil.pdf
145. http://www.sebi.gov.in/press/2010/2010200.html, सेबी की रिलीज, 27 अगस्त, 2010
146. http://www.network18online.com/about_capital18.html
147. आउटलुक, 1 नवंबर, 2010, http://www.outlookindia.com/article.aspx?267557
148. फाइनेंशियल एक्सप्रेस, 10 अक्टूबर, 2010 http://www.financialexpress.com/news/ethics-can-be-compromised-even-without-a-private-treaties-deal/694923/0
149. "There's a fee for headlines. Another for news articles. With any luck, the only space they probably cannot sell is the section on the weather. They even have a fancy term for such news — a Public Relations exercise." लाइवमिंट, 17 अप्रैल 2008, http://www.livemint.com/2008/04/17003124/DNA8217s-take-on-paid-821.html
150. डीएनए, 11 मई, 2009 http://www.dnaindia.com/money/report_private-treaties-a-public-and-investor-menace_1254804
151. Our reporting and analysis is entirely independent of our advertising and investment departments (Response / Sales and Private Treaties). We do not give preferential treatment to advertisers / treaty partners nor do we entertain requests from the business departments of BCCL to do so. We observe the "Chinese wall" between editorial and business.
152. मनीलाइफ, 3 जनवरी, 2008 http://www.moneylife.in/article/76/1236.html
153. मीडिया एथिक्स, परंजय गुहाठाकुरता, आक्सफोर्ड (2009), पेज-141
154. http://www.sebi.gov.in/dp/emaarrhp.pdf, ist&88/89
155. बंबई स्टॉक एक्सचेंज को इस बल्क डील की सूचना दी गई। http://www.moneycontrol.com/news/buzzing-stocks/ht-media-sells-1980-lk-sharesmvl-at-rs-6663_482814.html

156. http://economictimes.indiatimes.com/markets/stocks/market-news/pyramid-saimira-promoters-barred-from-market/articleshow/4443292.cms इकनॉमिक टाइम्स, 24 अप्रैल, 2009
157. http://www.sebi.gov.in/cmorder/pyramid.pdf 23 अप्रैल 2009 का सेबी का आदेश, प्वायंट - 35
158. http://www.sebi.gov.in/cmorder/pyramid.pdf 23 अप्रैल 2009 का सेबी का आदेश, प्वाइंट - 46
159. http://www.sebi.gov.in/press/2010/201036.html
160. http://www.tatvapr.com/services.html
161. Policies & regulations govern most businesses and even not-for-profit organizations. At times growth objectives or social causes require amendments in regulations. The first step is to bring forth the issue to the notice of those responsible to make amendments. And then to create public opinion in favour of the changes sought. Team at Tatva PR understands these issues and has the capability to alter views & opinion in favour of a valid agenda. Our public affairs experts know how to build arguments, choose the right media and coordinate the effective outreach programs for the desired outcome. http://www.tatvapr.com/public_affair.html
162. राडिया टेप
163. http://www.scribd.com/doc/35436631/The-Buried-PCI-Report-on-Paid-News
164. "The Council decided that the report of the Sub-Committee may remain on record of the Council as reference document."
165. http://presscouncil.nic.in/HOME.HTM The Press Council of India was first set up in the year 1966 by the Parliament on the recommendations of the First Press Commission with the object of preserving the freedom of the press and of maintaining and improving the standards of press in India. The present Council functions under the Press Council Act 1978. It is a statutory, quasi judicial body which acts as a watchdog of the press. It adjudicates the complaints against and by the press for violation of ethics and for violation of the freedom of the press respectively.
166. http://indiatoday.intoday.in/site/Story/120438/India/transcript-radia-and-vir-sanghvi.html
167. 26 दिसंबर, 2010 की पीटीआई की रिपोर्ट
168. "editors guild will take up ethical challenges raised by the radia tapes. consensus that we need to show a moral leadership. ""(http://twitter.com/sardesairajdeep/status/18372417344770051)
169. http://www.hindustantimes.com/News-Feed/rajdeepsardesai/News-we-can-use/Article1-644729.aspx

170. राज्यसभा में सूचना और प्रसारण मंत्री अंबिका सोनी का वक्तव्य, 5 मार्च, 2010
171. अरुण जेटली का राज्यसभा में भाषण, 5 मार्च, 2010
172. लोकसभा अतारांकित प्रश्न-164, जबाव देने की तारीख 9 नवंबर, 2010
173. http://www.sebi.gov.in/press/2010/presscouncil.pdf çsl dkSafly dh foKfIr
174. एनबीए के कोड ऑफ एथिक्स से - It is the duty of media to keep the citizenry informed of the state of governance, which mostly puts it at odds with the establishment. A media that is meant to expose the lapses in government and in public life cannot obviously be regulated by government – it would lack credibility. It is a fundamental paradigm of freedom of speech that media must be free from governmental control in the matter of "content" – censorship and free speech are sworn enemies.
175. http://www.nbanewdelhi.com/images/Upload/Decisions-taken-by-the-NBA.pdf
176. "India TV has violated the News Broadcasters Association's Principles of Self-Regulation and Specific Guidelines Covering Reportage, among other things, Privacy, Impartiality and Objectivity. " न्यूज ब्रॉडकास्टिंग स्टैंडर्ड (डिसप्यूट रिड्रेसल) अथॉरिटी के आदेश से
177. 10 अप्रैल, 2009 की IANS की खबर - http://www.thaindian.com/newsportal/uncategorized/india-tv-withdraws-from-regulatory-body_100178155.html
178. India TV's return has come after fundamental issues raised by the channel against the disregard to NBA's rules and guidelines was appreciated by the association's directors. (bafM;k Vhoh ds c;ku ls http://www.exchange4media.com/e4m/news/fullstory. asp?section_id=6&news_id=35313)
179. एनबीए की साइट http://www.nbanewdelhi.com
180. http://www.nbanewdelhi.com/pdf/PRESIDENTIAL-SPEECH-FINAL-14-9-10.pdf
181. कॉरपोरेट मीडिया एंड द थ्रेट टू डेमोक्रेसी, रॉबर्ट मैकचेस्नी, ओपन मीडिया पॉम्प्लेट सिरीज
182. मीडिया का अंडरवर्ल्ड (राधाकृष्ण), दिल्ली में गन्ना किसानों के आंदोलन का मीडिया कवरेज
183. http://www.ndtv.com/article/india/ndtv-on-defamatory-remarks-against-barkha-dutt-67210 18 नवंबर, 2010 की पोस्ट
184. http://www.sunday-guardian.com/a/1470 संडे गार्डियन की वेबसाइट से, 19 दिसंबर, 2010
185. टीवी चैनलों की डाउनलिंकिंग के लिए पॉलिसी गाइडलाइंस, 11 नवंबर, 2005 The Union Government has the right to suspend the permission of the company/registration of the channel for a specified period in public interest or in the interest of national security to prevent the misuse of the channel.
186. www.trai.gov.in

187. मैन्युफैक्चरिंग कंसेंट पुस्तक के 20 साल होने पर हरमन और चोमस्की का एंड्रयू मुलेन को दिया गया इंटरव्यू, 2009
188. विंटेज, 2009
189. ओपन, 23-29 नवंबर, 2010 का अंक
190. "Here may lie the most important effect of mass communication, its ability to mentally order and organize our world for us. In short, the mass media may not be successful in telling us what to think, but they are stunningly successful in telling us what to think about." - Shaw & McCombs, 1977
191. गूगल के भारत में प्रोडक्ट हेड के हवाले से यह खबर 14 दिसंबर 2010 को हिंदुस्तान टाइम्स के वेब संस्करण में छपी है http://www.hindustantimes.com/India-now-third-biggest-internet-user/Article1-638366.aspx
192. कॉमस्कोर प्रेस रिलीज 25 अगस्त, 2010 http://www.comscore.com/Press_Events/Press_Releases/2010/8/Facebook_Captures_Top_Spot_ among_Social_Networking_Sites_in_India
193. Persuasion, Radia style, द हूट, 6 दिसंबर, 2010
194. कोलंबिया जर्नलिज्म रिव्यू, सितंबर-अक्टूबर 2008, पेज-45
195. कोलंबिया जर्नलिज्म रिव्यू, सितंबर-अक्टूबर 2008, पेज-46
196. प्रेस इन्फॉर्मेशन ब्यूरो की साइट www.pib.nic.in
197. http://economictimes.indiatimes.com/articleshow/3781920.cms
198. http://www.trai.gov.in/WriteReadData/trai/upload/PressReleases/777/PrfinalSeptember2dec10erdiv.pdf
199. कॉमस्कोर प्रेस रिलीज, 14 दिसंबर, 2009 http://www.comscore.com/Press_Events/Press_Releases/2009/12/Online_News_Attracts_Rapidly_Growing_Audience_in_India/(language)/eng-US
200. कॉमस्कोर प्रेस रिलीज 25 अगस्त, 2010 http://www.comscore.com/Press_Events/Press_Releases/2010/8/Facebook_Captures_Top_Spot_among_Social_Networking_Sites_in_India
201. http://www.alexa.com/topsites/countries;0/IN (15 फरवरी, 2011 के आंकड़े)
202. मैन्युफैक्चरिंग कसेंट पुस्तक के 20 साल पूरे होने पर एंड्रयू मुलेन द्वारा हरमन और नोम चोम्सकी का इंटरव्यू लिया था। 2009 में यह छपा।
203. http://timesofindia.indiatimes.com/Biz/India-Business/Anil-buys-18-in-Bloomberg-UTV/articleshow/6056641.cms
204. http://economictimes.indiatimes.com/markets/stocks/market-news/missed-out-on-2010-rally-heres-another-opportunity/articleshow/7464579.cms
205. http://www.domain-b.com/companies/companies_a/AOL/20110207_huffington_post.html
206. http://navbharattimes.indiatimes.com/articleshow/7455085.cms